*Gottfried Bauer*

# Einmal Harmonie bitte

Gesamtherstellung: Druckhaus Münster, Stuttgart
Printed in Germany

Verlag Druckhaus Münster ISBN 3 9800 628 5 8
Verlag Eisenbahn ISBN 3 85649 055 8

*Gottfried Bauer*

# Einmal Harmonie bitte!

**Der Nahverkehr in Heilbronn
vorgestern – gestern – heute**

*Verlag
Druckhaus Münster*

Auslandsvertrieb: Verlag Eisenbahn, Gut Vorhard,
CH 5234 Villigen AG / Suisse / Schweiz / Switzerland

# Inhaltsverzeichnis

Seite

Erläuterungen der verwendeten Abkürzungen 7
Zur Einleitung 9

**Die Betriebsgeschichte** 11
Die geschichtliche Entwicklung der Stadt Heilbronn 11
Die frühere Wirtschafts- und Verkehrsstruktur 11

**Heilbronn und seine Straßenbahn** 12
Die Bemühungen, eine Straßenbahn zu bekommen 12
Heilbronn erhält eine elektrische Straßenbahn 14
„Wir stehen im Zeichen des Verkehrs!" Heilbronns erste Straßenbahn ist in Betrieb 18
Die ersten Betriebstage der „Stammlinie" 20

**Die weitere Entwicklung des Heilbronner Nahverkehrs bis zum Ende des Ersten Weltkriegs** 26
Die „Seitenlinie" 26
Die „Friedhoflinie" 26

Seite

Die weitere Entwicklung und die Ausdehnung der „Seitenlinie" bis nach Sontheim 32

**Böckingens Bemühungen um einen Straßenbahnanschluß** 40

**Neckargartachs Schwierigkeiten mit dem Anschluß an das Schienennetz** 47
Vorgeschichte 47
Bau und Betrieb der Dampfstraßenbahn Heilbronn, Sülmertor – Neckargartach 51

**Ausdehnung des Schienennetzes nach dem Ersten Weltkrieg** 55
Ein hoffnungsvoller Beginn 55
Die Inflation und der Niedergang des Straßenbahnbetriebs 57
Die Straßenbahn blüht wieder auf 57
Die Vorortstraßenbahn nach Böckingen 60

**Straßenbahn Neckargartach** 66
Vorgeschichte 66
Bau der Straßenbahn Neckargartach 69
Die Eröffnung der Straßenbahn Neckargartach 73

Seite

Der Betrieb der selbständigen Straßenbahn Neckargartach von 1928 bis 1940 74

**Die letzten Jahre der wirtschaftlichen Selbständigkeit** 79
Der Betrieb in den zwanziger und dreißiger Jahren 79
Heilbronns letzte Neubaustrecken 89

**Die Straßenbahn unter städtischer Regie** 91
Die „Stadtwerke Heilbronn" übernehmen die Heilbronner Straßenbahnen AG 91
Der Zweite Weltkrieg erfordert Höchstleistungen 92
Die Schreckensnacht von Heilbronn 93

**Die Zeit nach dem Zweiten Weltkrieg** 98
Wiederaufbau der Straßenbahn 98
Die Straßenbahn wird durch Omnibus ergänzt 102
Aus Baden-Baden kommt Verstärkung für die Straßenbahn 104

| | Seite |
|---|---|
| **Der Wandel bei den Nahverkehrsbetrieben** | 106 |
| Soll Heilbronn seine Straßenbahn umstellen? | 106 |
| Trotz allem: Verbesserungen für die Straßenbahn | 111 |
| Die neuen Obusse fahren | 116 |
| Heilbronn trennt sich von seiner Straßenbahn | 120 |
| Auch der Obus muß weichen | 132 |
| Die Oberleitungs-Omnibusse verlassen Heilbronn | 138 |
| In Heilbronn fahren nur noch Omnibusse | 141 |
| Die Umstellung auf Einmannbetrieb | 146 |
| **Das Rollmaterial** | 156 |
| Allgemeines | 156 |
| Lackierung der Fahrzeuge | 158 |
| Typisierung der Fahrzeuge | 159 |
| **Die Straßenbahnfahrzeuge** | 159 |
| Triebwagen Typen 1 bis 10 | 159 |
| Beiwagen Typen 51 bis 63 | 180 |
| Schienengebundene Arbeitsfahrzeuge | 195 |

| | Seite |
|---|---|
| **Oberleitungs-Omnibusse** | 197 |
| **Omnibusse** | 202 |
| Nicht schienengebundene Spezialfahrzeuge | 213 |
| **Die Betriebshöfe** | 215 |
| Die Wagenhalle am Hauptbahnhof | 215 |
| Der Betriebshof der Neckargartacher Straßenbahn | 221 |
| Der neue Betriebshof in der Kanalstraße | 224 |
| **Tarife und Fahrscheine** | 228 |
| Die Beförderungszahlen | 238 |
| **Chronik der Straßenbahn- und Omnibuslinien** | 241 |
| Erläuterungen zu den Linienübersichten | 241 |
| Linienchronik der Heilbronner Straßenbahnen | 241 |
| Linienübersicht der Omnibuslinien | 250 |
| Haltestellen | 260 |
| **Das Personal** | 265 |

| | Seite |
|---|---|
| **Lustige Begebenheiten** | 273 |
| Wehmütiger Rückblick | 280 |
| **Zeittafel** | 282 |
| Quellen- und Literaturhinweise | 284 |
| Bildnachweise | 284 |

# Erläuterungen der verwendeten Abkürzungen

| | |
|---|---|
| + | Jahr der Verschrottung |
| A | Aufbau (Bau des Wagenkastens) |
| ABW | Arbeitsbeiwagen (allgemein) |
| AEG | Allgemeine Elektrizitätsgesellschaft, Berlin |
| ATW | Arbeitstriebwagen (allgemein) |
| b | beschädigt durch Kriegseinwirkung |
| BBC | AG Brown, Boverie & Cie., Mannheim |
| BW | Beiwagen (Straßenbahn- oder Omnibusanhänger) |
| CSB | Crefelder Straßenbahn (ursprüngliche Schreibweise) |
| CUL | Crefeld-Ürdinger Localbahn AG |
| DB | Deutsche Bundesbahn |
| DR | Deutsche Reichsbahn |
| ESS | Esslinger Städtische Straßenbahn |
| ex | Herkunft eines Fahrzeugs (also früherer Eigentümer oder vormalige Wagennummer) |
| F | Fahrgestell |
| HKE | Paul Herbrand & Co., Köln-Ehrenfeld (Waggonfabrik) |
| HN | Heilbronn bzw. Heilbronner Straßenbahnen AG |
| HVZ | Hauptverkehrszeit(en) (Vor dem Zweiten Weltkrieg: werktags von 7–9, 11.30–14 u. 17–20 Uhr. Heute: werktags von 6–8 u. von 15.30–18.30 Uhr |
| KV | Verlust eines Fahrzeugs durch Kriegseinwirkung |
| kW | Kilowatt (Maßeinheit für Leistung) |
| lfd. | laufend |
| ME | Maschinenfabrik Esslingen |
| N | Neuaufbau (Wagenkasten auf Untergestell) |
| Nr. | Wagen-Nummer |
| NSS | Neue Stuttgarter Straßenbahn Lipken & Cie. (die meterspurige Pferdebahn in Stuttgart) |
| PS | Pferdestärke (es wird, gemäß den Unterlagen, die heute nicht mehr gültige Maßeinheit für Leistung verwendet) |
| s. | Siehe unter/bei ... |
| S. | Seite |
| SSB | Stuttgarter Straßenbahnen AG |
| SSW | Siemens-Schuckertwerke AG, Berlin bzw. Erlangen |
| Str | Straßenbahn |
| TW | Triebwagen (Straßenbahn-Motorwagen) |
| u. | und |
| U | Umbau |
| UEG | Union Electricitäts-Gesellschaft, Berlin |
| vgl. | Vergleiche ... |

Zahnatelier
G. Grand Montagne
Süd
Bahnhof
2
Bahnhof
M.Schneider
M.Schneider

# Zur Einleitung

Die baden-württembergische Stadt Heilbronn liegt am Neckar, etwa 50 Kilometer nördlich der Landeshauptstadt Stuttgart. In der heute rund 110 000 Einwohner zählenden Großstadt rollten von 1897 bis 1955 Straßenbahnen durch die Straßen, zwischen 1951 und 1960 gaben Oberleitungs-Omnibusse ein kurzes Gastspiel und seit 1948 ergänzten Kraftomnibusse den Straßenbahnbetrieb. Seit 1961 bedienen ausschließlich Omnibusse das weiträumige Liniennetz des öffentlichen Nahverkehrs in Heilbronn und seinen Stadtteilen.

Mit dieser Dokumentation möchte ich mich mit der Geschichte des Betriebes der ehemaligen Heilbronner Straßenbahnen AG und ihrer Nachfolgerin, der Stadtwerke Heilbronn, Abteilung Verkehrsbetriebe, von 1897 bis heute und mit der vielfältigen Gestalt dieses interessanten Nahverkehrsunternehmen befassen. Die Beschreibung, Unterlagen und Fotografien aus den verschiedenen Entwicklungsstadien sollen von der Leistungsfähigkeit eines Nahverkehrsunternehmens zeugen, das in 90 Jahren, von nur wenigen zwangsweisen Ruhetagen und Kriegs- und Nachkriegserscheinungen der Jahre 1944 und 1945 abgesehen, den Heilbronner Bürgern ununterbrochen zur Verfügung stand und damit wesentlich zur Entwicklung der Metropole des württembergischen Unterlandes beitrug. Gute und böse Tage der Stadt und ihres Nahverkehrsunternehmens spiegeln sich in den großenteils noch unveröffentlichten Bildern wieder.

Da die Archive der Stadt Heilbronn und der Verkehrsbetriebe dem Bombenterror des Zweiten Weltkriegs zum Opfer fielen, mußte ich anderweitige Quellen in langwieriger und mühevoller Kleinarbeit suchen und erschließen. Das Thema „Nahverkehr in Heilbronn" erwies sich im Laufe der Bearbeitung als so umfangreich und vielschichtig, daß zahlreiche und zeitraubende Nachforschungen notwendig wurden.

Trotz aller Anstrengungen hätte ich die Dokumentation über die Verkehrsbetriebe der Stadt Heilbronn nicht in der jetzt vorliegenden, umfassenden Form präsentieren können, wenn mir nicht vielseitige Hilfe zuteil geworden wäre. Für das Entgegenkommen, das mir der Leiter der Stadtwerke Heilbronn, Herr Direktor Willi Lutz gewährte, sowie für die tatkräftige Unterstützung, die mir vom Leiter der Abt. Verkehrsbetriebe der Stadtwerke Heilbronn, Herrn Hans Joachim Kraft bei der Entstehung dieses Buches geboten wurde, möchte ich auf diesem Wege herzlich danken. Ein besonderes Dankeswort gilt den Herren Heinz Zweygarth, Heilbronn, Peter Hahn, Heilbronn-Neckargartach und Helmut Moser, Stuttgart-Vaihingen, die mit ihrem Wissen über die Heilbronner und Neckargartacher Straßenbahnen sowie durch Sammlung verschiedener Informationen in und um Heilbronn zu dieser Dokumentation beigetragen haben. Weiterhin ist Herr Ing. Rainer Lukas Tijssen mit Dankbarkeit zu nennen, da er durch seine ersten Aufzeichnungen und Sammlungen über die Heilbronner Straßenbahnen schon während des Zweiten Weltkrieges den Grundstock für dieses Buch gelegt hat.

Groß ist die Zahl der Heilbronner Bürgerinnen und Bürger sowie der Straßenbahnfreunde aus ganz Deutschland, die aus ihren privaten Sammlungen Fotos und andere Unterlagen zur Verfügung gestellt haben. Herzlicher Dank daher den Damen und Herren

Fritz Abelein, Heilbronn

Erika Alt, Stuttgart-Degerloch

Martin Becker, Heilbronn-Neckargartach

Hannelore Biegel, Heilbronn

Gerhard Binder, Heilbronn

Peter Böhm, Düsseldorf

Egbert Breuninger, Heilbronn

Helge L. Dürrwächter, Frankfurt

Karl Eckert, Heilbronn

Edith Ehrle, Heilbronn

Hermann Eisenmenger, Heilbronn

Wolfram Eschbach, Heilbronn

Marianne Feeser, Heilbronn

Helmut Friedle, Heilbronn

Peter Hahn, Heilbronn-Neckargartach

Felix Hutter, Heilbronn

Karl Jung, Heilbronn

Hans-Walter Junk, Stuttgart

Erna Kemmet, Heilbronn-Neckargartach

Ewald Knauß, Untergruppenbach

Eugen Kurzendörfer, Heilbronn

Heinz Layh, Stuttgart-Rohr

Horst Messing, Filderstadt

Horst Pook, Waiblingen

Joachim von Rohr, Meerbusch

Else Salzmann, Heilbronn

Ekkehardt Schäfer, Stuttgart

Guntram Schäfer, Stuttgart

Lore Schell, Heilbronn

Paul Setzer, Heilbronn-Sontheim

Margarethe Weißert, Welzheim

Gottlob Wendnagel, Heilbronn

Günter Wertsch, Heilbronn

# Die Betriebsgeschichte

*Die geschichtliche Entwicklung der Stadt Heilbronn*

## Die geschichtliche Entwicklung der Stadt Heilbronn

Die natürlichen Vorzüge der sog. „Heilbronner Mulde", in der die heutige Stadt mit ihren Vororten liegt, zogen bereits in grauer Vorzeit – der mittleren Altsteinzeit – viele Jägervölker in dieses Gebiet Nordwürttembergs. Wegen seiner Fruchtbarkeit wurden in der Mittelsteinzeit bereits mehrere Gruppen im Heilbronner Raum seßhaft. Die Besiedelung nahm in vorchristlicher Zeit für damalige Zeiten sogar beachtliche Ausmaße an, wie uns die zahlreichen Funde heute eindeutig beweisen.

Bereits im ersten Jahrhundert unserer Zeitrechnung wurde auf der Markung des Heilbronner Stadtteils Böckingen, etwa gegenüber dem Heilbronner Hauptbahnhof, auf einer niederen Terrasse ein 133 auf 149 m messendes römisches Kastell errichtet, ein Bollwerk jener Tage, zur Sicherung des sog. „Neckarlimes", einem Teil des Obergermanischen Limes. Ein Hinweis auf eine vorchristliche frühe germanische Kultstätte und einen alemannischen Herrschaftssitz stellt der einstige „Heilige Brunnen" in der Heilbronner Kirchbrunnenstraße dar, der der Ansiedlung auch den späteren Namen gab; urkundlich sind in alten Schriften Hinweise aus den Jahren 882 und 889 bekannt, die die „villa Helibrunna" bzw. „Heiligbrunno" (im 13. Jahrhundert Heylprunn) zitieren. Der verkehrsgünstig gelegene Ort, der bereits 747 erstmals als fränkischer Königshof genannt wird, entwickelte sich im Hochmittelalter zu einem wichtigen Markt- und Umschlagplatz, der im frühen 13. Jahrhundert das Stadtrecht erhielt und schon 1298 als „Freie Reichsstadt" genannt wird. Trotzdem die Stadt im fränkischen Gebiet lag, gehörte sie dem „Schwäbischen Kreis" an. Ihr wachsender Reichtum und ihre Macht zeigte sich im Laufe der Zeit auch an den schönen Kirchen und den prachtvollen profanen Gebäuden, die ihre Bürger erbauen ließen. Sie gaben der Stadt ihr eigenes, unverwechselbares Gesicht. Die reizvolle mittelalterliche Innenstadt fiel jedoch zum größten Teil dem schrecklichen Bombenhagel und dem nachfolgenden Feuersturm am 4. Dezember 1944 zum Opfer.

Das Jahr 1802 brachte das Ende der „Freien Reichsstadt:" Heilbronn verlor trotz massiven Widerstands seine Selbständigkeit. Es wurde später dem Königreich Württemberg angegliedert, was jedoch auf den nun einsetzenden weiteren wirtschaftlichen Aufschwung keine Auswirkung hatte.

## Die frühe Wirtschafts- und Verkehrsstruktur

Heilbronn entwickelte sich zu einem wichtigen baden-württembergischen Industriezentrum und hat trotz allem seine Bedeutung als Mittelpunkt des Obst-, Gemüse- und Weinbaus nicht eingebüßt.

Die Ansiedelung mittlerer Betriebe, vor allem der verarbeitenden Industrie, begann, nachdem 1821 der „Wilhelmskanal" in der Stadt für eine bessere Schiffahrtsverbindung auf dem Neckar sorgte; sie verstärkte sich rasch, nachdem die Kettenschiffahrt zwischen Mannheim und Heilbronn (1878) aufgenommen wurde. Weiteren wirtschaftlichen Auftrieb erhielt die Stadt durch die neue Eisenbahnverbindung mit der königlichen Residenzstadt Stuttgart am 25. Juli 1848. Heilbronn wurde ein wichtiger Eisenbahnkontrollpunkt, nachdem die Strecken von hier am 4. August 1862 nach Schwäbisch Hall, am 11. September 1866 nach Jagstfeld (– Heidelberg/bzw. – Würzburg) und am 10. Oktober 1878 nach Schwaigern (und später weiter nach Eppingen und Karlsruhe) eröffnet worden waren.

*Zu Seite 8:*
*1897 befand sich die Straßenbahnhaltestelle Kiliansplatz mitten auf der Kreuzung*

*Zu Seite 15:*
*1904 ging es an der Endstation Hauptbahnhof noch sehr sehr geruhsam zu*

# Heilbronn und seine Straßenbahn

## Die Bemühungen, eine Straßenbahn zu bekommen

Bedingt durch die verkehrsgünstige Lage wurde die Stadt Heilbronn im letzten Drittel des vergangenen Jahrhunderts die Metropole des württembergischen „Unterlandes". Ende der achtziger Jahre zählte man bereits mehr als 50 mittlere und kleinere Industriebetriebe und zahlreiche Handelsunternehmungen mit zusammen fast zehntausend Arbeitsplätzen. Durch das stetige Wachstum von Handel und Gewerbe steigerte sich in jenen Tagen der Bedarf an Arbeitskräften. Die industrielle Ausdehnung brachte daher einen ungeahnten Zustrom an Menschen, die aus dem ländlichen Raum zu den neuerschlossenen Verdienstquellen drängten und die sich am Rande der Stadt und der unmittelbaren Umgebung ansiedelten. Zwangsläufig ergaben sich durch die Ausdehnung der Stadt und die Vergrößerung der umliegenden Gemeinden weitere Wege von den Wohnstätten zu den Arbeitsplätzen und den Einkaufsmöglichkeiten, so daß relativ früh bereits der Ruf nach einem preisgünstigen Nahverkehrsmittel laut wurde.

Die ersten Bestrebungen zur Einrichtung eines öffentlichen Personennahverkehrs, um die zeitaufwendigen Verbindungen zu verkürzen, gingen jedoch zunächst nicht von der Stadt oder den Industrieunternehmen aus – diese sahen hierin keine Veranlassung –, sondern von der Bürgerschaft selbst. Insbesondere der „Verein zur Hebung des Fremdenverkehrs" nahm sich dieser Frage an und richtete schon im Mai 1893 an die Stadtverwaltung und den Gemeinderat von Heilbronn die Bitte, den Plan der Errichtung einer Straßenbahn tatkräftig zu unterstützen. Tatsächlich wurde diese Angelegenheit daraufhin auch seitens der Stadtverwaltung unterstützt. Verschiedene Kommissionen besuchten einige Städte, die etwa der Größe Heilbronns entsprachen (u. a. Offenbach am Main, Heidelberg, Erfurt), um sich an Ort und Stelle über die Bewältigung des Problems des öffentlichen Nahverkehrs selbst zu informieren. Diese Besuche fielen in eine Zeit des „Umbruchs", in der sich der Wechsel der Traktion der Straßenbahnen vom teuren und personalintensiven Pferdebahnbetrieb auf maschinellen Antrieb immer mehr abzeichnete. In zahlreichen Städten wurden Versuche mit Dampflokomotiven, elektrischen Motoren mit Stromzuführungen mittels Ober- oder Unterleitung oder Akkumulatoren, Gas- oder Druckluftmotoren unternommen, bei denen die unterschiedlichsten Ergebnisse erzielt wurden. Diese Bestrebungen wirkten nun verzögernd auf das Heilbronner Straßenbahnprojekt, da die Stadtverwaltung zuerst Betriebserfahrungen mit diesen neuen Traktionsarten abwarten wollte (die Frage der Einführung eines Pferdebahnbetriebs wurde erst gar nicht gestellt).

Eine Abordnung der Stadt Heilbronn besuchte Mitte 1895 den Akkumulatorenwagenbetrieb in Hagen in Westfalen. Zwar beeindruckte die Leistung dieser elektrisch angetriebenen Wagen, die keine Oberleitung benötigten. Aber es wurden auch die negativen Einflüsse durch die Batterie-Säuregase im Wageninnern und die verhältnismäßig langen „Ladepausen" deutlich. Bei den Gasmotorenwagen, die daran anschließend in Dessau besichtigt wurden, bestachen die äußerst günstigen Betriebskosten mit dem billigen Gas. Auch hier war keine Oberleitung notwendig, die in jenen Tagen viele Kreise als äußerst störend ablehnten, wodurch die Baukosten sehr niedrig gehalten werden konnten. Der Lärm allerdings, den die Fahrzeuge insbesondere während der Haltestellenaufenthalte machten, die Abgase sowie die geringe Reichweite der Wagen mit einer Gasfüllung, wirkten sich sehr nachteilig für den laufenden Betrieb aus.

Insgesamt konnte die Abordnung keinen allseits befriedigenden Bericht zurückbringen. Man wollte daher in Heilbronn nochmals etwas abwarten, da man mit wesentlichen technischen Verbesserungen bei diesen Systemen rechnete. So war noch zu Beginn des Jahres 1896 die Frage nach dem „richtigen" Betriebsmittel nicht endgültig geklärt. Zwischenzeitlich waren bei der Stadtverwaltung zwar mehrere Offerten eingegangen, man konnte sich jedoch noch nicht entschließen, welches System in Frage kommen sollte. So berichtete der Heilbronner Oberbürgermeister Hegelmaier am 24. April 1896 dem Gemeinderat, daß ein Angebot einer Gesellschaft vorliege, welche eine Straßenbahn in Heilbronn errichten und mit Dampfwagen betreiben wolle, wie sie namentlich in Frankreich und Belgien sowie im Vorortverkehr von Berlin Verwendung fänden. Des weiteren seien Angebote eingegangen, die Straßenbahn in Heilbronn mit Akkumulatoren- bzw. mit Gasmotorenbetrieb zu errichten. Aus dem Gemeinderat kam die Anregung, auf das früher eingegangene Angebot des Motorenbetriebs mit Preßluft zurückzukommen. Der Oberbürgermeister gab daraufhin zu verstehen: „Es liegen Offerten von anderen Gesellschaften vor, aber alle verlangen einen Beitrag von der Stadt, sei es in dieser oder jener Form. Die Gesellschaft, mit der man jetzt in Verhandlung steht, verlangt dagegen nichts von der Stadt. Bevor über dieses System irgendwelcher Beschluß gefaßt werden kann, ist es notwendig, daß eine städtische Kommission diese Betriebsart in Augenschein nimmt. Die Gesellschaft kann nur deshalb auf einen Beitrag seitens der Stadt verzichten, weil sie die billigste Betriebsart verwenden will. Man braucht sich daher nur noch zu vergewissern, daß dieser Dampfmotorenbetrieb richtig und zweckentsprechend funktioniert, alle Fragen über andere Betriebsarten sind deshalb hinfällig."

Bei den hierauf folgenden Besuchen bei einigen Dampfstraßenbahnen konnten zwar gute Ergebnisse festgestellt werden, die allerdings bei der Stadt Heilbronn noch keinen Durchbruch bei der Entscheidung für das eine oder andere System bewirkten. Denn unterdessen war in der königlichen Residenzstadt Stuttgart seit mehr als acht Monaten der elektrische Betrieb eingeführt und die 65 elektrischen Triebwagen waren zur vollsten Zufriedenheit der Betreiber im Einsatz, so daß die Umstellung des gesamten Pferdebahnbetriebs auf diese Betriebsart und eine Netzerweiterung in Stuttgart beschlossen worden war.

Zwischenzeitlich interessierten sich auch – ermutigt durch die guten Erfolge der elektrischen Straßenbahnen in anderen Städten – verschiedene private Unternehmen für die Einrichtung einer elektrischen Straßenbahn in Heilbronn. Insbesondere einige Geldinstitute waren in der Lage, die Finanzierung eines solchen Projektes sicherzustellen. So konnte der Oberbürgermeister am 7. Mai 1896 dem Gemeinderat folgenden Bericht geben:

„In der Straßenbahnangelegenheit ist zwischen den Vertretern der Konzessionsfirmen, der Gewerbebank Heilbronn und der Oberrheinischen Bank in Mannheim einerseits und der Stadtgemeinde andererseits ein Präliminarvertrag (Vorvertrag) zustande gekommen, nach welchem sich die Unternehmerfirma zum Zweck der Vorarbeiten eine Konzessionsdauer von zunächst 6 Monaten sichert, in welcher Zeit die Stadtgemeinde keiner anderen Gesellschaft die Konzession erteilen kann."

Die wichtigsten Bestimmungen dieses Vertrags legten folgendes fest:

- Die Stadtgemeinde Heilbronn erteilt der gemeinsam mit oben genannten Konzessionsträgern ausgewählten Unternehmerfirma die Konzession zum Bau und Betrieb einer Straßenbahn zum Zweck des Personen- und Güterverkehrs auf den der Stadt Heilbronn gehörigen Straßen und Geländen.
- Die zur Verwendung kommende Betriebskraft (ob Dampf oder Elektrizität) wird in Gemeinschaft mit dem Gemeinderat festgelegt.
- Folgende Strecken sind vorzusehen:
  a) Als Stammstrecke zunächst die Linie vom Bahnhof durch die Bahnhof-, Kram-Sülmer- und Karlstraße bis zum Pensionat, evtl. bis zur Moltkekaserne. Der Gesellschaft wird der Bau einer provisorischen Linie zur Gewerbeausstellung in Heilbronn im Jahre 1897 gestattet, die durch die verlängerte Kramstraße bis zur Harmonie führen soll (falls das „Oechsler'sche Haus" rechtzeitig abgebrochen ist); als Bauzeit für die Stammstrecke sind 6 Monate vom Abschluß des definitiven Vertrags festzulegen.

  Vorzusehen sind darüber hinaus folgende Linien:

  b) von der Kilianskirche durch die Sülmer Straße bis zum Haltepunkt Sülmertor;
  c) von der Kilianskirche durch die Fleiner- und Wilhelmstraße bis zum künftigen Südbahnhof;
  (Falls der letztere nicht gebaut werden sollte, ist diese Linie bis zur Cäcilienstraße zu bauen).

  Die unter b) und c) genannten Linien sind innerhalb zwei Jahren nach der Inbetriebnahme der unter a) genannten Stammstrecke zu bauen. Danach sind nachstehende Streckenerweiterungen einzuplanen:

  b) Fortsetzung der Linie von der Cäcilienstraße bis nach Sontheim;
  d) vom Bahnhof nach Böckingen;
  e) von der Neckarbrücke durch die Kranenstraße nach Neckargartach;
  f) von der Moltkekaserne zum Trappensee.

  (Mit dem Präliminarvertrag wurde bereits im Jahre 1896 fast das ganze spätere Heilbronner Straßenbahnnetz festgelegt. Zwar wurde die Unternehmerin vertraglich verpflichtet, auf Verlangen des Heilbronner Gemeinderats auch weitere, als die oben angeführten Strekken in Ausführung zu bringen, sobald ein Bedürfnis hierfür vorliegt, aber außer der sog. „Friedhofslinie" kam tatsächlich keine weitere Linie hinzu.)
- Die Straßenbahn erhält eine Spurweite von

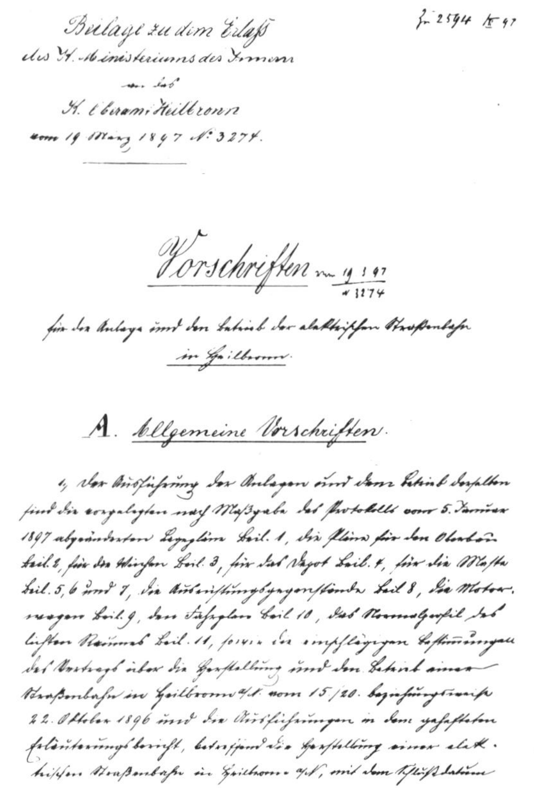

Beilage zu dem Erlaß des K. Ministeriums des Innern an das K. Oberamt Heilbronn vom 19. März 1897 Nr. 3274.

Vorschriften vom 19 3 97 Nr 3274

für die Anlage und den Betrieb der elektrischen Straßenbahn in Heilbronn.

A. Allgemeine Vorschriften.

1, Der Ausführung der Anlagen und dem Betrieb derselben sind die vorgelegten nach Maßgabe des Protokolls vom 5. Januar 1897 abgeänderten Lagepläne Beil. 1, die Pläne für den Oberbau Beil. 2, für die Weichen Beil. 3, für das Depot Beil. 4, für die Masten Beil. 5, 6 und 7, die Ausrüstungsgegenstände Beil. 8, die Motorwagen Beil. 9, der Fahrplan Beil. 10, das Normalprofil des lichten Raumes Beil. 11, sowie die einschlägigen Bestimmungen des Vertrags über die Herstellung und den Betrieb einer Straßenbahn in Heilbronn a/N. vom 15/20. beziehungsweise 22. Oktober 1896 und die Ausführungen in dem gehefteten Erläuterungsbericht, betreffend die Herstellung einer elektrischen Straßenbahn in Heilbronn a/N, mit dem Schlußdatum

einem Meter. Die Stadt Heilbronn stellt das nötige Areal für die Strecken und die Wagenhalle unentgeltlich zur Verfügung. Die Straßenbahnunternehmerin legt vor Inangriffnahme ihre Pläne und Unterlagen zum Bau der Strecken und Wagenhalle sowie über die Fahrzeuge und Maschinen der Stadtverwaltung zur Genehmigung vor.

- Die Ausgestaltung des Fahrplans und der Tarife unterliegt einer besonderen Vereinbarung zwischen der Stadtgemeinde und der Straßenbahnunternehmung. Dabei ist davon auszugehen, daß der Fahrpreis für eine Fahrt innerhalb der Stadtgrenzen Heilbronns den Betrag pro Person von 10 Pfennig nicht übersteigt. Innerhalb der Stadtgrenzen ist eine Wagenfolge von 10 Minuten – auf der Strecke von der Kilianskirche zum Bahnhof von 5 Minuten – vorzusehen.
- Das Anlagekapital ist von der Unternehmerin zu beschaffen. Die Bahn und der Betrieb kann später eventuell an eine Aktiengesellschaft übertragen werden, an der sich die Stadt entsprechend beteiligen kann.
- Die Dauer der Konzession wird auf 40 Jahre festgesetzt. Danach hat die Stadtgemeinde Heilbronn das Recht, die gesamte Bahnanlage einschließlich des Inventars zu einem vereinbarten Preis zu übernehmen. Die Stadt erhält das Recht, die Bahn bereits nach 20 Jahren zum 25fachen Betrag des Reingewinns der letzten 5 Jahre zu übernehmen.
- Für die Benützung der öffentlichen Straßen hat die Unternehmerin einen Prozentsatz der Brutto-Einnahmen an die Stadtkasse zu bezahlen, und zwar erst ab dem 16. Betriebsjahr 1%, ab dem 26. Betriebsjahr 2%.

Weitere Bestimmungen regelten die Unterhaltung der Bahn und ihrer Betriebsmittel, sie enthielten ferner Maßregeln bei Aussetzung oder Einstellung des Betriebs.

## Heilbronn erhält eine elektrische Straßenbahn

Mit dem Präliminarvertrag war der erste Schritt in die richtige Richtung getan und es konnte mit den vorbereitenden Arbeiten begonnen werden. Nachdem die Württembergischen Portlandzementwerke zu Lauffen am Neckar die Lieferung von preisgünstiger elektrischer Energie aus ihrem Dampfkraftwerk in Lauffen in Aussicht stellte, entschied man sich rasch für die Einrichtung einer elektrischen Straßenbahn mit oberirdischer Stromzuführung. Mitte September 1896 wurde daraufhin der Entwurf eines Vertrags zwischen dem Bankenkonsortium und der Stadt Heilbronn dem Gemeinderat zur Beratung vorgelegt, in dem festgelegt werden sollte, daß die Errichtung durch die Allgemeine Elektrizitätsgesellschaft zu Berlin erfolgen soll.

Zunächst war in dem Entwurf vorgesehen, die Stammlinie vom Bahnhof durch die Kramstraße, Sülmer Straße und Karlstraße zur Moltkekaserne und die Querlinie von der Südstraße durch die Wilhelmstraße, Fleinerstraße, Sülmer Straße und Paulinenstraße zum Krankenhaus zu errichten. Vom Bau der provisorischen Linie durch die verlängerte Kramstraße (nach deren Durchbruch) zur Harmonie wurde vorerst Abstand genommen. Je nach Bedürfnis sollten dann später die anderen im Präliminarvertrag genannten Linien hinzukommen.

Für die Stammstrecke Bahnhof – Moltkekaserne wurde eine Wagenfolge von 6 Minuten, für die Querlinie eine solche von 12 Minuten festgelegt, für deren Betrieb ein Bedarf von 6 Motorwagen mit 16 Sitz- und 12 Stehplätzen errechnet wurde. Unter Berücksichtigung der notwendigen Reser-

Bahnhof Hotel

ve ergab sich hieraus die Notwendigkeit, insgesamt 7 elektrische Triebwagen und 3 Anhänger anzuschaffen.
Der Fahrpreis wurde mit 10 Pfennig je Person und Fahrt festgeschrieben. Die Oberleitung sollte, soweit möglich, mittels Rosetten an den einzelnen Gebäuden bzw. an Stahlrohrmasten befestigt werden.
Damit waren jedoch noch nicht alle Schwierigkeiten beseitigt. Es kam zu Meinungsverschiedenheiten wegen der jetzt vertraglich festzulegenden Führung der Stammlinie durch die verlängerte Kramstraße statt durch die Sülmer Straße zur Karlstraße. Sowohl in der Bürgerschaft als auch im Gemeinderat machte sich eine Gruppe stark, die die Straßenbahn durch die neue, verlängerte Kramstraße zur Allee und Harmonie und von hier aus zur Karlstraße gelegt wissen wollte, nachdem der entsprechende Durchbruch in der Kramstraße beendet sein wird. Die kontroversen Auffassungen in dieser Frage prallten heftig aufeinander. Täglich konnte man seinerzeit Streitgespräche in den Gaststätten der Innenstadt zu diesem Thema vernehmen und „wahre Briefduelle" wurden in der örtlichen Presse von den Befürwortern und Gegnern der beiden angesprochenen Strekken geführt.
Nach eingehender Debatte entschied dann der Gemeinderat sich für die Strecke durch die verlängerte Kramstraße und Allee zur Karlstraße, wozu das „Oechsler'sche Haus" nach Beendigung des Zwangsverfahrens sofort abzubrechen wäre. Nach einer Anhörung im Bürgerausschuß wurde schließlich der Vertrag am 15. Oktober 1896 unterschrieben.
Daraufhin entflammte der Streit um die Führung der Straßenbahn erneut. In einer Petition mit 1084 Unterschriften an den Gemeinderat wird die Ausführung der ursprünglichen Planung durch die Sülmer Straße zur Karlstraße gefordert. Die zwischenzeitlich gebildete Straßenbahngesellschaft ließ jedoch wissen, daß aus betrieblichen Gründen die scharfe Kurve von der Sülmer Straße in die Karlstraße nicht in Betracht kommen könne und die behördliche Genehmigung hierfür sicher nicht gegeben würde.
Bei dieser Aussage blieb es. Um die erforderlichen Voraussetzungen hierzu zu schaffen, wurden jetzt seitens der Stadtverwaltung die notwendigen Zwangsenteignungsverfahren für den „Kramstraßendurchbruch" verstärkt weitergeführt. Jetzt konnte die Gesellschaft am 15. bzw. 20. und 22. Oktober 1896 die entsprechenden Baupläne und Erläuterungsberichte den zuständigen Bau- und Genehmigungsbehörden vorlegen und um die Genehmigung und Konzession für den Bau und Betrieb der Heilbronner Straßenbahnen nachsuchen.
Am 1. Dezember 1896 nahm der mit der Bauleitung beauftragte Ingenieur Löhr von der Firma AEG seinen Dienst auf. Als erstes wurde von ihm die Vermessung der vorgesehenen Strecken durchgeführt. Dabei stellte sich heraus, daß der Abbruch des „Oechsler'schen Hauses" allein nicht genügt, um die Durchfahrt der Straßenbahn in der neuen Kramstraße zu ermöglichen. Der Oberbürgermeister der Stadt Heilbronn sagte hierauf zu, in dieser für die Stadt bedeutsamen Angelegenheit „ganze Arbeit" zu leisten und alle im Wege stehenden Häuser rasch in den Besitz der Stadt zu bringen, um sie rechtzeitig abbrechen und die notwendigen Kanalisationen herstellen zu können. Diese Maßnahmen wurden äußerst dringlich, da die elektrische Straßenbahn bereits zum Beginn der für Heilbronn bedeutsamen Gewerbe- und Industrieausstellung am 15. Mai 1897 betriebsbereit sein sollte.
Nachdem am 5. Januar 1897 anläßlich einer Ortsbegehung und Besprechung zwischen dem Vertreter des Königl. Ministerium des Innern, der Generaldirektion der Posten und Telegraphen sowie der Stadtverwaltung eine Einigung in allen hinsichtlich der Genehmigung noch offenstehenden Fragen erzielt werden konnte, stand der Konzessionserteilung für die Heilbronner Straßenbahn seitens der Königl. Württ. Regierung nichts mehr im Wege. Rasch wurden jetzt die Bauarbeiten für die Gleis- und Oberleitungsanlage sowie für die Wagenhalle fest vergeben, um beim Eintreffen der Genehmigung und entsprechender Witterung sofort mit den Bauarbeiten beginnen zu können. Die bei der AEG bereits auf Lager liegenden Schienen- und Fahrdrahtmaterialien wurden von der Bauleitung abgerufen.
Aufgrund des persönlichen Einsatzes des leitenden Bauingenieurs der AEG sowie Vertretern der Stadtverwaltung konnte von fast allen Hausbesitzern die Genehmigung zur Anbringung der Rosetten für die Abspannung der Oberleitung erlangt werden (was in der örtlichen Presse in jenen Tagen als „wahrer Beitrag echten Bürgersinns" honoriert wurde).
Nach wie vor bereitete der für den Bau der Straßenbahn wichtige „Kramstraßendurchbruch" große Sorgen. Nach zähen Verhandlungen gelang es der Stadtverwaltung, den größten Teil der fraglichen Häuser bis Mitte Februar 1897 und das letzte zum 1. April 1897 von den bisherigen

Eigentümern zu bekommen und die Bürger zum Verlassen der Häuser zu verpflichten, um somit der Straßenbahngesellschaft das letzte Wegstück für die Stammlinie zu ebnen.
Anfang März 1897 kam aus dem Königl. Ministerium des Innern in Stuttgart die mündliche Zusage, daß mit dem Eintreffen der Genehmigung der Heilbronner Straßenbahn in Kürze gerechnet werden dürfe. Daraufhin begann trotz der anhaltenden schlechten Witterung am Mittwoch, 10. März der Bau der Straßenbahn auf der gesamten Länge der Bahnhofstraße. In der Straßenmitte wurden 1,60 Meter breite Gräben ausgehoben, in die man die 114 mm hohen Rillenschienen einlegte. Gleichzeitig wurde auf dem 14,5 ar großen Gelände hinter dem Bahnhotel (gegenüber dem heutigen Bahnhof) mit der Errichtung der Wagenhalle angefangen, die Rosetten an den Häusern anmontiert und die notwendigen Stahlrohrmasten für die 6 m über der Gleisanlage befindlichen Oberleitung aufgestellt. Zwischenzeitlich hatte der erste Betriebsleiter der Heilbronner Straßenbahnen AG, Herr Cramer aus Frankfurt, seinen Dienst aufgenommen. Er war vor seiner Heilbronner Zeit bereits zwei Jahre lang bei der Straßenbahn in Gera (Thüringen) an leitender Stelle tätig. In den letzten Märztagen traf endlich die ersehnte Genehmigung aus Stuttgart ein, so daß jetzt die Bauarbeiten mit aller Macht und behördlichem Segen vorangetrieben werden konnten, denn das angestrebte Eröffnungsdatum (15. Mai 1897) schwebte über der ganzen Straßenbahnangelegenheit wie ein Damoklesschwert: Man wollte gleichzeitig mit der Eröffnung der für Heilbronn und das Königreich Württemberg gleichermaßen bedeutsamen großen „Gewerbe- und Industrieausstellung" den Gästen des In- und Auslands auch eine bequeme Verkehrsverbindung vom Bahnhof zum Ausstellungseingang anbieten.
Im April 1897 war die Innenstadt Heilbronns eine einzige Baustelle. Mit der Verlegung der Gleise ging das Ziehen der Spanndrähte für die Oberleitung parallel. Lediglich das Teilstück des Durchbruchs an der Kramstraße fehlte noch und es zeichnete sich immer deutlicher ab, daß der geplante Eröffnungstermin trotz der fieberhaften Arbeit nicht eingehalten werden konnte.
In der ersten Maiwoche lieferte die Herstellerfirma Paul Herbrand & Co. in Köln-Ehrenfeld die fertiggestellten Untergestelle und Wagenkästen der sieben Triebwagen sowie die drei Sommer-Beiwagen an. Einige Tage zuvor waren schon die Motoren und die elektrischen Zubehörteile von der AEG eingetroffen, so daß sofort die Endmontage – unter fachkundiger Anleitung des anwesenden AEG-Personals – in der fast fertiggestellten Wagenhalle beginnen konnte. Kurz darauf konnte die elektrische Speiseleitung für die Betriebsspannung von 500 Volt vom Kraftwerk Lauffen am Neckar verlegt und angeschlossen und sofort die ersten Fahrversuche im Hof des neuen Depots unternommen werden.

Der Heilbronner Gemeinderat bestimmte folgende Punkte in der Innenstadt zu Haltestellen der Straßenbahn:
Bei der **„Stammlinie":**
**Bahnhof**
(in der Mitte der Umsetzanlage)
**Neckarbrücke**
(vor der Brücke, bei der damaligen Polizeiwache)
**Gerberstraße**
(bzw. Deutschhofstraße am Marktplatz, beim „Weigand'schen Haus")
**Gewerbebank**
(in der Mitte der Ausweiche)
**Harmonie**
(vor dem alten Harmoniegebäude, in der Mitte der Ausweiche)
**Gartenstraße**
(in der Mitte der Ausweiche)
**Moltkekaserne**
(in der Mitte der Umsetzanlage)
Bei der **„Seitenlinie":**
**Lohtorstraße**
(in der Mitte der Umsetzanlage)
**Gasthaus Löwen**
(in der Mitte der Ausweiche)
**Dammstraße**
**Krankenhaus**
**Deutschhofstraße**
(in der Mitte der Ausweiche – Kreuzung mit der Stammlinie)
**Fleiner Tor**
**Gasthof Traube**
(in der Mitte der Ausweiche)
**Südstraße**
(in der Mitte der Umsetzanlage)

Am 22. Mai 1897 war die gesamte Anlage der „Stammlinie" soweit fertiggestellt, daß die Strecke durch eine behördliche Kommission geprüft werden konnte. Zu dieser gehörten auch Techniker und Prüfingenieure, die die Linie zuerst abgingen und die Gleislage und die Oberleitung in Augenschein nahmen.
Die Kommission stellte fest, daß die Fahrleitung wegen der „fieberhaften Verlegung" stellenweise zu dicht an die Zuführungsdrähte der Bogenlam-

pen der neuen städtischen Beleuchtung heranreichte. Hier konnte allerdings schnell Abhilfe geschaffen werden. Gegen 17 Uhr setzte sich dann ein Triebwagen zur ersten Probefahrt vom Depot über den Bahnhof zur Kaserne in Bewegung. Bei dieser Fahrt sprang der Wagen in der Nähe des „Kramstraßendurchbruchs" aus den Schienen. In den Rillen der Gleise lagen Steine – zufällig oder durch böser Buben Hand? Dies ist bis heute ungeklärt –. Das Hindernis wurde rasch beseitigt und der Wagen mit vereinten Kräften zurück in die Gleise gebracht, so daß nach zehn Minuten die Probefahrt unbehelligt fortgeführt werden konnte. Aufgrund der Probefahrt mußten an der Strecke und Oberleitung noch einige Änderungen und Ausbesserungen vorgenommen werden, nach deren Erledigung die Schulungsfahrten für das Personal – zunächst zwischen Bahnhof und Neckarbrücke – aufgenommen werden konnten. Am Donnerstag, 27. Mai 1897 konnten dann alle Arbeiten abgeschlossen und die Schulungsfahrten sofort auf den ganzen Verlauf der Stammlinie zwischen Bahnhof und Kaserne ausgedehnt werden, freudig umjubelt von der Schuljugend und der Bevölkerung.
Von der Genehmigungsbehörde war vorgeschrieben worden, daß die Fahrgeschwindigkeit der Triebwagen innerhalb der Stadt 180 Meter in der Minute (= 10,8 km/h) nicht überschreiten soll. Auf einzelnen Strecken konnte mit gemeinderätlicher Genehmigung mit einer höheren Geschwindigkeit gefahren werden, doch durfte dabei die Höchstgeschwindigkeit von 250 Meter in der Minute (= 15 km/h) nicht überschritten werden. Diese Geschwindigkeitsregelungen waren dann über zwei Jahrzehnte hinweg bindend.

## „Wir stehen im Zeichen des Verkehrs"
## Heilbronns erste Straßenbahn ist in Betrieb

Am Samstag, 29. Mai 1897 war es soweit: Nachmittags gegen 15.45 Uhr rollten die mit bunten Fahnen, Blumen, Eichenlaubgirlanden und dem Stadtwappen Heilbronns festlich geschmückten Triebwagen mit den Nummern 1 bis 3 aus der Wagenhalle zum nahen Hauptbahnhof (der in diesen Tagen nur „Bahnhof" hieß). Dort hatte sich bereits die stattliche Zahl der Ehrengäste eingefunden, die zu diesem bedeutenden Ereignis geladen worden waren, allen voran der königl. württembergische Staatsminister des Innern von Pischnek und Heilbronns Oberbürgermeister Hegelmaier. Um 16 Uhr wurden die Wagen bestiegen und die erste offizielle Fahrt der Heilbronner Straßenbahn begann. Sie führte die Festgesellschaft vorbei an einer dichten, erwartungsfroh gestimmten Menschenmenge zu beiden Seiten der durchfahrenen Straßen. Nachdem die 2,1 Kilometer messende Strecke durch die Bahnhofstraße – Kaiserstraße – Allee – Karlstraße bis zur Kaserne und dann wieder zurück bis zur Allee durchfahren war, begaben sich die Ehrengäste zu einem Eröffnungsempfang mit einem von der Straßenbahngesellschaft gespendeten Diner in die „Harmonie", zu dem ein Chronist jener Tage bemerkte: „Die Zubereitung der Speisen und die Reihenfolge sowohl als die Folge und Qualität der kredenzten Weine waren so vorzüglich, daß über Küche und Keller des Gastwirts sowie über die Noblesse des Gastgebers nur eine Stimme des Lobs zu hören war". Dem Essen folgten – damals schon, wie auch heutzutage – die obligaten Festreden, bei denen im pathetischen Ton

*Der Eröffnungskonvoi der Heilbronner Straßenbahn mit den Ehrengästen überquert am 29. Mai 1897 die Neckarbrücke*

*Links unten:*
*Die westliche Endstation der „Stammlinie“ war von 1897 bis 1926 der Heilbronner Hauptbahnhof*

*Unten: Auf der Neckarbrücke war – im Gegensatz zu manchen Straßen – genügend Platz für die Straßenbahn und Fuhrwerke*

*Seit 1898 fahren größere Wagen (Typ 2) auf der Stammlinie. Hotel Royal und die neue Post entstanden kurz nach der Jahrhundertwende*

jener Zeit die Bedeutung des neuen Nahverkehrsmittels für die Bevölkerung zum Ausdruck gebracht wurde. Eingeleitet wurden die Ansprachen vom Leiter des geldgebenden Bankenkonsortiums, Bankdirektor Fuchs von der Gewerbebank Heilbronn. Er stellte u. a. fest, daß man vor Jahresfrist noch nicht im entferntesten habe daran denken können, daß bereits am 29. Mai 1897 eine Straßenbahn durch Heilbronn fahren würde. Bei den vielen Dankadressen wurde vor allem auch die äußerst kurze Bauzeit der Straßenbahn von nur knapp drei Monaten lobenswert hervorgehoben.

Die Einführungsrede des Heilbronner Oberbürgermeisters Hegelmaier stand unter dem geflügelten Wort: „Wir stehen im Zeichen des Verkehrs“. Er betonte, daß Heilbronn zwar nicht zu den deutschen Großstädten, aber doch durch sein stetiges Wachstum während der vergangenen Jahre in die Reihe der bedeutenden Städte Deutschlands getreten sei und zu dieser Stellung

*Das Gleis der Stammlinie lag viele Jahre direkt am Kätchenhaus, wie hier 1906 zu sehen ist*

*„Neckaresel" (Kettenschiff) und Straßenbahn konnten sich 1903 noch an der Neckarbrücke begegnen*

gehöre auch die Straßenbahn. Allgemein wurde der Hoffnung Ausdruck gegeben, daß die Eröffnung der Seitenlinie sowie der Bau der weiteren geplanten Strecken bald folgen mögen.
Durch die Eröffnung der Straßenbahn war Heilbronn in den Kreis der zu diesem Zeitpunkt noch wenigen Städte Deutschlands getreten, deren öffentlicher Nahverkehr ausschließlich mit einer elektrischen Straßenbahn durchgeführt wurde. Es war die dritte Stadt des heutigen Baden-Württembergs – nach Stuttgart (1868) und Karlsruhe (1877) –, die ihren Bürgern ein schienengebundenes öffentliches Nahverkehrsmittel bereitstellte.

## Die ersten Betriebstage der „Stammlinie"

Am Sonntag, 30. Mai 1897 wurde um 6.17 Uhr auf der Stammlinie der fahrplanmäßige Betrieb aufgenommen, wozu vier Triebwagen erforderlich waren. Vom Bahnhof aus fuhr alle 6 Minuten eine Straßenbahn bis zur Harmonie und jeder zweite Wagen fuhr weiter bis zur Kaserne in der Karlstraße. Der Linienlauf war auf einer Holztafel über den Seitenfenstern aufgemalt und an den Stirnfronten wurde das Fahrtziel mittels eines kleinen Schildes angezeigt. Nachts führten die Triebwagen, die nur bis zur Harmonie verkehrten, eine rote Laterne. Zur Unterscheidung hierzu erkannte man die bis zur Kaserne durchlaufenden Wagen in der Dunkelheit am grünen Licht. Der erste Betriebstag war für Heilbronn ein wahres Volksfest, wie es zuvor nur selten erlebt worden war. Fast die gesamte Bürgerschaft war auf den Beinen und wollte das neue Verkehrsmittel ausprobieren, so daß die Straßenbahn fast den ganzen

Sonntag über immer brechend voll war. Auch an den darauffolgenden Tagen konnte man oft „besetzte" Wagen beobachten und mancher Fahrwillige mußte eine oder mehrere Bahnen abwarten, bis er endlich ein Plätzchen in der Straßenbahn zur Mitfahrt ergattern konnte. Es zeigte sich bereits nach wenigen Verkehrstagen, daß der tägliche Betriebsbeginn auf 6.07 Uhr vorgezogen und die letzte Fahrt ab Hauptbahnhof auf 22.05 Uhr ausgedehnt werden mußte, um den zahlreichen Fahrgastwünschen gerecht zu werden. Damit sollte den Fahrgästen auch die Mitfahrt mit dem ersten Zug nach Stuttgart um 6.45 Uhr bzw. die Heimfahrt nach der Ankunft des letzten Tages aus Stuttgart ermöglicht werden.

Von Anfang an gab es bei den Heilbronner Straßenbahnen persönlich adressierte Jahres- und Monatskarten zum Preis von 70,– bzw. 7,50 Mark sowie Schüler-Monatsabonnements (Blechmarken) für 4 Mark, mit denen allen beliebig oft gefahren werden konnte. Für die Einzelfahrten war ein Preis von 10 Pfennigen zu entrichten und man war zunächst der Auffassung, daß hierfür keine Fahrscheine als Quittung bzw. Nachweis für den entrichteten Fahrpreis ausgegeben werden müßten. Doch bereits nach wenigen Tagen wurde man wegen verschiedener Ereignisse vorsichtiger. Die Heilbronner Zeitung berichtete hierzu in ihrer Ausgabe vom Samstag, 5. Juni 1897 folgendes: „Die Vorgänge vom letzten Sonntag geben Veranlassung, daß über die beiden (Pfingst-)Feiertage Fahrscheine ausgegeben werden und die Mitfahrenden streng kontrolliert werden. Es ist deshalb angeordnet, daß die ankommenden Wagen am Bahnhof als auch an

*Um die Jahrhundertwende kam es oftmals vor, daß Fuhrwerkslenker die Straßenbahn absichtlich behinderten. Dies wurde 1898 unter Strafe gestellt*

*Auf dem Weg zur Kaserne kommt Triebwagen 9 bei der Hauptpost 1906 in die Kaiserstraße. Im Hintergrund sieht man die Friedenskirche*

*Straßenbahnwagen trugen zu Anfang den Linienverkehr auf Tafeln über den Seitenfenstern, die 1906 wegen der Reklame tiefergelegt werden mußten*

*Zum Umsteigen nach allen Richtungen trafen sich – wie hier 1905 – am Kiliansplatz alle drei Linien der Straßenbahn*

der Kaserne vollständig geräumt werden, daß ferner kein Wagen von mehr als 28 Personen besetzt werden darf!" Es mußten dann auch am darauffolgenden Wochenende und ab dem 15. Juni 1897 täglich Einzelfahrscheine ausgegeben werden.

Der Fahrgastandrang war insbesondere zu den Abendstunden und an den Wochenenden so stark, daß an den Zwischenstationen oftmals die dort wartenden Fahrgäste wegen Überfüllung der Triebwagen nicht mitgenommen werden konnten. Eine gewisse Besserung trat ein, als am 22. Juni 1897 durch den Einbau eines zweiten Motors bei den Triebwagen endlich die Voraussetzungen geschaffen waren, daß auch die drei Sommerwagen mitgeführt werden konnten. Es zeigte sich aber trotzdem schon in den ersten Betriebstagen ganz deutlich, daß der vorhandene Wagenpark dem Verkehrsbedürfnis nicht genügte und dringend vergrößert werden mußte. Es wurden daher – auch im Hinblick auf die bereits

*Einst fuhr die Straßenbahn in der Allee zwischen dem Kaiser-Wilhelm-Denkmal und der Harmonie zur Karlstraße*

*Umsteigebetrieb 1906 am Kiliansplatz: Vorne die Stammlinie, dahinter die Friedhofslinie und rechts die Seitenlinie*

im Bau befindlichen Strecken – weitere acht größere Triebwagen mit drei dazu passenden Beiwagen und zusätzlich zwei kleinere geschlossene Anhänger zur sofortigen Lieferung bei der AEG bzw. der Firma Herbrand & Co. in Köln-Ehrenfeld in Auftrag gegeben.
Durch die Straßenbahn erfuhr der sowieso schon lebhafte Fuhrwerks- und Fußgängerverkehr in den engen Straßen Heilbronns einen weiteren Auftrieb. Die elektrischen Motorwagen der Straßenbahnen waren für Menschen und Tiere noch ungewohnt, daß es sogar zu verschiedenen kleineren Unfällen kam. Es soll Fuhrwerkslenker und Kutscher gegeben haben, die der Straßenbahn mutwillig die Durchfahrt nach der Devise versperrten: „I kann ausweiche, aber du mit deiner Schbatzeschaukel aber net!" Einmal mußte ein ganz hartgesottener Führer eines Schotterfuhrwerks von einem Heilbronner Gericht sogar zu drei Tagen Gefängnis verurteilt werden, weil er der Straßenbahn absichtlich eine ganze Zeit lang

*Nach dem „Kramstraßendurchbruch“ entstand 1897 die „Obere Kaiserstraße“ mit der Straßenbahnlinie*

*Zu Seite 23: Von der Kaiserstraße biegt die Stammlinie 1903 nach links in die Allee ein*

*Zu Seite 25: Triebwagen 14 (Typ 2) auf seinem Weg von der Kaserne zum Hauptbahnhof steht 1905 an der Haltestelle Harmonie*

*Vor dem Gymnasium (links, 1908) befand sich in der Karlstraße eine Ausweiche*

die Durchfahrt versperrte und auf sein Verhalten angesprochen das Straßenbahnpersonal noch beschimpfte. Um der Straßenbahn ein ungehindertes und unfallfreies Durchfahren der Straßen zu ermöglichen, sah sich der Gemeinderat nach wenigen Wochen veranlaßt, folgende Verkehrsvorschriften zu erlassen:

§ 1 Das Fahren mit schweren Fuhrwerken auf den Schienen ist zu unterlassen.

§ 2 Alle Fuhrwerke haben die rechte Straßenseite einzuhalten.

§ 3 Fuhrleuten und Fußgängern ist es streng verboten, das Weiterfahren von Straßenbahnwagen mutwillig zu verhindern.

§ 4 Bespannte Fuhrwerke dürfen, um Zusammenstöße mit der Straßenbahn zu vermeiden, nicht ohne Aufsicht gelassen werden.

§ 5 In der Nachtzeit müssen Straßenbahnen und Fuhrwerke genügend beleuchtet werden.

Für Zuwiderhandlungen gegen diese Vorschriften wurden harte Strafen angedroht.
Das neue Verkehrsmittel und das ungewohnte Fahrgefühl inspirierte viele Fahrgäste zu angeregten Unterhaltungen mit dem Fahrpersonal. Diese Gespräche waren teilweise so tiefgreifend, daß das Personal in der Ausübung des Dienstes beeinträchtigt wurde. Die Betriebsleitung sah sich daher veranlaßt, durch Plakate in den Wagen und mehrfachen Veröffentlichungen in der Presse bekanntzumachen, daß die Unterhaltung mit den Wagenführern während der Fahrt zu unterlassen sei und die Aufmerksamkeit der Schaffner wenig abgelenkt werden sollte.

# Die weitere Entwicklung des Heilbronner Nahverkehrs bis zum Ende des Ersten Weltkriegs

## Die „Seitenlinie"

Nach der Fertigstellung und Eröffnung der „Stammlinie" wurde sofort mit allen verfügbaren Arbeitskräften und -mitteln an der Fertigstellung des 1630 Meter langen Teilstücks der Seitenlinie vom Krankenhaus über den Kiliansplatz zur Südstraße gearbeitet, so daß am Mittwoch, 16. Juni 1897 die Eröffnungsfahrt im Beisein des Prinzen Herrmann zu Sachsen-Weimar (dem Schwiegersohn des Königs Wilhelm II. von Württemberg und Aufsichtsratsvorsitzenden der Stuttgarter Straßenbahnen AG), des Oberbürgermeisters Hegelmaier sowie zahlreicher anderer Ehrengäste durchgeführt werden konnte. Die Fahrt des festlich geschmückten Triebwagens führte über das gesamte Netz. Sie begann am Bahnhof und führte über die Neckarbrücke und Kaiserstraße in die Sülmer Straße bis zur vorrübergehenden Endstation des nördlichen Teils der „Seitenlinie" vor dem Krankenhaus. Von dort aus ging es wieder zurück zur Kilianskirche und weiter durch die Fleiner Straße zur Wilhelmstraße, wo sich bei der Kreuzung der Südstraße die einstweilige südliche Endstation dieser Linie befand. Weiter rollte der „Fest-Triebwagen" wieder bis zur Kilianskirche und von hier aus durch die Kaiserstraße, Allee und Karlstraße zur Kaserne, der östlichen Endstation der „Stammlinie", und zurück bis zur Harmonie. Dort verließen die Ehrengäste den Festwagen, um im kleinen Saal an den Einweihungsfeierlichkeiten – wieder mit festlichem Diner und den seinerzeit unerläßlich „patriotischen" Ansprachen – teilzunehmen. Tags darauf, am Donnerstag, 17. Juni 1897, wurde dann auf der „Seitenlinie" mit Betriebsbeginn der fahrplanmäßige 12-Minuten-Verkehr mit zwei Triebwagen aufgenommen.

Nach der Inbetriebnahme dieses Streckenteils ging man sofort an die Ausgestaltung der noch fehlenden Reststrecken dieser Linie vom Krankenhaus bis zum Eisenbahnhaltepunkt Sülmertor (270 Meter) am nördlichen Streckenast sowie von der Südstraße bis in die Nähe des geplanten Südbahnhofs, bei der Firma Knorr (etwa 300 m). Als Mitte September 1897 die behördliche Genehmigung für diese Verlängerungen vorlag, wurde Anfang Oktober mit der Bauausführung – unter der Leitung des Ingenieurs Löhr von der AEG – begonnen. Der Streckenteil zum Südbahnhof konnte zwar schon Anfang November 1897 fertiggestellt werden, er wurde jedoch erst nach Abschluß der Bauarbeiten des nördlichen Teilstücks am 4. Dezember 1897 mit diesem (und der „Friedhoflinie", vgl. dort) dem Betrieb übergeben. Fahrplanmäßig wurden die neuen Streckenteile ab dem 5. Dezember 1897 befahren. Um den Verkehr auf der jetzt 2,2 km langen Strecke der „Seitenlinie" mit nur zwei Triebwagen durchführen zu können, war es notwendig, an den Haltestellen durchzufahren, sofern keine Fahrgäste ein- oder aussteigen wollten.

## Die „Friedhoflinie"

Zusätzlich zu den in dem Präliminarvertrag festgelegten Strecken beabsichtigte die Heilbronner Stadtverwaltung, von der Allee aus eine Stichstrecke bis zum Ende der Wollhausstraße zu errichten, um den Besuchern des „Neuen Fried-

*Dicht gedrängt erwarten die Bürger am 17. Juni 1897 beim Kiliansplatz die Ankunft der ersten „Seitenlinie"*

hofs" hinter der Oststraße, der zu jener Zeit noch weit außerhalb der Stadt lag, den langen Hin- und Rückweg auf angenehme Art zu verkürzen. Gleichzeitig sollte mit dieser Linie auch die sog. „Scheerwegvorstadt" verkehrsmäßig der Stadt und dem Bahnhof nähergebracht werden. Bereits anläßlich einer Sitzung der „Konsortialmitglieder" (leitende Herren der geldgebenden Banken) über Bauangelegenheiten bezüglich der „Stammlinie" am 13. Mai 1896 wurde daher dieser Gedanke bereits aufgegriffen und nach lebhafter Diskussion beschlossen, diese Linie noch möglichst zu bauen, ehe der bauleitende Ingenieur Löhr der AEG Heilbronn wieder verläßt.

Nach Abschluß der Planung und der Vorbereitungen für die „Stamm- und Seitenlinie" ging man sofort an die Ausführungsplanung der „Friedhoflinie" heran. Die 800 Meter lange Strecke begann an der Oberen Allee, Ecke Kaiserstraße, bog dann nach links in die Titotstraße ein und verlief über die Herbststraße zur Wollhausstraße, wo

*1903 war die „Seitenlinie in der Sülmer Straße fast das einzige Verkehrsmittel*

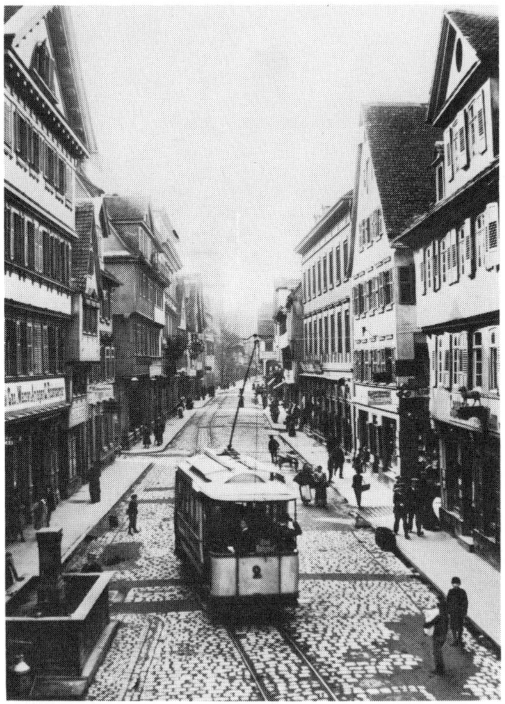

*In einem S-Bogen führte die Seitenlinie von der Sülmer Straße an der Kilianskirche vorbei zur Fleiner Straße*

sich zwischen der Mönchseestraße und der Oststraße die Endausweiche befand. Zwar war zunächst die Weiterführung durch die Wollhausstraße bis zum Neuen Friedhof vorgesehen, aus technischen Gründen mußte jedoch zunächst von diesem Reststück Abstand genommen werden.
Am 19. August 1897 wurde die geplante Streckenführung von Vertretern des Kgl. Ministeriums des Innern und der Telegrapheninspektion vor Ort begutachtet und die Genehmigung der Linie in Aussicht gestellt, die dann Mitte September der Betriebsleitung der Straßenbahn zuging. Und trotzdem die Fahrgastzahlen nach dem Ende der „Gewerbe- und Industrieausstellung" merklich zurückgingen, wurde an der Ausführung dieser neuen Linie festgehalten, da man durch sie einen neuen Aufschwung für alle Linien errechnete. Unstimmigkeiten zwischen der Betriebsleitung und den Anwohnern der von der neuen Strecke berührten Straßen verzögerten jedoch den Baubeginn.
Während die Bewohner der Wollhausstraße die Straßenbahn in der Mitte der Straße – anstelle der geplanten Seitenlage am Gehweg – verlegt wissen wollten, war es in der Herbststraße gerade umgekehrt. Da der Gemeinderat beiden hierzu vorgelegten Bürgereingaben stattgab, mußte der gesamte Streckenabschnitt umgeplant werden. Trotzdem konnte noch in der ersten Novemberwoche mit dem Bau begonnen und die Errichtung der Strecke bereits am 3. Dezember 1897 abgeschlossen werden. Tags darauf wurden

*Die Seitenlage der Straßenbahn in der Fleiner Straße brachte viele Probleme für die Anwohner*

*Am Fleiner Tor, in dem sich damals eine „Verbrauchssteuer-Station" befand, lag eine Haltestelle der Seitenlinie*

# Elektrische Straßenbahn

## Heilbronn.

Von heute an sind bei der **Heilbronner Gewerbebank** und den Herren **Rümelin & Cie.** hier

**Jahreskarten** zu Mk. 70.—,
**Monatskarten** „ „ 7.50,

vom 1. Juni ab lautend zu haben. Dieselben werden auf den Namen des Abonnenten ausgestellt und berechtigen nur den letzteren während der beigesetzten Zeitdauer zu beliebigen Fahrten auf sämtlichen Linien der Gesellschaft.

Außerdem werden **auf unserem Bureau** beim Bahnhof Schülerabonnements zu Mk. 4.— für den Monat auf Grund der dafür festgesetzten Vorschriften ausgegeben. Das Abonnement haben die Eltern oder Vormünder zu beantragen.

Die abonnierenden Schüler erhalten eine Blechmarke mit laufender Nummer, welche sie für die Fahrt stets bei sich zu führen haben. 3282

**Die Betriebsleitung.**

*1903 begegneten der Seitenlinie in der oberen Wilhelmstraße nur Kutschen und Ochsengespanne*

dann am frühen Vormittag rasch einige Probe- und Schulungsfahrten durchgeführt. Um 10 Uhr fand dann mit einigen Ehrengästen die offizielle „festliche" Probefahrt statt. Ein geschmückter Triebwagen fuhr vom Bahnhof aus mit seiner frohgestimmten Ladung zunächst über die Kaiserstraße zur Oberen Allee und dann durch die mit Girlanden und Fahnen festlich geschmückten Titotstraße und Herbststraße zur Wollhausstraße. Im Gegensatz zu den vorangegangenen Streckeneröffnungen war diese Einweihung eine Angelegenheit des örtlichen „Scheerwegvereins", der dann auch die Ehrengäste in seinem Vereinslokal mit Darbietungen und einem kleinen Imbiß erfreute.

Die Probefahrt wurde daraufhin fortgesetzt und führte zurück zur Kaiserstraße und danach zur südlichen Verlängerung der „Seitenlinie". Die bürgerlichen Kollegien empfingen dort die Ehrengäste in der Gaststätte „Südbahnhof" (den es zu dieser Zeit noch gar nicht gab) zu einem Umtrunk. Hierauf wurde der nördliche Neubauteil der „Sei-

*Gut besetzt rollt Triebwagen 2 (Typ 1) von der Stadtmitte durch die Wilhelmstraße zum Südbahnhof*

*Der Stadtplan von 1903 zeigt die Ausdehnung des damals 5,1 km langen Netzes der Heilbronner Straßenbahnen AG*

*Am Wilhelmsbau bei der Kreuzung in der Cäcilienstraße strebt Triebwagen 4 eilig der Innenstadt zu*

*Die Aktionäre der Straßenbahn erhielten über die Tagespresse ihre Einladung zur jährlichen Generalversammlung*

**Heilbronner Strassenbahnen.**

Wir laden hiemit unsere Aktionäre zur

**3. ordentlichen**

**Generalversammlung**

auf **Freitag den 20. April, nachmittags 3 Uhr** in den **Kronensaal** in Heilbronn ergebenst ein.

**Tagesordnung:**

Rechenschaftsbericht über 1899, Verwendung des Ueberschußes, Entlastung des Vorstands und Aufsichtsrats.

Aenderung des Gesellschaftsvertrags, entsprechend dem neuen Handelsgesetzbuch, insbesondere der §§ 2, 4, 5, 8, 9, 12, 14, 15, 22, 23, 24, 26.

Eintritts- und Stimmkarten können gegen Vorzeigung der Aktien vom 2. April an bei:

der Filiale der Württ. Vereinsbank } in Heilbronn
" Heilbronner Gewerbebank }
" Mannheimer Bank }
" Oberrheinischen Bank } in Mannheim
" Süddeutschen Bank }

in Empfang genommen werden.

**Der Aufsichtsrat:**
**Wm. Fuchs,** Vorsitzender.

tenlinie" erprobt. Der festlich geschmückte Triebwagen brachte die Gäste über die Paulinenstraße zum Bahnhof Sülmertor, wo der „Verein der unteren Stadt" zu einem Gabelfrühstück eingeladen hatte. Gegen 15 Uhr, nachdem die rasche Verwirklichung der Pläne und die kurze Bauzeit unter der Leitung des Ingenieurs Löhr der AEG und des Oberbaurats Schaal von der Stadt Heilbronn gebührend gewürdigt worden waren, beendete man den offiziellen Teil der Probefahrt, bei den einzelnen Vereinen wurde das Ereignis jedoch bis in die späte Nacht weitergefeiert.
Am Sonntag, 5. Dezember 1897 eröffnete man auf der Friedhoflinie mit Betriebsbeginn mit einem Triebwagen den fahrplanmäßigen Betrieb zwischen der Harmonie und der Oststraße.

*Von 1897 bis 1925 lag hier Ecke Wollhaus-/Oststraße die Endstation der Friedhoflinie*

*Stolz posieren 1907 Werkstattpersonal und Herr Oberwachtmeister beim Hauptbahnhof vor dem Triebwagen 11*

### Die weitere Entwicklung und die Ausdehnung der Seitenlinie bis Sontheim

Da die bestellten größeren Triebwagen zwar schon angeliefert, die Endmontage aber wegen fehlender Teile noch nicht durchgeführt werden konnte, mußte auf der Seitenlinie und der Friedhoflinie zunächst der 12-Minuten-Verkehr eingeführt werden, um mit den vorhandenen 7 Triebwagen der Erstlieferung auszukommen. Um die notwendigen Pflege- und Wartungsarbeiten vornehmen zu können, wurde auch auf der Stammlinie der 6-Minuten-Betrieb auf die Zeit zwischen 7.30 und 20.30 Uhr begrenzt. Von Personal und Fahrzeugen wurden im Dezember 1897 beachtenswerte Leistungen vollbracht, denn es mußten von der Heilbronner Straßenbahn täglich 1004 Fahrten wie folgt bewältigt werden:

| Linie | Zahl der Triebwagen | Anzahl der tägl. Touren | Triebwagenleistung gesamt | einzeln |
|---|---|---|---|---|
| Stammlinie | 4 | 584 | 1226,4 km | 306,6 km |
| Seitenlinie | 2 | 282 | 620,4 km | 310,2 km |
| Friedhoflinie | 1 | 138 | 110,4 km | 110,4 km |

Odol
E F Staehle
5

Eine Verbesserung der angespannten Fahrzeuglage trat endlich ein, als am 10. Dezember 1897 sechs der insgesamt acht neuen Triebwagen eingesetzt werden konnten. Daraufhin wurde am 12. Dezember 1897 auf allen Linien der 6-Minuten-Betrieb eingeführt und die Friedhoflinie bis zum Kiliansplatz durchgezogen. Für diese Betriebsabwicklung benötigte man insgesamt 13 Triebwagen, nämlich für die Stammlinie 5, für die Seitenlinie 6 und die Friedhoflinie 2. Auf der Stammlinie wurden bei Bedarf an die Triebwagen die drei Sommerwagen bzw. die drei geschlossenen Anhänger mitgeführt.

Anfangs des Jahres 1898 konnten dann die restlichen beiden Triebwagen vollends fertiggestellt und zusammen mit zwei weiteren neuen Beiwagen dem Verkehr übergeben werden, so daß sich der Bestand der Fahrzeuge auf 15 Trieb- und 8 Beiwagen erhöhte und so bis zum Jahre 1925 konstant blieb.

*Vorige Seite:*
*Über die Allee rollt 1906 die Friedhoflinie zur Titot- und Wollhausstraße*

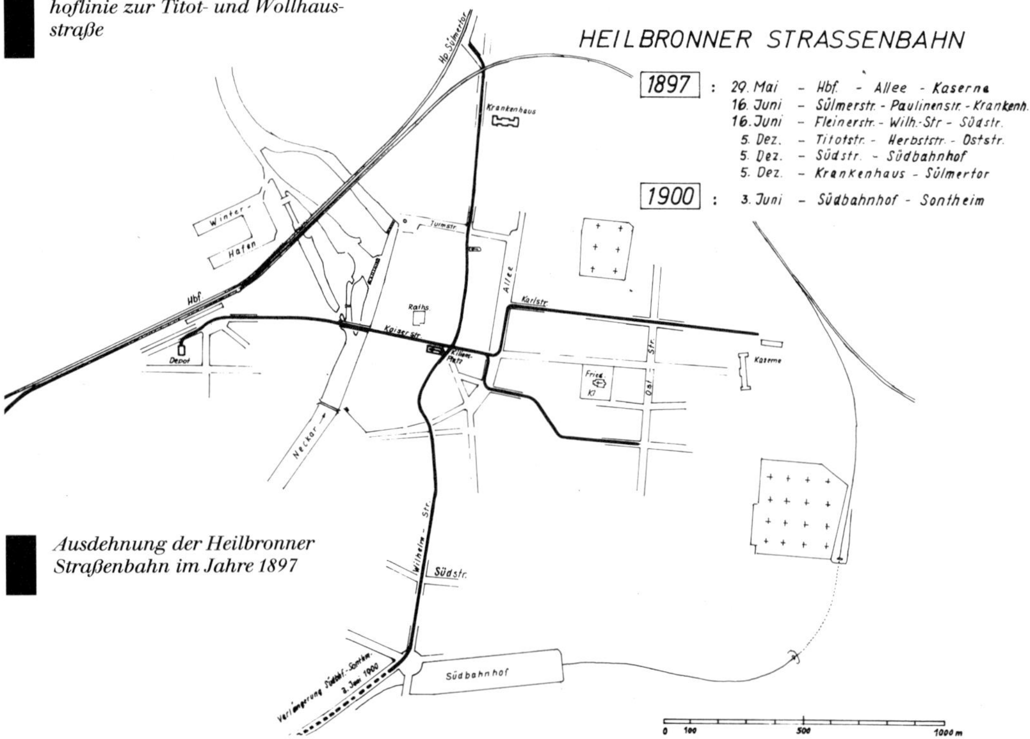


*Ausdehnung der Heilbronner Straßenbahn im Jahre 1897*

Während das erste Betriebsjahr sehr zufriedenstellend abgeschlossen werden konnte, war im zweiten Jahr eine rückläufige Fahrgastfrequenz festzustellen. Die Betriebsleitung der Straßenbahnen versuchte, die fehlenden Fahrgäste durch Senkung der Fahrpreise für Soldaten, Arbeiter und Kinder von 10 auf 5 Pfg. je Einzelfahrt wieder zu gewinnen. Durch diese Maßnahme benützten zwar wieder weitaus mehr Fahrgäste die Straßenbahn, aber dieser Frequenzanstieg konnte die Einbußen bei den Fahrgeldeinnahmen nicht ausgleichen. So mußte man im dritten Betriebsjahr sich zu einer Dehnung der Fahrintervalle von bisher 6 auf 7 1/2 Minuten entschließen und die Ausweichanlagen dementsprechend umbauen. Dadurch war es möglich, den bisherigen Wageneinsatz von 13 auf 10 (Stammlinie 4, Seitenlinie 5 und Friedhoflinie 1) Triebwagen zu senken. Bei Bedarf wurde das Platzangebot durch Anhängen der Beiwagen erhöht.

Nach der Verlängerung der Seitenlinie bis in Höhe des geplanten Südbahnhofs bemühte sich die Gemeinde Sontheim nachdrücklich um die Weiterführung der Straßenbahn bis zur Ortsmitte Sontheims. Allerdings erwiesen sich die – bereits seit Anfang der neunziger Jahre – träge dahinziehenden Verhandlungen wegen der Führung der „Bottwarbahn“ zwischen Talheim – Sontheim und Heilbronn zunächst als äußerst hinderlich für das Straßenbahnprojekt. Einerseits befürchtete die

Königlich Württembergische Staatseisenbahndirektion, daß durch eine Straßenbahnlinie Heilbronn – Sontheim der Bottwarbahn so viele Frachten und Fahrgäste entzogen würden, daß deren Wirtschaftlichkeit in Frage gestellt sei. Andererseits war die Trasse der Bottwarbahn für diesen Teilbereich noch nicht festgelegt.

In dem Eisenbahnkreditgesetz vom 9. Juni 1891 war festgelegt, eine Eisenbahn von Marbach über Beilstein nach Heilbronn zu bauen. Die erste Teilstrecke dieser Schmalspurbahn mit 750 mm Spurweite war zwischen Beilstein und Marbach bereits am 10. Mai 1894 in Betrieb genommen worden. Verzögerungen stellten sich dann je-

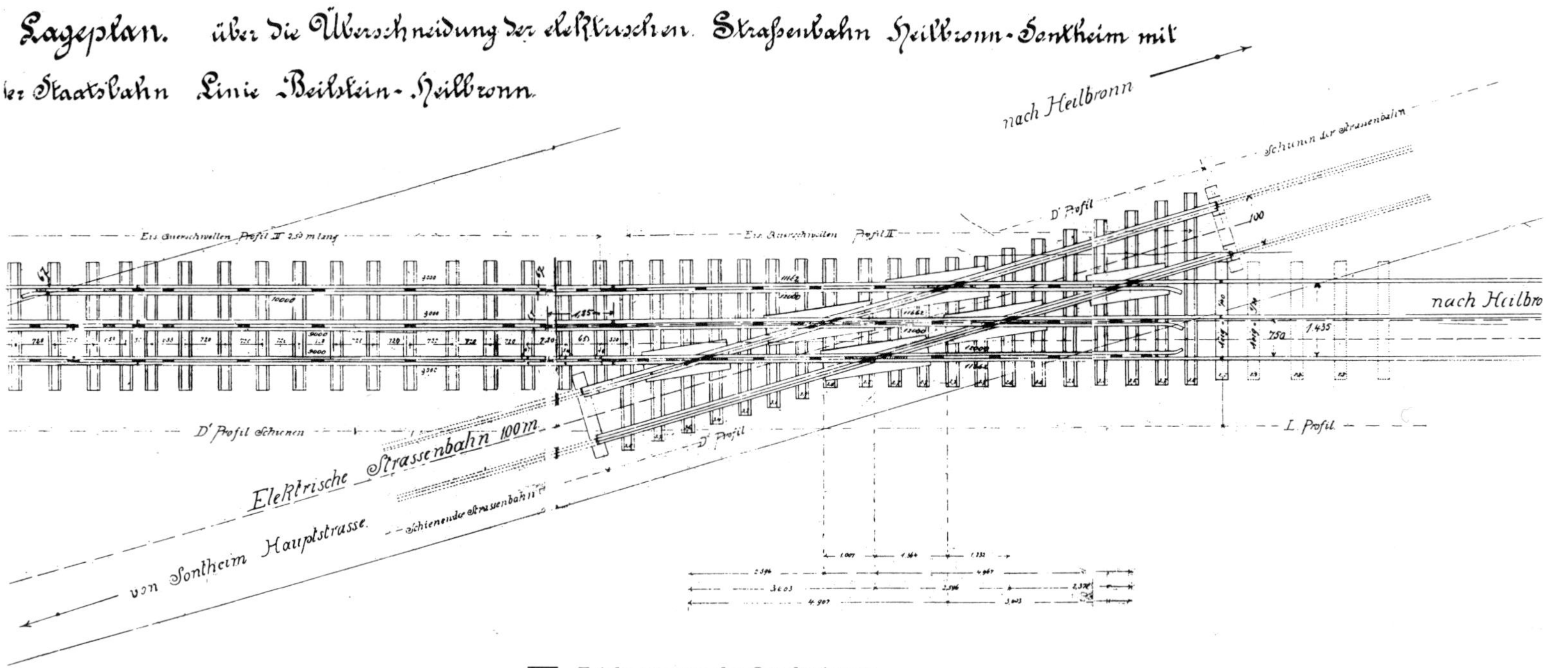


*Zeichnung aus der Genehmigung der fünfschienigen Kreuzung der Straßenbahn mit der Bottwarbahn von 1900*

# Vertrag

zwischen

**der Königlich Württ. Staatseisenbahnverwaltung,**

**vertreten durch die Generaldirektion der K. Württ. Staatseisenbahnen,**

und

dem Kgl. Hüttenamt Wasseralfingen

betreffend die Lieferung einer Ueberschneidung der elektrischen Strassenbahn Heilbronn-Sontheim mit der Staatsbahnlinie Beilstein-Heilbronn.

§ 1.

**Gegenstand des Vertrags.**

Gegenstand des Vertrags ist: die Lieferung der Ueberschneidung von 16°06'50" Neigung der elektrischen Strassenbahn Heilbronn-Sontheim mit der Staatsbahnlinie Beilstein-Heilbronn.

Die elektrische Strassenbahn hat 1 m Spurweite und ist mit Rillenschienen hergestellt. Die Nebeneisenbahn Beilstein-Heilbronn ist dreischienig für normale und 750 mm weite Spur und ist aus L Schienen hergestellt. Für die Ueberschneidung werden für beide Bahnen Dl Schienen verwendet. Die Fahr- und Leitschienen gehen ohne Unterbrechung durch die ganze Ueberschneidung, es werden nur für die Spurkränze der Strassenbahn Ausschnitte von 30 mm lichter Weite und 25 mm Tiefe aus den Köpfen der Dl Schienen ausgestossen. Unter der Ueberschneidung sind eiserne Weichenschwellen des Profils IV und unter dem Uebergang auf die Länge der Sicherheitsschienen, eiserne Weichenschwellen des Profils III verwendet. Für die Uebergänge der verschiedenen Schienenprofile sind erforderlich :

6 Paar Uebergangslaschen Dl/L und 6 Stück Uebergangsplatten Dl/L,
4 " " Dl/Rillenschienen 4 " " Dl/Rillenschienen

Die Eisenbahnverwaltung liefert frachtfrei Bahnwagen Wasseralfingen die in § 13 der Lieferungsbedingungen aufgeführten unbearbeiteten Materialien und Befestigungsmittel.

XVII 38. Affordevertrag (durch die K. Gen.Dir. abgeschlossen) Regie. Mai 99

doch für den zweiten Teil dieser Linie von Heilbronn bis Beilstein ein, da die Anbindung dieser Bahn an die bestehenden Eisenbahnstrecken bei Heilbronn damals noch heftig umstritten war.
Zunächst war vorgesehen, die Bottwarbahn schmalspurig auf eigenem Bahnkörper von Sontheim bis in die Nähe des späteren Südbahnhofs zu führen. Ab dort war eine normalspurige Weiterführung als „Straßenbahn" in der Oststraße (mit Gleisanschlüssen zu Industriebetrieben) geplant, die in der Nähe des Wartbergwegs in die bestehende Eisenbahnlinie Heilbronn – Weinsberg einmünden sollte. Diese „Oststraßenbahn", wie das Projekt genannt wurde, wurde jedoch sehr stark bekämpft. Die Eisenbahnverwaltung hielt trotzdem noch lange Zeit an dieser Einbindung der Bottwarbahn ins bestehende Netz fest. Das „Komitee zur Förderung der Verkehrsmittel" aus Heilbronn schlug darauf im März 1896 vor, die Bottwarbahn wegen der von der Straße auf die Schienen zu verlegenden Steintransporte aus den Steinbrüchen in Talheim bereits ab hier normalspurig und auf dem nächsten Wege (auf eigener Trasse) an die oben genannte Bahn anzuschließen. Der Schmalspurteil sollte in Talheim enden.
Eine andere Variante, die im Gespräch war, sah die Einführung der Bottwarbahn in die Hauptbahn Stuttgart – Bietigheim – Heilbronn bei Böckingen vor. In Sontheim sollte eine Neckarüberführung entstehen und die Schmalspurstrekke bis in die Nähe des (späteren) Hauptbahnhofs Heilbronn reichen.
Der Vorschlag der Heilbronner Handels- und Gewerbekammer bezog sich auf eine Verbindung des Südbahnhofs mit dem Hauptbahnhof. Die Bottwarbahn sollte danach vom Südbahnhof in westlicher Richtung dem Neckarhaldental folgend den Neckar in der Nähe der damaligen Zuckerfabrik in einer Neigung von 1:55 überqueren und entlang des Hochwasserdamms rechts den Hauptbahnhof erreichen.
Ein weiterer Diskussionsvorschlag sah die schmalspurige Führung der Bottwarbahn auf eigenem Bahnkörper von Sontheim entlang der Straße bis zum Südbahnhof vor und von dort weiter durch einen Tunnel unter dem Lerchenberg, um in der Nähe des Karlstors in die bestehende

# Beilage

zu dem

## Erlaß des K. Ministeriums des Innern

an das

**K. Oberamt Heilbronn.**

Vom 22. November 1899 Nr. 17770.

**Vorschriften für die Anlage und den Betrieb der elektrischen Straßenbahn von Heilbronn nach Sontheim durch die Heilbronner Straßenbahnen.**

### A. Allgemeine Vorschriften.

1. Der Ausführung der Anlagen und dem Betrieb derselben sind die vorgelegten Lagepläne Beil. 1 bis 7 |31 der oberamtlichen Akten, sowie die einschlägigen Bestimmungen des Vertrags über die Herstellung und den Betrieb einer elektrischen Straßenbahn vom Südbahnhof Heilbronn bis in das Dorf Sontheim vom 12./27. November 1897 |1 der oberamtlichen Akten und die Ausführungen in dem Erläuterungsbericht ohne Datum |16 der oberamtlichen Akten, betreffend die Herstellung einer elektrischen Straßenbahn von Heilbronn nach Sontheim, insoweit zu Grunde zu legen, als nicht aus den nachstehenden Bestimmungen das Erfordernis einer Abänderung oder Ergänzung derselben sich ergiebt.

2. Die ganze Anlage muß in allen ihren Teilen so ausgeführt und betrieben werden, daß jede Beeinträchtigung der öffentlichen Sicherheit oder der bestehenden Verkehrseinrichtungen und jede Gefährdung des Lebens oder der Gesundheit von Menschen, sowie jede Schädigung fremden Eigentums ausgeschlossen bleibt.

Das Ministerium des Innern behält sich vor, die in dieser Hinsicht später etwa erforderlich erscheinenden weiteren Vorschriften zu veranlassen, bezw. zu erteilen, und der Unternehmer ist verpflichtet, solchen Vorschriften sofort auf eigene Kosten nachzukommen.

3. Soweit die Anlage fremdes Eigentum, einschließlich der öffentlichen Wege, oder den Luftraum über fremdem Eigentum berührt, ist es Sache des Unternehmers, die privatrechtliche Zustimmung des Eigentümers zu erwirken.

Zur Errichtung des Wagenschuppens in Sontheim ist die baupolizeiliche Genehmigung einzuholen.

4. Dem Ministerium des Innern bleibt vorbehalten, die vorschrifts- und ordnungsmäßige Ausführung der Anlage auf Kosten des Unternehmers kontrollieren zu lassen.

Die Anlage darf nach ihrer Fertigstellung erst in Betrieb gesetzt werden, nachdem die vorschriftsmäßige Ausführung festgestellt ist. Behufs Einleitung dieser Feststellung ist dem K. Oberamt Heilbronn von der Fertigstellung Anzeige zu erstatten.

### B. Vorschriften für die Ausführung und den Betrieb der elektrischen Leitungen.

1. Für den elektrischen Betrieb dürfen nur solche Dynamomaschinen verwendet werden, deren Strompulsationen sehr geringfügig sind.

Der zum Betrieb der Wagenmotoren verwendete Gleichstrom darf nicht höher als auf 500 Volt gespannt werden.

Eisenbahnlinie Heilbronn – Weinsberg – Schwäb. Hall einzumünden.

Für jeden der Vorschläge gab es ebensoviele engagierte Befürworter wie ernstzunehmende Gegner. Selbst im Heilbronner Gemeinderat und bei der Stadtverwaltung konnte man sich hinsichtlich der Trassenführung zu keiner bindenden Aussage entschließen.
Als man sich endlich nach langen und zähen Verhandlungen auf die schmalspurige (und später dreischienige) Führung der Bottwarbahn von Talheim über Sontheim auf eigenem Bahnkörper bis zum späteren Südbahnhof sowie die normalspurige Weiterführung durch den Lerchenbergtunnel, am Neuen Friedhof vorbei und dem Anschluß bei der Karlstraße an die Weinsberger Linie geeinigt hatte, mußten lediglich noch die Bedenken der kgl. Württ. Eisenbahnverwaltung wegen des erwarteten Fahrgast- und Frachtmangels durch die Straßenbahnlinie Heilbronn – Sontheim ausgeräumt werden. Die Gemeindegremien und bürgerlichen Kollegien Sontheims und Heilbronns mußten daraufhin mehrmals schriftlich gegenüber den Genehmigungsbehörden und der Eisenbahnverwaltung versichern, daß diese Straßenbahnlinie ausschließlich der Erleichterung des Personenverkehrs zwischen diesen beiden Orten dienen werde und kaum Fahrgäste von der Bottwarbahn abgezogen würden.
Viele Bürger Sontheims, deren Zahl sogar laufend stieg, konnte in jenen Tagen einen Arbeitsplatz bei der aufstrebenden Heilbronner Industrie finden, weshalb eine Verbindung der beiden Orte durch ein öffentliches Verkehrsmittel immer dringlicher wurde. Die Bürger traten daher verstärkt mit der Bitte an die Gemeinde Sontheim heran, doch alles nur Mögliche in der Straßenbahnangelegenheit zu unternehmen. Daher sah sich der Gemeinderat Sontheims veranlaßt, am 10. November 1898 mit einer Bittschrift an die württembergische Ständeversammlung heranzutreten und um Unterstützung bei den staatlichen Behörden wegen der Verlängerung der Straßenbahn nach Sontheim nachzusuchen. Es dauerte aber trotzdem noch fast ein Jahr, bis alle Unstimmigkeiten – vor allem mit der kgl. Württ. Eisenbahnverwaltung – beseitigt waren und die Betriebsleitung der Straßenbahn mit der Gemeinde Sontheim die Verhandlungen wegen der Streckenführung und der von der Gemeinde bereitzustellenden Flächen sowie der zu gewährleistenden Garantiesumme usw. aufnehmen konnte. Da für den Betrieb der Linie nach Sontheim keine neuen zusätzlichen Wagen beschafft werden mußten, wurde man sich rasch einig. Schon im Spätherbst 1899 wurden die Konzessions- und Baugenehmigungsanträge den zuständigen Stellen zugeleitet und bereits am 5. Januar 1900 erhielt die Heilbronner Straßenbahnen AG die Konzession für den Bau und Betrieb der Straßenbahnlinie Heilbronn – Sontheim. Sofort bestellte man jetzt das für die Strecke erforderliche Schienen- und Oberleitungsmaterial und begann nach dessen Eintreffen am 17. April 1900 unter der Leitung von Oberbaurat Schaal mit dem Bau. Die 2700 Meter lange Linie begann an der bisherigen Endausweiche der „Seitenlinie" vor der „Knorr'schen Fabrik" und führte eingleisig durch die seinerzeit noch sehr schmale Sontheimer Straße, die ab der Markungsgrenze in Sontheim Heilbronner Straße hieß, bog dann in die Hauptstraße ein, um kurz nach dem Rathaus Sontheim in einer scharfen Linkskurve in die Staufenbergstraße einzumünden. Die Strecke endete dort in einer Ausweiche kurz vor der Friedhofstraße. Auch diese Strecke konnte wieder in erstaunlich kurzer Zeit fertiggestellt werden. Bereits am 1. Juni fand morgens unter der Leitung von Oberbaurat Schaal die offizielle Abnahme- und Probefahrt mit den zuständigen Behördenvertretern statt. Nachmit-

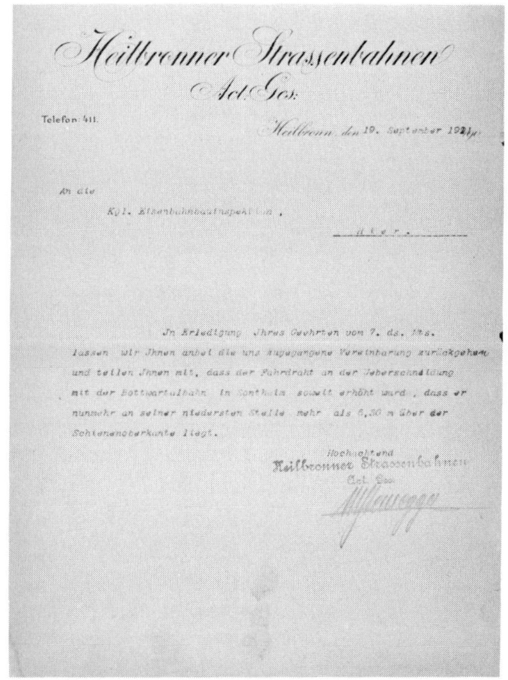
Heilbronner Strassenbahnen
Act. Ges.

Telefon: 411.

Heilbronn, den 19. September 1921

An die

Kgl. Eisenbahnbauinspektion,

Hier.

In Erledigung Jhres Geehrten vom 7. ds. Mts. lassen wir Jhnen anbei die uns zugegangene Vereinbarung zurückgehen und teilen Jhnen mit, dass der Fahrdraht an der Ueberschneidung mit der Bottwartalbahn in Sontheim soweit erhöht wurde, dass er nunmehr an seiner niedersten Stelle mehr als 6,30 m über der Schienenoberkante liegt.

Hochachtend
Heilbronner Strassenbahnen
Act. Ges.

tags um 15.30 Uhr bestiegen dann die geladenen Ehrengäste Sontheims und Heilbronns am Bahnhof Heilbronn die beiden bereitstehenden geschmückten Triebwagen. Zügig ging es über die Kaiserstraße und Wilhelmstraße zur bisherigen Endstelle der „Seitenlinie". In rascher Fahrt wurde dann das erste eingleisige Teilstück der neuen Linie auf der Sontheimer Straße durchfahren. Am Ortseingang von Sontheim empfing eine jubelnde Menschenmenge das neue Verkehrsmittel. Musik spielte auf, Zylinderhüte und bunte Wimpel wurden geschwenkt, Böllerschüsse krachten und die beiden Ortsvorstände, Bürgermeister Lutz von Sontheim und Oberbürgermeister Hegelmaier hielten kurze Begrüßungsansprachen, eingerahmt von Gedichtvorträgen. Danach wurden die Ehrengäste zum Ankersaal in Sontheim gebeten, wo ein „freigiebiges Festmahl" von der Gemeinde Sontheim gegeben und feierliche Lob- und Dankesreden gehalten wurden. Der Chronist jener Tage bemerkte hierzu in fast sarkastischem Tone: „Gegen das trinkbare Ende der Feier zeigte sich überall die gehobenste und brüderlichste Stimmung, bis schließlich nach 9 Uhr abends die letzten Heilbronner Gäste mit Sturmeseile in dem geschmückten Festwagen ent-

# Heilbronner Straßenbahnen.

Der Betrieb der Linie **Südbahnhof-Sontheim** wird am **Sonntag den 3. Juni** aufgenommen. An Werktagen wird alle halbe Stunde, an Sonntagen nach Bedürfnis gefahren.

**Ueber die beiden Pfingstfeiertage findet von vormittags 8 Uhr ab ein viertelstündiger Betrieb bis abends 9 Uhr statt.**

Der Fahrpreis beträgt für die einfache Fahrt von und zum Südbahnhof 10 Pfg. von und zu sämtlichen Haltestellen der Stadt 20 Pfg., Kinder über 4 Jahren bis zu 14 Jahren zahlen die Hälfte.

Bei Abnahme von 25 Karten beträgt der Fahrpreis 15 Pfg. für eine Fahrt.

Sämtliche Abonnementskarten sind bei der **Heilbronner Gewerbebank Heilbronn** und **Herrn Barth** in **Sontheim**, sowie auf unserem Bureau Wilhelmstraße 30 A zu haben, wo auch wegen des Fahrplanes Näheres zu erfahren ist.

Arbeiterkarten für täglich einmalige Hin- und Rückfahrt kosten pro Woche vom Südbahnhof 80 Pfg. von der Stadt aus Mk. 1.20.

Die hauptsächlich für die Arbeiter bestimmten Wagen gehen schon von Morgens 5 Uhr ab am Hauptbahnhof ab.

**Der Vorstand.**

*Die Sontheimer Hauptstraße war nur teilweise befestigt, als am 3. Juni 1900 die Straßenbahn den damals selbständigen Ort erreichte*

führt wurden". Doch nicht nur die Ehrengäste kamen auf ihre Kosten. Den ganzen Nachmittag durften die Sontheimer Bürger gratis die neue Verbindung nach Heilbronn ausprobieren, ein Angebot der Heilbronner Straßenbahn, von dem vor allem die Jugend regen Gebrauch machte. Am Pfingstsonntag, 3. Juni 1900 wurde mit Betriebsbeginn der fahrplanmäßige Verkehr aufgenommen. Alle 15 Minuten rollte über die Pfingstfeiertage ein Triebwagen von Heilbronn nach Sontheim und wieder zurück. An Werktagen gab es den Halbstundenverkehr, der sonntags, je nach Bedarf, auf 15 Minuten verdichtet wurde. Der Fahrpreis betrug von und zum Südbahnhof ab Sontheim je Einzelfahrt 10 Pfg., zu jedem beliebigen Punkt in der Stadt 20 Pfg. Bei Abnahme von 25 Karten ermäßigte sich der Fahrpreis auf 15 Pfg. je Fahrt.
Die 750 mm messende schmalspurige Bottwartalbahn konnte am 1. Dezember 1900 den Schienenverkehr vom Südbahnhof in Heilbronn über Sontheim nach Ilsfeld (und von dort weiter auf der schon in Betrieb befindlichen Strecke über Beilstein nach Marbach am Neckar) aufnehmen. Wegen der dreischienigen Gleisanlage der Königl. Württembergischen Staatseisenbahn (neben der 750 mm-Strecke führte eine dritte Schiene für Normalspur-Güterzüge bis Talheim) entstand am nördlichen Ortsende Sontheims eine interessante fünfschienige Kreuzung mit der meterspurigen Heilbronner Straßenbahn.

*Während sonntags für den Ausflugsverkehr alle 15 Minuten eine Straßenbahn fuhr, genügte werktags der Halbstundenverkehr*

*Die gemalte Postkarte (von 1905) zeigt rechts die Firma Ackermann mit einer Phantasie-Straßenbahn davor*

*Bild unten: Die Bevölkerung ließ sich gerne mit der Straßenbahn fotografieren, das gab der Gemeinde Sontheim ein großstädtisches Gepräge*

## Böckingens Bemühungen um einen Straßenbahnanschluß

In dem schon mehrfach erwähnten Präliminarvertrag von 1896 war bereits der Bau einer Straßenbahnlinie nach dem seinerzeit noch selbständigen Vorort Böckingen festgelegt worden. Daher erfolgten nach der Eröffnung der Stammlinie und den ersten erfolgversprechenden Ergebnissen des neuen Heilbronner Verkehrsmittels schon im Juli 1897 die ersten Gespräche zwischen den bürgerlichen Kollegien der Gemeinde Böckingen und der Stadt Heilbronn. Allerdings kam es zu keinem positiven Beschluß, die Verhandlungen wurden sogar am 7. August 1897 ergebnislos abgebrochen. Zwar hatte die Mehrheit der Mitglieder des Böckinger Bürgerausschusses der Forderung Heilbronns, eine Zinsgarantie von 5% zu übernehmen, zugestimmt, der Gemeinderat Böckingens lehnte dies jedoch rundweg ab, obwohl sich im Grunde alle Gesprächsteilnehmer darin einig waren, daß die Straßenbahn nach Böckingen rentabel betrieben werden müsse. Daraufhin wurden zunächst alle weiteren Bemühungen eingestellt und die Böckinger Straßenbahnangelegenheit ruhte mehrere Jahre.

Nach der Jahrhundertwende wurde der Ruf der Böckinger Bürger nach einem Anschluß an das Nahverkehrsnetz der Nachbarstadt Heilbronn so laut, daß die bürgerlichen Kollegien der um die Jahrhundertwende knapp 6800 Einwohner zählenden Gemeinde sich wieder der Sache annehmen mußten. Die vielen Böckinger Bürger, die in Heilbronn einen Arbeitsplatz hatten, erhofften sich dadurch einen täglichen Zeitgewinn durch solch eine Straßenbahnverbindung.

Da die Verhandlungen sich jedoch träge dahinzogen, erkundigte sich die Gemeindeverwaltung auch nach anderen Verkehrsmitteln. Da bot sich im Sommer 1905 eine günstige Gelegenheit, als die „Automobilgesellschaft mbH. in Stuttgart" einen „16sitzigen Motor-Omnibus" der Neuen Berliner Automobilgesellschaft anbot. Am 24. August 1905 beschlossen die bürgerlichen Kollegien Böckingens, diesen Omnibus zu übernehmen und damit zunächst einen Probebetrieb von 6 Monaten einzurichten „um den Verkehr zwischen Heilbronn und Böckingen zu vermitteln", wie ein Chronist hierzu bemerkte. Nach eingehenden Probefahrten begann darauf bereits am Sonntag, 27. August 1905 nachmittags der fahrplanmäßige Betrieb. Der Wagen verkehrte vorwiegend in den Vormittag- und Abendstunden alle halbe Stunde, dazwischen wurden nur einzelne Fahrten durchgeführt. Zwar bestand nun eine Verkehrsverbindung zwischen Heilbronn und Böckingen, doch wurde wegen der schlechten Straßen, den – gegenüber der Straßenbahn – wenig komfortablen Fahreigenschaften und wegen der häufigen Reparaturausfälle dieses Verkehrsmittel von der Bevölkerung nicht stark frequentiert. Der Verkehr mußte bereits nach knapp 5 Monaten wieder eingestellt werden.

Die Gemeindeverwaltung setzte daher ihre kurzzeitig unterbrochenen Verhandlungen mit der Stadt Heilbronn und der Straßenbahndirektion wegen eines Anschlusses an das Heilbronner Straßenbahnnetz wieder fort. Aufgrund dieser Beratungen erarbeitete Mitte 1906 die Straßenbahndirektion Pläne für eine „Rundbahn" der Straßenbahn nach Böckingen mit folgender Linienführung aus: Bahnhofstraße – Badstraße – Böckingen – Sonnenbrunnen – Bahnhof. Daran anschließend wurden von den Firmen AEG und Siemens-Schuckert entsprechende Angebote eingeholt und zusammen mit Kosten- und Rentabilitätsberechnungen den Gemeinderäten Böckingens und Heilbronns zur Beratung und Entscheidung vorgelegt. Die Straßenbahndirektion verlangte wieder von der Gemeinde die Zusicherung einer Zinsgarantie bei einem etwaigen defizitären Betrieb. Sie schlug außerdem vor, das „Badstraßenprojekt" wegen der dortigen Überschwemmungsgefahr, der noch nicht geklärten Frage der Neckarkanalführung (die diesbezüglichen Pläne sollten erst im Jahre 1908 vorgelegt werden) sowie wegen der immensen Kosten aufzugeben und stattdessen nur die einfache Strecke vom Bahnhof über Sonnenbrunnen nach Böckingen, Frankenbacher Straße zu errichten. Die Gemeinderäte konnten sich jedoch zunächst wieder wegen der zu übernehmenden Garantien bei einem etwaigen Defizit nicht einigen, da die Verzinsung der bereits vorhandenen und unter dem Kurswert liegenden Heilbronner Straßenbahnaktien damals nur bei etwa 2% lag. Da war es verständlich, daß die Gemeinderäte Heilbronns ein entsprechendes Zugeständnis seitens Böckingens erwarteten, das dort jedoch wegen der schmalen Kassenlage der Gemeinde Böckingen nicht ohne weiteres gegeben werden konnte. Die zögerliche Haltung der Gemeinderäte wurde von der Bürgerschaft nicht verstanden und daher auch in der Öffentlichkeit heftig kritisiert. Lediglich hinsichtlich der Streckenführung konnte man eine Einigung erzielen. Zwar wäre dem Gemeinderat

Böckingens die „Rundbahn" willkommener gewesen, er erklärte sich dann aber doch aufgrund der guten Sachargumente der Straßenbahndirektion mit der Errichtung der Teilstrecke Bahnhof – Sonnenbrunnen – Böckingen, Frankenbacher Straße einverstanden, wünschte jedoch eine Weiterführung bis an die Ortsgrenze Klingenbergs.

Zwischenzeitlich berichtete der Heilbronner Gemeinderat Betz anläßlich einer Sitzung über die neue technische Einrichtung einer schienenlosen Bahn, wie sie bereits von Langenfeld nach Monheim, von Neuenahr nach Ahrweiler und in Mühlhausen im Elsaß verkehre und die in der Errichtung und in der Unterhaltung und Betrieb wesentlich kostengünstiger als eine Straßenbahn sei. Auf einen entsprechenden Auftrag hin wandte sich das Tiefbauamt der Stadt Heilbronn sofort an die Firma Schiemann in Wurzen, um die Frage der Praktikabilität einer solchen Bahn für Heilbronn zu klären. Bereits am 31. Mai 1907 erhielt der Heilbronner Gemeinderat einen diesbezüglichen Bericht mit Kostenberechnung der Baukommission vorgelegt. Die Studie sah folgende Strekken vor:

1. eine Rundbahn nach Böckingen (Neckarbrükke – Badstraße – Böckingen – Großgartacher Straße – Hauptbahnhof)
2. eine Rundbahn nach Neckargartach (Heilbronner Brücke – Chemische Fabrik – Neckargartach – Industrieviertel – Heilbronner Brükke)
3. eine Pendelbahn von der Neckarbrücke über den Trappensee zum Waldrand (über den sog. Militärweg)

Von der Herstellerfirma Schiemann in Wurzen wurde für die vorgenannten Strecken mit einer Gesamtlänge von 16 Kilometern ein Aufwand von 310 000 Mark (Befestigung der Straßen 17 000 Mark, Fahrleitung 200 000 Mark, Betriebsmittel 85 000 Mark, Sonstiges 8000 Mark) genannt, was ungefähr der Hälfte der Kosten entsprach, die für den Bau der Schienenstrecken nach Böckingen und Neckargartach veranschlagt wurden.

Vom Gemeinderat wurde nach einer Probefahrt auf einem Fahrzeug einer „Gleislosen Straßenbahn", wozu man zwischen Heilbronn und Sontheim eine improvisierte Strecke mit provisorischer Fahrleitung errichtete, festgestellt, daß „dieses

*Der gesamte Wagenpark für die drei Kraftwagenlinien des Oberamtsbezirks posieren 1909 vor dem Hotel Royal und der Post*

Verkehrsmittel zwar kein ideales, aber es sei doch ein sicherer Verkehr, als der Autoomnibus". Bevor man dem Projekt näher treten wollte, wurde ein Besuch der „gleislosen Bahn" in Mühlhausen im Elsaß vereinbart. Der Oberbürgermeister betonte während der Sitzung mehrmals, daß diese vorliegende Projektstudie in keinem Zusammenhang mit dem Plan der schienengebundenen Böckinger Straßenbahn stünde, und daß dieser Plan weiterhin verfolgt werde. Die negativen Eindrükke, die die Bahnkommission in Mühhausen erhielt, bewirkten, daß der Plan einer „Gleislosen" nicht weiter verfolgt wurde. In zähen Verhandlungsrunden konnte man sich dann hinsichtlich der seit Jahren strittigen Finanzierungsfrage zu einem Kompromiß durchringen: Die Stadt Heilbronn wollte das zum Bau benötigte Kapital von 200 000 Mark über Hypotheken vorstrecken und für 12 Jahre ein Viertel des eventuellen Abmangels – höchstens jedoch jährlich 3000 Mark – tragen, jedes weitere Risiko aber ablehnen. Daraufhin war dann die Gemeinde Böckingen bereit, die übrigen Zinsgarantien während der gesamten Konzessionsdauer zu übernehmen. Auf dieser Basis erhielt die Straßenbahndirektion Ende November 1907 den Auftrag, das Gesuch um die Konzession einer Straßenbahn Heilbronn – Böckingen mit der von der Straßenbahndirektion vorgeschlagenen Streckenführung auszuarbeiten und bei den zuständigen Stellen einzureichen. Dies erfolgte dann im Februar 1908. Man war allseits sehr optimistisch und glaubte, daß dem Bau der Straßenbahn nun nichts mehr im Wege stünde und bereits zum Landesschützenfest, das im Juli 1908 „auf dem Sonnenbrunnen" stattfand, die Böckinger und die Gäste mit den elektrischen Triebwagen dorthinfahren könnten. Im März 1908 konnten die diesbezüglichen Verträge zwischen der Heilbronner Straßenbahnen AG, der Stadt Heilbronn und der Gemeinde Böckingen unter Dach und Fach gebracht werden, nachdem man sich geeinigt hatte, daß bei einer etwaigen Übernahme der „Vorortlinie nach Böckingen" durch die Stadt Heilbronn diese nur die Anlagekosten abzüglich der Abschreibungen dafür zu entrichten habe.

Das Genehmigungsverfahren zog sich nun aber länger hin, als man geglaubt hatte, und die Hoffnung, die „Vorortbahn nach Böckingen" zum Landesschützenfest in Betrieb nehmen zu können, schwand von Tag zu Tag. Sie war ganz dahin, als die staatliche Aufsichtsbehörde das Konzessionsgesuch zurücksandte, da die Breite der in Böckingen von der Straßenbahn zu durchfahrenden Straßen zu gering erschien. Nach neuerlichen und schwierigen Verhandlungen konnte aber auch dieses Problem gelöst und entsprechend geänderte Pläne den zuständigen Behörden vorgelegt werden.

Verfahrensfragen und Meinungsverschiedenheiten zwischen der Gemeinde Böckingen und der Eisenbahnverwaltung (die einer niveaugleichen Kreuzung der Straßenbahn mit der Eisenbahnlinie Heilbronn – Eppingen nicht zustimmen wollte) sowie den staatlichen Genehmigungsbehörden bezüglich der Kosten für die erforderliche Kanalisation sowie die Unterhaltung der von der Straßenbahn berührten Staatstraßen verzögerten abermals die so sehnsüchtig erwartete Genehmigung. Wegen der fast unüberwindlichen Schwierigkeiten schlug daher die Heilbronner Straßenbahnen AG dem Gemeinderat Böckingen im Juni 1909 vor, sich doch nochmals mit dem vor zwei Jahren angebotenen, damals aber von der Gemeinde Böckingen abgelehnten Projekt einer „gleislosen Straßenbahn" zu befassen. Vorsorglich wurden bereits von mehreren Firmen Angebote eingeholt. Eine Entscheidung konnte jedoch noch nicht erreicht werden.

Um endlich den Böckinger Bürgern eine Nahverkehrsverbindung nach Heilbronn zu schaffen, wurde am 18. Dezember 1909 von der Amtskörperschaft erneut eine Autobuslinie eingerichtet.

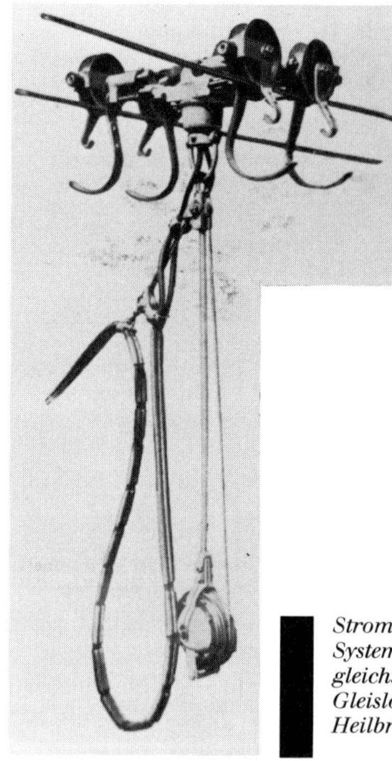

*Stromabnehmerwagen System „Stoll" mit Ausgleichspendel für die Gleislose Straßenbahn Heilbronn – Böckingen*

*Die Aufnahme des Fahrgestells zeigt deutlich die Vollgummibereifung und die Anordnung des Porsche-Radnabenmotors*

Diese verkehrte täglich 15mal zwischen Heilbronn und Böckingen auf der Rundlinie Neckarbrücke – Bahnhof Heilbronn – Großgartacher Straße zur Seestraße in Böckingen und zurück über die Staatsstraße – Frankfurter Straße zur Neckarbrücke. Eingesetzt wurde ein einzelner 24sitziger Omnibus mit einem Anhänger. Der Fahrpreis betrug für die Einzelfahrt 10 Pfg., für Kinder bis zum 14. Lebensjahr 5 Pfg. Doch auch dieser Linie erging es ähnlich wie der ersten Autobusverbindung nach Böckingen im Jahre 1905: Wegen mangelnder Rentabilität und Frequenz wurde sie bereits am 21. April 1910 wieder eingestellt. Die Fahrgäste bemängelten wie damals wieder den schlechten Straßenzustand und die wenig komfortablen Fahreigenschaften des Wagens sowie das dünne Fahrangebot dieses Verkehrsmittels. Man ging daher lieber zu Fuß.
Böckingen war also wieder einmal ohne ein öffentliches Nahverkehrsmittel. Doch endlich zeigte sich ein Silberstreif am Horizont, als die Stadt Heilbronn und die Gemeinde Böckingen sich im August 1910 einigten, eine „Gleislose Straßenbahn" als Rundbahn auf der Strecke Neckarbrücke – Bahnhof Heilbronn – Großgartacher Straße – Böckingen, Weststraße – Eisenbahnunterführung – Staatsstraße – Frankfurter Straße – Neckarbrücke einzurichten und die Rentabilitätsgarantie zu übernehmen. Die Stuttgarter Ingenieurfirma Balz & Co. erhielt den Zuschlag, die gleislose Bahn nach dem System „Mercedes-Stoll" zu errichten. Balz reichte im Oktober 1910 das Konzessionsgesuch ein, dem bald darauf stattgegeben wurde. Sofort begann der Unternehmer mit der Errichtung der Oberleitung und dem Walzen der von der „Gleislosen" befahrenen Straßen. Die für den Betrieb erforderlichen Fahrzeuge wurden bei der Firma Daimler in Untertürkheim bestellt und dort unmittelbar hergestellt. Die elektrische Ausrüstung für die Fahrzeuge lieferte die österreichische Lizenzgeberfirma aus Wiener-Neustadt.
An den Stellen, an denen die Fahrleitung der „Gleislosen" nicht mittels Rosetten an den umstehenden Häusern befestigt werden konnte, errichtete man im Abstand von 35 Metern innerhalb der Ortsgrenzen eiserne Masten, außerhalb solche aus Holz. Auf der doppelpoligen Oberleitung lief der von Stoll entwickelte und am 9. April 1901 patentierte Stromabnehmer (DRP 130 644): Auf den beiden 30 cm voneinander verlegten Fahrdrähten lief ein auf je zwei gegeneinander isolierten Rollen gelagertes Wägelchen. Eine 60 cm lange Stange mit einer Beschwerungskugel aus Stahl sorgte für die Stabilisierung und Laufruhe des Stromabnehmerwagens. Schutzbügel, die unter die Fahrleitung griffen, verhinderten ein Entgleisen des 3,5 kg schweren Kontaktwagens. Ein flexibles Doppelkabel führte vom Stromabnehmer zur „Gleislosen", an der vorne links neben dem Fahrerplatz das Kabelführungsrohr mit Kabeltrommel anmontiert war.
Zur Beschaffung des erforderlichen Bau- und Betriebskapitals gründeten die Stadt Heilbronn und die Gemeinde Böckingen am 14. Oktober 1910 die Firma „Gleislose Straßenbahn Heilbronn – Böckingen GmbH" und übertrugen die kaufmännische Leitung und die Betriebsführung durch Vertrag auf die Heilbronner Straßenbahnen AG.
Noch im Laufe des Dezembers konnte die Firma Balz – unter Anleitung und Mithilfe eines Monteurs der österreichischen Lieferfirma – die Oberleitung fertig installieren. Vor Weihnachten 1910 kam der erste der vier von der Firma Daimler in Untertürkheim hergestellten Motorwagen. Der

*Der Obus der „Gleislosen" wurde über einen normalen Straßenbahn-Fahrschalter in Bewegung gesetzt*

Antrieb dieser Fahrzeuge, die 16 Sitz- und 8 Stehplätze hatten, erfolgte über zwei Radnabenmotoren auf die Hinterachse mit Vollgummibereifung. Dieser von Ferdinand Porsche entwickelte Antrieb war sehr laufruhig und geräuscharm. Jeder Motor entwickelte etwa 9, zusammen also 18 PS bzw. ca. 13 kW.

Der österreichische Monteur begann sofort mit der Einweisung und Schulung des zukünftigen Fahrpersonals. Am 5. Januar 1911 erfolgte die Abnahme der Bahn durch die staatliche Aufsichtsbehörde, kurz darauf wurden die neuen Gefährte erstmals der Presse öffentlich vorgestellt. Nach weiteren Probefahrten zur Schulung der Fahrer übergab die Firma Balz, Stuttgart am Donnerstag, 12. Januar 1911 die 5,2 km lange Strecke mit den vier Motorwagen, dem Depot und der Umformerstation offiziell dem Geschäftsführer der neuen Gesellschaft, Herrn Direktor Steinegger von der Heilbronner Straßenbahn AG.

Da noch einige kleine Verbesserungen durchzuführen waren, wurde der Tag der Eröffnung der „Gleislosen" auf den Montag, 16. Januar 1911 festgelegt. Das freudige Ereignis wurde gebührend gefeiert. Der Chronist der Heilbronner Zeitung stellte dazu fest: „Die Eröffnungsfahrt der gleislosen Bahn Heilbronn – Böckingen ging gestern vormittag programmgemäß vor sich. Zu der ersten Fahrt waren durch Einladung erschienen: Oberregierungsrat Lang, Finanzrat Mössinger, Baurat Ehrhardt, Mitglieder der bürgerlichen Kollegien von Heilbronn und Böckingen, angeführt von Oberbürgermeister Dr. Göbel und Schultheiß Alter, die Mitglieder des Aufsichtsrats u. a. In vier Wagen, die mit Girlanden geschmückt waren, wurde eine Rundfahrt über die ganze Strecke gemacht. Die Fahrt ging glatt vonstatten, die Wagen sind hübsch und leicht gebaut, im Innern bequem eingerichtet und leicht lenkbar. Das zeigte sich besonders, als Herr Direktor Steinegger einen Wagen drehen und wenden ließ. Das ging sehr rasch und leicht vor sich. Mit Interesse wurde auch das Funktionieren der Oberleitungsweiche, die Einfahrt des Wagens in die Remise, das Abnehmen und Einstellen der Leitungsdrähte verfolgt. Man hatte den Eindruck, daß hier wieder ein bedeutender technischer Fortschritt vorliegt und die gleislosen Wagen eine gute Zukunft haben. Möge der Fortgang der Eröffnung entsprechen."

Während die Ehrengäste noch einen kleinen Imbiß zu sich nahmen, wurde am frühen Nachmittag der fahrplanmäßige Betrieb aufgenommen. Alle 10 Minuten verkehrte ein Wagen der „gleislosen Straßenbahn" von und nach Böckingen, wozu drei der vier Wagen eingesetzt werden mußten. Täglich fuhr die letzte „Gleislose" um 22.15 Uhr – nach Ankunft des letzten D-Zuges aus Stuttgart – nach Böckingen ab. Da von Anfang an auf dieser Bahn der „Einmannbetrieb" eingeführt war – die Fahrgäste gingen beim Wagenführer vorbei und entrichteten bei ihm den Fahrpreis –, kam die Gesellschaft mit 6 Mann Personal aus. Die „Gleislose" fand beim Publikum guten Anklang und wurde häufig benutzt. Im ersten Be-

*Die Verwandtschaft der „Gleislosen" mit der richtigen Straßenbahn verdeutlicht diese Aufnahme von 1911 vor der Einfahrt in die Remise gegenüber dem „Alten Schießhaus"*

*Der 9-PS-Porsche-Radnabenmotor eines Obusses der „Gleislosen" in seine Einzelteile zerlegt*

*Führerschein für einen Wagenführer der „Gleislosen" Straßenbahn Heilbronn – Böckingen*

Herr [illegible] Griller

ist auf Grund der vor dem amtlich anerkannten

Sachverständigen Herrn Privat-

[illegible] in Stuttgart

am 11. Januar 1911 abgelegten Prüfung

ermächtigt, einen Kraftwagen ~~ein Kraftrad~~ mit (Motor) Elektromotor (Klasse) 2 zu führen.

Heilbronn, den 27ten Januar 1911

[illegible] Oberamt

(Name der höheren Verwaltungsbehörde)

[illegible]

Amtmann

Liste Nr. 210

Eigenhändige Namensunterschrift des Inhabers:

Friedrich Griller

triebsjahr beförderte sie täglich etwa 1190 Personen, bei täglich ca. 75 Fahrtenpaaren benützten also durchschnittlich 8 Personen je Fahrt den Bus. Insgesamt konnte die „Gleislose" 1911 die stolze Zahl von 411.277 Personen zwischen Böckingen und Heilbronn oder umgekehrt chauffieren.
Trotz pünktlicher Pflege und Wartung fielen jedoch schon im Laufe des Sommers 1912 die Oberleitungs-Omnibusse immer wieder aus. Das lag – neben der sicherlich noch nicht ganz ausgereiften Technik – zu einem großen Teil an dem schlechten Zustand der Straßen, durch die die „gleislose Straßenbahn" führte. Diese waren auf weiten Teilen – insbesondere auf Böckinger Markung – nicht geteert, sondern nur geschottert und gewalzt. Durch die schweren und relativ schnell fahrenden „Gleislosen" wurden diese Straßen schnell ausgefahren und es entstanden tiefe Schlaglöcher. Die dadurch hervorgerufenen Erschütterungen und das Stoßen der Wagen waren für die Fahrgäste, die Anwohner und die Fahrzeuge selbst so groß, daß laufend Klagen aufkamen. Die Fahrgäste beschwerten sich wegen der unbequemen, holperigen Fahrweise, weshalb die „Gleislose" im Volksmund den Spitznamen „Gottlose" erhielt. Die Anwohner wurden durch den Lärm der schüttelnden Wagen und die starke Staubentwicklung belästigt und die Straßenbahndirektion führte an, daß die Wagen wegen der schlechten Straßenverhältnisse überanstrengt seien und deswegen verstärkt ausfallen würden. Durch die Vollgummi-Bereifung schlugen die Achsen bei jedem Schlagloch hart auf, wodurch die Elektro-Nabenmotore stark in Mitleidenschaft gezogen wurden. Die Reparatur der Wagen konnte oft mehrere Wochen in Anspruch nehmen, was sich auf den Rest der im Dienst befindlichen Fahrzeuge sehr nachteilig auswirkte. Zunächst behalf man sich damit, langsamer zu fahren und am 1. Mai 1912 den bisherigen 10-Minuten-Verkehr auf ein 15-Minuten-Intervall zu strecken. Dadurch konnte zwar die Staubentwicklung etwas eingedämmt werden, die anderen Übel wurden damit jedoch nicht beseitigt. Daher drohte die Direktion der Gesellschaft am 23. Juli 1912 der Stadt Heilbronn und der Gemeinde Böckingen, den Betrieb der „gleislosen Straßenbahn" zum 1. August 1912 ganz einzustellen, da die Gemeinde ihren Verpflichtungen, die Straßen für die „Gleislose" in Ordnung zu halten, nicht nachkommen würden. Die Stadt Heilbronn kam dieser Verpflichtung zwar immer nach, doch war Böckingen dazu aus finanziellen Gründen nicht in der Lage. Deshalb sprang jetzt die Stadt Heilbronn der bedrängten Nachbargemeinde mit seiner Straßenwalze bei. Die Ausbesserungen waren aber nur einfachster Art, so daß die alten Leiden bald wieder vorlagen.
Die Oberleitungs-Omnibusse der „Gleislosen" waren durch den schlechten Straßenzustand einerseits und die etwas zu schwach ausgelegte Motorleistung andererseits so stark beansprucht,

*Gemütlich ruckelt die „Gleislose" durch die Frankenbacher heute Klingenberger Straße in Böckingen*

daß sie sehr oft ausfielen und der Verkehr teilweise nur mit zwei, manchmal sogar nur mit einem Wagen durchgeführt werden konnte. Bei den Reparaturen der Busse wirkte sich sehr nachteilig aus, daß größere Schäden an der elektrischen Anlage nicht in der eigenen Werkstatt, sondern nur vom Hersteller in Ordnung gebracht werden konnten. Zur Erhaltung der Fahrmotoren mußte sogar ein Fachmann der Lieferfirma aus Österreich hinzugezogen werden. Die Reparaturanfälligkeit und der Umstand, daß der Stromverbrauch der Wagen mehr als doppelt so hoch lag, wie im Firmenangebot veranschlagt war, bewirkten, daß die Betriebsergebnisse nicht gerade rosig ausfielen und in jedem Jahr ein Abmangel zwischen 10 und 15000 Mark auszugleichen war.
Mit dem Ausbruch des Ersten Weltkriegs wurde die Lage der „Gleislosen" noch prekärer, da sofort einige der Kraftfahrer zum Militärdienst eingezogen wurden und jetzt kaum noch Ersatzteile für die Wagen beschafft werden konnten. Die Gesellschaft war daher gezwungen, den Verkehr zum 1. Mai 1915 nur noch im 30-Minuten-Abstand durchzuführen und einen der vier Wagen als Ersatzteilspender zu verwenden. Ab Dezember 1915 konnte sogar nur noch während der Hauptverkehrszeiten gefahren werden. Als dann im Frühjahr 1916 weitere größere Erneuerungen hätten durchgeführt werden müssen, verschlimmerte sich die Lage der Bahn erneut. Der Betrieb konnte nur noch notdürftig aufrechterhalten werden. Nachdem die Stromabnehmer der Wagen noch ausfielen und die erforderlichen Ersatzmaterialien für die Wagen und die Oberleitung nicht mehr geliefert werden konnten, entschlossen sich die Gesellschafter einvernehmlich, den Betrieb der „Gleislosen Straßenbahn Heilbronn – Böckingen" zum 31. Oktober 1916 einzustellen.
Im darauffolgenden Jahr 1917 mußte die Oberleitung abgenommen und das Kupfer der Metall-Mobilmachungsstelle beim Kriegsamt (Kriegsministerium) zur Verfügung gestellt werden. Darum war es der GmbH auch nicht mehr möglich, nach dem Ende des Krieges den Betrieb wieder aufzunehmen. Die Motorwagen wurden deshalb 1919 abgebrochen und verschrottet, als kein Käufer für sie gefunden werden konnte. Wieder war Böckingen ohne ein öffentliches Nahverkehrsmittel.

## Neckargartachs Schwierigkeiten mit dem Anschluß an das Schienennetz

### Vorgeschichte

Die Gremien der 2900 Einwohner zählenden Gemeinde Neckargartach erkannten bereits sehr früh die Vorteile, die eine Straßenbahn zur Nachbarstadt Heilbronn für die Bürger ihres Ortes mit sich bringen würde. Die ersten diesbezüglichen Bestrebungen gehen daher schon auf das Jahr 1891 zurück. Als dann die Pläne der Heilbronner Straßenbahn Gestalt annahm, beschloß der Neckargartacher Gemeinderat am 9. August 1895, sich ernsthaft um einen Anschluß an das Heilbronner Straßenbahnnetz und um den Kontakt zu den zuständigen Stellen zu bemühen. Man war sogar bereit, sich an den Baukosten zu beteiligen und den erforderlichen Grunderwerb zu tätigen.
Lange vor der Eröffnung der ersten städtischen Linie in Heilbronn wurden auch Stimmen in der Bürgerschaft laut, die einen Anschluß der – damals noch selbständigen – „Vororte" Böckingen, Sontheim und Neckargartach an das Heilbronner Straßenbahnnetz forderten, da erst dann bei der zukünftigen Heilbronner Straßenbahn mit einer Rentabilität zu rechnen sei. Die Beauftragten des „Bankenkonsortiums" errechneten jedoch bereits im Mai 1896, daß der Aufwand für die Vorortstrecken in keiner Relation zu den zu erwartenden Erträgen stünden. Es wurde die Auffassung vertreten, daß ohne finanzielle Beteiligung der betroffenen Gemeinden an den Baukosten und ohne Übernahme einer teilweisen Ertrags- bzw. Zinsgarantie eine Weiterführung der Straßenbahn zu den Gemeinden sehr fraglich sei. Außerdem unterstehe der Bau dieser Linien nach dem Eisenbahngesetz von 1843 der staatlichen Genehmigung. Diese Strecken wären also als Nebenbahnen zu betreiben gewesen. Trotz alledem nahm man Verhandlungen auf, die jedoch dann wegen der Frage der finanziellen Beteiligung Neckargartachs an den zu erwartenden Betriebsverlusten scheiterten.
Kurz nach der Jahrhundertwende versuchte eine Kommission aus Neckargartach erneut, die Straßenbahnangelegenheit wieder in Gang zu bringen. Aufgrund der geführten Gespräche plante die Stadt Heilbronn im Jahr 1904, die Straßenbahn vom Sülmertor über das der Stadt Heilbronn gehörende Gleis im Industriegebiet Klein-Äulein und von dort weiter bis Neckargartach zu führen. Dieser Plan erwies sich wegen der unter-

schiedlichen Spurweiten als nicht realisierbar. Darauf folgte der Plan, das schmalspurige Straßenbahngleis neben das normalspurige Industriebahngleis zu verlegen. Doch wegen der Vielzahl der dadurch entstehenden Kreuzungen mit den Abzweiggleisen der Industriebahn kam auch diese Linienführung nicht in Frage. Zu Beginn des Jahres 1905 tauchte eine neue Variante auf: Man beriet, die Durchführung des städtischen Industrieverkehrs, des Verkehrs des Salzwerkes und des neu einzuführenden Personenverkehrs nach Neckargartach in eine Hand zu legen (entweder durch die staatliche Eisenbahnverwaltung oder durch das Salzwerk oder durch eine neu zu schaffende Gesellschaft). Der Verkehr müßte ausschließlich mit normalspurigen Fahrzeugen abgewickelt werden. Aber auch dieses Projekt kam wegen der Kostenfrage nicht zur Ausführung. Darüber hinaus war die Eisenbahnverwaltung nicht geneigt, ihre Rangiergebühren zu senken, wenn eine neue Gesellschaft gegründet werden sollte.

Am 7. Juni 1905 wurden dann die einzelnen Pläne mit allen Beteiligten auf dem Heilbronner Rathaus beraten, es konnte jedoch kein Ergebnis erzielt werden. Der Neckargartacher Ortsvorsteher Pfau erläuterte daraufhin am 7. Juli 1905 dieses Ausspracheergebnis dem Gemeinderat Neckargartachs, worauf dieser dann nachdrücklich für die Erstellung einer „linksufrigen Straßenbahn Heilbronn – Neckargartach" votierte, da diese den Bedürfnissen der Bürger weit mehr als die rechtsufrige Bahn entsprechen würde. Es wurde beschlossen, die Heilbronner Straßenbahnen AG um die Berechnung der Bau- und Betriebskosten einer linksufrigen Linie zu bitten. Am 6. Dezember 1905 standen daraufhin folgende Vorschläge beim Gemeinderat von Neckargartach zur Debatte:

1. Hauptbahnhof Heilbronn – Mühlweg, 4,25 km; Aufwand 204 000 Mark, Garantieübernahme für Neckargartach 44 385 Mark (täglich 122 Mark)
2. Neckarbrücke Heilbronn – Mühlweg; Aufwand 204 000 Mark, Garantieübernahme 41 967 Mark (täglich 115 Mark)
3. Neckarbrücke – Gaststätte „Schiff", Aufwand 141 000 Mark, Garantieübernahme 26 936 Mark (täglich 73 Mark)
4. Rechtsufrige Lösung Heilbronns vom Bahnhof Sülmertor über die Neckargartacher Brücke bis Ortseingang Neckargartach; Aufwand 100 000 Mark, Garantieübernahme 19 200 Mark (täglich 53 Mark).

Nach eingehender Beratung beschloß der Gemeinderat Neckargartachs am 22. März 1906, die linksufrige Straßenbahn von der Heilbronner Neckarbrücke durch die Kranenstraße und weiter links des Neckars bis zur Neckargartacher Brücke zu führen. Die Gemeinde erklärte sich bereit, die Anlagekosten und die Garantie für die Rentabilität zu übernehmen. Es wurde weiter beschlossen, ein Konzessionsgesuch einzureichen und die Stadt Heilbronn zu „freundnachbarlicher Unterstützung" des Plans und um finanzielle Beteiligung an der Garantieleistung zu bitten.

Beim Gemeinderat und der Stadtverwaltung in Heilbronn hatte man aber andere Pläne, was der Heilbronner Oberbürgermeister Göbel anläßlich der Sitzung des Neckargartacher Gemeinderats am 18. Mai 1906 kundtat: Man wolle seitens Heilbronns nach wie vor möglichst das bestehende Normalspurgleis im Industriegebiet Kleinäulein für den Personenverkehr mitbenutzen – um den dort beschäftigten Arbeitern eine Fahrgelegenheit zu bieten – und dieses Gleis bis Neckargartach ausdehnen. Der Verkehr auf dieser Strecke sollte nach Ansicht der Stadtväter Heilbronns – wie früher schon angesprochen – von den Salzwerken durchgeführt werden, da diese ja bereits im Besitze von zwei Dampflokomotiven waren.

Nach mehreren Beratungen in verschiedenen Ausschüssen hatte der Gemeinderat von Heilbronn zwar keine Bedenken gegen die „linksufrige Straßenbahn" mehr und keine Einwände gegen die Benutzung der Heilbronner Kranenstraße, machte aber den Neckargartacher Gemeinderat darauf aufmerksam, daß das Projekt wegen der noch nicht festgelegten Führung des Neckarkanals sowie der permanenten Überschwemmungsgefahr nicht sehr geeignet sei und deshalb zurückgestellt werden sollte. Außerdem würde die Straßenbahn durch den von Heilbronn angestrebten Triebwagenverkehr auf der rechtsufrigen Strecke mit Dampftriebwagen – wie sie bereits auf einigen Strecken der kgl. württ. Staatseisenbahn im Einsatz waren – eine starke Konkurrenz erhalten.

Bald darauf beendete der seitherige Ortsvorsteher von Neckargartach, Schultheiß Pfau seinen Dienst bei der Gemeinde und übernahm einen leitenden Posten beim Oberamt Heilbronn, weshalb die weiteren Verhandlungen bezüglich der linksufrigen Straßenbahn ins Stocken gerieten.

Wegen der gegensätzlichen Pläne entstanden unter der Bürgerschaft, den Gemeinderäten und unter den Experten Streitgespräche ähnlich denen, die 1896 wegen der Führung der „Stamm-

# Kraftwagenlinien
## des Oberamtsbezirks Heilbronn.
### Sommer-Fahrplan 1909.

**I. Heilbronn—Neckargartach—Biberach—Bonfeld.**

| | | vormittags | | nachmittags W.* | F.** |
|---|---|---|---|---|---|
| Bonfeld . . . . . . . | ab | 5.50 | 10.35 | 4.50 | 6.10 |
| Biberach . . . . . . . | an | 6.05 | 10.50 | 5.05 | 6.25 |
| | ab | 6.10 | 10.55 | 5.10 | 6.30 |
| Neckargartach . . . . | an | 6.25 | 11.10 | 5.25 | 6.45 |
| | ab | 6.30 | 11.15 | 5.30 | 6.50 |
| Heilbronn (Postamt 2, Hbf.) | an | 6.40 | 11.25 | 5.40 | 7.— |

| | | vormittags | nachmittags | |
|---|---|---|---|---|
| Heilbronn (Postamt 2, Hbf.) | ab | 7.30 | 3.05 | 7.35 |
| Neckargartach . . . . . | an | 7.40 | 3.15 | 7.45 |
| | ab | 7.45 | 3.20 | 7.50 |
| Biberach . . . . . . . | an | 8.— | 3.35 | 8.05 |
| | ab | 8.05 | 3.40 | 8.10 |
| Bonfeld . . . . . . . | an | 8.20 | 3.55 | 8.25 |

**II. Heilbronn—Frankenbach—Kirchhausen—Fürfeld.**

| | | vormittags | | nachmittags W. | F. |
|---|---|---|---|---|---|
| Fürfeld . . . . . . . | ab | 5.40 | 10.35 | 5.00 | 6.25 |
| Kirchhausen . . . . . | an | 5.55 | 10.50 | 5.15 | 6.40 |
| | ab | 6.— | 10.55 | 5.20 | 6.45 |
| Frankenbach . . . . . | an | 6.20 | 11.15 | 5.40 | 7.05 |
| | ab | 6.30 | 11.20 | 5.45 | 7.10 |
| Heilbronn (Postamt 2, Hbf.) | an | 6.40 | 11.30 | 5.55 | 7.20 |

| | | vormittags | nachmittags | W. | F. |
|---|---|---|---|---|---|
| Heilbronn (Postamt 2, Hbf.) | ab | 7.25 | 3.— | 6.20 | 7.50 |
| Frankenbach . . . . . | an | 7.35 | 3.10 | 6.30 | 8.— |
| | ab | 7.40 | 3.15 | 6.40 | 8.05 |
| Kirchhausen . . . . . | an | 8.— | 3.35 | 7.— | 8.25 |
| | ab | 8.05 | 3.40 | 7.05 | 8.30 |
| Fürfeld . . . . . . . | an | 8.20 | 3.55 | 7.20 | 8.45 |

**III. Heilbronn—Flein—Untergruppenbach—Abstatt—Unterheinriet.**

| | | vormittags | | nachmittags W. | F. |
|---|---|---|---|---|---|
| Unterheinriet . . . . | ab | 5.25 | 10.15 | 4.30 | 6.05 |
| Abstatt . . . . . . . | an | 5.35 | 10.25 | 4.40 | 6.15 |
| | ab | 5.40 | 10.30 | 4.45 | 6.20 |
| Untergruppenbach . . | an | 5.50 | 10.40 | 4.55 | 6.30 |
| | ab | 5.55 | 10.45 | 5.— | 6.35 |
| Flein . . . . . . . . | an | 6.15 | 11.05 | 5.20 | 6.55 |
| | ab | 6.20 | 11.10 | 5.25 | 7.— |
| Heilbronn (Postamt 2, Hbf.) | an | 6.40 | 11.30 | 5.45 | 7.20 |

| | | vormittags | nachmittags | W. | F. |
|---|---|---|---|---|---|
| Heilbronn (Postamt 2, Hbf.) | ab | 7.30 | 2.50 | 6.20 | 7.50 |
| Flein . . . . . . . . | an | 7.50 | 3.10 | 6.40 | 8.10 |
| | ab | 7.55 | 3.15 | 6.45 | 8.15 |
| Untergruppenbach . . | an | 8.15 | 3.35 | 7.05 | 8.35 |
| | ab | 8.20 | 3.40 | 7.10 | 8.40 |
| Abstatt . . . . . . . | an | 8.30 | 3.50 | 7.20 | 8.50 |
| | ab | 8.35 | 3.55 | 7.25 | 8.55 |
| Unterheinriet . . . . | an | 8.45 | 4.05 | 7.35 | 9.05 |

*W. = Werktage. **F. = Sonn- und Festtage, sowie Pfingstmontag.

linie" entflammten. In Heilbronn und Neckargartach gab es Befürworter sowohl für die eine als auch die andere Linienführung. So richteten u. a. Schüler aus Neckargartach an den Heilbronner und den Neckargartacher Gemeinderat eine Bittschrift, in der sie um Beschleunigung der rechtsufrigen Bahn ersuchten, „um endlich nicht schweißgebadet in die Schule in Heilbronn oder nach der Schule zu Hause anzukommen".

Aufgrund der vorgenannten Heilbronner Empfehlung zog die Gemeinde Neckargartach nach eingehender Beratung ihr Gesuch zum Bau und Betrieb der linksufrigen Straßenbahn zurück. Daraufhin erklärte sich die Eisenbahnverwaltung bei den nachfolgenden Verhandlungen bereit, zwischen Heilbronn, Sülmertor und Neckargartach einen Triebwagenverkehr einzurichten, wenn die Stadt Heilbronn das bestehende Gleis in der

*Die Omnibusse des Oberamtsbezirks Heilbronn von 1912 vor der Remise beim Hauptbahnhof muten ziemlich vorsintflutlich an*

Salzstraße bis nach Neckargartach verlängerte. Die Gemeinde Neckargartach verlangte jedoch, daß der Triebwagenverkehr nicht rechts der Neckarbrücke enden, sondern über diese Brücke bis zum Ortsrand führen sollte. Nach einigem Hin und Her erklärte sich Heilbronn hierzu bereit und änderte Anfang Februar 1909 die Pläne entsprechend ab. Dadurch trat jedoch eine neuerliche Verzögerung ein, da wegen der zu erwartenden Belastung der Neckarbrücke zunächst zahlreiche Prüfungen veranlaßt und die vorgelegten Anträge bei sämtlichen Instanzen nochmals überprüft werden mußten. Am 17. Mai 1909 kam endlich die lang erwartete Genehmigung vom Kgl. Ministerium des Inneren, Abt. Straßen- und Wasserbau, zur Einlegung des Gleises auf der Neckargartacher Brücke, allerdings mit mehreren Auflagen. So wurde beispielsweise verlangt, daß die Stadt Heilbronn einen Fahrplan vorzulegen und an jeder Brückenseite automatisch wirkende Warnungs- und Signalanlagen zu installieren habe. Eine weitere Schwierigkeit bildete die 4%ige Steigung an der Brückenauffahrt, bei der ein starkes Ausströmen von Dampf bei den Triebwagen befürchtet wurde, welches den übrigen Verkehr dadurch sehr beeinträchtigen würde. Da aus finanziellen Gründen eine Änderung des Niveaus der Brückenauffahrt ausschied, wurden auf einer ähnlich steilen Strecke beim Südbahnhof in Heilbronn zur Klärung dieser Fragen einige Probefahrten durchgeführt, die zu aller Zufriedenheit ausfielen. Im November 1909 konnten dann endlich alle Fragen zur Überführung der Bahn über die Neckarbrücke geklärt werden, nachdem die Behörden von den geforderten Signalanlagen an der Neckarbrücke absahen und die Erlaubnis zur Überfahrung der Brücke mit Tenderlokomotiven erteilten. Daraufhin arbeitete die Stadt Heilbronn das Konzessionsgesuch aus und legte es am 8. Dezember 1909 den zuständigen Stellen zur Genehmigung vor. Jetzt stellten sich neue Schwierigkeiten ein, als von der Straßenbaubehörde eine Pflasterung des gesamten Schienenbereichs auf der Brücke und den Zufahrten verlangt wurde. Dies hätte eine Verteuerung des Projekts um 10000 Mark bedeutet und der Gemeinderat von Heilbronn schreckte vor dieser Zahl zurück. Wieder mußte in neue, langwierige Verhandlungen eingetreten werden. Die Frage der Betriebsführung war danach das nächste Hindernis, das überwunden werden mußte. Die Generaldirektion der Kgl. Württ. Staatseisenbahndirektion erklärte sich zwar grundsätzlich bereit, sowohl den Personen- als auch den Güterverkehr auf der Industriebahnstrecke durchzuführen und man einigte sich auch auf einen Fahrplan, doch verzögerten immer neue Forderungen diese Besprechungen, so daß erst im Oktober 1910 anscheinend alle Punkte und die Kostenfrage geklärt waren. Nicht bedacht und daher auch nicht geklärt war indessen die Überschneidung bzw. die Kreuzung der Gleise des Salzwerks in der Lichtenberger Straße vor der Neckarbrücke. Die Genehmigung der Überfahrung wurde nicht gegeben, da die Geschäftsleitung des Salzwerks zu große Störungen ihres Betriebs befürchtete. Einerseits wurde dadurch eine große Verärgerung wegen der neuerlichen Verzögerung der Bahnverbindung erregt, andererseits erklärte sich nun aber die Geschäftsleitung des Salzwerks im Herbst 1911 gegenüber der Stadt Heilbronn bereit, den gesamten Betrieb auf der projektierten Bahn sowie die Beschaffung des benötigten Fahrzeugparks auf eigene Kosten und Risiko zu übernehmen, wenn die Bahn auf der rechten Seite der Neckarbrücke enden und nicht über diese bis zum Ortsrand Neckargartachs geführt würde. Die Stadt Heilbronn hätte hier lediglich das fehlende Gleisstück zwischen dem Werk und der Neckarbrücke einzulegen.

Während die Stadt Heilbronn diesem Vorschlag nicht abgeneigt war, protestierte die Gemeindeverwaltung und die Bürgerschaft Neckargartachs dagegen heftig: „Die Bahn bis zum Salzwerkgleis ist weniger als ein Provisorium, sie ist für den weit größeren Teil der Einwohnerschaft Neckargartachs und insbesondere der Arbeiter völlig zwecklos und nicht benützbar!" Man ersuchte alle Stellen, sich für die Weiterführung der Bahn bis zum Ortseingang Neckargartachs einzusetzen.

Am 13. Dezember 1911 konnte die Stadt Heilbronn vom Kgl. Ministerium für auswärtige Angelegenheiten endlich die Genehmigung zum Bau und Betrieb einer Dampfstraßenbahn von Heilbronn, Sülmertor nach Neckargartach erhalten. Als darauf mit der Gemeinde Neckargartach wegen der Verkürzung der Bahn bis zur rechten Seite der Neckarbrücke eine Einigung erzielt werden konnte, wurde Mitte Februar 1912 der Vertrag mit dem Salzwerk abgeschlossen, in welchem sich dieses bereit erklärte, sowohl den Personen- als auch den Güterverkehr auf dem Industriegleis und der Strecke bis Neckargartach durchzuführen (die Staatseisenbahn hatte es zuvor abgelehnt, dem Salzwerk nur die Personenbeförderung zu überlassen). Schließlich konnte noch die Frage der Übernahme des erwarteten

709

№ 35.

# Regierungsblatt

für das

## Königreich Württemberg.

**Ausgegeben Stuttgart, Donnerstag, den 28. Dezember 1911.**

Inhalt:

Bekanntmachung des Ministeriums der auswärtigen Angelegenheiten, Verkehrsabteilung, betreffend die Genehmigung zum Bau und Betrieb einer Dampfstraßenbahn von Heilbronn Sülmertor nach Neckargartach. Vom 13. Dezember 1911. S. 709. — Verfügung der Ministerien des Innern und des Kriegswesens, betreffend das Verzeichnis der Zivilvorsitzenden der im Deutschen Reich bestehenden Ersatzkommissionen. Vom 2. Dezember 1911. S. 719. — Verfügung des Ministeriums des Innern, betreffend die Umlage des Gebäudebrandschadens für das Jahr 1912. Vom 12. Dezember 1911. S. 757. — Bekanntmachung des Ministeriums des Innern, betreffend die Genehmigung der Stiftung „Ursulastift" in Gussenstadt, Oberamts Heidenheim. Vom 14. Dezember 1911. S. 757. — Bekanntmachung des Ministeriums des Innern, betreffend die Deutsche Arzneitaxe 1912. Vom 20. Dezember 1911. S. 758. — Bekanntmachung des Ministeriums des Innern, betreffend die Verleihung der Rechtsfähigkeit an die Realgenossenschaft Oberkochen in Oberkochen, Oberamts Aalen. Vom 20. Dezember 1911. S. 759. — Bekanntmachung der Ministerien des Innern und des Kriegswesens, betreffend die Ermächtigung zur Ausstellung ärztlicher Zeugnisse für militärpflichtige Deutsche in Chile. Vom 20. Dezember 1911. S. 759.

**Bekanntmachung des Ministeriums der auswärtigen Angelegenheiten, Verkehrsabteilung, betreffend die Genehmigung zum Bau und Betrieb einer Dampfstraßenbahn von Heilbronn Sülmertor nach Neckargartach. Vom 13. Dezember 1911.**

Mit Allerhöchster Ermächtigung Seiner Königlichen Majestät vom 5. Dezember d. Js. ist der

Stadtgemeinde Heilbronn

die nachgesuchte Genehmigung zum Bau und Betrieb einer Dampfstraßenbahn von Heilbronn Sülmertor nach Neckargartach unter den in der nachstehenden Genehmigungsurkunde enthaltenen Bedingungen erteilt worden.

Stuttgart, den 13. Dezember 1911. Weizsäcker.

jährlichen Abmangels geklärt werden: Die Stadt Heilbronn erklärte sich bereit, jährlich bis zu 2000 Mark auf die Stadtkasse zu übernehmen. Damit waren alle Schwierigkeiten beseitigt und dem Bau der Bahn stand endlich nichts mehr im Wege.

## Bau und Betrieb der Dampfstraßenbahn Heilbronn, Sülmertor – Neckargartach

Am 20. Februar 1912 begannen tatsächlich die Sanierungsarbeiten an den aus dem Jahre 1885 stammenden Gleisen der Heilbronner Industriebahn in der Salzstraße. Kurz darauf wurde mit dem Vorbereiten der Trasse des ca. 1100 Meter langen Neubauteils zwischen dem städtischen Wasserwerk und der Neckarbrücke bei Neckargartach angefangen.

Anfang Juni 1912 war die gesamte normalspurige Gleisanlage für die Dampfstraßenbahn fertiggestellt. Lediglich diverse Kleinarbeiten mußten noch ausgeführt werden. Der erste Haltepunkt befand sich bei km 0+450 der Industriebahn. Diese mündete bei der Gaswerkstraße in die Staatsbahnstrecke Heilbronn – Jagstfeld, wo sich km 0+000 befand. Von hier bis zu km 0+450 waren entlang der Gaswerkstraße der Industriebahnhof Kleinäulein mit drei Haupt- und drei weiteren Stumpfgleisen angelegt. Hier befand sich auch die Umsetzanlage für die Dampfstraßenbahn. Der erste Haltepunkt „Sülmertor" war bei km 0+540 in der Linkskurve von der Gaswerkstraße zur Salzstraße angelegt worden, gegenüber der Staatsbahnhaltestelle „Heilbronn, Sülmertor". Die Bahn führte auf der Salzstraße in Richtung Neckargartach, wo sich bei km 0+885 bei der Einmündung der Weippertstraße der zweite Haltepunkt befand. In einer leichten Rechtskurve gings nun weiter zum dritten Haltepunkt „Wasserwerk" bei km 1+740. Hier endete das alte Industriebahngleis aus dem Jahre 1885. Auf der neuen Strecke erreichte man bei km 2+250 den vierten Haltepunkt „Salzwerk" und nach weiteren 580 Metern die Endstation „Neckargartach" bei km 2+830. Zum Umsetzen mußte nun auf die Gleise des Salzwerks in der Lichtenberger Straße eingefahren werden. Die reine Fahrzeit für die 2290 m lange Personenzugstrecke betrug 7 Minuten. An beiden Endstationen waren für die

710

**Genehmigungsurkunde**

**für die Dampfstraßenbahn von Heilbronn Sülmertor nach Neckargartach.**

Mit Allerhöchster Ermächtigung Seiner Königlichen Majestät vom 5. Dezember d. Js. wird auf Grund des Art. 6 des Gesetzes vom 18. April 1843, betreffend den Bau von Eisenbahnen, der

**Stadtgemeinde Heilbronn**

die Genehmigung zum Bau und Betrieb einer Dampfstraßenbahn für den öffentlichen Personenverkehr zwischen der Staatsbahnstation Heilbronn Sülmertor und Neckargartach unter den nachstehenden Bedingungen erteilt.

§ 1.

Die Unternehmerin ist den bestehenden und den künftig ergehenden Reichs- und Landesgesetzen ohne weiteres unterworfen.

§ 2.

Der Gemeinderat Heilbronn und die etwa für die Bahn aufgestellten Betriebsleiter sind der Aufsichtsbehörde für die Geschäftsführung, soweit sie der staatlichen Beaufsichtigung unterliegt, verantwortlich. Die Wahl der Betriebsleiter und die Geschäftsanweisung für sie bedürfen der Genehmigung des Ministeriums der auswärtigen Angelegenheiten, Verkehrsabteilung.

Die Beamten des Eisenbahnunternehmens müssen Angehörige des Deutschen Reichs sein.

719

§ 23.

Für die Erteilung der Genehmigung wird auf Grund der Nr. 21 des Sporteltarifs eine Sportel von 125 M angesetzt.

Stuttgart, den 13. Dezember 1911.

K. Ministerium der auswärtigen Angelegenheiten, Verkehrsabteilung.

Weizsäcker.

---

*Nach langem Hin und Her entschied sich Heilbronn für den Betrieb einer Dampfstraßenbahn und erhielt hierfür am 13. Dezember 1911 die Genehmigung*

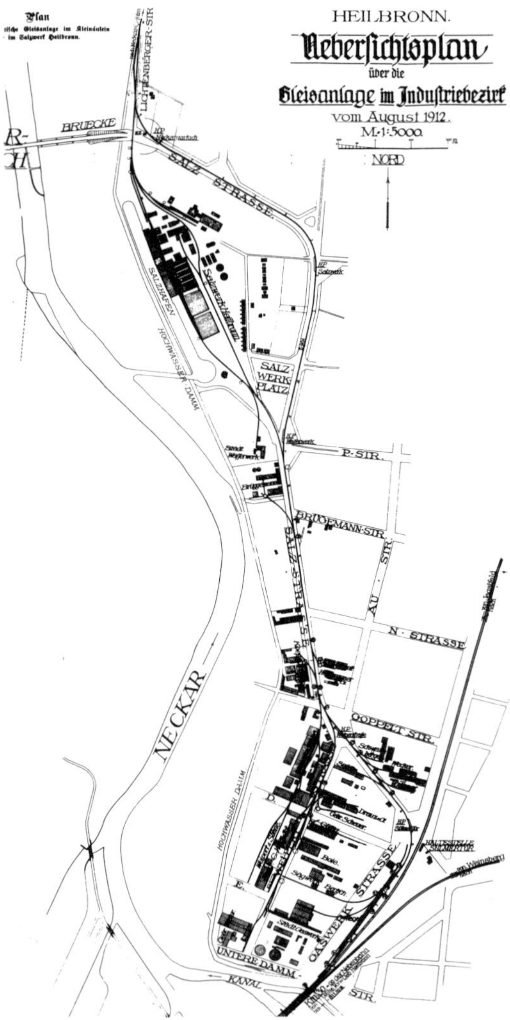


Fahrgäste hölzerne Wartehäuschen aufgestellt worden. Für den Personenzugbetrieb mietete das Salzwerk von den Kgl. Württ. Staatseisenbahnen drei vierachsige Personenwagen mit je 72 Sitzplätzen. Die Wagenpflege erfolgte durch das Salzwerk, die Wagenwartung und -revision wurde jedoch von den Staatseisenbahnen durchgeführt. Gezogen wurden die Staatsbahnpersonenwagen von den kleinen Rangier-Dampflokomotiven des Salzwerks, die hierfür entsprechende Bremsanlagen eingebaut erhielten. Nachdem das Betriebs- und Fahrpersonal anhand der hierzu speziell herausgegebenen Dienstvorschriften (die übrigens denen der Staatseisenbahnen und anderer Nebenbahnen entsprachen) beschult und die Lokomotivführer für den Personenverkehr eingelernt worden waren, konnte am Donnerstag, 17. Juli 1912 um 9.30 Uhr die offizielle Probe- und Abnahmefahrt durchgeführt werden. Diese verlief erwartungsgemäß ohne Anstände und die Teilnehmer wurden daran anschließend in der kleinen Wartehalle nahe der Neckarbrücke bei Neckargartach mit einem Imbiß belohnt.

Am Montag, 26. Juli 1912 eröffnete die Bahn mit Betriebsbeginn den fahrplanmäßigen Verkehr zwischen Heilbronn, Sülmertor und Neckargartach. Die Dampfstraßenbahn verkehrte werktags von 5.26 Uhr bis 22.11 Uhr 14mal und sonn- und feiertags 10mal zwischen der Neckarbrücke Neckargartach und dem Sülmertor bzw. umgekehrt. Die Fahrpreise betrugen für die Einzelfahrt je Person und Richtung 10 Pfennige, für Kinder bis zu 14 Jahren 5 Pfennige. Die Arbeiterwochenkarten, die zu sechs Fahrten je Richtung galten, kosteten 60 Pfennige, eine Monatskarte für Schüler

**Betriebs-Vorschriften**

**und**

**Signal-Ordnung**

**für die**

**Dampf-Straßenbahn**

**Heilbronn Sülmertor-Neckargartach.**

**Heilbronn,** im August 1912.

**Dampfstraßenbahn**
**Heilbronn Sülmertor—Neckargartach**
**Salzwerk Heilbronn**

Lichtenberger. Lotz.

Genehmigt
von der Generaldirektion der K. W. St. E.
mit Nr. 3164 vom 5. November 1912.

## A. Betriebs-Vorschriften.

### Abschnitt I.

### A. Allgemeines.

§ 1.

**Stationsanlagen.**

Die städtische Gleisanlage im Kleinäulein besteht aus 3 Hauptgleisen mit ebensoviel Stumpfgleisen. (Siehe Anlage 4.)

Als Gleis 1 wird das an der Gaswerkstraße liegende Verladegleis bezeichnet. Gleis 3 ist das den Staatsbahngleisen nächstgelegene Gleis mit Fortsetzung nach der Neckarbrücke; das dazwischen liegende mittlere Gleis wird als Gleis 2 bezeichnet. Das städtische Industriebahngleis mündet bei km 2+960 in die Salzwerkbahn.

Zwischen den beiden 2,3 km von einander entfernten Endstationen Heilbronn Sülmertor (bei der städtischen Industriegleisanlage im Kleinäulein) und der Neckarbrücke sind Haltepunkte vorhanden:

a) an der Kreuzung der Salzstraße mit der Weipertstraße,
b) beim städtischen Wasserwerk und
c) beim Fußweg zum Salzwerk bei km 2+300.

Endstationen wie Haltepunkte werden als Stationen bezeichnet.

1,50 Mark. Zunächst wurde das neue Verkehrsmittel rege benützt, so daß der Abmangel sich in Grenzen hielt. Die Anbindung Neckargartachs an den öffentlichen Nahverkehr mit dieser Dampfstraßenbahn konnte jedoch nur als Provisorium angesehen werden, da für die Neckargartacher Bürger der Anmarschweg über den Neckar zur Endstation auf der anderen Seite der Neckarbrücke verhältnismäßig lang war. Daher blieb auch nach wie vor der Wunsch nach einer „echten" Straßenbahn stets wach.

Mit Ausbruch des Ersten Weltkriegs wurde ein Teil des Personals des Salzwerks, das bei der Dampfstraßenbahn beschäftigt war, zum Kriegsdienst eingezogen. Aus diesem Grunde mußte der Betrieb auf der Dampfstraßenbahn eingeschränkt werden. Werktäglich fuhren nur noch 9 Zugpaare, sonn- und feiertags ruhte der Betrieb vollständig. Wegen des angewachsenen Rangierbetriebs im Industriegelände wurde die Gleisanlage und die Lokomotiven des Salzwerks stark beansprucht. Die dringend erforderlich gewordenen Unterhaltungs- und Instandhaltungsarbeiten an der Strecke konnten wegen des Personal- und Materialmangels nur notdürftig durchgeführt werden. Auch an den Lokomotiven konnte nur das allernötigste an Revisionsarbeiten erledigt werden, so daß die gesamte Anlage bereits Ende 1917 derart abgewirtschaftet war, daß man schon mit einer Einstellung der Bahn rechnete. Mit Unterstützung der Stadt Heilbronn und vor allem der Gemeinde Neckargartach konnte die Strecke jedoch nochmals soweit aufgerichtet werden, daß – nachdem auch das Salzwerk die Lokomotiven wieder überholt hatte – der Betrieb doch noch weitergeführt werden konnte.

Die Dampfstraßenbahn Heilbronn – Neckargar-

## Fahrplan der Dampf-Straßenbahn

**Heilbronn-Sülmer-Tor — Neckarbrücke-Neckargartach.**

| | | W | W | W | | W | F | | F | | W | W | | F | | W | | | | | |
|---|---|---|---|---|---|---|---|---|---|---|---|---|---|---|---|---|---|---|---|---|---|
| Neckargartach-Neckarbrücke | ab | $5^{26}$ | $5^{52}$ | $6^{26}$ | $5^{52}$ | $7^{33}$ | $9^{13}$ | — | $11^{03}$ | $11^{33}$ | $12^{08}$ | $1^{03}$ | $1^{33}$ | $3^{11}$ | — | $5^{11}$ | $6^{03}$ | $6^{33}$ | $7^{33}$ | - | [illegible] |
| Heilbronn-Sülmertor | an | $5^{36}$ | $6^{02}$ | $6^{36}$ | $7^{02}$ | $7^{43}$ | $9^{28}$ | — | $11^{13}$ | $11^{43}$ | $12^{13}$ | $1^{13}$ | $1^{43}$ | $3^{21}$ | — | $5^{21}$ | $6^{13}$ | $6^{43}$ | $7^{43}$ | — | [illegible] |

| | | W | W | W | | | F | W | F | | W | W | F | F | W | W | | | F | W | |
|---|---|---|---|---|---|---|---|---|---|---|---|---|---|---|---|---|---|---|---|---|---|
| Heilbronn-Sülmertor | ab | $5^{30}$ | $6^{04}$ | $6^{30}$ | $7^{05}$ | — | $9^{31}$ | $10^{16}$ | $11^{16}$ | $11^{16}$ | $12^{16}$ | $1^{16}$ | $1^{46}$ | $3^{26}$ | $4^{16}$ | $5^{26}$ | $6^{16}$ | $6^{46}$ | $7^{46}$ | $9^{31}$ | $10^{01}$ |
| Neckargartach-Neckarbrücke | an | $5^{40}$ | $6^{15}$ | $6^{40}$ | $7^{15}$ | — | $9^{41}$ | $10^{26}$ | $11^{26}$ | $11^{26}$ | $12^{26}$ | $1^{26}$ | $1^{56}$ | $3^{36}$ | $4^{26}$ | $5^{36}$ | $6^{26}$ | $6^{56}$ | $7^{56}$ | $9^{41}$ | $10^{11}$ |

Die mit W bezeichneten Züge verkehren nur Werktags, mit F bezeichneten nur Sonn- und Feiertags. Alle andern Züge verkehren täglich. Die ersten drei Frühzüge fahren nach Bedarf auch Sonn- und Feiertags. Haltestellen: Sülmertor, Weipertstraße, Wasserwerk, Salzwerk, Neckarbrücke. Fahrpreise Für Erwachsene 10 Pfg., für Kinder bis 14 Jahre 5 Pfg. die einfache Fahrt. Wochenkarte für Arbeiter 60 Pfg. für tägliche 2 malige Fahrt (auch Sonntags sofern derselbe Arbeitstag ist). Monatskarte für Schüler Mk. 1.50 für beliebige Fahrten.

**Zum Ausschneiden und Aufheben.**

tach erwies sich von Anfang an als ein Zuschußbetrieb. In den Jahresberichten (das Geschäftsjahr umfaßte jeweils den Zeitraum 1. Juli bis 30. Juni) machte das Salzwerk für den Personenverkehr folgende Fehlbeträge geltend:

*Eigenes Rollmaterial besaß die Dampfstraßenbahn nie. Die von der Königl. Württ. Staatseisenbahn gemieteten vierachsigen Personenwagen wurden von den Dreikuppler-Dampfloks des Salzwerks gezogen*

| Geschäftsjahr | Fehlbetrag |
|---|---|
| 1912/13 | 16 029.77 M |
| 1913/14 | 17 924.15 M |
| 1915/16 | 22 370.25 M |
| 1916/17 | 13 069.78 M |
| 1917/18 | 2 483.33 M |
| 1918/19 | 37 371.90 M |
| 1919/20 | 101 191.98 M |
| 1920/21 | 193 762.61 M |

Für das Geschäftsjahr 1921/22 wurde im Januar 1922 ebenfalls ein Abmangel von mindestens 163 209 M hochgerechnet. In der damals schwierigen wirtschaftlichen Lage sah sich das Salzwerk daher nicht mehr in der Lage, auch nur einen Teil des zu erwartenden Defizits aus dem Betrieb der Dampfstraßenbahn aufzufangen und kündigte deshalb den bestehenden Betriebsführungsvertrag fristgemäß zum 28. Februar 1922.
Die Gemeinde Neckargartach, die sich seit 1891 immer wieder um eine Straßenbahnverbindung nach Heilbronn bemühte und die rechtsufrige Dampfstraßenbahn von jeher nur als Ersatzlösung ansah, erkannte schon frühzeitig die Absetzbewegungen des Salzwerks. Seit dem 14. Februar 1921 ließ daher der rührige Neckargartacher Schultheiß Haspel nichts unversucht, bei der Stadt Heilbronn darauf hinzuweisen, daß das „Provisorium Dampfstraßenbahn" wenigstens bis zur Errichtung einer direkt in den Ort Neckargartach führenden elektrischen Straßenbahn erhalten bleiben müsse. Für Neckargartach war diese Nahverkehrsverbindung sehr wichtig, denn immerhin wurden im Jahre 1920 307 680 und 1921 236 240 Personen mit dieser Bahn befördert. Die Stadt Heilbronn verhielt sich jedoch recht zögerlich. Einerseits konnte sie sich zu keinem definitiven Entschluß durchringen, da mit der geplanten Erschließung des Industriegebiets rechts des Neckars – das an eine elektrische Straßenbahnlinie zur Stadt angeschlossen werden sollte – auch die straßenbahnmäßige Anbindung Neckargartachs vorgesehen war. Die diesbezüglichen Planungen waren seinerzeit jedoch noch nicht soweit gediehen, daß man mit ihrer baldigen Verwirklichung hätte rechnen können. Andererseits konnte sich die Stadt Heilbronn zunächst auch nicht mit dem Salzwerk über die Bedingungen für einen neuen Betriebsführungsvertrag ab dem 1. März 1922 einigen.
Als der vom Salzwerk bekanntgegebene Kündigungstermin – der gleichzeitig auch als Termin für die Einstellung des Personenverkehrs auf der Dampfstraßenbahn benannt wurde – ohne sichtbare Ergebnisse immer näher rückte und keine Stelle bereit war, eine schlüssige Antwort zur Dampfstraßenbahnfrage abzugeben, wurde am 19. Februar 1922 in Neckargartach eine Bürgerversammlung abgehalten. Die Heilbronner Nekkar-Zeitung berichtete hierüber in ihrer Ausgabe vom 20. Februar 1922 unter anderem: „Bei der Massenversammlung gestern im Hirschsaal in Neckargartach . . . wurde nach gründlicher Aussprache folgende Resolution gefaßt: ‚Die heute hier versammelten Einwohner von Neckargartach, die zum Teil selbst oder durch ihre Angehörigen (Schüler) an dem Weiterbetrieb der Dampfstraßenbahn Heilbronn – Neckargartach interessiert sind, bitten das hohe Ministerium der auswärtigen Angelegenheiten (Verkehrsabteilung) ergebenst, von dem § 16 der Stadt Heilbronn erteilten Genehmigungsurkunde für die Dampfstraßenbahn Heilbronn, Sülmertor nach Neckar-

gartach vom 13. Dezember 1911 Gebrauch zu machen und die auf 28. ds. Mts. angekündigte Einstellung der Bahn als dem öffentlichen Interesse widersprechend nicht genehmigen. Die seit 10 Jahren betriebene Dampfstraßenbahn ist für die vielen hiesigen in Heilbronn arbeitenden Personen und die Heilbronner Schulen besuchenden Schüler das einzige Verkehrsmittel und namentlich bei den zur Zeit herrschenden Teuerungsverhältnissen nicht zu entbehren.'"

Auf Wunsch der Versammlung wurde eine Kommission mit Schultheiß Haspel als Vorsitzenden gebildet, die den Auftrag erhielt, die Resolution bei den zuständigen Stellen in Stuttgart vorzutragen.

Aufgrund dieser Versammlung wurde von den Beteiligten an der Dampfstraßenbahn (die Stadt Heilbronn als Konzessionsinhaberin, dem Salzwerk als Betriebsführer und Gesteller der Lokomotiven sowie der Generaldirektion der Eisenbahn als Gesteller der Personenwagen sowie als Aufsichtsführerin) eine nichtöffentliche Sitzung über die Dampfstraßenbahnfrage geführt, bei der das Ergebnis erzielt wurde, daß die Bahn – zunächst ohne neuen Betriebsführungsvertrag – weitergeführt wird und die Stadt Heilbronn das entstehende Defizit ausgleicht. Daraufhin verkehrten die Dampfzüge weiterhin ab dem Sülmertor durch die Salzstraße bis zur Neckarbrücke bei Neckargartach.

Im Laufe des Jahres 1922 verschlechterte sich jedoch die allgemeine wirtschaftliche Lage und die Kosten für den Betrieb der Dampfstraßenbahn überstiegen die Finanzkraft der Stadt Heilbronn und des Salzwerks. Die Betreiber waren daher gezwungen, den Fahrplan auszudünnen. Schließlich konnte ab dem 15. Januar 1923 nur noch ein Notbetrieb von je einem Zugpaar werktag morgens und abends durchgeführt werden. Ende Februar 1923 mußte der Betrieb wegen der ins Unermeßliche gestiegenen Kosten bei gleichzeitig stark schwindenden Benutzerzahlen ganz eingestellt werden.

Nach der Inflation wurde im Jahre 1924 zunächst an eine Wiederaufnahme des Betriebs der Dampfstraßenbahn gedacht, doch konnte zwischen der Stadt Heilbronn und dem Salzwerk keine Einigung über die Bedingungen für einen neuen Betriebsführungsvertrag erzielt werden. So lag die Dampfstraßenbahn weiterhin still und Neckargartach war ohne ein öffentliches Nahverkehrsmittel. Zur gleichen Zeit wurde aber bereits ernsthaft von verschiedenen Seiten an Plänen für eine elektrische Straßenbahn zwischen Heilbronn und Neckargartach gearbeitet (vgl. hierzu Seite 66), worauf die Gespräche zwischen der Stadt Heilbronn und dem Salzwerk wegen der Wiederaufnahme des Dampfstraßenbahn-Betriebs eingestellt wurden.

Auf Antrag der Stadt Heilbronn erklärte am 26. April 1926 das württembergische Arbeitsministerium die Genehmigung des Betriebs einer Dampfstraßenbahn für den öffentlichen Personenverkehr zwischen der Reichsbahnstation Heilbronn-Sülmertor und Neckargartach für erloschen. Damit war die Aera des Dampfstraßenbahnbetriebs in Heilbronn und damit auch in Württemberg zu Ende gegangen.

# Die Ausdehnung des Schienennetzes nach dem Ersten Weltkrieg

## Ein hoffnungsvoller Beginn

Nach Beendigung des Ersten Weltkrieges begann die Direktion der Heilbronner Straßenbahnen sofort damit, die längst fälligen Instandsetzungsarbeiten sowohl bei den Gleis- und

*Bis 1931 fuhr die Seitenlinie durch die enge Fleiner Straße. Bei der Kilianskirche fährt der Sontheimer Wagen*

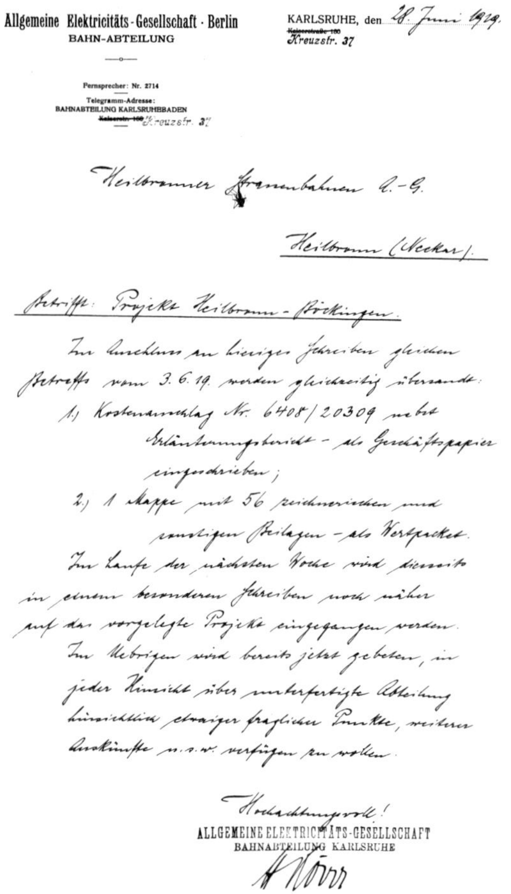

Allgemeine Elektricitäts-Gesellschaft · Berlin
BAHN-ABTEILUNG

Fernsprecher: Nr. 2714
Telegramm-Adresse:
BAHNABTEILUNG KARLSRUHEBADEN
~~Kaiserstr. 160~~ Kreuzstr. 37

KARLSRUHE, den 28. Juni 1919.
~~Kaiserstraße 160~~
Kreuzstr. 37

Heilbronner Strassenbahnen A.-G.

Heilbronn (Neckar).

Betrifft: Projekt Heilbronn-Böckingen.

Im Anschluss an hiesiges Schreiben gleichen Betreffs vom 3.6.19. werden gleichzeitig übersandt:

1.) Kostenanschlag Nr. 6408/20309 nebst Erläuterungsbericht – als Geschäftspapier eingeschrieben;

2.) 1 Mappe mit 56 zeichnerischen und sonstigen Beilagen – als Wertpacket.

Im Laufe der nächsten Woche wird diesseits in einem besonderen Schreiben noch näher auf das vorgelegte Projekt eingegangen werden.

Im Uebrigen wird bereits jetzt gebeten, in jeder Hinsicht über unterfertigte Abteilung hinsichtlich etwaiger fraglicher Punkte, weitere Auskünfte u.s.w. verfügen zu wollen.

Hochachtungsvoll!
ALLGEMEINE ELEKTRICITÄTS-GESELLSCHAFT
BAHNABTEILUNG KARLSRUHE
H. Körr

*1919 ging bei der Heilbronner Straßenbahnen AG dieses handgeschriebene Angebot zum Bau einer Straßenbahn nach Böckingen ein*

Oberleitungsanlagen als auch bei den Trieb- und Beiwagen durchzuführen, was sich allerdings über das ganze Jahr 1919 hinzog. Die wirtschaftlichen Zeichen standen zunächst recht günstig, so daß man auch auf Verlangen der Gemeinde Böckingen das seit Jahren ruhende Straßenbahnprojekt wieder aufgriff und neu bearbeitete. Anfang Mai 1919 forderte die Direktion der Heilbronner Straßenbahnen die in Karlsruhe befindliche „Bahnabteilung" der Allgemeinen Elektrizitäts-Gesellschaft in Berlin (AEG) zur Abgabe eines Angebots für eine Straßenbahnverbindung von Heilbronn nach Böckingen auf.
Bereits Ende Juni 1919 lag eine vielversprechende Offerte der AEG auf dem Tisch des Hauses, die folgende Streckenführung nach Böckingen vorsah: Hauptbahnhof Heilbronn – Weststraße – Frankfurter Straße – Staatsbahnunterführung – Großgartacher Straße – Weststraße, Böckingen, mit schienengleichem Bahnübergang der Staatsbahnstrecke Heilbronn – Eppingen, und weiter durch die Weststraße – Friedrichstraße – Frankenbacher Straße bis Kapellenstraße.
Die vorgenannte Kreuzung der Bahnlinie bereitete Schwierigkeiten. Zwar war eine Unterführung der Strecke geplant, doch wollte man diesmal nicht mit dem Bau der Straßenbahn warten und suchte daher nach einer anderen Lösung. Die Württ. Staatseisenbahn gestattete ein Überfahren ihrer Schienen mit fahrplanmäßigen Straßenbahnzügen nicht. Lediglich zu Betriebsbeginn und -schluß wollte sie ein Überstellen der benötigten Fahrzeuge zulassen. So ging man bei der weiteren Planung von einer zweigeteilten Linie mit Umsteigebetrieb aus.
Die AEG errechnete einen Wagenbedarf für den „Verkehrsabschnitt I: Heilbronn, Kaserne – Kiliansplatz – Hauptbahnhof – Bahnkreuzung Böckingen" von vier Trieb- und sechs Beiwagen und für den „Verkehrsabschnitt II Pendelverkehr Böckingen" von der Bahnkreuzung bis zur Kapellenstraße von einem Trieb- mit einem Beiwagen. Die insgesamt fünf Trieb- und sieben Beiwagen sollten wegen der vorgesehenen niedrigen Bahnunterführung bei der Großgartacher Straße von vornherein ohne einen Lüftungsaufsatz (Laternendach) sondern mit einem Tonnendach geliefert werden. Man errechnete, daß während der Hauptverkehrszeiten bei einem 7 1/2-Minuten-Verkehr mit Dreiwagenzügen insgesamt 1200 Personen stündlich je Richtung befördert werden könnten, wobei der zweite Beiwagen der Züge aus Böckingen dann jeweils am Hauptbahnhof hätte abgehängt werden müssen.
Der AEG-Kostenvoranschlag sah für die Triebwagen einen Gesamtpreis von ca. 15 000 Mark und die Beiwagen von 7 500 Mark vor. Es war vorgesehen, bis zur Bahnkreuzung die Strecke zweigleisig auszubauen mit Schienen der Firma Vögele, Mannheim mit einem Gewicht von 42,8 kg/m und einer Länge von 15 Metern.
Obgleich das Projekt von den zuständigen Stellen zügig behandelt und bearbeitet wurde, überrollte es die Zeit. Der allgemeine Niedergang der deutschen Wirtschaft, die Kriegslasten und die beginnende Geldknappheit wirkten sich auch bei den öffentlichen Nahverkehrsunternehmen spürbar in rückläufigen Fahrgastzahlen und Einnahmen aus. Wegen dieser Gründe mußte auch die Stadt Heilbronn von einem Gesuch zum Bau und Betrieb dieser Straßenbahnlinie nach Böckingen wieder einmal Abstand nehmen.

## Die Inflation und der Niedergang des Straßenbahnbetriebs

Die allgemeinen wirtschaftlichen Nachkriegsschwierigkeiten der Industrie und des Gewerbes machten auch vor den Heilbronner Straßenbahnen nicht Halt. Die Kaufkraft der einst so stabilen Mark schwand in einer noch nie dagewesenen Eile dahin. Gleichzeitig war ein Niedergang in allen Erwerbszweigen zu verzeichnen, was sich dann zwangsläufig auch bei den Fahrgastzahlen der Straßenbahn auswirkte. Durch die sehr stark rückläufige Frequenz sanken die Einnahmen trotz laufender Fahrpreiserhöhungen. Demgegenüber stiegen aber die Ausgaben ins Unermeßliche, so daß der Straßenbahnbetrieb nur noch mit finanzieller Unterstützung der Stadt Heilbronn aufrechterhalten werden konnte. Trotz der laufend gewährten Zuschüsse gab es ab dem 15. Januar 1923 einen Straßenbahnbetrieb nur noch an Werktagen von 6.15 bis 8.15 Uhr, 11.30 bis 14.30 Uhr und von 16.00 bis 19.00 Uhr. Ende Februar mußte dann sogar der gesamte Straßenbahnverkehr eingestellt werden. Lediglich zwischen dem Südbahnhof und Sontheim pendelte noch ein Triebwagen, da die Gemeinde Sontheim die Betriebskosten für diesen Wagen und die Lohnkosten für drei Mann Personal voll auf die Gemeindekasse übernahm. Bis auf eine verschwindend kleine Zahl mußte die Heilbronner Straßenbahnen AG ihr Personal entlassen. Auf Vermittlung der Stadt Heilbronn konnten einige Schaffner und Wagenführer sowie das Werkstattpersonal bei verschiedenen anderen Betrieben der Stadt untergebracht werden.

## Die Straßenbahn blüht wieder auf

Zur Stabilisierung der durch die Inflation ins Unermeßliche aufgeblähten deutschen Währung wurde per Gesetz vom 13. Oktober 1923 als Zwischenlösung – bis zur Einführung der „Reichsmark" am 30. August 1924 – die „Rentenmark" eingeführt. Damit wurde es möglich, im November 1923 die Papiermark abzuwerten und zwar von 1 Billion Mark auf den Wert von 1 Goldmark. Durch diese Maßnahme erholte die bis dahin sich abwartend verhaltende und unsicher gewordene deutsche Wirtschaft sehr rasch wieder. Das Handwerk und die Industrie erhielten neue Impulse, der Handel florierte. Mit dem Aufblühen der

*Romantische Sülmer Straße um 1920. Die offenen Triebwagen erhielten zwischenzeitlich verglaste Plattformen*

*Am Sonnenbrunnen nahmen die Böckinger am 21. August 1926 ihre Straßenbahn in Empfang*

Wirtschaft erwachte auch in Heilbronn bei der Bürgerschaft wieder das Verlangen nach einem öffentlichen Nahverkehrsmittel. Man war wieder in der Lage, den Fahrpreis zu bezahlen.
Um den seit fast einem Jahr – mit Ausnahme der Strecke Südbahnhof – Sontheim – völlig ruhenden Straßenbahnbetrieb zum 5. April 1924 wieder aufnehmen zu können, ersuchte die Direktion der Heilbronner Straßenbahnen AG alle ehemaligen Straßenbahnangehörigen, sich dem Unternehmen wieder zur Verfügung zu stellen. Ein Großteil der ehemaligen Straßenbahner kam den öffentlichen und persönlichen Aufrufen sofort, ein Teil jedoch mehr oder weniger zögerlich nach. Andere hingegen, die bereits in einem festen und sicheren Arbeitsverhältnis standen, verhielten sich ablehnend.
Der Betrieb kam nur langsam ins „Rollen", denn zunächst mußten die ganzen technischen Einrichtungen und die Fahrzeuge überprüft werden. Zwar konnte dann am 5. April 1924 auf allen Linien der Verkehr aufgenommen werden, doch zunächst nur in größeren Zeitabständen. Erst nachdem wieder genügend Beschäftigte zur Straßenbahn zurückgekehrt bzw. genügend neues Personal eingestellt und ausreichend ausgebildet worden war, konnte nach wenigen Wochen die altgewohnte Verkehrsdichte auf allen Strecken eingeführt werden.
Mit dem erneuten Aufblühen von Handel und Gewerbe regte sich sowohl bei den Bürgern, die in den Randbezirken Heilbronns ansässig waren, als auch in den Nachbargemeinden der Wunsch nach einer günstigen Nahverkehrsverbindung und einem Anschluß an das Heilbronner Straßenbahnnetz. Bereits im Sommer 1924 regten die Schultheisse von Böckingen und Neckargartach die „Straßenbahnfrage" einerseits bei der Stadtverwaltung Heilbronns und andererseits bei der Direktion der Heilbronner Straßenbahnen AG an. Daraufhin wurde das Problem der Ausweitung des Straßenbahnnetzes im Aufsichtsrat der Heilbronner Straßenbahnen AG eingehend erörtert und der Entschluß gefaßt, dem Heilbronner Gemeinderat zu empfehlen, der Erweiterung und dem Aus- bzw. Neubau zuzustimmen:

I. Erweiterung des Netzes:
   a) zu den Nachbargemeinden Böckingen und Neckargartach,
   b) von der Karlstraße zum Karlstor und
   c) von der Oststraße durch die Wollhausstraße zum Friedhof
II. Ausbau der vorhandenen Strecken, um den erweiterten Vorortverkehr aufnehmen zu können, durch
   a) zweigleisigen Ausbau der Kaiserstraße zwischen Neckarbrücke und Gerberstraße sowie zwischen Marktplatz und Kiliansplatz
   b) Umbau der Gleisanlage am Kiliansplatz für den Übergang der künftigen Böckinger Linie auf die Sontheimer Linie sowie der direkten Verbindung der Strecke vom Sülmertor zum Friedhof
   c) Herausnahme des Straßenbahnverkehrs aus der engen und verkehrsungünstigen Fleiner Straße zwischen Kiliansplatz und Wilhelmstraße, dafür neue Führung durch die Klara- und Hohe Straße
   d) Einbau eines Verbindungsgleises für die Friedhoflinie über die Klara- und Kilianstraße zur Titotstraße.

Das diesbezügliche Schreiben des Aufsichtsrats der Straßenbahnen an den Heilbronner Gemeinderat vom 11. Oktober 1924 regte daraufhin dort heftige Diskussionen an. Während ein Teil der Gemeinderatsmitglieder die Ansicht vertrat, daß die sehr überholungsbedürftige Straßenbahn Heilbronns nicht mehr den Anforderungen entspreche und *„nicht mehr modern"* sei und deswegen durch Autobusse neuester Bauart – wie sie sich in anderen Städten schon bestens bewährt hätten – ersetzt werden müsse, stimmte die Mehrzahl der Mitglieder dann doch der Beibehaltung sowie der Erneuerung, Erweiterung und dem Ausbau der Straßenbahn grundsätzlich zu, so wie es der Aufsichtsrat vorgeschlagen hatte.
Die Straßenbahndirektion erhielt von der Stadtverwaltung daraufhin den Auftrag, baureife Pläne für die beiden neuen Strecken zum Karlstor und zum Friedhof herzustellen. Noch im Herbst 1924 wurden diese Bauvorhaben ausgeschrieben und vergeben. Im Januar 1925 begann man bereits mit den Bauarbeiten. Von der Karlstraße

*Mit großer Freude erwarten die Böckinger Bürger am 21. August 1926 die ersten Wagen der Vorort-Straßenbahn*

ENDLICH ERREICHT
1897 1926

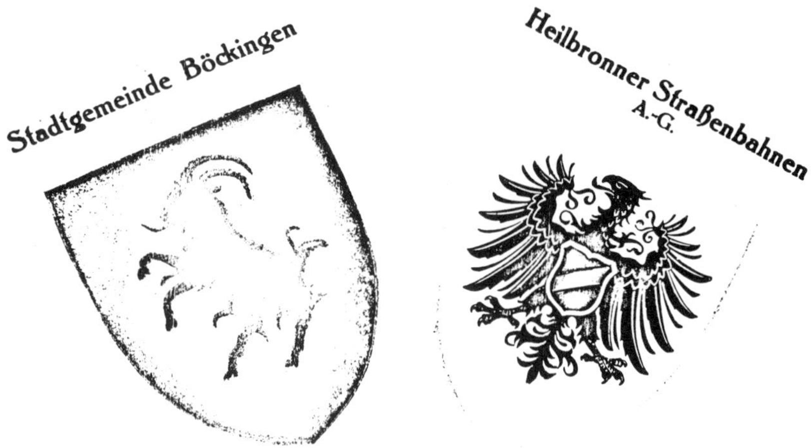


**INBETRIEBNAHME**

der

*neuerbauten Strassenbahn Heilbronn-Böckingen*

am Samstag, den 21. August 1926, nachm. 3 Uhr

*

Am Samstag, den 21. August 1926, nachmittags 3 Uhr findet die Inbetriebnahme der Strassenbahn Heilbronn-Böckingen statt, und beehren wir uns, Sie hiezu freundlichst einzuladen.

Wir würden uns ganz besonders freuen, Sie hier begrüssen zu dürfen.

Böckingen-Heilbronn, den 14. August 1926.

*Namens d. Gemeinderats Böckingen* — Vors. Stadtschultheiss Alter.

*Heilbronner Strassenbahnen A.-G.* — Direktor Manz

wurde die etwa 400 m lange eingleisige Verlängerung nach links in die Kernerstraße eingeführt. Bei der Kreuzung Schillerstraße legte man eine 80 m lange Ausweiche an, danach erstreckte sich das Gleis weiter bis zum Karlstorbahnhof, wo es bei der Einmündung der Weinsberger Straße stumpf endete.
Die zweite knapp 600 m messende Verlängerung begann in der Wollhausstraße bei der Oststraße und führte ebenfalls eingleisig weiter bis vor den Haupteingang des „Neuen Friedhofs" bei der Einmündung der Friedhofstraße in die Wollhausstraße, wo sie – wie die Karlstorstrecke – stumpf endete. Für beide Linien war lediglich der Einsatz von Triebwagen vorgesehen, da an den Endstationen nicht umgesetzt werden konnte.
Bereits Mitte Mai 1925 konnten beide Strecken feierlich dem Verkehr übergeben werden.
Anschließend an die Verlängerung der Stadtstrecken wurden die Ausbaumaßnahmen am Kiliansplatz und in der Kaiserstraße in Angriff genommen und die stark abgewirtschaftete Strecke von der Wilhelmstraße nach Sontheim saniert. Diese Vorhaben waren jedoch so kostenintensiv, daß die weiteren Ausbauprojekte – mit Ausnahme der Strecke nach Böckingen – wegen der angespannten finanziellen Lage der Heilbronner Straßenbahnen AG nicht bzw. erst anfangs der dreißiger Jahre verwirklicht werden konnten.

*Wer im Besitze einer offiziellen Einladung war, konnte am 21. August 1926 gratis auf der neuen Straßenbahnlinie nach Böckingen fahren, alle anderen Fahrgäste hatten bereits am ersten Tag zu zahlen*

## Die Vorortstraßenbahn nach Böckingen

Die Stadtgemeinde Böckingen, die 1925 annähernd 11 500 Einwohner zählte und noch immer ohne einen befriedigenden Anschluß an das öffentliche Nahverkehrsnetz war, versuchte nach der Inflation endlich an das Heilbronner Straßenbahnnetz angebunden zu werden. Die Stadtväter Heilbronns dagegen hielten sich zunächst zurück, um das „Neckar-Kanalprojekt" nicht zu stören. Man hätte die Böckinger Straßenbahnfrage am liebsten bis zur endgültigen Lösung der Kanalfrage zurückgestellt.
Anläßlich eines Gesprächs, auf die Straßenbahnverbindung angesprochen, bemerkte Oberbürgermeister Beutinger von Heilbronn beiläufig, daß einer Rundbahn durch Böckingen, wie sie einstens geplant worden war, aus finanziellen Gründen nicht nähergetreten werden könne.
Stadtschultheiß Alter von Böckingen wies diese Feststellung Beutingers zurück und entgegnete u. a.:„. . . Niemand hat bei uns an eine Rundbahn gedacht, sondern an eine Pendelbahn, die bei der Neckarbrücke oder beim Hauptbahnhof an die bestehende Straßenbahnlinie anschließt, durch die Großgartacher-, West-, Frankenbacher und Klingenberger Straße führt und denselben Weg wieder zurücknimmt. Der Vorschlag des Heilbronner Oberbürgermeisters, die Straßenbahn bis zum Hochwasserdamm zu bauen, ist unannehmbar. Uns nochmals mit Rücksicht auf den Neckarkanal zurückstellen zu wollen, wäre verfehlt. Dies ist seinerzeit schon geschehen, als wir dann zur Aushilfe die „Gleislose Straßenbahn" bekamen. Ich habe damals schon erklärt, daß die ersten Schienen der Straßenbahn abge-

DIE

**ERÖFFNUNGSFEIER**

wird folgenden Verlauf nehmen:

Nachmittags 2 Uhr: Sammlung der Böckinger Teilnehmer im Rathaus.
" $2^1/_2$ " Abfahrt von der Haltestelle Gartenstrasse nach Heilbronn **zum Hauptbahnhof.**
" 3 " Treffpunkt sämtlicher Festteilnehmer **beim Hauptbahnhof Heilbronn.**

VORTRAGE
a) Fest-Ouverture . . . . . . . . . . . . . . . . . . . . Lortzing
(Musikvereinigung Böckingen)
b) „Wach auf" . . . . . . . . . . . . . . . . . . . . R. Wagner
(Gemischter Chor des Gesangvereins Viktoria)

ANSCHLIESSEND
$3^1/_2$ " Abfahrt sämtlicher Festteilnehmer nach Böckingen bis zur Endstation.
*Sämtliche Festteilnehmer haben am Tage der Inbetriebnahme der Strassenbahn freie Fahrt. Als Ausweis für die Freifahrt genügt* ***dieses Programm.***

VORTAGE BEI DER ENDSTATION
a) „Nürnberger Puppe", Ouverture . . . . . . . . . . . . . Adam
(Musikvereinigung Böckingen)
b) Uebernahme der Strassenbahn durch **Herrn Direktor Manz**
c) „Ewig liebe Heimat" . . . . . . . . . . . . . . . . S. Breu
(Männerchor des Gesangvereins Viktoria)

fahren seien, bis der Neckarkanal komme. Wenn derselbe kommt und die Schienen noch gut sind, so verursacht die Verlegung in die neu zu führende Straße nur unbedeutende Kosten. Auch die Industrie Heilbronns hat das größte Interesse an einer Verkehrsverbindung zwischen den Nachbarorten. Ich nehme deshalb an, daß Herr Oberbürgermeister Beutinger auch mit Rücksicht auf die Industrie seine Ansicht ändert und uns in der Frage mehr unterstützt!"

Die Leitung der Heilbronner Straßenbahnen AG, die ihrerseits ein reges Interesse an der Verwirklichung dieser Verbindung hatte, erarbeitete Ende 1924 auf der Basis der bereits vorhandenen alten Unterlagen von 1919 Pläne für eine Straßenbahn Heilbronn – Böckingen. Sie beauftragte den Oberingenieur Hege von der Firma „Allgemeine Lokalbahn und Kraftwerk in Hörde" – der zu jener Zeit sich mit der Straßenbahnverbindung Heilbronn – Neckargartach befaßte – einen Kostenvoranschlag mit Rentabilitätsberechnung auszuarbeiten. Hege stellte aufgrund der vorliegenden Unterlagen fest, daß mit einem regen Verkehr zwischen Heilbronn und Böckingen und umgekehrt gerechnet werden dürfe. In Böckingen würden große Ladengeschäfte fehlen, außerdem seien mehr als 3500 Böckinger in Heilbronner Firmen beschäftigt, von denen ein beträchtlicher Teil mit der Straßenbahn zur Arbeit fahren werde. Die Heilbronner Straßenbahnen AG stellte darauf einen Vertragsentwurf zusammen, in dem die Baukosten für eine Straßenbahn Heilbronn – Böckingen mit 365 000 Mark angenommen wurden. Diese Summe sollte nach Ansicht der AG je zur Hälfte von der Stadt Heilbronn und der Stadt Böckingen aufgebracht und der Straßenbahn in Form eines Darlehens zur Verfügung gestellt werden. Am 20. März 1925 übergab die Direktion der Heilbronner Straßenbahnen AG den beiden Städten ihren Vertragsentwurf, worauf erneut mehrere Gespräche mit hitzigen Debatten in Gang kamen, bei denen auch verschiedene Änderungswünsche vorgebracht wurden. So forderte die Stadt Böckingen, daß ihr finanzieller Beitrag nicht durch Aufnahme eines Darlehens, sondern durch Aufstockung des Aktienkapitals der Straßenbahn aufgebracht werden solle. Einen Teil dieser neuen Aktien hätte die Stadt Böckingen übernommen. Dieses Begehren wurde jedoch von der Stadt Heilbronn abgelehnt, da man dadurch einen Einfluß Böckingens auf Heilbronner Straßenbahn-Angelegenheiten befürchtete.

Die Stadt Böckingen versuchte weiter, Einfluß auf die Verrechnung der Fahrpreise, die auf der späteren Böckinger und Heilbronner Strecke einge-

*Die neue Vorortstrecke nach Böckingen war ab dem Heilbronner Hauptbahnhof die Fortsetzung der alten „Stammlinie"*

nommen werden, zu nehmen. Außerdem wollte man ein Mitspracherecht bei der Fahrpreis- und Fahrplangestaltung sowie der Betriebsführung, was jedoch rundweg abgelehnt wurde.
Die Verhandlungen zogen sich wegen dieser Meinungsverschiedenheiten in die Länge. Trotzdem gelang es dann im September 1925, eine Einigung zwischen den beiden Gemeinden und der Heilbronner Straßenbahnen AG zu erreichen und einen Vertrag abzuschließen. Man einigte sich dabei auf folgende Linienführung: Vom Hauptbahnhof durch die Weststraße – Frankfurter Straße, der Hauptstraße Nr. 4 entlang und unter der Eisenbahn-(Hochflut-)Brücke hindurch zur Großgartacher Straße, sodann weiter auf Böckinger Markung bis zur Einmündung der Böckinger Weststraße, auf dieser weiter und nach der schienengleichen Überquerung der Kraichgaubahn Heilbronn – Eppingen – Karlsruhe durch die Sonnenbrunnenstraße – Frankenbacher Straße bis zur Klingenberger Straße bei der Einmündung der Kapellenstraße.
Die Verhandlungen mit der Deutschen Reichsbahn-Gesellschaft (DRG) wegen der Genehmigung dieses schienengleichen Übergangs zogen sich in die Länge. Die Meinungen prallten hart aufeinander und erst, als sich die Stadt Böckingen bereit erklärte, auf ihre seit Jahren beharrlich gestellte Forderung nach Einrichtung eines Haltepunkts an der Kraichgaubahn zu verzichten, kam es zwischen der Stadt und der DRG zu einer Einigung bezüglich der schienengleichen Kreuzung der Straßenbahn mit der Kraichgaubahn in der Weststraße. Daraufhin konnte die Heilbronner Straßenbahnen AG von der DRG am 11. Januar 1926 die Ermächtigung zur Überkreuzung der Bahnlinie und zur Errichtung einer Stützmauer zur Sicherung der reichsbahneigenen Häuser in der Großgartacher Straße sowie zur Verbreiterung der Böckinger Weststraße erlangen. Ferner konnte am 15. März 1926 ein Vertrag bezüglich der Unterführung der Hochflutbrücke mit der DRG abgeschlossen werden. Die Genehmigung zur schienengleichen Kreuzung der Kraichgaubahn erhielt die Straßenbahn allerdings offiziell erst am 29. November 1926, als die Straßenbahn bereits einige Monate fuhr.
Als schließlich noch die Gemeinde Böckingen sich verpflichtete, sich an den Baukosten der Straßenbahn mit 315 000 Mark zu beteiligen (die sie über eine Auslandsanleihe finanzierte), waren alle Hindernisse beseitigt.
Jetzt konnte Anfang April 1926 – trotz der ausstehenden Genehmigung – mit dem Bau der Strecke begonnen werden. Der kleinste Kurvenhalbmesser der 2,775 km langen Linie (ab Heilbronn Hauptbahnhof) betrug 20 m, die stärkste vorkom-

*Zunächst war die Böckinger Strecke am Hauptbahnhof und der Abzweig in die Weststraße eingleisig angelegt*

mende Steigung 4%. Eingebaut wurden Rillenschienen des Normalprofils 2 mit einem Metergewicht von 49,2 kg. Die Schienen kamen in Stücken zu 15 m zum Einbau und wurden auf einer Länge von jeweils 2,50 m mit sechs Spurstangen zusammengehalten. In Kurven kam das Normalprofil 2a mit verstärkter Zwangsschiene und einem Metergewicht von 52,4 kg zur Verwendung.

Als Fahrleitung installierte man eine einfache Straßenbahn-Oberleitung, die an 35 m voneinander entfernt stehenden Gittermasten mit einfachen Auslegern verspannt wurde. Am Bahnhofsplatz Heilbronn kamen Rundrohrmaste zur Aufstellung. Die Fahrleitung bestand aus zwei hartgezogenen kupfernen Normalprofildrähten mit einem Querschnitt von 65 $mm^2$.

Als Betriebsmittel hatte die Heilbronner Straßenbahnen AG bereits 1924 von der Crefelder Straßenbahn günstig fünf gebrauchte, dreifenstrige Triebwagen (Baujahr 1900) und von der Würzburger Straßenbahn GmbH sieben gebrauchte Triebwagen (Baujahr 1900) bezogen, die 1925/26 in der eigenen Werkstatt von Grund auf überholt und zu fast fabrikneuen fünf Trieb- und sieben Beiwagen hergerichtet wurden (vgl. Kapitel Fahrzeuge, Typen 3 und 54). Als Höchstgeschwindigkeit war für die Böckinger Strecke 40 km/h außerhalb und 25 km/h innerhalb geschlossener Ortschaften zugelassen worden.

Als im Juni 1926 vom Württembergischen Ministerium des Innern die mündliche Zusage gegeben wurde, daß mit einer baldigen Erteilung der Genehmigung gerechnet werden dürfe, forcierte man die abschließenden Bau- und Montagearbeiten. Die Strecke nach Böckingen war Mitte August bereits soweit hergestellt, daß am Mittwoch, 18. August 1926 schon die Abnahme- und Prüfungsfahrten erfolgen konnten, obwohl die Bau- und Betriebsgenehmigung erst mit Erlaß des Innenministeriums vom 16. September 1926, Nr. VII 3309 erteilt wurde. Da Böckingen dringend den Straßenbahnanschluß wünschte, wurde bereits am Samstag, 21. August 1926 die neue Strecke feierlich dem Betrieb übergeben. An diesem Jubeltage war die Stadt Böckingen festlich

*Von Böckingen kommend führte die Vorortlinie über den Hauptbahnhof und die Neckarbrücke – hier 1927 – zur Kaiserstraße*

*Die Vorortlinie nach Böckingen endete am Kiliansplatz bis zu dessen Umbau 1931*

*Ab Sommer 1929 erhielt die Stammlinie die Liniennummer 1 und die „Linie B" fuhr nach Böckingen*

herausgeputzt worden. Um 14.30 Uhr wurden die Böckinger Ehrengäste von bekränzten Straßenbahnzügen abgeholt und zum Hauptbahnhof Heilbronn gebracht. Dort begannen um 15 Uhr die offiziellen Feierlichkeiten mit Musik- und Gesangsdarbietungen der Böckinger Vereine. Darauf bestieg die Festgesellschaft die geschmückten Wagen und fuhr auf der neuen Strecke bis zur Endstation in Böckingen, wo eine jubelnde Menschenmenge die erste offizielle Straßenbahn erwartete. Doch nicht nur eitel Freude und Sonnenschein war geboten. Plakate mit der Aufschrift „Endlich erreicht –1897/1926–!" und ähnliche erinnerten daran (wie dann auch bei der Festrede zum Ausdruck kam), daß die Böckinger Bürger doch annähernd 30 Jahre auf diesen Nahverkehrsanschluß warten mußten. Umrahmt von Musik- und Gesangsdarbietungen wurde dann symbolisch dem Direktor Manz von der Heilbronner Straßenbahnen AG die neue Strecke übergeben. Danach begab sich die Festversammlung zu „Geck's Saalbau" in Böckingen, wo um 15.30 Uhr die von der Stadtgemeinde Böckingen und der Heilbronner Straßenbahnen AG ausgerichtete Einweihungsfeier mit 17 verschiedenen Programmpunkten zur Unterhaltung veranstaltet wurde. Sämtliche Festteilnehmer hatten am Tage der Eröffnung freie Fahrt auf der Strecke Heilbronn – Böckingen und umgekehrt, sofern sie im Besitz eines als Fahrausweis geltenden Festprogramms waren. Alle anderen Fahrgäste mußten bereits am ersten Tag ihren Obulus entrichten, wenn sie mit der Straßenbahn nach Böckingen bzw. nach Heilbronn fahren wollten. Am Sonntag, 22. August 1926 begann der offizielle fahrplanmäßige Betrieb auf der Böckinger Linie. Sie wurde mit der „Stammlinie" (Hauptbahnhof – Allee – Karlstraße) linienmäßig verbunden. Alle 15 Minuten fuhr ein Zug von bzw. nach Böckingen, während der Hauptverkehrszeiten morgens und abends alle 7 1/2 Minuten. Es zeigte sich bald, daß die schienengleiche Kreuzung mit der Kraichgaubahn sich sehr hinderlich auf den Betrieb auswirkte und oftmals zu Verspätungen führte. So erwog man bei der Reichsbahndirektion Stuttgart und der Stadt Böckingen bereits Ende 1926, die gefährliche und hinderliche Kreuzung durch eine Überführung zu ersetzen. Der Gemeinderat von Böckingen stimmte diesem Vorhaben am 15. Dezember 1926 zu. Zwar wurden nun die Pläne für eine Brücke über die Kraichgaubahn Heilbronn – Eppingen – Karlsruhe ausgearbeitet, sie wurde, – wie die Geschichte dann gezeigt hat –, für die Straßenbahn nie verwirklicht.

*Eingleisig rollt 1927 die Vorortlinie durch die Frankenbacher Straße in Böckingen*

# Straßenbahn Neckargartach

## *Kleine Gemeinde mit eigener Straßenbahn*

### Vorgeschichte

Wie bereits im Abschnitt „Neckargartachs Schwierigkeiten mit dem Anschluß an das Schienennetz" (vgl. Seite 47) eingehend beschrieben, bemühten sich die Ortsgremien Neckargartachs bereits seit 1891 immer wieder, mit der Nachbarstadt Heilbronn eine direkte Schienenverbindung zu erhalten. Nachdem das „Provisorium Dampfstraßenbahn Heilbronn – Neckargartach" in den letzten Februartagen 1923 den Betrieb einstellte und eine Wiederaufnahme des Betriebs dieser – von Neckargartach schon immer ungeliebten – Schienenverbindung nicht mehr in Frage kam, mußte schnellstens nach einer neuen Lösung des Nahverkehrsproblems für Neckargartach gesucht werden. Neckargartach war wieder ohne öffentlichen Schienennahverkehr und täglich mußten etwa 1400 Beschäftigte zur Arbeit und zirka 150 Schüler zu den Schulen nach Heilbronn und zurück fahren.

Nachdem sich die allgemeine wirtschaftliche Lage in Deutschland nach der Inflation im Jahre 1924 wieder stabilisierte und bereits die ersten Anzeichen für einen Wirtschaftsaufschwung sichtbar wurden, versuchte der Neckargartacher Schultheiß Haspel sofort, die über 30 Jahre alte Straßenbahnfrage erneut in Gang zu bringen. Die Stadt Heilbronn zeigte sich gegenüber einem Bau einer elektrischen Straßenbahn nach Neckargartach nicht abgeneigt. Sofort kam jedoch wieder die alte Streitfrage der Führung der elektrischen Straßenbahn nach Neckargartach links oder rechts des Neckars auf den Verhandlungstisch. Während Heilbronn nach wie vor dem rechtsufrigen Projekt den Vorzug gab, war man in Neckargartach der Ansicht, daß eine linksufrige Bahn den Interessen der Gemeinde weit mehr entspräche.

Im Gemeinderat von Heilbronn wurde im Januar 1925 von Oberbürgermeister Beutinger ausgeführt, daß die Anlage einer rechtsufrigen Straßenbahn im Zuge des Ausbaus des Industrieviertels und dem Bau der Karl-Wüst-Brücke (anstelle der bestehenden alten Neckarbrücke) erfolgen solle. Um bald die erwünschte Straßenbahnverbindung nach Heilbronn zu erhalten, wäre schließlich die Gemeinde Neckargartach auch mit dem rechtsufrigen Projekt einverstanden und bereit gewesen, sich finanziell am Bau der Brücke zu beteiligen. Neckargartachs Gemeinderat ersuchte daher die Stadt Heilbronn, für dieses Projekt umgehend die entsprechenden Pläne sowie Kosten- und Rentabilitätsberechnungen auszuarbeiten und vorzulegen. Interne Probleme und technische Schwierigkeiten waren der Anlaß, daß die Stadt Heilbronn dieser Bitte Neckargartachs zunächst nicht nachkommen konnte.

Da die Frage einer Nahverkehrsverbindung zur Nachbarstadt immer dringlicher wurde, die Stadt Heilbronn die Angelegenheit aber nur zögerlich weiterbearbeitete, sah sich die Gemeinde Neckargartach veranlaßt, selbständig Schritte zu unternehmen. Sie beauftragte im Frühsommer 1925 den Oberingenieur Hege von der „Allgemeine Lokalbahn und Kraftwerk, Hörde", für eine linksufrige Straßenbahn von Heilbronn nach Neckargartach einen Plan mit Kosten- und Rentabilitätsberechnung auszuarbeiten. In die dadurch entstandene Spannung zwischen den beiden Kommunen versuchte das Oberamt Heilbronn (wie die Kreisbehörde seinerzeit noch hieß) zum Wohle der Bürgerschaft vermittelnd einzugreifen. Die Stadt Heilbronn erklärte daraufhin dem

Nr. 37.

**Regierungsblatt für Württemberg.**

Ausgegeben Stuttgart, Freitag, den 30 Dezember 1927.

Inhalt:

Bekanntmachung des Wirtschaftsministeriums über die Genehmigung zum Bau und Betrieb einer Straßenbahn von Heilbronn nach Neckargartach. Vom 19. Dezember 1927. S. 345. – Verfügung des Wirtschaftsministeriums zur Änderung der Dampfkesselverfügung. Vom 20. Dezember 1927. S. 352.

**Bekanntmachung des Wirtschaftsministeriums über die Genehmigung zum Bau und Betrieb einer Straßenbahn von Heilbronn nach Neckargartach.**

Vom 19. Dezember 1927.

Mit Ermächtigung des Staatsministeriums vom 12. Dezember 1927 ist der

Gemeinde Neckargartach

die nachgesuchte Genehmigung zum Bau und Betrieb einer schmalspurigen elektrischen Straßenbahn von Heilbronn (Bahnhofstraße) nach Neckargartach (Frankenbacherstraße, Gebäude 91) unter den in der nachstehenden Genehmigungsurkunde enthaltenen Bedingungen erteilt worden.

Stuttgart, den 19. Dezember 1927.

In Vertretung:
Rau.

**Genehmigungs-Urkunde**

für die

**Straßenbahn von Heilbronn nach Neckargartach.**

Mit Ermächtigung des Staatsministeriums vom 12. Dezember 1927 wird auf Grund des Art. 6 des Gesetzes über den Bau von Eisenbahnen vom 18. April 1843 (Reg.Bl. S. 277) der

Gemeinde Neckargartach

die nachgesuchte Genehmigung zum Bau und Betrieb einer schmalspurigen elektrischen Straßenbahn von Heilbronn (Bahnhofstraße) nach Neckargartach (Frankenbacherstraße, Gebäude 91) unter den folgenden Bedingungen erteilt:

§ 1.

Der Unternehmer ist den Reichs- und Landesgesetzen unterworfen.

§ 2.

(1) Für die gesamte Leitung der Bau- und Betriebsverwaltung ist ein Vorstand zu bestellen, der der staatlichen Aufsichtsbehörde gegenüber verantwortlich ist.

(2) Die Wahl des Vorstands und eines etwaigen Betriebsleiters sowie die Geschäftsanweisung für sie bedürfen der Genehmigung der Aufsichtsbehörde.

(8) Alle Vertreter und Beamten des Straßenbahnunternehmens müssen deutsche Reichsangehörige sein.

Oberamt, daß sie bereit sei, die rechtsufrige Bahn schnellstens zu errichten. Dadurch kamen die Gespräche zwischen den beiden Kontrahenten wieder in Gang und zogen sich bis zum Sommer 1926 hin, führten aber zu keinem befriedigenden Ergebnis. Verständlicherweise wuchs dadurch die Unruhe in der Bevölkerung, und es kam – vor allem in der örtlichen Presse – zu heftigen Vorwürfen, die schließlich die Stadt Heilbronn am 8. Januar 1927 zu folgender öffentlicher Erklärung veranlaßten: „Die Erörterungen in der Presse über eine Straßenbahnverbindung zwischen Heilbronn und Neckargartach erwecken den Anschein, als ob die Stadtverwaltung Heilbronn dieser Frage gleichgültig gegenüberstehe. Dem ist nicht so. Schon im Vertrag zwischen der Stadtverwaltung Heilbronn und der Straßenbahngesellschaft im Jahr 1896 ist der Ausbau der Bahn nach Neckargartach vorgesehen und lediglich die schlechte finanzielle Lage der Straßenbahn und die spätere Kriegszeit haben die Ausführung verhindert.

Auch heute kann die Straßenbahn noch nicht aus eigenen Mitteln bauen, sie ist auf den Darlehensmarkt angewiesen, der erst allmählich sich günstiger gestaltet. Sie muß auch prüfen, ob eine Linie Entwicklungsmöglichkeiten für eine spätere Zukunft in sich schließt. Auch eine Stadtverwaltung, die dieses Unternehmen unterstützt, muß die gleichen Erwägungen anstellen, wenn nicht später Konkurrenzlinien entstehen sollen, von denen die eine die Rentabilität der anderen aufhebt.

Grundsätzlich ist die Stadtverwaltung Heilbronn mit der Gemeindeverwaltung Neckargartach

*Im Januar 1928 begannen in der Kranenstraße in Heilbronn die ersten Bauarbeiten für die Neckargartacher Straßenbahn*

*Neckargartach wurde bis 1928 von diesem vollgummibereiften Omnibus der Deutschen Reichspost bedient*

darin einig, daß eine Straßenbahn nach Neckargartach sobald als möglich gebaut werden soll, nur über die Linienführung bestehen Meinungsverschiedenheiten. Neckargartach wünscht eine linksufrige Bahn an der chemischen Fabrik vorbei. Gegen diese Linie bestehen mehrfache Bedenken. Mit dem Ausbau des Neckarkanals werden an dieser Linie Änderungen erforderlich und sie ist nicht hochwasserfrei. Das Hauptbedenken aber ist, daß diese Linie, weil fast völlig unbebaut, außer den Zeiten des Arbeitsbeginns und des Arbeitsschlusses keinen nennenswerten Verkehr bringen wird. Neckargartach ist noch zu klein, um diesen Verkehr allein zu bringen.
Es muß also aus Gründen der Rentabilität und der Weiterentwicklungsmöglichkeiten eine Linie gesucht werden, die diese Lücke ausfüllt und als Zubringerlinie angesprochen werden kann. Dafür gibt es verschiedene Möglichkeiten, es kommt aber vom Standpunkt der Stadt Heilbronn zunächst nur eine Linie in Frage, die gleichzeitig das Industriegebiet erschließt, den Arbeiterverkehr von dort aufnimmt und Abzweigungen nach verschiedenen Richtungen möglich macht. Eine solche Linie hätte vom Sülmertor auszugehen, würde dem Zug der Salz-, Au- und Karl-Wüst-Straße folgen und könnte nach links nach Neckargartach und nach rechts über die Karl-Wüst-Brücke nach Neckarsulm geleitet werden. Die Führung in der Austraße könnte so erfolgen, daß Überkreuzung von Schienensträngen und Weichen vermieden werden. Von dieser Linie lassen sich dann später, wenn die Uferstraße einmal gebaut ist, Verbindungen mit verschiedenen Stadtteilen denken.
Die Baulänge dieser Linie wäre etwa die gleiche, wie die des linksufrigen Projekts, sie hat aber den großen Vorteil, das gesamte Industrie- und Hafengelände einzuschließen.
Einen Nachteil hat diese Linie zunächst, es müßte am Sülmertor umgestiegen werden, bis entweder die Überschneidung der Schienen gestattet oder eine andere Lösung möglich ist. Doch müßte dies zunächst in Kauf genommen werden.
Wie wir hören, ist die Leitung der Straßenbahn mit der Ausarbeitung eines solchen Projekts bereits beschäftigt und es dürfte seiner baldigen Ausführung nichts im Wege stehen."
Bei den verantwortlichen Stellen Neckargartachs kam man immer mehr zu der Auffassung, daß die von Heilbronn favorisierte rechtsufrige

*Schultheiß Haspel von Neckargartach verfolgt den Fortgang der Bauarbeiten der Straßenbahn bei der Kali-Chemie*

Straßenbahn den Neckargartacher Bedürfnissen nur wenig gerecht werden konnte. Bei dieser Lösung wäre außerdem keine direkte Verbindung zur Innenstadt Heilbronns möglich gewesen, da eine straßenbahngerechte Eisenbahnüber- oder -unterführung am Sülmertor fehlte. Es hätte also – wie einst zur Dampfbahnzeit – am Sülmertor umständlich umgestiegen werden müssen. Die Gemeindeverwaltung trat deshalb mit der Heilbronner Straßenbahnen AG wegen des Baus einer linksufrigen Straßenbahn in Verhandlung. Diese Bemühungen führten verhältnismäßig rasch im Frühjahr 1927 zu einem Vertragsabschluß, in dem sich die Gemeinde Neckargartach verpflichtete, die Kosten für den Bau der Straßenbahn als Vorschuß zu gewähren und eine jährliche Garantiesumme für den Betrieb sicherzustellen. Die „Ministerialabteilung für Bezirks- und Körperschaftsverwaltung" versagte jedoch die Genehmigung, so daß dieser Plan nicht verwirklicht werden konnte.

**Bau der Straßenbahn Neckargartach**

Je länger sich die einzelnen Bemühungen hinzogen, desto dringlicher wurde der Wunsch der Neckargartacher Bürgerschaft nach einer Straßenbahnverbindung. Nachdem das Projekt der Heilbronner Straßenbahnen AG ebenfalls nicht durchführbar war, ergriff die Gemeinde Neckargartach erneut die Initiative, dieses Mal jedoch auf andere Weise: In einer Gemeinderatssitzung Ende April 1927 wurde der Entschluß gefaßt, in eigener Regie eine elektrische Straßenbahn von Neckargartach auf der linken Neckarseite von Heilbronn zu bauen und zu betreiben. Anfang Juni 1927 wurde beim Württembergischen Wirtschaftsministerium der entsprechende Antrag um Genehmigung des Baues und Betriebes dieser Straßenbahn gestellt. Gleichzeitig erhielt die All-

*In der Neckargartacher Straße (heute Kalistraße) legte man eine Ausweiche an*

*Ende April 1928 feierte man das Richtfest an der Wagenhalle mit dem interessanten Lamellen-Dach*

*Schultheiß Haspel (Mitte) setzte alle Hebel in Bewegung, um 1928 endlich eine Schienenverbindung für Neckargartach zu bekommen*

*Ungeduldig erwarten die Neckargartacher in der Hindenburgstraße die erste offizielle Straßenbahn*

# Einladung.

Im Auftrag des Gemeinderats Neckargartach beehre ich mich

zu der am Freitag den 22. Juni 1928 stattfindenden

**Eröffnung der Straßenbahn Neckargartach - Heilbronn**

ganz ergebenst einzuladen unter Bezugnahme auf innenstehendes Programm.

Neckargartach, 11. Juni 1928.

Schultheiß: Haspel.

NB. Um Antwort, ob mit Ihrem Erscheinen gerechnet werden darf, wird bis spätestens 19. Juni 1928 gebeten. Hiezu kann die Anlage benützt werden. Anzug beliebig.

# Straßenbahn-Eröffnung

Neckargartach am Freitag den 22. Juni 1928.

* * *

## Programm:

Nachmittags 2–2½ Uhr:
Empfang der Gäste in Heilbronn vor dem Hauptzollamt.

Nachmittags 2½ Uhr:
Begrüßungsansprache daselbst.

Nachmittags 3 Uhr:
**Eröffnungsfahrt nach Neckargartach.**

Nachmittags 3½ Uhr:
Ankunft vor der Wagenhalle in Neckargartach und Einnahme eines Imbisses.

Nachmittags 4¼ Uhr:
Besichtigung der Wagenhalle.

Nachmittags 4¾ Uhr:
Weiterfahrt mit der Bahn durch den Ort bis zur Endstation an der Kernerstraße.

Nachmittags 5 Uhr:
Endstation: Uebergabe der Bahn durch die Baufirma u. Begrüßungs-Ansprache durch Schultheiß Haspel.

Nachmittags 5¼ Uhr:
Rundgang durch die Hauptstraßen in Neckargartach.

Nachmittags 6½ Uhr:
Festessen im Saalbau Pflugfelder.

Nachmittags 8–10 Uhr:
**Bankett im Saalbau Pflugfelder.**

Ansprachen während dem Festessen und Bankett.

* * *

Auswärtige Gäste, die am Abend mit der Bahn wegfahren, werden mit der Straßenbahn zum Bahnhof befördert. Für die übrigen Gäste stehen, soweit notwendig oder gewünscht, Kraftwagen und eventl. Quartiere zur Verfügung.

*Gespannt verfolgen die Neckargartacher das Ausrücken des ersten festlich geschmückten Zuges*

*Die Straßenbahneröffnung am 22. Juni 1928 war für Neckargartach ein Jahrhundertereignis*

gemeine Elektrizitäts-Gesellschaft, Berlin (AEG) den Auftrag, Pläne für diese Straßenbahn auszuarbeiten.
Bereits am 5. Juli 1927 wurde daraufhin in Stuttgart beim Wirtschaftsministerium mit allen in Frage kommenden und beteiligten Stellen (Innenministerium Württemberg, Neckarbaudirektion Stuttgart, Schultheißenamt Neckargartach, Stadtschultheißenämter Heilbronn und Neckarsulm, Reichsbahndirektion Stuttgart, Handelskammer Heilbronn, Heilbronner Straßenbahnen AG und Baurat Paul Lörcher von der Stuttgarter Straßenbahnen AG – dem für das Bauvorhaben die Oberbauleitung übertragen werden sollte –) eine Besprechung durchgeführt, bei der jede Stelle die Gelegenheit erhielt, sich zu dem Gesuch der Gemeinde Neckargartach zu äußern. Bei dieser Sitzung begann wieder eine Diskussion über die Frage der links- oder rechtsufrigen Führung der Straßenbahn nach Neckargartach. Eine weitere Beratung des von Heilbronn bevorzugten rechtsufrigen Projektes wurde jedoch sofort beendet, als der Heilbronner Oberbürgermeister gegenüber dem Vertreter der Reichsbahn erklärte, von einem schienengleichen Übergang des rechtsufrigen Straßenbahnprojekts über die Hauptbahn Heilbronn – Neckarsulm nichts zu wissen. Alle Gesprächsteilnehmer stimmten dann dem von Neckargartach eingereichten Plan einer linksseitig des Neckars zu führenden Straßenbahn zu.
Als dann im Oktober 1927 die Stadt Heilbronn doch noch ein Gesuch zum Bau und Betrieb einer

*Ganz Neckargartach und seine Nachbargemeinden waren auf den Beinen, um die Ankunft der ersten Straßenbahn zu erleben*

*Nach dem Empfang der Straßenbahn am Ortseingang ging's weiter zur Neckargartacher Wagenhalle*

rechtsufrigen Straßenbahn durch das Industriegebiet und über die Karl-Wüst-Brücke nach Neckargartach vorlegte, fand es die Genehmigungsbehörde als „noch nicht baureif für eine Genehmigung". Das Wirtschaftsministerium hielt in dem ablehnenden Bescheid jedoch fest, daß eine rechtsseitige Linienführung einer gleichzeitigen linksseitigen Führung nicht hinderlich sei und beide Bahnen mit der Zeit existenzfähig würden. Zwischenzeitlich waren im Spätsommer 1927 von der AEG die baureifen Pläne für die linksufrige Straßenbahn von Heilbronn nach Neckargartach vorgelegt worden, so daß die behördliche Prüfung zügig durchgeführt werden konnte. Als dann schließlich die Stadtverwaltung Heilbronn nach eingehenden Verhandlungen der Einführung der Neckargartacher Straßenbahn durch die Kranenstraße bis zur Bahnhofstraße zustimmte, lag einer Genehmigungserteilung nichts mehr im Wege. Die Gemeindeverwaltung erhielt Mitte Oktober 1927 bereits einen mündlichen Vorbescheid. Die schriftliche Genehmigung wurde dann am 19. Dezember 1927 erteilt und im Regierungsblatt für Württemberg, Nr. 37, die „Genehmigung zum Bau und Betrieb der Straßenbahn Neckargartach" am 30. Dezember 1927 veröffentlicht.

In ihrem Kostenvoranschlag errechnete die AEG für die Herstellung des Bahnkörpers und des Gleisbaus, die Stromzuführungs- und Fahrleitungsanlage, die vollautomatische Umformerstation, den Betriebshof mit dazugehörigem Platz und dem Verwaltungsgebäude mit Sozialräumen

einen Gesamtbetrag von 860 000 Mark. Für die Betriebsmittel (5 Trieb- und 5 Beiwagen) setzte die AEG einen Betrag von 240 000 Mark an.
Nachdem von der Gemeinde Neckargartach auch die Finanzierungsfrage durch Aufnahme des notwendigen Baukapitals in Form eines Darlehens bei der Oberamtssparkasse und der Württembergischen Girozentrale zu einem günstigen Zinssatz geklärt war, beschloß der Gemeinderat Neckargartachs im Oktober 1927, die AEG mit der Gesamtherstellung der Straßenbahn zu beauftragen. Ein entsprechender Vertragsabschluß zwischen der Gemeinde und dem Generalunternehmer AEG erfolgte am 8. bzw. 18 Oktober 1927. Bald darauf wurden die Bau- und Montagearbeiten, die von der AEG nicht in eigener Regie erledigt werden konnten, öffentlich ausgeschrieben. Mit der Herstellung der für den Betrieb erforderlichen 5 Trieb- und 5 Beiwagen beauftragte die AEG Ende November 1927 die Maschinenfabrik Esslingen (ME). Bestellt wurden Fahrzeuge, die in Art und Ausgestaltung ähnlich denen waren, die zum gleichen Zeitpunkt von der ME für die Stuttgarter Straßenbahnen gefertigt wurden (vgl. Kapitel „Fahrzeuge", Typ 6). Für die Erdbewegungs- und Bauarbeiten erhielten vorwiegend Neckargartacher und Heilbronner Unternehmer den Zuschlag.
Bereits im Januar 1928 konnte mit dem Bau der Straßenbahn begonnen werden. Durch die gute Zusammenarbeit der AEG mit ihren Subunternehmen und den Behörden war es möglich, die gesamte Straßenbahnanlage innerhalb von fünf Monaten zu errichten und die Fahrzeuge zu erhalten. Die eingleisige Strecke der Straßenbahn begann in Neckargartach in der Frankenbacher Straße bei der Kernerstraße und führte durch die Brückenstraße bis vor die Neckarbrücke. Dort bog sie nach rechts in die Neckarstraße ein, führte vorbei an der Wagenhalle und erreichte beim Gasthaus „Zur Rose" die Heilbronner Straße. Bis hierher waren die Gleise (Rillenschienen) im Straßenplanum verlegt. Beim Gasthaus „Zum Schiff" bogen die Schienen nach links ein auf den eigenen Bahnkörper neben der Straße. Bei der einstigen Neckargartacher Ziegelei wurde die Heilbronner Straße gekreuzt und rechts der Straße auf eigenem Bahnkörper weitergefahren. Kurz vor der Brücke über die Schleuse zum Wilhelmskanal wechselte die Strecke wieder auf die linke Seite über und gelangte – die Gleise nun im Straßenplanum – durch die Kranenstraße zur Wilhelmskanalbrücke und mündete danach in einem Gleisdreieck in die bestehende Strecke der Heilbronner Straßenbahnen in der Bahnhofstraße ein. Die Fahrleitung ist auf den Streckenteilen mit eigenem Bahnkörper als „Kettenfahrleitung" (ein Stahltragseil, das die Fahrleitung hält, hängt an Masten aus Profileisen) ausgebildet, in bebauten Gebieten Neckargartachs und Heilbronns ist sie mittels Querdrähten, die mit Porzellan-Isolierungen an den Häusern befestigt waren, über den Gleisen aufgehängt.
Zur Unterbringung des Wagenparks wurde in Neckargartach entlang des Neckars bei der Neckarstraße eine 14 Meter breite, 45 Meter lange und 8 Meter hohe Wagenhalle errichtet, die in ihrer Ausgestaltung ähnlich dem Betriebshof der Straßenbahn Esslingen – Nellingen – Denkendorf war, welcher zwei Jahre zuvor gebaut wurde. Das schmucke Gebäude beherbergte vier Gleise, die von einem Lamellendach mit Oberlicht in einem kühnen Bogen überspannt wurden. Sie war so angelegt, daß eine Erweiterung später ohne Schwierigkeiten möglich war. Außerdem konnte sie auch als Versammlungs- bzw. Festhalle für 1200 Personen (bei Bestuhlung) bzw. 400 Personen (an Tischen) benutzt werden.
Auf der Westseite des Gebäudes wurde die Werkstatt mit Lager und das Sozial- und Verwaltungsgebäude sowie die Gleichrichterstation für die Straßenbahn und eine Umformerstation für die Stromleitungen des Ortes angebaut.
Anfang Juni 1928 waren die Gleisanlage und die Fahrleitung bereits soweit hergestellt und von der Maschinenfabrik Esslingen je zwei Trieb- und Beiwagen angeliefert, daß am Morgen des 11. Juni 1928 unter der Führung von Direktor Manz von der Heilbronner Straßenbahnen AG, den Betriebstechnikern und den Bauleitern sowie Schultheiß Haspel und Beamten der Genehmigungs- und Aufsichtsbehörden die erste Probefahrt auf der gesamten Strecke durchgeführt werden konnte. Dieser erste Straßenbahnwagen wurde in Neckargartach von der Bevölkerung und vor allem von der Schuljugend mit großem Jubel empfangen. Die Probefahrt verlief im großen und ganzen zufriedenstellend. Die offizielle Eröffnung wurde auf den 22. Juni 1928 festgelegt.
Die Kosten der Bahnanlage beliefen sich auf 801 375,20 Mark und lagen damit um fast 60 000 Mark unter dem Kostenvoranschlag der AEG. Die Fahrzeugkosten lagen dagegen mit 266 244,80 Mark um cirka 26 000 Mark über den veranschlagten Kosten. Insgesamt konnte aber seinerzeit die Straßenbahn Neckargartach doch fast um 35 000 Mark billiger gebaut werden, als ursprünglich angenommen wurde.

*Der Besichtigung der Wagenhalle schloß sich eine Fahrt durch die Gemeinde bis zur Endstation an*

*Probefahrt auf eigenem Bahnkörper zwischen Kali-Chemie und der ehemaligen Ziegelei*

*An der Endstation der Linie N in der Frankenbacher Straße übergab die Baufirma die Straßenbahn offiziell an die Gemeinde*

## Die Eröffnung der Straßenbahn Neckargartach

Der 22. Juni 1928 war für Neckargartach ein bedeutsamer Tag: Durch die unermüdlichen Bemühungen der Bevölkerung und der Gemeindeverwaltung, vor allem aber dank des persönlichen Einsatzes von Schultheiß Haspel, war es nach 37 Jahren gelungen, eine direkte Schienenverbindung zur Nachbar- und Oberamtsstadt Heilbronn zu erhalten. Und da die Schaffung dieser Bahn fast ohne fremde finanzielle Unterstützung gelang, war dies ein berechtigter Anlaß für ein großes Fest für die ganze Gemeinde.
Zur Eröffnungsfeier war eine große Zahl von Ehrengästen aus Politik und Wirtschaft geladen, die sich um 14 Uhr vor dem Hauptzollamt in Heil-

bronn in der Kranenstraße traf und von Schultheiß Haspel herzlich willkommen geheißen wurde. Daran anschließend erläuterte Direktor Dietz von der AEG den Bahnbau und die Besonderheiten der Strecke. Gegen 14.30 Uhr bestieg die Festversammlung die nagelneuen Fahrzeuge der beiden bereitgestellten Dreiwagenzüge, die mit Blumengirlanden und Bändern festlich geschmückt waren. Die Eröffnungsfahrt ging zügig von der Kranenstraße auf der Neckargartacher Strecke und nach flotter Fahrt wurde kurz vor 15 Uhr der Ortsrand von Neckargartach erreicht. Beim Gasthaus „Zum Schiff" gab's den ersten Halt und ein Chronist jener Tage bemerkte hierzu: „Unter dem Jubel der Bevölkerung fuhren die ersten Straßenbahnwagen nach Neckargartach, dessen Bevölkerung ihre allgemeine Anteilnahme an dem Fest durch eine Beflaggung in einem Ausmaß, wie man sie selten antrifft, zum Ausdruck gebracht hat. Eine große Menschenmenge bildete Spalier. Beim Empfang in Neckargartach, wo Schultheiß Haspel allen Gästen für ihr Erscheinen dankte, trug die Schuljugend Gesänge vor, während die Neckargartacher Kapelle konzertierte". Den Ehrengästen wurde ein Imbiß gereicht und „Präsente" verteilt. Nach der sich daran anschließenden Besichtigung des Betriebshofs und seiner Einrichtungen bestiegen die Ehrengäste wieder die Festwagen und fuhren bis zur Endstation in Neckargartach durch. Dort erfolgte dann die eigentliche Übergabe der Straßenbahn durch die Baufirma an die Gemeinde Neckargartach. Nach einem Rundgang durch den Ort begaben sich die Festgäste in „Pflugfelders Saalbau". Dort begann um 18.30 Uhr das eigentliche Festbankett mit einem „Galadiner", dem sich zahlreiche Festansprachen und Dankesreden anschlossen, die sich – von musikalischen, gesanglichen und turnerischen Darbietungen der örtlichen Vereine umrahmt – bis weit in den späten Abend hinzogen. Dabei brachten die zahlreichen Redner immer wieder zum Ausdruck, daß nur durch den Wagemut und den Optimismus der Bevölkerung – voran deren Schultheiß Haspel – es einer gerade 5000 Seelen zählenden Gemeinde möglich sein könne, in eigener Regie eine Straßenbahn zu bauen, die rund eine Million Mark kostet.

Mit Freifahrten konnte am Nachmittag und Abend die Einwohnerschaft Neckargartachs ihr neues Verkehrsmittel kennenlernen, das die den Gästen gewidmete Festschrift wie folgt beschreibt:

„Es kann ohne Übertreibung gesagt werden, daß das Fahren auf der aufs modernste und bequemste eingerichteten Neckargartacher Straßenbahn ein besonderer Genuß ist, nicht zuletzt wegen des stets wechselnden Ausblicks auf das immer abwechslungsreiche und bezaubernde Landschaftsbild. Von der Kranenstraße ab ruht der Blick zunächst auf dem eigenartigen Bild des Zollhafens, es zeigt sich dann der Durchblick auf die liebliche Flußlandschaft des Neckars, dann weidet sich das Auge auf den grünen Matten, links lugen dahinter aus den leicht geschwungenen Höhen die Häuser wie bunte Würfel hervor, rechts sieht man bald darauf ein unvergleichlich schönes Bild auf den weiten Waldrücken vom Schweinsberg über den Wartberg bis zum Scheuerberg bei Neckarsulm.

Wahrlich, die Straßenbahn hat nicht nur einen heißen Wunsch der Neckargartacher endlich zur Erfüllung gebracht, sondern die mit Heilbronn aufs engste verbundene Gemeinde ist jetzt erst wirklich ganz mit ihrer großen Schwester verbunden. Neckargartach ist durch die Straßenbahn wachgeküßt worden."

## Der Betrieb der selbständigen Straßenbahn Neckargartach von 1928 bis 1940

Am 23. Juni 1928 nahm die „Linie N" mit Betriebsbeginn den fahrplanmäßigen Betrieb auf der 3,8 km langen Strecke zwischen Neckargartach und Heilbronn, Bahnhofstraße auf. Dabei wurden folgende Haltestellen bedient: Neckargartach, Kernerstraße (Endstation), Römerstraße, Hirschstraße, Brückenstraße, Leinbachstraße, Ziegelei, Chemische Fabrik (Wohlgelegen), Floßhafen, Neckarlust, Kranen, Bahnhofstraße Heilbronn (Endstation). Die Gemeinde Neckargartach hatte die Betriebsführung der Heilbronner Straßenbahnen AG übertragen und mit dieser hierzu im Sommer 1928 einen Betriebsführungsvertrag abgeschlossen, in dem (auszugsweise dargestellt) folgendes festgelegt worden war:

§ 1 . . .

§ 2 Die Gemeinde Neckargartach überträgt die Führung des gesamten Betriebs der Straßenbahn Neckargartach – Heilbronn den Heilbronner Straßenbahnen AG (H. Strb.).

§ 3 Die H. Strb. ist verpflichtet, den Betrieb der Linie für Rechnung von Neckargartach in der Weise wie ihren eigenen Betrieb zu führen, wobei höchstmöglichste Wirtschaftlichkeit erreicht werden soll.

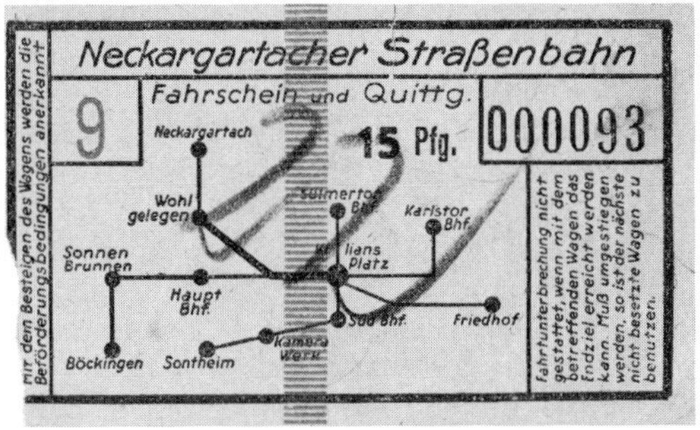


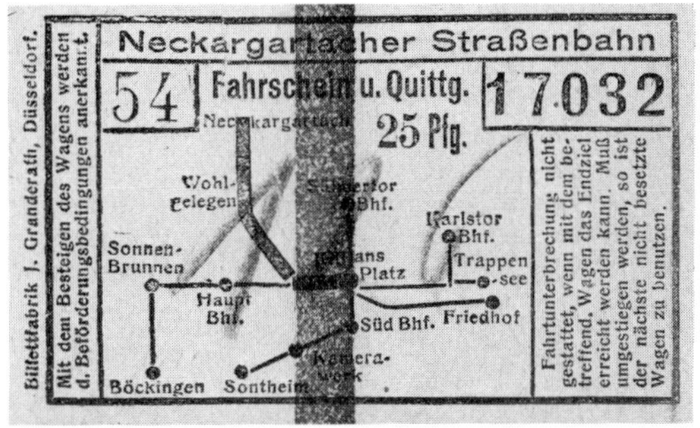


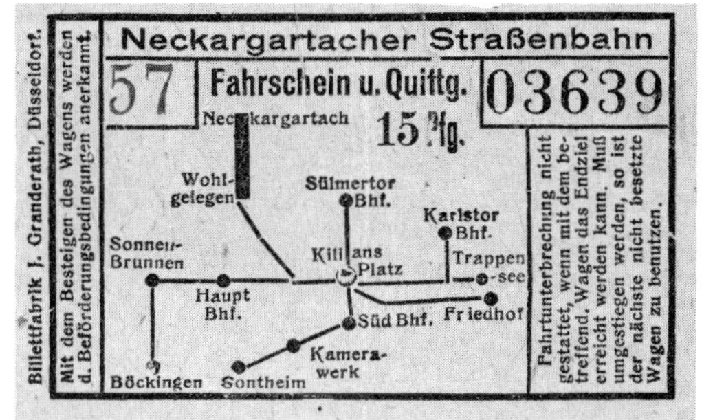


*Die Neckargartacher Straßenbahn gab eigene Fahrscheine aus, auf denen die gelöste Strecke im aufgedruckten Netzbild durch eine dicke Linie festgelegt war. Für die Weiterfahrt zum Heilbronner Straßenbahnnetz gab es Gemeinschaftsfahrscheine*

§ 4 Es ist in das Ermessen der H. Strb. gestellt, die Wagen der Neckargartacher Bahn nicht bloß von Neckargartach bis Bahnhofstraße, sondern bei Durchführung eines Durchgangsverkehrs der Neckargartacher Wagen auch bis zum Kiliansplatz oder bis zu einer Endstelle der Heilbronner Linien verkehren zu lassen.

§ 5 Die Festsetzung der Fahrpreise auf der Neckargartacher Linie bis Heilbronn Bahnhofstraße steht Neckargartach zu. Die Fahrpreise und die Art der Fahrscheine und Zeitkarten werden denen der H. Strb. möglichst angeglichen. Die Fahrpreise auf der Neckargartacher Linie mit Übergang auf die Heilbronner Linien werden bis Heilbronn Kiliansplatz oder Hauptbahnhof oder umgekehrt zwischen Neckargartach und den H. Strb. vereinbart. Von diesen Fahrpreisen erhalten die H. Strb. für die Beförderung auf ihren Strecken einen Anteil von einem Sechstel.

§ 6 . . .

§ 7 Die für den Betrieb der Bahn erforderlichen Bediensteten (Wagenführer, Schaffner, Streckenwärter, Kontrolleure usw.) sind durch die H. Strb. als ihre Bedienstete einzustellen und zwar vorzugsweise Leute aus Neckargartach. Der H. Strb. steht demgemäß auch das Recht der Entlassung der Bediensteten zu.

§ 8 . . .

§ 9 Die H. Strb. vereinnahmt für die Straßenbahn von Neckargartach sämtliche Betriebsgelder und bezahlt davon die Betriebskosten. Ein etwa sich ergebender Überschuß steht Neckargartach zu, die auch einen etwaigen Abmangel zu tragen hat.

§ 10 Für die Betriebsführung einschließlich der Aufsicht erhält die H. Strb. eine Vergütung von der auf die Neckargartacher Strecke entfallenden Fahrgeldeinnahmen nach Abzug der Verkehrssteuer, die bei einer jährlichen Einnahme bis 80 000 Mark 6%, über 80 000 Mark bis 120 000 Mark 3% beträgt, mindestens jedoch 5000 Mark. Für die Betriebsjahre 1928-1931 wird der Höchstbetrag der Vergütung auf 6500 Mark jährlich festgesetzt.

Alle 30 Minuten, in den Hauptverkehrszeiten morgens, über die Mittagsstunden und abends alle 15 Minuten, verkehrte die Straßenbahn zwischen Neckargartach und Heilbronn und umgekehrt. Schon wenige Wochen nach der Betriebsaufnahme zeigte sich, daß die Endstation der Neckargartacher Wagen der Linie „N" an der Bahnhofstraße bei der Neckarbrücke für die Fahrgäste nicht sehr günstig lag, denn die Wege zur Innenstadt Heilbronns oder zum Hauptbahnhof waren immer noch sehr weit. Auch wirkten sich die Umsetzmanöver in der Kranenstraße vor dem Hauptzollamt etwas nachteilig für den Verkehr aus. Die Heilbronner Straßenbahnen AG machte daher von dem in § 4 des Betriebsführungsvertrags zugestandenen Recht Gebrauch und verlegte im September 1928 die Endstation der Linie N an den Kiliansplatz. Zum Umsetzen fuhren jetzt die Neckargartacher Wagen vom Kiliansplatz nach links in die Sülmer Straße ein. Aber auch dort wirkten die Endstation und vor allem die umständlichen Rangiermanöver der Wagen recht verkehrshinderlich. Als der Kiliansplatz-Umbau beendet war, fuhr die Linie N von der Kaiserstraße nach rechts zur neuen Haltestelle Kiliansplatz und dann weiter in die Kilianstraße. Dort setzten die Züge zur Rückfahrt nach Neckargartach um. Da sehr viele Neckargartacher Bürger ihren Arbeitsplatz im Bereich der Südstadt hatten, wurde die Linie N ab August 1932 verlängert. Vom Kiliansplatz fuhren ab diesem Zeitpunkt die Neckargartacher Wagen weiter durch die Klarastraße – Hohe Straße – Wilhelmstraße zur Sontheimer Straße. Dort befand sich dann in Höhe der Liebigstraße lange Zeit die Heilbronner Endstation und Umsetzstelle der Straßenbahn Neckargartach.

Anfang 1932 mußte wegen des Baues des Neckarkanals die Verbindungsstraße von Heilbronn nach Neckargartach weiter nach Westen verlegt werden. Dadurch erhielt auch die Straßenbahn Neckargartach eine neue Gleisanlage. Am Ortsausgang Neckargartachs schwenkte die neue Straße in einem leichten Rechtsbogen bis zum Gewann „Winterhalde", danach führte sie in einem weitgeschwungenen Rechtsbogen auf einer leichten Rampe auf die neue Brücke über den Neckarkanal. Die Trasse der Straßenbahn

*Auf ihrem Weg von Heilbronn hatte die Neckargartacher Straßenbahn bis zum Bau des Neckarkanals 1932 einen romantischen Überlandbahn-Charakter. Im Hintergrund links die Ziegelei*

*Linie N strebt, von Heilbronn kommend, der Endstation Neckargartach zu*

führte links der neuen Straße auf eigenem Bahnkörper mit Vignolschienen. Kurz vor der neuen Kanalbrücke lagen die Gleise in der Mitte der Straße. Südlich der „Kali-Chemie" wurde in der Neckargartacher Straße die alte Strecke wieder erreicht. Durch diese Neuanlage, die am 27. April 1932 dem Betrieb übergeben und deren Kosten zum überwiegenden Teil von der Neckarkanal-AG getragen wurden, vergrößerte sich die Streckenlänge der Straßenbahn Neckargartach um 500 Meter von 3,8 auf 4,3 km.

Der Betrieb der Straßenbahn Neckargartach wurde vertragsgemäß bis zur Eingemeindung Neckargartachs nach Heilbronn am 1. Oktober 1938 von der Heilbronner Straßenbahnen AG im Auftrag und zur vollen Zufriedenheit der Gemeinde und ihrer Bürger geführt. Danach kam die Straßenbahn mit dem gesamten Inventar zur Stadt Heilbronn, die der Heilbronner Straßenbahnen AG die Betriebsführung zu denselben Vertragsbedingungen übertrug. Die Straßenbahn Neckargartach war damit bis zum 1. Juni 1940 (dem Tag der Übernahme der Heilbronner Straßenbahnen AG durch die Stadt) die erste stadteigene Straßenbahn Heilbronns. Danach hörte die Neckargartacher Straßenbahn auf, als selbständiges Unternehmen zu bestehen.

*Beim Gasthaus „Zum Schiff" verließ die Straßenbahn die Straße und fuhr auf eigenem Bahnkörper weiter*

*Der schmucke Neckargartacher Triebwagen wartet an der Endstation auf neue Fahrgäste*

# Neckargartacher Straßenbahn

Es gelten im Berufsverkehr, wenn die Karten innerhalb des Kalenderjahres fortlaufend gelöst werden, folgende Fahrpreise:

## Neckargartach — Kiliansplatz:

| **für Monatskarten** | normaler Preis | RM **9.50** | **für Wochenkarten** | normaler Preis | RM **1.40** |
|---|---|---|---|---|---|
| Januar und Februar | .......... | je RM **9.50** | 1 — 8. Woche | ............ | je RM **1.40** |
| März und April | ermäßigter Preis | je RM **8.70** | 9.—16. Woche | ermäßigter Preis | je RM **1.30** |
| Mai und Juni | „ „ | je RM **7.90** | 17.—24. Woche | „ „ | je RM **1.20** |
| Juli und August | „ „ | je RM **7.10** | 25.—32. Woche | „ „ | je RM **1.10** |
| September bis Oktober | „ „ | je RM **7.—** | 33.—52. Woche | „ „ | je RM **1.—** |

## Neckargartach — Wohlgelegen
## Heilbronn — Wohlgelegen:

| **für Monatskarten** | normaler Preis | RM **5.80** | **für Wochenkarten** | normaler Preis RM **-.85** | bezw. **-.90** |
|---|---|---|---|---|---|
| Januar und Februar | ......... | je RM **5.80** | 1.— 8. Woche | je RM **-.85** | bezw. je RM **-.90** |
| März und April | ermäßigter Preis | je RM **5.40** | 9.—16. Woche | je RM **-.80** | „ je RM **-.85** |
| Mai und Juni | „ „ | je RM **5.-** | 17—24. Woche | je RM **-.75** | „ je RM **-.80** |
| Juli und August | „ „ | je RM **4.60** | 25.—32. Woche | je RM **-.65** | „ je RM **-.70** |
| Sept. bis Dezember | „ „ | je RM **4.10** | 33.—52 Woche | je RM **-.60** | „ je RM **-.65** |

Preise der Schülerkarten entsprechend.

Für jede gelöste Karte ist zunächst der normale Fahrpreis zu bezahlen. Der Bezug der verschiedenen Karten wird in einem Buch, das den Namen des Inhabers trägt, eingetragen. Am Schluß des Jahres wird die Fahrpreisdifferenz zwischen den bezahlten und den oben angeführten ermäßigten Fahrpreisen zurückvergütet. Mit dem Bezug der Karten kann jederzeit begonnen werden.

## Fahrpreise bei Gesellschaftsfahrten:

Der Fahrpreis von 25 Pfg. für die Einzelperson erfährt eine Ermäßigung auf 20 Pfg., wenn 1 Person sich eine Karte mit 9 Fahrten zu RM 1.80 löst. Ebenso können Fahrgäste bei Ausflugs- und Gesellschaftsfahrten sich dieser Karten mit Fahrten für 9 Fahrgäste bedienen, wodurch sie ebenfalls nur 20 Pfg. für die Fahrt je Fahrgast bezahlen.

Bei Ausflugs- oder Gesellschaftsfahrten mit 20 und mehr Personen, die geschlossen die Straßenbahn benützen, wird die Fahrt auf 15 Pfg. pro Person ermäßigt, wenn die Fahrt in den Zeiten des fahrplanmäßigen Verkehrs morgens von 5.30 Uhr bis abends 11.30 Uhr ausgeführt wird. Vor und nach diesen Zeiten gelten für 20 Fahrgäste volle, bei weniger Fahrgästen entsprechend höhere Preise. Preise für Sonderwagen auf Anfrage.

*Bürger Neckargartachs benützt Eure Straßenbahn! Auch Eure Gesundheit und die Erhaltung der Arbeitskraft verlangen dies.*

**Neckargartacher Strassenbahn.**

# Die letzten Jahre der wirtschaftlichen Selbständigkeit

## Der Betrieb in den zwanziger und dreißiger Jahren

Der verstärkte Betrieb in der Kaiserstraße durch die neue Böckinger Linie und die vorgesehene Hereinführung der Neckargartacher Straßenbahn vom Zollamt bis zum Kiliansplatz bedingte, daß diese Straße zwischen der Neckarbrücke und Gerberstraße sowie zwischen dem Marktplatz und dem Kiliansplatz zweigleisig ausgebaut werden mußte, um den künftigen Straßenbahnverkehr aufnehmen zu können. Nach Abschluß dieser Baumaßnahmen fuhr ab September 1928 die Neckargartacher Straßenbahn bis zur Kilianskirche weiter und bog dort zum Umsetzen nach links in die Sülmer Straße ein. Außerdem wurden noch folgende Verbesserungen für den Heilbronner Straßenbahnbetrieb in der Innenstadt vorgesehen:

1. Umbau der Gleisanlagen am Kiliansplatz in der Weise, daß dort
   - ein Übergang der Linien Böckingen – Hauptbahnhof – Karlstraße auf die Linie Südbahnhof – Sontheim
   - ein Übergang von der Friedhoflinie auf die Strecke zum Sülmertor

   möglich wird.
2. Herausnahme der Straßenbahn aus der engen Fleiner Straße und Bau einer neuen Verbindungsstrecke vom Kiliansplatz zur Wilhelmstraße.
3. Herstellen einer verkehrsgünstigen Einführung der Friedhoflinie zum Kiliansplatz über Titotstraße – Kilianstraße – Klarastraße.

*Nahe „Geck's Saalbau" lag in Bökkingen eine Ausweichanlage (1936)*

*Die jahrelang umstrittene schienengleiche Bahnkreuzung der Straßenbahn am Böckinger Sonnenbrunnen im Jahre 1936*

4. Herausnahme der Straßenbahn aus der Sülmer Straße zwischen Kiliansplatz und Turmstraße und Bau einer neuen Verbindungsstrecke.
5. Sanierung der Gleisanlagen in der Wilhelmstraße (und der Strecke nach Sontheim).

Der Heilbronner Gemeinderat stimmte Anfang 1928 diesen Maßnahmen grundsätzlich zu.
Bald darauf wurde mit der Gleiserneuerung in der Wilhelmstraße begonnen und die Strecke teilweise zweigleisig ausgebaut. Die Sontheimer Strecke erhielt ebenfalls an vielen Stellen neue Schienen. Kurz danach sah man einen Bautrupp in der Klarastraße bei der Neuverlegung von Schienen für die künftige zweigleisige Strecke. Diese Bauvorhaben erwiesen sich jedoch so teuer (60 000 Mark), daß die weiteren Gleisbauten zunächst noch zurückgestellt werden mußten. Eine günstige Gelegenheit, Ersatz für die abgewirtschafteten Triebwagen von 1897 zu erhalten, bot sich im Sommer 1929: Von den Stuttgarter Straßenbahnen konnten 7 zwar alte, 1902 gebaute, dafür aber vollkommen generalüberholte, neu lackierte, geschlossene Triebwagen zu einem äußerst niedrigen Preis erworben werden.

Die Neckargartacher Straßenbahn betrieb ihre Straßenbahnlinie mit der Linienbezeichnung „N". Als das Heilbronner Netz durch die Böckinger Linie erweitert war, schlug die Direktion der Heilbronner Straßenbahnen AG dem Gemeinderat Ende 1928 vor, auch für die Heilbronner Straßenbahnlinien eine Linienbezeichnung einzuführen. Nach längeren Beratungen stimmten die Bürgervertreter dem Vorschlag zu und nachdem die technischen Voraussetzungen an den Fahrzeugen geschaffen waren, verkehrten ab Sommer 1929 die Heilbronner Straßenbahnen folgendermaßen:

**Stadtlinien**

1 Hauptbahnhof – Kiliansplatz – Allee – Karlstraße – Karlstor (alle 7 1/2 Minuten)
2 Sülmertor – Sülmer Straße – Kiliansplatz – Fleiner Straße – Wilhelmstraße – Südbahnhof (alle 7 1/2 Minuten)
3 Kaiserstraße/Kiliansplatz – Allee – Herbststraße – Wollhaus-/Oststraße (alle 7 1/2 Minuten)

**Vorortlinien** (Sie bekamen zur Unterscheidung von den Stadtlinien den Anfangsbuchstaben des Zielorts als Linienbezeichnung)

B Böckingen – Sonnenbrunnen – Hauptbahnhof – Kiliansplatz (alle 15 Minuten)
S Sülmertor – Sülmer Straße – Kiliansplatz – Fleiner Straße – Wilhelmstraße – Sontheimer Straße – Sontheim (alle 15 Minuten)
N (Neckargartacher Straßenbahn) Neckargartach – Wohlgelegen – Kranenstraße – Zollamt – Kiliansplatz (alle 30 Minuten)

Fast drei Jahre – von 1928 bis 1931 – gab es auf und um den Kiliansplatz ein ziemliches Gedränge bei der Straßenbahn, insbesondere, wenn die Vorortlinien während der Hauptverkehrszeiten noch verdichtet wurden. Der Umbau des Kiliansplatzes und die Herausnahme der Straßenbahn aus der Fleiner Straße wurden immer dringlicher, doch es fehlte mehrere Jahre das für diese Maßnahmen erforderliche Kapital. Zudem gab es im Heilbronner Gemeinderat auch noch Meinungsverschiedenheiten, wie die Straßenbahn von der Klarastraße aus an die Wilhelmstraße angebunden werden sollte. Während ein Teil der Bürgervertreter eine Fortsetzung durch die Hohe Straße verwirklicht wissen wollte, sah der andere Teil eine Führung durch die Wollhausstraße als günstiger an, da dabei das Stadtbad eine Haltestelle erhalten würde. Bei dieser Lösung wäre allerdings bei der Einmündung von der Wollhausstraße in die Wilhelmstraße ein Engpaß entstanden, für dessen Beseitigung zumindest das „Zollhäuschen" hätte abgebrochen werden müssen. Nach Befragung verschiedener Fachleute und längerer

*Linienführung über den Kiliansplatz nach dem Umbau 1931*

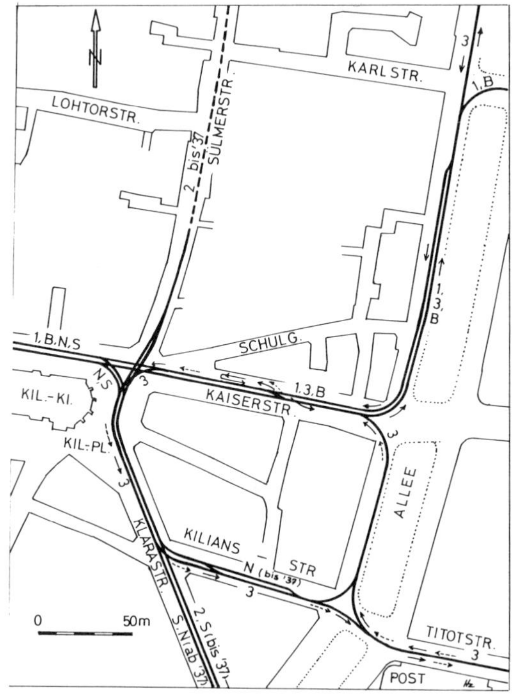

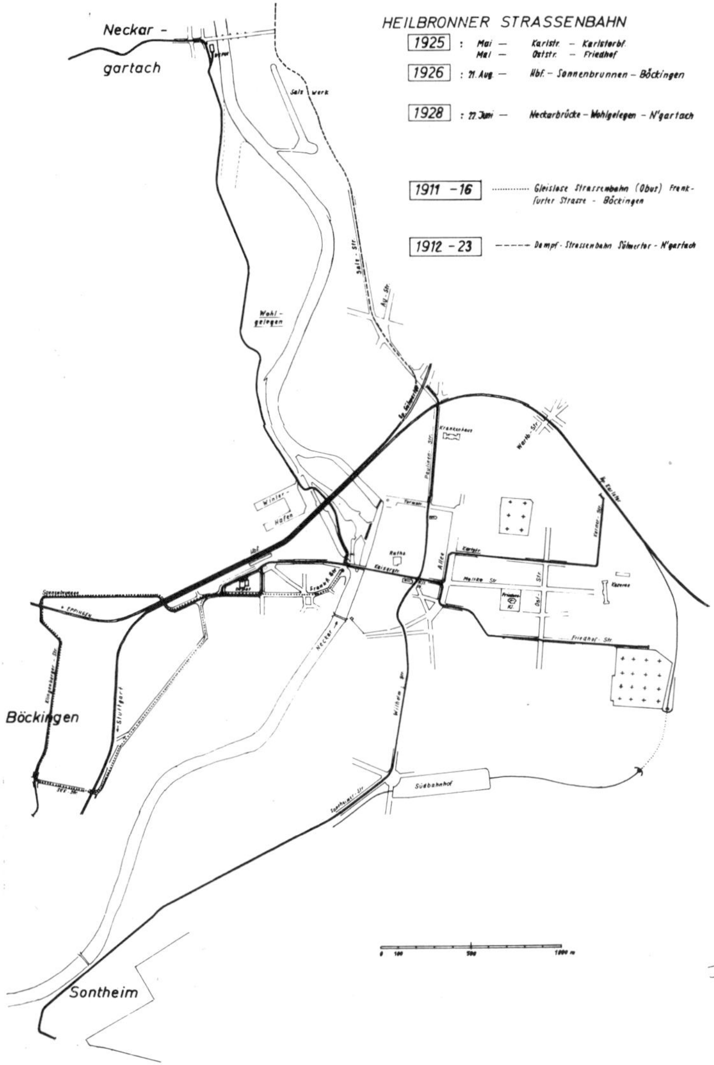


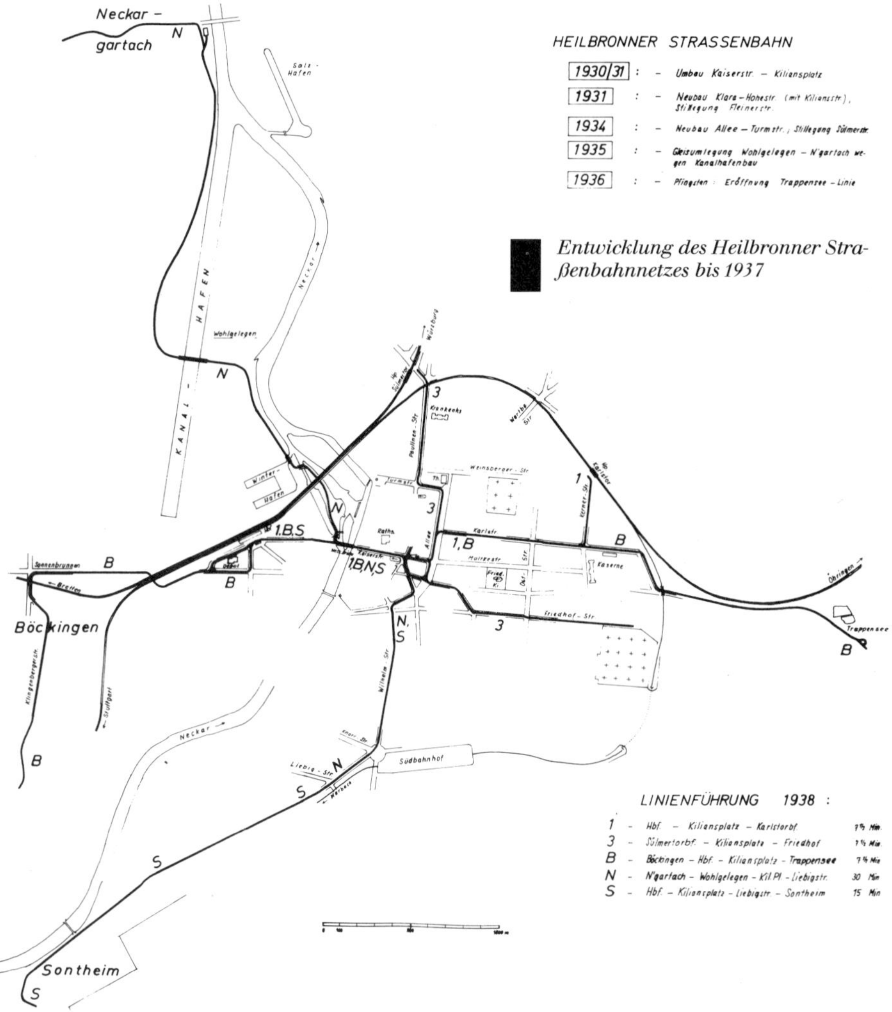


*Entwicklung des Heilbronner Straßenbahnnetzes bis 1937*

*Linie 5 biegt 1935 vom Kiliansplatz in die Kaiserstraße ein*

*Verkehrssituation am Kiliansplatz von 1926, vor dem grundlegenden Umbau 1931*

*Linie 2 kurz nach Wiederinbetriebnahme der Strecke über den umgebauten Kiliansplatz im August 1931*

Debatte entschied sich schließlich der Gemeinderat, den Weiterbau durch die Hohe Straße zu genehmigen. Daraufhin wurde am 20. April 1931 mit dem Weiterbau der Verbindungsstrecke begonnen.
Die neuerliche Bautätigkeit der Straßenbahn regte Oberbürgermeister Beutinger anläßlich einer „Samstagsversammlung des Vereins untere Stadt" am 25. April 1931 an, die Zukunftsaussichten der Heilbronner Straßenbahn zu beleuchten. Dabei kündigte er an, daß die Weiterführung der Straßenbahn in der Karlstraße zum Trappensee geplant und kommen werde. Notwendig würde auch die Erneuerung der Gleisanlage in der Sülmer Straße, denn er halte die Herausnahme der Straßenbahn wie in der oberen Fleiner Straße für nicht angebracht. Jedoch sollte die Straßenbahn von der Allee zum Theater und von dort aus weiter durch die Turmstraße zur Sülmer Straße heruntergeführt werden und später weiter zum Bollwerk und über die Untere Neckarstraße wieder Anschluß an die bestehende Strecke zum Hauptbahnhof erhalten, wodurch eine Rundlinie hergestellt würde. Die Sülmertorlinie müsse in der Paulinenstraße ab dem Bläß'schen Palais zweigleisig ausgebaut werden, da hier einmal eine Weiterführung in das Industriegebiet und eventuell nach Neckarsulm – mit einer Stichstrecke nach Neckargartach – vorgesehen sei. Oberbürgermeister Beutinger konnte sich dabei nicht zurückhalten, seinen Unmut über das selbständige Vorgehen der Gemeinde Neckargartach beim Bau ihrer Straßenbahn kundzutun. Wörtlich führte er aus: „Wir haben seinerzeit alles in Bewegung gesetzt, um die Straßenbahn nach Neckargartach auf das rechte Ufer, also auf das Industriegebiet zu bekommen. Es wäre sogar denkbar gewesen, sie durch die Neckarsulmer Straße und über die Carl-Wüst-Brücke und so nach Neckargartach zu führen. Das zu erreichen ist uns nicht gelungen, weil Neckargartach eben eine eigene Straßenbahn haben wollte. Diese hat es nun, aber es ist ein ganz schwerer Defizitbetrieb. Ich stehe nicht an, hier höflich zu erklären, daß die Neckargartacher Straßenbahn sich nicht rentiert,

daß sie Zehntausende als jährlichen Zuschuß erfordert. Sie würde sich rentieren, wenn man an Verzinsung, Tilgung, Abschreibung und Erhaltung nicht denkt!"
Diese Rede erzeugte einen Sturm der Entrüstung in Neckargartach und es entspann sich ein heftiger Zwist zwischen Bürgermeister Haspel von Neckargartach und Oberbürgermeister Beutinger, der mit bitteren Worten teilweise sogar in der Tagespresse ausgetragen wurde. Gegenseitige Schuldzuweisungen und Vorwürfe der „Einmischung in die inneren Angelegenheiten der jeweils anderen Gemeinde" weitete den Streit sogar auf andere Gebiete aus. Nur durch die Besonnenheit beider Gemeinderäte konnte der unliebsame Vorgang aus der Welt geschafft und die „freundnachbarlichen" Beziehungen zwischen beiden Gemeinden wieder hergestellt werden.
Nach knapp sechs Wochen Bauzeit war die neue Trasse durch die Hohe Straße am 29. Mai 1931 fertiggestellt und an die bestehenden Gleise in der Wilhelmstraße angebunden, so daß am 31. Mai 1931 letztmals eine Straßenbahn durch die Fleiner Straße fuhr.
Bereits tags darauf, am Montag, 1. Juni 1931 begann der grundlegende Umbau des Kiliansplatzes, der dazu für den gesamten Verkehr gesperrt werden mußte. Einige Wochen konnte daher auch die Straßenbahn den Platz nicht überqueren und auf den einzelnen Linien mußte ein Pendelbetrieb bzw. eine Linienverkürzung durchgeführt werden. Die Linien 2 und S, aus Richtung Südbahnhof kommend, endeten stumpf auf einem provisorisch verlegten Gleis in der Klarastraße. Die Linien 1, B und N aus Richtung Neckarbrücke setzten über die Weichenanlage am Marktplatz um, Linie 2 vom Sülmertor endete in der Sülmer Straße und die Linie 1 vom Karlstor sowie die Linie 3 vom Friedhof endeten ebenfalls stumpf in der oberen Kaiserstraße kurz vor dem Kiliansplatz.
Mit dem Umbau dieses zentralen Platzes wollte man die Möglichkeit zur Einführung von Durchmesserlinien schaffen, um so das lästige Umstei-

*Bald nachdem diese Aufnahme entstanden war, wurde Linie 2 im Sommer 1933 eingestellt*

*Triebwagen 6 auf Linie 2 suchte sich 1931 in der Paulinenstraße eigene Wege*

*Noch ohne auflackierte Wagennummer steht der frisch umgebaute Triebwagen 54 abfahrbereit auf dem Wartegleis beim Bahnhof (1935)*

gen und Umsetzen, das bisher die Hauptursache der täglichen Verkehrsmisere am Kiliansplatz war, zu beseitigen.
Ab dem 25. Juli 1931 konnte die Straßenbahn wieder über den Kiliansplatz verkehren, der Straßenausbau zog sich allerdings noch beträchtlich in die Länge. Der Gleisumbau verschlang wieder mehr Mittel der Heilbronner Straßenbahnen AG, als ursprünglich vorgesehen war, so daß die weiteren Ausbauten wieder einmal zeitlich gestreckt werden mußten. So fuhren die Heilbronner und Neckargartacher Wagen zunächst wie folgt:

**Stadtlinien**

1 Hauptbahnhof – Kiliansplatz – Allee – Karlstraße – Karlstorbahnhof (alle 7 1/2 Minuten)

*Zeitweise konnten Linie 2 und S während des Kiliansplatzumbaus nur auf Notgleisen fahren*

*Die alten Gleise wurden vollständig entfernt, um der großzügigen Neuanlage Platz zu machen*

*Vom 1. Juni bis 24. Juli 1931 war das Heilbronner Straßenbahnnetz durch den Umbau in vier Teile getrennt*

*Blick von der Allee in die obere Kaiserstraße 1933 mit Triebwagen 21 (Typ 3) auf Linie 1 zum Hauptbahnhof*

*Sonntagmorgen im August 1936 am Hauptbahnhof. Der Triebwagen des Typs 3 hat noch seine alte Lackierung*

*Dreiwagenzug 1941 am Hauptbahnhof mit Umbautriebwagen 46 (Typ 8.2), bereits in neuem Farbgewand*

2 Sülmertorbahnhof – Sülmer Straße – Kiliansplatz – Klarastraße – Hohe Straße – Wilhelmstraße – Südbahnhof (alle 7 1/2 Minuten)

3 Kiliansplatz – Kaiserstraße – Allee – Herbststraße – Wollhausstraße – Friedhof (alle 7 1/2 Minuten)

**Vorortlinien**

B Böckingen – Sonnenbrunnen – Hauptbahnhof – Kiliansplatz – Allee – Karlstraße (alle 15 Minuten)

S Sontheim – Südbahnhof – Wilhelmstraße – Hohe Straße – Klarastraße – Kiliansplatz – Hauptbahnhof (alle 15 Minuten)

N (Neckargartacher Straßenbahn) Neckargartach – Wohlgelegen – Kranenstraße – Zollamt – Kiliansplatz (alle 30 Minuten)

Zunächst war dadurch – außer der durchgehenden Linie Sontheim – Hauptbahnhof und Böckin-

gen – Hauptbahnhof – Karlstraße – noch keine große Erleichterung eingekehrt. Es mußte immer noch viel umgestiegen und gegangen werden.
Infolge der beginnenden Wirtschaftskrise und der damit verbundenen rückläufigen Fahrgastfrequenz erwirtschaftete die Straßenbahn einen wesentlich niedrigeren Ertrag, als erwartet. So konnte man mit dem Weiterbau der geplanten Vorhaben auch nur schrittweise vorankommen, was nicht wenige Kritiker auf den Plan rief. Man dachte öffentlich nach, ob sich der teure Kiliansplatz-Umbau denn eigentlich rentiere und räsonierte: „Die Straßenbahn ist im modernen Verkehr das größte Hindernis, das es gibt. . . . Der Omnibus hat gegenüber der Straßenbahn unbedingte Vorzüge." Doch durch solche Empfehlungen ließen sich die Direktion der Straßenbahn und der Heilbronner Gemeinderat nicht beeindrucken, man hielt weiterhin am Ausbau der Straßenbahn fest.

Zunächst wurde im November und Dezember 1931 eine doppelgleisige Abzweigung von der Klarastraße in die Kilianstraße eingelegt und dort eine Umsetzmöglichkeit geschaffen. Für den Weiterbau bis zur Allee und den Anschluß an die Friedhoflinie (Linie 3) in der Titotstraße reichte – wieder einmal – das vorhandene Kapital nicht aus. Die Gleise in der Kilianstraße wurden daher als Abstellanlage genutzt.
Im Mai 1932 wurde im Zuge der Sanierung der Schienen der Linie 1 in der Allee in deren nördlichen Teil bis zum Theater ein Abstellgleis angelegt. Nach Inbetriebnahme der neuen Abstellanlage konnte man die Umsetz-Endstelle der Linie N der Neckargartacher Straßenbahn in die Kilianstraße verlegen, wodurch in der Kaiserstraße und am Marktplatz endlich eine Verkehrserleichterung erzielt wurde.
Schließlich war im Sommer 1933 das erforderliche Kapital für den längst fälligen Anschluß der Friedhoflinie an den Kiliansplatz freigemacht worden. Nachdem das dazu erforderliche Schienen- und Weichenmaterial angeliefert worden war, wurde die Strecke in der Kilianstraße über die Allee verlängert und in der Titotstraße mit einer Weiche an die bestehende Trasse angebunden. Nach Fertigstellung und Inbetriebnahme der Gleisanlage im August 1933 trat daraufhin folgende Linienänderung in Kraft:

*Solche Wagen verkehrten einst auf der Dampfstraßenbahn. Hier wird einer am 8. Oktober 1932 durch Sontheim bugsiert*

*Seite 87: Obere Kaiserstraße mit Zug der Linie 1 im Sommer 1927*

Johanna Greß
MUSIK
LANDAUER
Walch

Linie 3 fuhr jetzt vom Friedhof über die Wollhausstraße – Herbststraße – Titotstraße – Kilianstraße zum Kiliansplatz weiter und von hier aus durch die Sülmer Straße – Paulinenstraße zum Sülmertor.
Die Linie N der Neckargartacher Straßenbahn wurde vom Kiliansplatz über die Klarastraße – Hohe Straße – Wilhelmstraße – Südbahnhof zur Sontheimer Straße verlängert und hatte ihre Umsetzendstation jetzt bei der Einmündung der Liebigstraße. Damit war es für die Neckargartacher erstmals möglich, direkt und ohne Umsteigen zu den zahlreichen Arbeitsplätzen in der Südstadt zu gelangen.
Durch diese Linienumstellung wurde jedoch die seitherige Linie 2 (Sülmertor – Südbahnhof) überflüssig, sie wurde daher eingestellt.
Im Sommer 1934 erwachte in der Bevölkerung und in der Presse wieder der Wunsch, den „Wald näher an die Stadt" heranzubringen, d.h. eine Omnibus- oder besser noch eine Straßenbahnlinie von der Karlstraße zum Trappensee einzurichten. Der Heilbronner Straßenbahnen AG fehlte damals jedoch dazu das nötige Kapital.
Anläßlich des Schwäbischen Liederfestes vom 27. bis 29. Juli 1934 in Heilbronn hatte die Straßenbahn Höchstleistungen zu vollbringen. Die Sängergäste aus ganz Württemberg waren bei den Bürgern von Heilbronn und Umgebung einquartiert. Um nun die zahlreichen Festgäste und Teilnehmer alle pünktlich zu den einzelnen Veranstaltungen transportieren zu können, richtete die Heilbronner Straßenbahn einen Sonderfahrplan ein: Alle Wagen vom Karlstor (Linie 1), vom Friedhof (Linie 3), von Sontheim (Linie S) und von Neckargartach wurden zum Hauptbahnhof und weiter zum Festplatz bei der Theresienwiese geführt, an dem die Linie B aus Böckingen sowieso vorbeifuhr. Lediglich die Linie 3 vom Sülmertor mußte am Kiliansplatz enden und die Fahrgäste von dort mußten in andere Wagen umsteigen. Darüber hinaus setzte die Straßenbahn noch zusätzlich zu den oben genannten Linien eine „Extralinie" ein, die alle 2 1/2 Minuten zwischen der Allee – Kiliansplatz – Hauptbahnhof und dem Festplatz verkehrte.
Für die Festtage gewährte die Straßenbahn einen Sonderfahrpreis: Mit einem Einzelfahrschein für 15 Pfennige konnte eine Person auf allen Linien der Heilbronner Straßenbahn (nicht aber auf der Neckargartacher Straßenbahn) beliebig weit

*Ab Juni 1937 fuhr Linie 3 nicht mehr durch die Sülmer Straße, sondern bog am Sülmertor in die Turmstraße ein*

fahren. Darüber hinaus gab es eine „Festfahrkarte" zu 1 Mark, mit der man während der drei Festtage auf allen Strecken (auch der Neckargartacher Straßenbahn) beliebig weit und oft fahren konnte. Diese Karte erfreute sich großer Beliebtheit bei den Heilbronnern und den zahlreichen Festgästen.

## Heilbronns letzte Neubaustrecken

Im Sommer 1935 griff das Tiefbauamt Heilbronn den alten Plan des früheren Oberbürgermeisters Beutinger und den oft geäußerten Wunsch der Bevölkerung wieder auf und plante die Weiterführung der Straßenbahn in der Karlstraße zum Trappensee. Die neuen Gemeindegremien genehmigten Ende 1935 diesen Neubau und bewilligten auch die finanziellen Mittel. Darauf konnte im Spätherbst von der Heilbronner Straßenbahnen AG noch das erforderliche Schienen- und Oberleitungsmaterial bei der Industrie in Auftrag gegeben und die Bauarbeiten ausgeschrieben werden. Die Heilbronner Bauunternehmung Rohrbach und Huber erhielt im Januar 1936 den Zuschlag und bereits Mitte März wurde mit den Erdarbeiten der 1,75 km langen Strecke begonnen. Mitte April 1936 trafen die bestellten Schienen und die 76 Fahrleitungsmaste in Heilbronn ein. Jetzt war es möglich, die neue Straßenbahnstrecke noch zum Pfingstfest fertigzustellen und amtlich abnehmen zu lassen. Die Kosten dieses Neubaus betrugen annähernd 200 000 Reichsmark.

Am Samstag, 3. Juni 1936 versammelten sich um 13.30 Uhr zahlreiche Bürger am Marktplatz in Heilbronn, um die Übergabe der neuen Strecke – die übrigens dann die letzte Neubau-Straßenbahnlinie Heilbronns war – mitzuerleben. Oberbürgermeister Gültig dankte den rund hundert Beschäftigten, die es ermöglichten, die gesamten Arbeiten für die neue Linie innerhalb von knapp drei Monaten durchzuführen. Dadurch sei es möglich geworden, bereits zum Pfingstfest die Bevölkerung schneller, bequemer und leichter in die Naherholungsgebiete zu bringen. Wörtlich führ-

*Triebwagen 51 auf Linie S bei der Einmündung der Kranenstraße, kurz vor der Neckarbrücke (1937)*

*Zur Eröffnung stellt sich das Personal in der Schleife Trappensee am 3. Juni 1936 vor der Kamera in Positur*

*Zwei Konfirmandinnen haben das bedeutsame Ereignis am 4. Juni 1936 am Trappensee festgehalten*

te er aus: „Die Straßenbahn hat in Heilbronn eine sozialpädagogische Aufgabe zu erfüllen. Täglich befördert sie 17 000 Personen. Aus der stoßweisen Belebung der Straßenbahnbenützung morgens, mittags und abends ersieht man, wie stark sie dem Berufsverkehr dient. Gerade da die Heilbronner Straßenbahn einen sehr starken Stoßbetrieb hat, ist es unmöglich, sie durch Omnibusse zu ersetzen. Auf eigenem Bahnkörper ist sie das rascheste und billigste Beförderungsmittel! . . ."

Jetzt rückten am Marktplatz zwei festlich geschmückte Straßenbahnzüge an. In den ersten durften die am Bau beteiligten Arbeiter einsteigen, der zweite war für die Ehrengäste reserviert. Zunächst rollten die beiden Fest-Straßenbahnwagen auf der alten Trasse über die Allee in die Karlstraße. Bei der Abzweigung der Kernerstraße, in die die Karlstorlinie einbog, gelangte man über eine neue Weiche auf die neugebaute, eingleisige Strecke. Hier waren alle Häuser festlich geschmückt und beflaggt. In zügiger Fahrt ging's nun bis zum Ende der Karlstraße, worauf die Gleise nach rechts in die Siebennußbaumstraße einbogen, um bald darauf, am Ende der Bismarckstraße, wieder nach links einzuschwenken und nach Unterfahrung der Eisenbahnstrecke Karlstor – Südbahnhof in die Jägerhausstraße zu kommen. Nach etwa einem Kilometer weiterer Fahrt erreichten die beiden ersten offiziellen Straßenbahnzüge die Endschleife „Trappensee", die sich etwa schräg gegenüber der Einmündung der Arndtstraße in die Jägerhausstraße befand. Dort wurden die Festgäste von der „Kreiskapelle" mit einem schneidigen Marsch empfangen. Nach einer kleinen Feier im Stile jener Tage fuhren die Gäste wieder zurück zur Allee, wo kurz vor 15.30 Uhr dann von Oberbürgermeister Gültig der neugebaute Stadtgarten der Bevölkerung übergeben wurde.

Bereits um 15.30 Uhr wurde am Pfingstsamstag, dem 3. Juni 1936, der fahrplanmäßige Betrieb auf der neuen Strecke aufgenommen. Die Linie B fuhr jetzt alle 7 1/2 Minuten vom Trappensee über Karlstraße – Allee – Kiliansplatz – Hauptbahnhof zum Sonnenbrunnen und alle 15 Minuten weiter bis Böckingen.

Die Gleisanlage in der Sülmer Straße wurde im Laufe der Jahre stark abgewirtschaftet, und ihre Sanierung unaufschiebbar. Um die Kosten für eine solche Maßnahme so gering wie möglich halten zu können, griffen die Heilbronner Straßenbahnen AG und das Tiefbauamt auf einen alten Plan zurück, gegen den früher der damalige Oberbürgermeister Beutinger Sturm gelaufen war: Herausnahme der Straßenbahn aus der Sülmer Straße und Umleitung der Strecke über die Allee und Turmstraße. Da in der Allee bereits von der Einmündung der Karlstraße bis zum Theater Gleise eingelegt waren, mußte man lediglich in der Turmstraße zwischen der Allee und der Paulinenstraße auf einer Länge von etwa 150 Meter neue Schienen einlegen und konnte dafür die 400 Meter lange abgenutzte Strecke in der teilweise sehr engen Sülmer Straße stillegen. Im Frühjahr 1937 begannen die Bauarbeiten in der Turmstraße und schon im Frühsommer 1937 erhielt die Linie 3 ihren neuen Verlauf vom Sülmertor über die Paulinenstraße – Turmstraße – Allee – Kaiserstraße – Kilianstraße – Titotstraße – Wollhausstraße zum Friedhof. Auf dem Rückweg aber konnte die Linie 3 den Kiliansplatz wegen der fehlenden Verbindungsweiche in Richtung Kaiserstraße – Allee nicht mehr anfahren. Sie erhielt daher folgende kuriose Führung: Friedhof – Wollhausstraße – Herbststraße – Titotstraße – Allee – Kaiserstraße bis kurz vor den Kiliansplatz. Dann mußte der Wagenführer den Führerstand wechseln, denn jetzt ging's wieder zurück über die Kaiserstraße zur Harmonie und weiter über Allee – Turmstraße – Paulinenstraße zum Sülmertorbahnhof. Zwar war geplant, eine Weichenverbindung vom Kiliansplatz zur Kaiserstraße – Allee einzubauen, doch fehlte für diesen großen Umbau – wieder einmal – das erforderliche Kaptial. Daher blieb diese eigenartige Linienführung bis zum 4. Dezember 1944 bestehen.

Bis auf ein kurzes Gleisstück mit Ausweiche beim Kiliansplatz wurden die Gleise in der Sülmerstraße im Herbst 1937 ausgebaut. Damit hatte das Netz der Heilbronner Straßenbahnen seinen endgültigen Stand erreicht.

*1939/40 konnte die Heilbronner Straßenbahn von den Stuttgarter Straßenbahnen günstig die 14 Triebwagen des Typs 9 kaufen, von denen hier einer 1941 am Trappensee zu sehen ist*

# Die Straßenbahn unter städtischer Regie

## Die „Stadtwerke Heilbronn" übernehmen die Heilbronner Straßenbahnen AG

Zur Erlangung einer Konzession für den Bau und Betrieb einer Straßenbahn in Heilbronn sowie zur Finanzierung derselben war es erforderlich, eine Gesellschaft zu gründen. Daher wurde zunächst zwischen der Gewerbebank Heilbronn – mit einem Drittel der Anteile – und der Oberrheinischen Bank – mit den restlichen zwei Dritteln des Anfangskapitals von 120 000 Mark – ein Bankenkonsortium gebildet. Um das restliche erforderliche Kapital zu beschaffen und gleichzeitig der Stadt Heilbronn und ihren Bürgern die Gelegenheit zu geben, das Übergewicht der Kapitalverteilung zugunsten Heilbronns zu verlagern, wurde von den beiden Banken am 10. Mai 1897 das Konsortium in eine Aktiengesellschaft mit einem Stammkapital von 500 000 Mark umgeändert und die Einzelaktien zur Zeichnung ausgeschrieben. Dieses Angebot wurde aber weder von der Stadt (wegen eines finanziellen Engpasses) noch vom „Heilbronner Kapital" genutzt, so daß der überwiegende Anteil der Aktien in auswärtige Hände ging. Die Kapitalverteilung blieb in dieser Verteilung lange Jahre konstant.
Nach dem Ersten Weltkrieg zeigte sich auch bei der Heilbronner Straßenbahnen AG ganz deutlich, daß ein gewinnbringender oder wenigstens kostendeckender Betrieb nur schwer zu realisieren war. Da auch eine Kapitalerhöhung nicht zu verwirklichen war, folgten damals zwangsläufig Einschränkungen im Betrieb, um das Defizit des Betriebs so nieder wie möglich zu halten. Um aber der Bürgerschaft trotz finanzieller Schwierigkeiten eine zufriedenstellende Verkehrsbedienung sicherstellen zu können, war die Stadt Heilbronn daher bereits zu Beginn der zwanziger Jahre bemüht, einen größeren Anteil der „Aktiengesellschaft" in ihre Hand zu bekommen. Nach langen Verhandlungen konnte die Stadt am 6. November 1924 insgesamt 61 % des Aktienkapitals erwerben und dadurch auf die Gestaltung des Betriebs und des Fahrplans einen wesentlichen Einfluß ausüben. Dadurch war es auch möglich, den fast völlig darniederliegenden Straßenbahnverkehr wieder in Gang zu bringen und das Netz zu erweitern. Mit der Eingemeindung Neckargartachs nach Heilbronn kam die gemeindeeigene Straßenbahn in den Besitz der Stadt Heilbronn. Nachdem am 1. Juni 1940 dann von der Stadt die restlichen Aktien der Heilbronner Straßenbahnen AG erworben werden konnten, wurde am 1. Juli 1940 die „Aktiengesellschaft" aufgelöst und die Heilbronner und die Neckargartacher Straßenbahnen als „Abteilung Verkehrsbetriebe" den Stadtwerken Heilbronn angegliedert.

Durch die Vereinigung der beiden Unternehmen erreichte das Netz der Heilbronner Straßenbahn mit einer Streckenlänge von 17 660 m und einer Gleislänge (einschließlich der Wagenhallen) von 22 425 m seine größte Ausdehnung.
Äußerlich zeigte sich die neue Betriebsführung lediglich durch das am 1. Juli 1940 geänderte Liniennetz. Seit diesem verkehrten in Heilbronn die Straßenbahnen wie folgt:

Linie 1 (alle 7 1/2 Minuten)
Böckingen – Sonnenbrunnen – Hauptbahnhof – Kiliansplatz – Allee – Karlstraße –
a) Jägerhausstraße – Trappensee
b) Kernerstraße – Karlstorbahnhof (jeweils jeder zweite Zug)

*Eine der wenigen Fotos der Straßenbahn in der Kernerstraße. Hier 1942 Triebwagen 23 in „voller Kriegsbemalung"*

Linie 2 (alle 15 Minuten)
Neckargartach – Wohlgelegen – Kranenstraße – Kiliansplatz – Klarastraße – Hohe Straße – Südbahnhof – Sontheimer Straße/Liebigstraße

Linie 3 (alle 7 1/2 Minuten)
Sülmertorbahnhof – Paulinenstraße – Allee – Kiliansplatz – Kilianstraße – Herbststraße – Wollhausstraße – Friedhof

Linie 4 (vorgesehen, wegen der Kriegsereignisse jedoch nicht verwirklicht: alle 7 1/2 Minuten
Sülmertorbahnhof – Paulinenstraße – Allee – Kiliansplatz – Hauptbahnhof)

*Aus der Linie N wurde am 1. Juli 1940 der „Zweier“, hier im Oktober 1940 auf dem Weg nach Sontheim*

*Stimmungsbild aus dem Jahre 1942 von der Linie 2 in der Hindenburgstraße in Neckargartach*

*Die 1936 eröffnete Linie zum Trappensee galt als Ausflugslinie ins Grüne*

Linie 5 (alle 15 Minuten)
Sontheim – Sontheimer Straße – Südbahnhof – Hohe Straße – Klarastraße – Kiliansplatz
a) – Kranenstraße – Wohlgelegen – Neckargartach (nur während der Hauptverkehrszeiten)
b) – Hauptbahnhof (außerhalb der Hauptverkehrszeiten)

## Der Zweite Weltkrieg erforderte Höchstleistungen

Der Ausbruch des Zweiten Weltkriegs am 1. September 1939 brachte für die Heilbronner Straßenbahnen unmittelbar die ersten Beschränkungen, denn es mußte sofort ein Teil des männlichen Fahr- und Schaffnerpersonals zur Wehrmacht einrücken. Die fehlenden Stellen versuchte man zunächst mit dem verbliebenen Personal durch Leistung von Überstunden auszugleichen. Es folgten jedoch weitere Stellungsbefehle, so daß beim Personal ein empfindlicher Engpaß entstand. Um die Fehlstellen bei den Wagenführern auszugleichen, schulte man die vom Kriegsdienst nicht betroffenen Schaffner zu Fahrern um und stellte sogar bereits pensionierte Wagenführer wieder ein. Die Lücken im Schaffnerdienst versuchte man zunächst mit Frauen und Pensionären zu schließen. Ab 1942 wurden sogenannte „Arbeitsmaiden“ (dienstverpflichtete junge Frauen ab 18 Jahren) zu Schaffnerinnen ausgebildet und bei den Heilbronner Straßenbahnen eingesetzt. Später war man sogar gezwungen, Gymnasiastinnen und Gymnasiasten der Oberstufenklassen für den Schaffnerdienst zu verpflichten. Gleichzeitig stiegen – da die gesamte Industrie kriegsbedingt auf Hochtouren lief und einerseits alle arbeitsfähigen Frauen und Männer bis ins hohe Alter in den Arbeitsprozeß einbezog, andererseits wegen der requirierten Fahrzeuge für den Individualverkehr keine Personenkraftwagen und Omnibusse sondern nur die schienengebundenen Nahverkehrsmittel zur Verfügung standen – bis zum Jahre 1943 die von den Heilbronner Straßenbahnen zu erbringenden Verkehrsleistungen sehr stark an.

Sie erreichten eine Höhe, wie sie vorher nie bekannt war. Während 1938 die Straßenbahn täglich durchschnittlich 17 700 Personen beförderte, mußten 1943 an Werktagen annähernd 43 000, also mehr als doppelt soviel Menschen, wie 1938, zu und von ihren Arbeitsstellen mit der Straßenbahn gefahren werden. Hierzu fuhren täglich während der Hauptverkehrszeiten 26 Züge mit teilweise drei Wagen.
Vom Personal und Material wurden Höchstleistungen abverlangt. Es war daher die zwangsläufige Folge, daß sowohl der Wagenpark als auch die Gleis- und Oberleitungsanlagen außergewöhnlich stark beansprucht und abgenützt wurden. Die Verschleißerscheinungen konnten mit der Fortdauer des Krieges wegen der steigenden Verknappung der Ersatzteile immer weniger und nur unter größten Schwierigkeiten behoben werden.

## Die Schreckensnacht von Heilbronn

In den ersten Kriegsjahren hatte es den Anschein, als würde der Stadt Heilbronn ein größeres Unheil erspart, da man zunächst von schweren Luftangriffen mit Fliegerschäden verschont blieb. Doch es kam anders. Im Laufe des Jahres 1944 häuften sich die Fliegeralarme, anfänglich vorwiegend nachts, später jedoch auch tagsüber, so daß der fahrplanmäßige Straßenbahnverkehr sehr oft unterbrochen und der Wageneinsatz mehr oder weniger improvisiert werden mußte. Völlig überrascht waren die Heilbronner Bürger, als am Sonntag, 10. September 1944 nachmittags kurz nach 12 Uhr, 40 feindliche Flugzeuge nach einem Angriff auf Nürnberg auf ihrem Rückflug über die Stadt Heilbronn noch einen Bombenhagel niedergehen ließen. 237 Menschen fanden den Tod. In Böckingen und in der Innenstadt fielen zahlreiche Wohn- und Geschäftshäuser den Brandbomben zum Opfer, u. a. auch die Kilianskirche. Die Straßenbahn kam verhältnismäßig glimpflich davon, lediglich Teile der Oberleitung und einige Stellen der Gleisanlage waren

*Aufnahmen von der Friedhoflinie bzw. der Linie 3 in der Ausweiche Paulinenstraße aus dem Jahre 1942. Links steht Triebwagen 12 (Typ 9 ex Stuttgart), rechts Triebwagen 25 (Typ 3), der 1924 von Krefeld kam. Die Seitenfenster sind kriegsmäßig blau gestrichen*

*Eigenbau-Triebwagen 36 steht im Jahre 1942 als „Fünfer" am Kiliansplatz mit einem ehemaligen Esslinger Beiwagen*

beschädigt. Nach wenigen Tagen konnte bereits wieder auf dem ganzen Netz der „normale" Betrieb durchgeführt werden.
Dann aber, am Abend des Montags, 4. Dezember 1944 heulten die Luftschutzsirenen um 19.08 Uhr und kündigten der verdunkelten Stadt einen bevorstehenden Fliegerangriff an. Bei der Heilbronner Straßenbahn herrschte zu dieser Stunde noch der Hauptverkehrsbetrieb. 23 Züge befanden sich auf den einzelnen Linien im Netz verteilt, um die Menschen von ihren Arbeitsstätten nach Hause zu bringen. Routinemäßig, wie immer bei Alarmen, wurden die auf der Strecke befindlichen Straßenbahnzüge ordnungsgemäß mit abgezogenem Bügel und gesichert untergebrachter Fahrkurbel abgestellt (bzw. auf den eingleisigen Strecken die einzelnen Züge zuerst von den Wagenführern bis zur nächstgelegenen Ausweiche vorgefahren). Daraufhin verließen die Fahrgäste zusammen mit dem Straßenbahnpersonal die Wagen, um die nächstgelegenen Luftschutzkeller oder -räume aufzusuchen.
Kurz nach dem Sirenengeheul war der Himmel über Heilbronn bereits mit sog. „Christbäumen" – wie im Volksmund seinerzeit die Leuchtbomben genannt wurden – überzogen, die die Stadt für die nachfolgenden Bombengeschwader taghell ausleuchteten. Wenige Minuten darauf überflogen fast 1000 Flugzeuge der Royal Airforce das Stadtgebiet und es ging auf Heilbronn ein 28minütiger Bombenhagel nieder, wie er hierorts zuvor noch unbekannt war. Zunächst zerrissen die zuerst abgeworfenen 42 Luftminen und etwa 3000 Sprengbomben das schöne mittelalterliche Stadtbild, um dem darauffolgenden Teppich aus 200 000 Brandbomben reichlich Nahrung für eine völlige Zerstörung der Stadt zu bieten. In kürzester Zeit waren die ganze Innenstadt und die Außenbezirke Heilbronns ein einziges Flammenmeer, das sich in wenigen Minuten zu einem wahren Feuersturm ausweitete. Die Menschen, die nicht rechtzeitig aus den Kellern oder Luftschutzräumen herauskommen und sich vor dem Flammenorkan retten konnten, mußten jämmerlich ersticken, da das Feuer sofort den ganzen Sauerstoff entzog.

Durch diesen schweren Luftangriff, dem mehr als 6500 Menschen und fast 80% der Stadt zum Opfer fielen, fanden auch 33 Betriebsangehörige der Straßenbahn bei der Ausführung ihres Dienstes den Tod. Der größte Teil der Einrichtungen und des Inventars der Heilbronner Straßenbahn wurde zerstört:

| | |
|---|---|
| Wagenhallen | 60 % |
| Hauptwerkstatt mit Inventar | 100 % |
| Verwaltung | 100 % |
| Gleisanlagen | 40 % |
| Oberleitung | 85 %. |

Bei den Fahrzeugen des Personenverkehrs bot sich folgendes düsteres Bild:

| Bestand am Morgen des 5. Dezember 1944: | Triebwagen 40 (100 %) | Beiwagen 28 (100 %) |
|---|---|---|
| Davon völlig zerstört: | 21 (52,5 %) | 10 (35,72 %) |
| Stark beschädigt, teilweise nicht mehr fahrbereit: | 13 (32,5 %) | 12 (42,85 %) |
| Unbeschädigt, noch fahrbereit: | 6 (15 %) | 6 (21,43 %) |

*Das Ausmaß der Zerstörung Heilbronns am 4. Dezember 1944 zeigt dieses Bild. Nach dem Angriff konnte die Straßenbahn wochenlang nicht mehr fahren*

Von den zehn vorhandenen Arbeitsfahrzeugen (ein Trieb- und neun Beiwagen) wurden 5 (50 %) völlig zerstört. Die nachfolgende Tabelle gibt einen Aufschluß darüber, wo sich zum Zeitpunkt des schweren Luftangriffs die einzelnen Wagen befanden:

| Wageneinteilung am 4. Dezember 1944 | | | | | Standort zum Zeitpunkt des Luftangriffs (= in Richtung) |
|---|---|---|---|---|---|
| Zug-Nr. | Linie | TW (KV/b) | 1. BW (KV/b) | 2. BW (KV/b) | |
| 1 | 1 | 15 (KV) | 123 (KV) | 102 (KV) | Allee/Harmonie (= Trappensee) |
| 2 | 1 | 10 (KV) | 111 (b) | 116 (b) | Bahnhof-/Kranenstraße (= Trappensee) |
| 3 | 1 | 7 | 112 | 118 | Ausweiche Jägerhausstraße (= Böckingen) |
| 4 | 1 | 13 (b) | 120 (b) | – | Böckingen, Ausweiche Grazer Str. (= Trappensee) |
| 5 | 1 | 44 | – | – | Frankfurter Straße (= Trappensee) |
| 6 | 1 | 19 (b) | 101 (b) | – | Sonnenbrunnen (= Böckingen) |
| 7 | 1 | 22 (b) | – | – | Ausweiche Kernerstraße (= Hauptbahnhof) |
| 8 | 1 | 47 | 114 | – | Endstation Trappensee |
| 9 | 1 | 46 (b) | 123 (KV) | 117 *1) | Großgartacher Straße (= Trappensee) |
| 10 | 1 | 41 (b) | 113 (KV) | 115 (KV) | Kaiserstraße/Kiliansplatz (= Böckingen) |
| 11 | 3 | 18 (KV) | – | – | Ausweiche Wollhaus-/Oststraße (= Sülmertor) |
| 12 | 3 | 25 (KV) | – | – | Ausweiche Wollhaus-/Oststraße (= Friedhof) |
| 13 | 3 | 12 (KV) | – | – | Klarastraße/Kiliansplatz (= Friedhof) |
| 14 | 3 | – | – | – | (bereits in Halle eingerückt) |
| 15 | 5 | 51 (KV) | 122 (KV) | – | Klarastraße/Kiliansplatz (= Sontheim) |
| 16 | 5 | 52 (KV) | 124 (KV) | – | Klarastraße/Kiliansplatz (= Hauptbahnhof) |
| 17 | E | 23 (KV) | – | – | Krankenhaus (= Hauptbahnhof) |
| 18 | E | 8 | – | – | Allee/Harmonie (= Sülmertor) |
| 19 | 5 | 17 (b) | 128 (KV) | – | Hauptbahnhof (Endstation) |
| 20 | 5 | 56 | 105 | – | Sontheim (Endstation) |
| 31 | 2 | 31 (b) | 72 (b) | – | Wohlgelegen (= Liebigstraße) |
| 32 | 2 | 33 (b) | 73 (b) | – | Hohe-/Wilhelmstraße (= Liebigstraße) |
| 33 | 2 | 35 | – | – | Liebigstraße (Endstation) |
| 34 | 2 | 34 (KV) | – | – | Kilianskirche (= Neckargartach) |
| 35 | 5 | – | – | – | (bereits in Halle eingerückt) |
| 36 | 5 | – | – | – | (bereits in Halle eingerückt) |

*1) Beiwagen 117 befand sich nicht am Zug 9, sondern war an der Endstation Sülmertor abgestellt.

Zeichenerklärung:

(KV) bedeutet, daß das Fahrzeug durch Kriegseinwirkung völlig zerstört wurde und daher verloren ging oder verschrottet wurde;

(b) bedeutet, daß das Fahrzeug durch Kriegseinwirkung beschädigt und nach späterer Wiederherstellung wieder einsatzbereit war;

= gibt die Richtung an, in welcher der Zug zur Zeit des Fliegerangriffs unterwegs war.

Tw bedeutet Triebwagen (Motorwagen)

Bw bedeutet Beiwagen (Anhänger)

Zum Zeitpunkt des schrecklichen Fliegerangriffs auf Heilbronn am 4. Dezember 1944 befanden sich noch folgende Fahrzeuge in den Betriebshöfen am Hauptbahnhof und in Neckargartach:

1. *Wagenhalle am Hauptbahnhof:*
Alte Halle (Gleise 1 bis 4, jeweils von vorne nach hinten):
Gleis 1 24 (b), 119 (KV), 36 (b), 20 (KV)
Gleis 2 45 (KV), 43 (KV), 42 (KV), 9 (KV), 26 (KV)
Gleis 3 11 (KV), 14 (KV) 25 (KV), 21 (KV)
Gleis 4 48 (KV), (ex 104[I]) (KV), (ex 105[I]) (KV), 104[II]) (KV)[1)]

Zwischengebäude (Gleise 5 bis 6)
Gleis 5 leer
Gleis 6 leer

Neuer Hallenteil (Gleise 7 bis 12)
Gleis 7 leer
Gleis 8 16 (b)
Gleis 9 103 (b)
Gleis 10 leer
Gleis 11 leer
Gleis 12 leer

Bemerkungen:
[1)] Bei dem als (ex 104[I]) bezeichneten Wagen handelt es sich um den zum Salzwagen umgebauten Beiwagen vom Typ 53b; bei dem als (ex 105[I]) bezeichneten Fahrzeug handelt es sich um den zum Werkstattwagen umgebauten Beiwagen vom Typ 53b.

2. *Wagenhalle Neckargartach:*
In der Wagenhalle:
Gleis 1 leer
Gleis 2 Arbeitstriebwagen 92
Gleis 3 53, 54, 55, 121
Gleis 4 74, 75, 126, 127
Vor der Wagenhalle: 32 (KV)

Wegen der großen Hitze des Flammensturms war es erst am 8. Dezember 1944, also nach mehr als drei Tagen möglich, in der Innenstadt auf die Suche nach den vermißten Betriebsangehörigen und Fahrzeugen zu gehen. Dies erwies sich als äußerst schwierig, denn es bot sich der Suchmannschaft ein grauenvolles Bild der Zerstörung. Von den vielen Fahrzeugen waren teilweise nur noch von der Hitze verformte Metallreste auffindbar. Oftmals zeigte nur ein Stück eines verbogenen Stromabnehmers an, wo sich unter einem Trümmerberg eine Straßenbahn befinden könnte. Nur anhand der zufälligerweise an der Wand der Wagenhalle am Hauptbahnhof erhalten gebliebene Tafel mit der handschriftlichen Wageneinteilung (siehe Tabelle S. 95) und mit privaten Dienstplänen von Fahrern bzw. Schaffnern konnte von vielen Fahrzeugen der Standort rekonstruiert werden, um in den umliegenden Luftschutzkellern bzw. -räumen die vermißten Betriebsangehörigen zu finden (deren Identifizierung nur noch aufgrund der Nummern der Galoppwechsler o. ä. erfolgen konnte).
Zwar erholten sich die Heilbronner Straßenbahnen von diesem schweren Schlag nur schwer, doch war der Wille zum Weitermachen bei den Überlebenden so stark, daß man seitens der Stadtverwaltung die baldige Wiederaufnahme des Straßenbahnverkehrs wünschte. Unter dem persönlichen Einsatz des damaligen Betriebsdirektors Manz ging der verbliebene Rest der Betriebsangehörigen zusammen mit Kriegsgefangenen daran, die Strecke wieder freizulegen. Völlig zerstörte Fahrzeuge schlachtete man an Ort und Stelle aus. Noch verwertbare Teile wurden gesammelt, der Rest der Metallverwertung zugeführt. Noch fahrbereite Wagen schleppte ein privater Fuhrunternehmer zum Depotgelände in Neckargartach, wo eine provisorische Werkstatt eingerichtet worden war. Nach der Reparatur der weniger beschädigten Außenstrecken konnte noch vor Weihnachten 1944 zwischen Neckargartach und der Brücke über den Wilhelmskanal und etwas später auch zwischen Sontheim und dem Wilhelmsbau (bei der Cäcilienstraße) mit den erhaltengebliebenen und einigen notdürftig wiederhergerichteten Wagen der Verkehr aufgenommen werden. Bei einem neuerlichen Angriff auf Heilbronn ging dann noch der Triebwagen 44 verloren. Kurz vor dem Einmarsch der Amerikaner am 13. April 1945 sprengten die zurückgehenden deutschen Truppen sämtliche Brücken über den Neckar und die Kanäle. Zuvor hatte man allerdings einige fahrbereite Wagen auf das Abstellgleis beim Hauptbahnhof und auf die Sontheimer Strecke gefahren. Daraufhin wurde der Betrieb der Heilbronner Straßenbahnen eingestellt.

*Die Innenstadt Heilbronns bot nach dem Krieg ein trostloses Bild. Die schöne Stadtsilhouette war im Feuersturm untergegangen. Die Trümmer blockierten Straßen und Schienen, sie mußten mit Feldbahnen abtransportiert werden*

# Die Zeit nach dem Zweiten Weltkrieg

## Wiederaufbau der Straßenbahn

Am Ende des Zweiten Weltkrieges lag Heilbronn in Schutt und Asche und erschien wie ausgelöscht. Bald nach dem Einmarsch der amerikanischen Truppen regte sich jedoch wieder Leben in den Ruinen. Zwar war das schöne und historische Stadtbild vollkommen zerstört, nicht dagegen der Wille der Überlebenden. Sie legten mit den Aufräumungs- und Wiederaufbaumaßnahmen los. Dabei zeigte sich, daß die Arbeitskräfte hierfür zu Fuß vom Stadtrand und den weniger beschädigten Stadtteilen in die Stadtmitte hereinkamen. Daraus ergab sich für die Stadtverwaltung die Notwendigkeit, die Straßenbahnverbindungen wieder schnellstens herstellen zu lassen.

Wieder leitete Straßenbahndirektor Manz persönlich die Aufräumungsarbeiten beim Straßenbahnbetrieb. Mit den Bediensteten der Straßenbahn machte er die Gleisanlagen vom Schutt frei. Stellenweise waren die Schienen durch die Kriegseinwirkung unbrauchbar geworden und zu ersetzen, aber es fehlte dafür das dringend notwendige Material. Doch Not macht erfinderisch: In einigen Straßen der Innenstadt, durch die früher die Heilbronner Straßenbahn fuhr, lag an einigen Stellen noch das alte, jedoch noch brauchbare Gleismaterial. Da hier bereits vor dem Kriege keine Straßenbahn mehr fuhr, wurde es jetzt ausgebaut.

Für den Transport der ausgebauten Gleisteile baute sich die Heilbronner Straßenbahn aus Resten von Kriegsmaterial ein Spezialfahrzeug: Ausgediente, luftbereifte Flugzeugräder verband man mit Eisenteilen zu Achsen. Mittels Ketten und Winden hob man die freigelegten Gleisstücke hoch und verzurrte sie an den Achsen. Ein Traktor schleppte die Achsen mit den Gleisstücken zu den Stellen, an denen sie wieder eingebaut werden mußten.

Die bei den Aufräumungsarbeiten freigelegten, zerstörten Trieb- und Beiwagen zerlegten die Straßenbahner entweder an Ort und Stelle (zur Verwertung und Wiederverwendung aller noch brauchbaren Teile) oder sie wurden, soweit sie noch fahrfähig waren, von dem oben genannten Transportgerät zur Wagenhalle Neckargartach geschleppt. Dort war ersatzweise die Hauptwerkstatt eingerichtet worden.

Die zu 85% zerstörte Fahrleitung mußte fast vollständig neu installiert werden. Da die Häuser, an denen sie bislang befestigt war, großenteils durch Kriegseinwirkung fehlten, stellte man provisorisch hölzerne Tagmaste auf, da die entsprechenden stählernen Maste wegen Materialmangels nicht beschafft werden konnten.

Die Wiederinbetriebnahme der Heilbronner Straßenbahn gestaltete sich sehr schwierig. Zum einen war das Netz wegen der gesprengten Neckarbrücken in drei Teile zerrissen, zum anderen standen für die Betriebsaufnahme nur noch ganze fünf fahrfähige Trieb-und sechs Beiwagen zur Verfügung. Unermüdliche Anstrengungen machten es möglich, daß trotzdem bereits am 30. Juli 1945 auf folgenden Straßenbahnstrecken wieder gefahren werden konnte:

Linie 2 Hauptbahnhof – Kanalbrücke und Kanalbrücke – Neckargartach, Ortseingang (an der zerstörten Kanalbrücke bei der Kali-Chemie mußten die Fahrgäste aus den vom Hauptbahnhof ankommenden Straßenbahnwagen aussteigen und zur Weiterfahrt mit einer Fähre über den Neckarkanal übergesetzt werden. Auf der anderen Kanalseite wartete der Triebwagen zur Weiterfahrt nach Neckargartach. Auf der Rückfahrt ging es gerade umgekehrt. Ab dem 3. Dezember 1945 konnte über einen Ponton-Steg gegangen werden und der Fährbetrieb erübrigte sich)

Linie 5 Wilhelmsbau – Sontheimer Straße – Sontheim

Nach Beendigung der Aufräumungsarbeiten war es möglich, im September 1945 die Straßenbahn von Sontheim (Linie 5) wieder zur Innenstadt hereinzuführen. Es mußte aber vom Kiliansplatz zu Fuß über die Notbrücke der Neckar zur Weiterfahrt zum Hauptbahnhof überquert werden.

Am 5. November 1945 kam die Strecke vom Hauptbahnhof zum Sonnenbrunnen und vom Bahnübergang nach Böckingen (Linie 1) hinzu. Auch hier war bis zum 19. August 1947 ein Umsteigen erforderlich, da die sanierte Gleiskreuzung über die Bundesbahnstrecke Heilbronn – Eppingen – Karlsruhe erst am 20. August 1947 dem Verkehr übergeben werden konnte.

Zur Wartung der Fahrzeuge, die ja zum größten Teil wegen der zerstörten Brücken bzw. der fehlenden Gleiskreuzung nicht in die Wagenhallen zurückkehren konnten, wurden in Sontheim und Böckingen (später auch am Trappensee) provisorische Wartungsgruben zwischen den Gleisen ausgehoben. Über diesen wurden die Straßenbahnwagen bei Wind und Wetter im Freien hergerichtet und gewartet.

Die Trümmerbeseitigung in der Heilbronner Innenstadt wurde mit den seinerzeit zur Verfügung stehenden, bescheidenen Hilfsgeräten zügig weitergeführt. Bereits Mitte Februar 1946 waren die Straßen zum Trappensee und zum Sülmertor soweit geräumt, daß mit der Sanierung der Gleisanlagen und dem Aufstellen der Holzmaste für die Fahrleitung begonnen werden konnte. Allerdings bemängelte damals ein Heilbronner Gemeinderat, daß die Maste „direkt in den Gehweg" gesetzt worden seien, sie müßten unbedingt „wenigstens weiter an den Gebäudestreifen herangesetzt werden." Dies war jedoch in vielen Fällen wegen der dort immer noch liegenden Trümmer gar nicht möglich. Am Karfreitag, 18. April 1946 konnte eine weitere „Inselstrecke" der Heilbronner Straßenbahn der Bevölkerung angeboten werden: Wagen der Linie 1 pendelten nun vom Karlsgymnasium in der Karlstraße zum Trappensee. Zum Osterfest benützten bereits wieder sehr viele Heilbronner Bürger diese neu hinzugekommene Strecke zu einem ersten friedlichen Frühlingsausflug nach dem schrecklichen Zweiten Weltkrieg in das nahe Erholungsgebiet. Allerdings konnte die Wartehalle am Trappensee nicht bestimmungsgemäß für die Straßenbahnfahrgäste benutzt werden, denn dort war eine Heilbronner Familie untergebracht worden, die in der Schreckensnacht am 4. Dezember 1944 ihre Wohnung verloren hatte (dieses notdürftige Quartier in der Straßenbahn-Wartehalle bestand einige Jahre).

Genau 2 Monate später, am 17. Juni 1946, war der Anschluß vom Karlsgymnasium zur Allee fertiggestellt und die Linie 1 vom Trappensee konnte bis zum Kiliansplatz durchfahren. Einen Monat später, am 18. Juli 1946 war auch die Strecke zum Sülmertor wieder betriebsbereit und die Weichenanlage bei der Einmündung der Kaiserstraße in die Allee provisorisch umgebaut. Die Wagen der Linie 5 aus Sontheim fuhren jetzt von der Sontheimer Straße – Wilhelmstraße – Hohe Straße – Allee zur Harmonie und dann weiter über die Turmstraße – Paulinenstraße zum Sülmertor. Die Wagen der Linie 1 vom Trappensee bogen in der Allee bei der Harmonie nach rechts in die Kaiserstraße ein und fuhren zum Kiliansplatz und weiter bis kurz vor die Neckarbrücke. Die frühere Umsteigestelle am Kiliansplatz war dadurch an die Harmonie verlegt worden, womit

*Nach der Trümmerbeseitigung begann die Straßenbahn sofort im Juni 1945 mit dem Wiederaufbau ihres Netzes*

damals schon vorausschauend eine Entlastung der Innenstadt erreicht werden konnte.
Mit diesen Streckeneröffnungen waren nun wieder etwa 80% des Vorkriegs-Straßenbahnnetzes in Heilbronn in Betrieb. Das jetzige Netz war aber immer noch in vier nicht miteinander in Verbindung stehende Teile zerrissen. Der Betrieb mußte im Sommer mit den jetzt betriebsfähigen 10 Trieb- und 10 Beiwagen bewältigt werden. Unter welchen Voraussetzungen dies zu geschehen hatte, läßt sich heute kaum mehr vorstellen. Die „Spatzenschaukel" war immer brechend voll und dabei mußten einige Triebwagen mit nur einem intakten Motor ihre Fracht durch die Trümmerstadt karren. Trotz intensivster Bemühungen der Straßenbahn-Verwaltung war weder von der Firma Siemens noch von AEG das dringend benötigte Ersatzmaterial zu bekommen. Zwar bestellte die Stadt Heilbronn im Frühsommer 1946 bei der AEG je zwei neue Trieb- und Beiwagen, doch war wegen der Rationierung fast sämtlicher Rohstoffe an eine Ausführung der Bestellung nicht zu denken. Die Heilbronner Straßenbahner mußten sich weiterhin mit Provisorien behelfen. Auch die bereits 1945 zur Reparatur abgegebenen Motoren konnten erst 1947 zurückerwartet werden. Wie bedrückend die Lage war, läßt sich daran ersehen, daß beispielsweise bei Ausfall des Triebwagens auf dem Böckinger Netz-Teilstück kein Ersatz gestellt werden konnte und der Betrieb so lange ruhen mußte, bis der Wagen an Ort und Stelle repariert worden war. Fiel auf den anderen Strecken ein Wagen aus, konnte der betreffende Kurs nicht bedient werden, denn es gab keinerlei Reserven. Dadurch kam es oft zu längeren Wartezeiten und Überfüllung der nachfolgenden Wagen.
Die Fahrgäste ließen ihren Unmut wegen dieser unerfreulichen Situationen oftmals am Fahrpersonal aus. Doch die Heilbronner Straßenbahner behielten trotz allem ihren Mut und Zuversicht. Unter primitivsten Verhältnissen wurde Optimales geleistet (vgl. hierzu Kapitel „Die Straßenbahnfahrzeuge"). Tagsüber wurde in der Straßenbahnwerkstatt an der Wiederherstellung der kriegsbeschädigten Wagen gearbeitet und nachts wartete und reparierte man die tagsüber eingesetzten Fahrzeuge. Von Ende 1945 bis Mitte 1947 konnte die Werkstatt der Heilbronner Straßenbahnen neun der schwerbeschädigten Wagen soweit wieder aufrichten, daß sie im Personenverkehr eingesetzt werden konnten. Jeder Wagen, der die Werkstatt verlassen konnte, brachte eine Linderung der katastrophalen Verhältnisse. Doch zur Befriedigung des stark angewachsenen Verkehrsbedürfnisses reichte aber auch dies nicht aus. Während im letzten Friedensjahr 1939 monatlich 500 000 bis 600 000 Personen von der Straßenbahn befördert wurden, waren es 1946 – mit knapp der Hälfte der 1939 zur Verfügung stehenden Fahrzeuge – auf etwa 80% des Netzes monatlich 800 000 bis 900 000 Fahrgäste geworden.
Welche drangvolle Enge in jenen Sommertagen in den Straßenbahnwagen herrschte soll ein Leserbrief der „Heilbronner Stimme" vom 3. August 1946 verdeutlichen:
„Die Straßenbahn ist, wie meistens überfüllt. Wer treibt am meisten? Wer macht rücksichtslos von den Ellbogen Gebrauch? Wer tritt anderen auf die Füße und schimpft dann, daß die anderen ihn stoßen und drängen? Wer kommt totsicher auch mit? Natürlich diejenigen, die nichts vorhatten, die nicht arbeiten gehen, die zum Hamstern fahren oder eine Vergnügungsstätte

*Ab dem 18. April 1946 konnte die Ecke Karl-/Oststraße wieder mit der Straßenbahn erreicht werden*

*Diese Aufnahme von der oberen Kaiserstraße von Ende 1950 zeigt, daß viele der Kriegsschäden erst notdürftig beseitigt waren*

aufsuchen. Der Berufstätige hält sich meist im Hintergrund!"

Im Laufe des Jahres 1947 konnten einige Verbesserungen erzielt werden. Wie schon erwähnt, konnte am 19. August die sanierte höhengleiche Gleiskreuzung der Heilbronner Straßenbahn mit der Kraichgaubahn Heilbronn – Neckargartach (–Eppingen – Karlsruhe) in Betrieb genommen und die seit 4. Dezember 1944 unterbrochene direkte Straßenbahnverbindung von Böckingen nach Heilbronn wieder hergestellt werden. Für die Benutzung der Gleiskreuzung erließ die Deutsche Bundesbahn (damals noch Deutsche Reichsbahn) folgende Vorschrift:

Zu den Fahrdienstakten
von dauernder Gültigkeit.
Den 18. August 1947.
**BETRIEBSVORSCHRIFT**
für

die höhengleiche Kreuzung der Heilbronner Straßenbahn mit der Kraichgaubahn und der Umgehungsbahn Neckargartach – Heilbronn Rbf auf dem
**Weststraßenübergang**
in Heilbronn-Böckingen.

A. **Allgemeines:**
Auf der Weststraße in Heilbronn-Böckingen werden die beiden Gleise der Kraichgaubahn bei km 119 + 900, sowie das Gleis der Umgehungsbahn Neckargartach – Heilbronn Rbf von der Heilbronner Straßenbahn gekreuzt.

B. **Zweck und Standort der Straßenbahndeckungssignale:**
Die Übergänge sind gegen das unzeitige Befahren eines Straßenbahnzuges durch *Straßenbahndekkungssignale* geschützt. Es sind zwei 8 mtr. hohe Deckungssignale Y und Z aufgestellt. Das Signal Z für die Fahrtrichtung Heilbronn nach Böckingen steht rechts, 20 mtr. von der Schienenaußenkante des Gleises Heilbronn – Neckargartach entfernt. Das Signal Y für die Fahrtrichtung Böckingen – Heilbronn steht 10 mtr. rechts vor der Kreuzungsstelle des Verbindungsgleises Neckargartach – Heilbronn Rbf.

C. **Bedienung der Signale:**
Die Straßenbahndeckungssignale Y und Z werden *von dem Wärter auf dem Stellwerk 4 bedient* und sind mit den Signalen der Reichsbahn derart in Abhängigkeit gebracht, daß die Signale der Straßenbahn erst auf „Fahrt frei" gestellt werden können, wenn die Signale der Reichsbahn „Halt" zeigen und umgekehrt. Bei „Fahrt frei" steht der Flügel der Straßenbahndeckungssignale schräg aufwärts nach rechts (unter einem Winkel von 45 Grad). Bei „Halt" stehen die Signalflügel waagrecht nach rechts. Bei *Dunkelheit* wird die Signalstellung „Halt" durch ein rotes Licht und „Fahrt frei" durch ein grünes Licht der Signallaterne angezeigt. Bei Haltstellung der Straßenbahndeckungssignale muß der Straßenbahnzug *unbedingt* spätestens in Höhe des für Fahrtrichtung gültigen Signales anhalten.

D. **Verhalten bei Störungen:**
Bei Störungen an den Signal- oder Schrankenanlagen werden vom Wärter des Stellwerks 5 (bisher 4) in Höhe der Straßenbahndeckungssignale rote Schutzhaltesignale (bei Nacht rote Laterne) angebracht. Eine Vorüberfahrt darf nur auf jeweilige besondere Weisung des Stellwerkwärters erfolgen. Die Laternen der Straßenbahndeckungssignale Y und Z werden durch den Wärter des Stellwerks 4 unterhalten und beleuchtet.

E. **Zusatz für die Heilbronner Straßenbahn:**
Um Unfälle zu vermeiden haben die Straßenbahnführer auf die Stellung der Straßenbahndeckungssignale und der Schranken *genau zu achten.* Sämtliche Führer der Straßenbahnzüge müssen nach den besonderen Richtlinien der Reichsbahn farbentüchtig sein. Eine bahnärztliche Bescheinigung ist auch bei künftig neueingestellten Wagenführern jeweils rechtzeitig dem Reichsbahnbetriebsamt vorzulegen bzw. zu beantragen.

*1948 erschien der erste und einzige Beiwagen – Nr. 116 –, der nach dem Krieg einen Wiederaufbau erhielt*

*Auf dem Gleis vor dem Depot beim Hauptbahnhof werden 1951 Trieb- und Beiwagen für den nächsten Einsatz vorbereitet*

Das gesamte, die Strecke Heilbronn – Böckingen befahrende Personal der Heilbronner Straßenbahn ist vor der erstmaligen Befahrung der Weststraßen-Übergänge mit der Stellung und Bedeutung der aufgestellten Deckungssignale vertraut zu machen.
Die Heilbronner Straßenbahn teilt dem Reichsbahnbetriebsamt Heilbronn die Vor- und Zunamen sowie den Geburtstag der Angestellten (auch künftig bei Neueingestellten) regelmäßig unter Angaben einer schriftlichen Erklärung mit. In der Erklärung muß zum Ausdruck kommen, daß die Betreffenden mit den Betriebsvorschriften für die höhengleichen Kreuzungen auf den Weststraßen-Übergängen in Böckingen völlig bekannt und den Anforderungen dieser Vorschriften gewachsen sind.
Werden auf „Halt" stehende Deckungssignale von einem Straßenbahnzug unbefugterweise überfahren, so sind die Schuldigen nach §§ 77 und 82 der Eisenbahn-Bau- und Betriebsordnung verantwortlich, sofern nicht die Bestimmungen des STGB Anwendung finden. Die Reichsbahn behält sich vor, daß ungeeignete Bedienstete von der Führung der Straßenbahn über den Übergang ausgeschlossen werden.

Reichsbahn-Betriebsamt

Im Herbst 1947 begannen die Monteure der Heilbronner Straßenbahnen mit der Aufstellung von hölzernen Fahrleitungsmasten für die Friedhofslinie. Die Arbeiten wurden aber bald wieder eingestellt. Bei den ersten Masten ist es geblieben, denn die Stadtverwaltung und der Gemeinderat entschlossen sich, diese Linie nicht mehr in Betrieb zu nehmen. Sie hätte in jenen Tagen durch bombenzerstörte Wohnviertel mit nur wenig Bewohnern geführt. Der Friedhof selbst konnte mit der Linie 1 zum Trappensee erreicht werden, wobei allerdings von der Haltestelle Bismarckstraße/ Siebennußbaumstraße bis zum Haupteingang des Friedhofs ein Fußweg von 350 m in Kauf zu nehmen war.
Die Eröffnung der wiederaufgebauten Friedrich-Ebert-Brücke über den Neckar am 11. Oktober 1947 brachte eine spürbare Erleichterung für den Straßenbahnverkehr Heilbronns. Jetzt endlich gab es wieder einen durchgehenden Straßenbahnbetrieb vom Hauptbahnhof zur Innenstadt. Dadurch konnte auch der Fahrplan wieder etwas pünktlicher eingehalten werden. So verkehrten ab dem 15. Oktober 1947 folgende Linien:

1 Böckingen – Sonnenbrunnen – Hauptbahnhof – Kiliansplatz – Allee – Karlstraße – Trappensee
  dazu Zwischenwagen:
  Allee – Karlstraße – Kernerstraße
2 a) Neckargartach, Wagenhalle – Kanalbrücke
  b) Kanalbrücke – Friedrich-Ebert-Brücke – Kiliansplatz – Allee – Wilhelmstraße – Sontheimer Straße/Liebigstraße
5 Sontheim – Sontheimer Straße – Wilhelmstraße – Allee – Paulinenstraße – Sülmertor

Das weiter gestiegene Fahrgastaufkommen brachte neue Schwierigkeiten für die Straßenbahnverwaltung mit sich. Fast das gesamte vorhandene und einsatzfähige Wagenmaterial war täglich von 5 Uhr morgens bis 23 Uhr nachts ununterbrochen im Einsatz, so daß die dringend gebotene Instandhaltung kaum mehr durchgeführt werden konnte. Um wenigstens die notwendigsten Erhaltungsarbeiten an den Trieb- und Beiwagen vornehmen zu können, mußte der Heilbronner Gemeinderat im Spätherbst 1947 einer zeitweiligen Betriebseinstellung an Werktagen von 8.30 bis 11.30 Uhr auf der Zwischenlinie 1 „Sonnenbrunnen – Hauptbahnhof – Kiliansplatz – Allee – Kernerstraße" und einer zeitweiligen Betriebsruhe an Sonntagen auf allen Linien zustimmen. Da damit jedoch auch eine starke Fahrgeldeinbuße verbunden war, machte der Gemeinderat diese betriebseinschneidende Maßnahme schnell wieder rückgängig, als wieder einige zusätzliche Fahrzeuge von der Werkstatt fertiggestellt worden waren.

## Die Straßenbahn wird durch Omnibus ergänzt

Durch die Zerstörung der Innenstadt Heilbronns im Zweiten Weltkrieg siedelten sich ein großer Teil der Überlebenden und die vielen neu hinzugekommenen Bürger, die aus ihrer Heimat im Osten Europas vertrieben worden waren, am weniger beschädigten Stadtrand Heilbronns an. Dort entstanden auch die neuen Wohngebiete. Diese an das Heilbronner Straßenbahnnetz anzubinden, war wegen der noch immer andauernden Materialknappheit nicht zu realisieren. Die Stadtwerke Heilbronn versuchten aus diesem Grunde, einen die Straßenbahn ergänzenden Omnibusbetrieb zum Leben zu erwecken. Ende 1946 bestellte Heilbronn bei den Büssing-Werken in Braunschweig drei Omnibus-Fahrgestelle mit Dieselmotoren, die jedoch erst Ende 1947 ausgeliefert wurden. Die Heilbronner Karosseriefabrik Drautz baute auf die Unterstelle einfache Karosserien auf. Bereits Anfang März 1948 stand der erste, Anfang April die beiden restlichen Omnibusse zur Verfügung. Mit diesen Wagen nahmen die Heilbronner Verkehrsbetriebe folgenden Linienverkehr auf:

23. März 1948
Allee – Hauptbahnhof – Sonnenbrunnen (Verstärkung der Straßenbahnlinie 1 im „30-Minuten-Intervall“, gehalten wurde außer an den beiden Endstationen nur am Hauptbahnhof)
7. April 1948
Allee – Kiliansplatz – Hauptbahnhof – Sonnenbrunnen – Haselter
9. April 1948
Allee – Kreuzgrund – Neckargartach
Mit der letztgenannten Linie erhielt der starke Personenverkehr von Neckargartach (wo die Straßenbahn seit dem 3. März 1948 endlich wieder bis zur Ortsmitte bis vor das Gasthaus „Hirsch“ durchfuhr) nach Heilbronn und umgekehrt eine spürbare Verbesserung. Diese Omnibusse und die drei Linien wurden vom Fahrpublikum dankbar angenommen. Sogar die Tagespresse bemerkte damals ironisch: „Die ‚Spatzenschaukel‘ ist überrundet!“ Diesen Spitznamen erhielt die Heilbronner Straßenbahn seinerzeit von ihren Fahrgästen wegen ihres schaukelnden Fahrverhaltens. An manchen Stellen war die alte Gleisanlage so stark abgefahren, daß die Trieb-und Beiwagen, insbesondere bei zügiger Fahrweise nach allen Richtungen schaukelten.
Im Laufe des Jahres 1948 veränderte sich bei den Straßenbahnstrecken nichts mehr. Der Bestand der betriebsfähigen Fahrzeuge erhöhte sich bei den Triebwagen von 10 im Jahre 1947 auf 14 (1948). Dadurch konnte die bisherige monatliche Laufleistung von durchschnittlich 5960 km bis Februar 1948 auf 4500 km abgesenkt werden.

Im Sommer 1948 übergaben die Bauhandwerker bei der Wagenhalle am Hauptbahnhof den fertiggestellten, überdachten Anbau, in dem die Werkstatt und das Ersatzteillager untergebracht wurden. Lediglich die Schmiede, Flaschnerei und Schreinerei waren noch in einem getrennten Gebäude.
Unter der Überschrift „Nr. 116 ist tatsächlich neu!“ würdigte die Tagespresse am 1. Dezember 1948 die Ankunft eines Straßenbahnanhängers, den die Wagen- und Karosseriefabrik Schober in Heilbronn-Böckingen auf ein noch verwendbares, kriegsbeschädigtes Untergestell des Beiwagens 116 aufbaute. Es war der erste und einzige Wagen, der nach dem Kriege von einer fremden Firma für die Straßenbahn hergestellt wurde.
Nachdem die Firma Drautz im Januar 1949 einen vierten Omnibus an die Verkehrsbetriebe auslieferte, wurde ab dem 16. März 1949 folgendes Busliniennetz betrieben:

*Bei Abzweig der Neckargartacher Strecke in die Kranenstraße ist 1951 der Wiederaufbau voll im Gange*

Linie 10
Kreuzgrund – Sonnenbrunnen – Hauptbahnhof – Allee – Silcherstraße – Winzerstraße (täglich von 05.55 bis 22.25 Uhr, alle 30 Minuten)
Linie 11
Haselter – Sonnenbrunnen – Allee – Friedhof (morgens und abends alle 30 Minuten, sonst stündlich von 05.55 bis 20.25 Uhr)
Linie 12
Neckargartach – Steigstraße – Sonnenbrunnen – Hauptbahnhof – Allee – Friedhof (stündlich ab Neckargartach von 05.55 bis 19.55 Uhr und alle 30 Minuten ab Allee bis zum Friedhof)
Ab dem gleichen Datum gab es bei den Straßenbahnlinien den 20 Minuten-Verkehr, der während der Hauptverkehrszeiten auf 10-Minuten-Intervalle verdichtet wurde, an Sonntagen führte die Straßenbahn ab 11 Uhr den 10-Minutenverkehr durch.

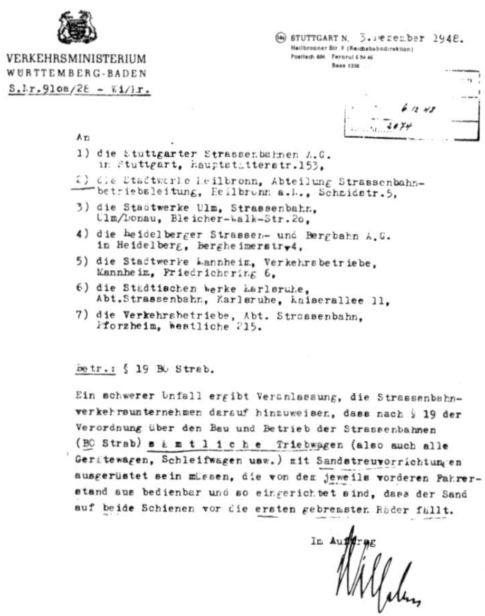

VERKEHRSMINISTERIUM
WÜRTTEMBERG-BADEN
S.Nr.91oa/28 - Wi/Kr.

STUTTGART N. 3. Dezember 1948.
Heilbronner Str. 7 (Reichsbahndirektion)
Postfach 686 Fernruf 6 94 46
Bass 1338

6.12.48
2074

An
1) die Stuttgarter Strassenbahnen A.G. in Stuttgart, Hauptstätterstr.153,
2) die Stadtwerke Heilbronn, Abteilung Strassenbahnbetriebsleitung, Heilbronn a.N., Schmidstr.5,
3) die Stadtwerke Ulm, Strassenbahn, Ulm/Donau, Bleicher-Walk-Str.2o,
4) die Heidelberger Strassen- und Bergbahn A.G. in Heidelberg, Bergheimerstr.4,
5) die Stadtwerke Mannheim, Verkehrsbetriebe, Mannheim, Friedrichsring 6,
6) die Städtischen Werke Karlsruhe, Abt.Strassenbahn, Karlsruhe, Kaiserallee 11,
7) die Verkehrsbetriebe, Abt. Strassenbahn, Pforzheim, westliche 215.

Betr.: § 19 BO Strab.

Ein schwerer Unfall ergibt Veranlassung, die Strassenbahnverkehrsunternehmen darauf hinzuweisen, dass nach § 19 der Verordnung über den Bau und Betrieb der Strassenbahnen (BO Strab) s ä m t l i c h e Triebwagen (also auch alle Gerätewagen, Schleifwagen usw.) mit Sandstreuvorrichtungen ausgerüstet sein müssen, die von dem jeweils vorderen Fahrerstand aus bedienbar und so eingerichtet sind, dass der Sand auf beide Schienen vor die ersten gebremsten Räder fällt.

Im Auftrag

*Alle Straßenbahn- und Omnibusangelegenheiten wurden in jenen Tagen vom Verkehrsministerium Württemberg-Baden geregelt*

Trotzdem nach der Währungsreform 1948 eine spürbare Verbesserung in der Ersatzteil- und Materialbeschaffung eintrat, war es im Mai 1949 noch immer vonnöten, Triebwagen mit nur einem Motor einzusetzen. Auf Veranlassung des Württemberg-badischen Verkehrsministeriums mußten die Stadtwerke Heilbronn dazu im März 1949 folgende Dienstanweisung erlassen:

**An das Fahrpersonal**
Betr.: Fahrweise bei Triebwagen mit 1 Motor.
Infolge unserer Notlage sind zunächst noch Triebwagen mit 1 Motor in Betrieb. Bei diesen Fahrzeugen ist die Wirkung der elektrischen Bremse schwächer wie bei Triebwagen mit 2 Motoren. Die Fahrer werden besonders darauf aufmerksam gemacht und auf Beachtung nachstehender Anweisung hingewiesen:
Bei Triebwagen mit 1 Motor ist *bei jeder Betriebsbremsung* die Handbremse anzuziehen und zusätzlich dazu bei Bedarf die elektrische Bremse zu betätigen. Es ist besonders darauf zu achten, daß bei der elektrischen Bremsung vorschriftsmäßig abgebremst wird, also nicht schnell die einzelnen Bremsstufen eingeschaltet werden, damit der einzige Motor nicht überlastet wird. Außer bei Notbremsungen ist die elektrische Bremse (Kurzschlußbremse) nach Möglichkeit zu schonen.

Stadtwerke Heilbronn
Abt. Straßenbahnbetriebsleitung

In der ersten Hälfte des Jahres 1949 überarbeitete die Werkstatt der Heilbronner Straßenbahn die kriegszerstörten Triebwagen 22, 53, 54 und 55 sowie die Beiwagen 105 und 112, wodurch der Wagenpark spürbar verstärkt werden konnte. Es bestand außerdem jetzt endlich die Möglichkeit, die Trieb- und Beiwagen ordnungsgemäß zu unterhalten und zu pflegen.

## Aus Baden-Baden kommt Verstärkung für die Straßenbahn

Trotzdem im vierten Jahr nach dem Ende des schrecklichen Zweiten Weltkriegs sich langsam eine wirtschaftliche Erholung ankündigte, war es den Stadtwerken Heilbronn noch immer nicht möglich, für die stark angeschlagene Straßenbahn Neubaufahrzeuge zu beschaffen. Zum einen fehlte das nötige Kapital, zum anderen waren alle Straßenbahnhersteller Deutschlands mit Aufträgen überhäuft. Daher griff die Straßenbahnverwaltung bei einem Angebot zu, das die Stadt Baden-Baden unterbreitete: Dort wurde die Straßenbahn der Weltkurstadt auf „O-Bus“ umgestellt und Heilbronn konnte vom Bestand der

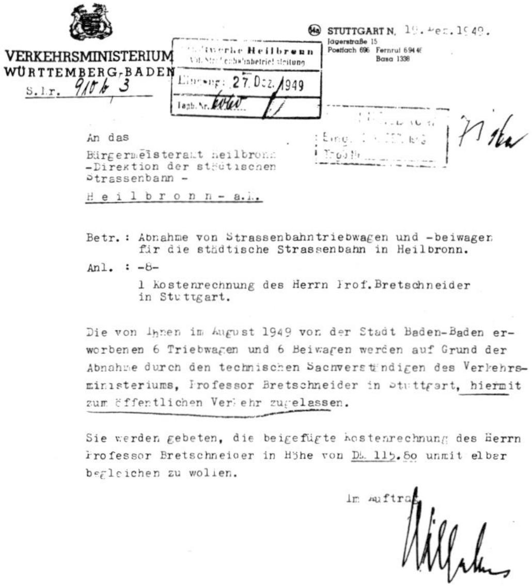

VERKEHRSMINISTERIUM
WÜRTTEMBERG-BADEN
S.Nr. 910 b 3

STUTTGART N, 19. Dez. 1949.
Jägerstraße 15
Postfach 696 Fernruf 69446
Basa 1338

Eingang: 27. Dez. 1949

An das
Bürgermeisteramt Heilbronn
-Direktion der städtischen
Strassenbahn -
H e i l b r o n n - a.N.

Betr.: Abnahme von Strassenbahntriebwagen und -beiwagen für die städtische Strassenbahn in Heilbronn.

Anl. : -8-
1 Kostenrechnung des Herrn Prof. Bretschneider in Stuttgart.

Die von Ihnen im August 1949 von der Stadt Baden-Baden erworbenen 6 Triebwagen und 6 Beiwagen werden auf Grund der Abnahme durch den technischen Sachverständigen des Verkehrsministeriums, Professor Bretschneider in Stuttgart, hiermit zum öffentlichen Verkehr zugelassen.

Sie werden gebeten, die beigefügte Kostenrechnung des Herrn Professor Bretschneider in Höhe von DM 115.80 unmittelbar begleichen zu wollen.

Im Auftrag

Straßenbahn Baden-Baden sechs gut erhaltene, geschlossene Triebwagen erwerben, die 1927 von der Waggonfabrik Rastatt gebaut worden waren, ferner zwei geschlossene und vier offene Beiwagen aus dem Jahre 1912. Bereits am 17. August 1949 trafen die ersten beiden Züge aus Baden-Baden in Heilbronn ein. Der zu dieser Zeit gerade in Heilbronn sich aufhaltende Aufsichtsbeamte des württ.-bad. Verkehrsministeriums konnte diese Wagen noch in Augenschein nehmen. Er hatte keine Bedenken, diese Fahrzeuge nach einer Untersuchung durch die Werkstatt der Heilbronner Straßenbahn mit anschließender Abnahme auf dem Heilbronner Straßenbahnnetz einzusetzen. Allerdings müsse der Gleisunterbau an manchen Stellen wesentlich verbessert werden, fügte der Aufsichtsbeamte hinzu. Er ließ wegen des schlechten Gleiszustandes ab sofort (zum 21. August 1949) auf der Strecke nach Neckargartach nur noch eine Höchstgeschwindigkeit von 25 km/h zu. Mit Hochdruck wurde darauf an der Sanierung der Gleisanlagen gearbeitet, denn aufgrund des Langsamfahrgebots mußte, um nicht den ganzen Fahrplan durcheinanderzubringen, die Neckargartacher Endstation von der Ortsmitte wieder vor die Wagenhalle in „Neckargartach-West" zurückgenommen werden. Erst am 3. Oktober 1949 konnte die Linie 4 wieder bis zur alten Endstation in Neckargartach durchfahren.
Bereits zur „Leistungsschau 1949" in Heilbronn setzte die Straßenbahnverwaltung die beiden neuerworbenen Baden-Badener Züge ein, nachdem sie durchgeprüft und neu lackiert sowie am 23. August 1949 die Prüfungs- und Schulungsfahrten erfolgreich abgeschlossen waren. Zusammen mit dem gerade wiederhergestellten kriegsbeschädigten Triebwagen 55 übernahmen sie am 27. August 1949 den Zubringerdienst vom

*Rechts oben: Seit dem 23. Mai 1948 fahren städtische Omnibusse. Der erste davon hatte im April 1950 im Kreuzgrund Pech*

*Ende August 1949 erschienen die ersten der insgesamt 6 Trieb- und 6 Beiwagen, die von Baden-Baden übernommen worden waren, wie sie hier bei der Harmonie bzw. an der Endstelle Sülmertor zu sehen sind. Sie brachten eine spürbare Entlastung für die Heilbronner Straßenbahnen.*

Heilbronner Hauptbahnhof zum Ausstellungsgelände.
Für diese erste große Messe in Heilbronn nach dem Zweiten Weltkrieg, die bis zum 7. September 1949 dauerte, wurde auch der Omnibusbetrieb für die Dauer der Ausstellung wie folgt ausgedehnt:
Linie 10 alle 30 Minuten von der Winzerstraße nach Frankenbach;
Linie 11 begann in Weinsberg und fuhr über Allee – Harmonie – Hauptbahnhof – Sonnenbrunnen – Haselter weiter nach Großgartach.
Eine neue Linie 14 fuhr zwischen 07.40 u. 20.40 Uhr stündlich zwischen Neckarsulm und Flein.
Am 8. September 1949 wurden alle Sonderlinien wieder eingestellt und nach dem bestehenden Fahrplan gefahren.
In der zweiten Jahreshälfte konnten neben den restlichen Baden-Badener Trieb- und Beiwagen auch noch drei weitere Omnibusse (die wieder die Firma Drautz auf Büssing-Untergestelle aufbaute) zur Verstärkung des Straßenbahnbetriebs übernommen werden. Dadurch wurde es möglich, noch am 10. Dezember 1949 die lang geforderte Omnibuslinie „Allee – Südbahnhof – Flein" zu eröffnen. Die Unterbringung der Omnibusse erfolgte in der Wagenhalle Neckargartach. Damit auch die beiden Straßenbahnzüge des immer noch bestehenden Inselbetriebs Kanalbrükke – Neckargartach ebenfalls untergestellt werden konnten, erweiterte die Stadtverwaltung die Wagenhalle Neckargartach um einen Anbau auf der Neckarseite.
Als der endgültige Gemeinderatsbeschluß vorlag, die Friedhoflinie als Straßenbahnstrecke nicht wieder in Betrieb zu nehmen (da sich die Omnibusbedienung als ausreichend und gut bewährte), baute die Streckenkolonne die Gleise in der Wollhausstraße zwischen der Oststraße und dem Friedhof aus. Das noch gut erhaltene Schienenmaterial fand beim zweigleisigen Ausbau der Wilhelmstraße und der Allee wieder Verwendung.
In der Kernerstraße legte man 1949 die bereits zugeteerten Gleise bis zum Karlstor wieder frei und machte sie befahrbar. Nachdem anschließend noch die Fahrleitung installiert war, konnte am 5. Dezember 1949 mit der Linie 2 wieder die seit dem 4. Dezember 1944 stilliegende Strecke zum Karlstor befahren werden. Damit erreichte das Netz der Heilbronner Straßenbahn mit 16 450 km seine größte Ausdehnung nach dem Zweiten Weltkrieg, auf dem Ende 1949 vier Straßenbahnlinien mit 24 Trieb- und 24 Beiwagen betrieben wurden.

*Die entgleisungsträchtige Kurve von der Hohe zur Wilhelmstraße wurde im Oktober 1950 grundlegend saniert*

## Der Wandel bei den Nahverkehrsmitteln

### Soll Heilbronn seine Straßenbahn umstellen?

Anläßlich seines Aufsichtsbesuchs am 17. August 1949 bezeichnete Prof. E. Bretschneider vom Württ.-bad. Verkehrsministerium von den etwa 20 km vorhandenen Gleisen der Heilbronner Straßenbahnen 3,65 km als derart abgewirtschaftet, daß eine sofortige Erneuerung erfolgen müsse. Bei weiteren Streckenteilen – vor allem nach Sontheim und nach Neckargartach – stellte er zwar noch gute Schienenverhältnisse, aber einen äußerst mangelhaften Gleisunterbau fest, so daß ein Befahren mit Normalgeschwindigkeit nicht mehr verantwortbar erscheine.
In einem anschließenden Gespräch, bei dem neben dem damaligen Heilbronner Oberbürgermeister Meyle weitere Vertreter der Stadt, der Direktor Dietze von der Straßenbahnverwaltung und der Aufsichtsbeamte Prof. Dr. Bretschneider teilnahmen, wurden alle anstehenden Nahverkehrsfragen eingehend erörtert. Dabei kam auch eine gerade zu diesem Zeitpunkt naheliegende Umstellung bestehender und etwaiger neuer Linien auf Omnibus- oder Obusbetrieb erstmals zur Sprache. Nach längerer Debatte kam man zu dem Ergebnis, daß die Beschaffung von Kraft-Omnibussen anstelle der Straßenbahn zu teuer käme und nur für die Verstärkung und Ergänzung sowie zur Überbrückung von Notlagen infrage kommen könne. Für eine Entscheidung, ob eventuell einige Außenlinien auf Obus umgestellt werden könnten, wird eine vorherige strenge Wirt-

schaftlichkeitsberechnung für erforderlich gehalten. Dabei müssen die Kosten der notwendigen Gleiserneuerung sowie die neubeschafften Baden-Badener Wagen einerseits und die Neuinstallation der Obus-Fahrleitung mit Beschaffung der neuen Obusse sowie der vermehrte Aufwand für die Straßenunterhaltung andererseits einander gegenübergestellt werden. Direktor Dietze erhielt den Auftrag, raschestens eine diesbezügliche Vorlage auszuarbeiten und der Stadtverwaltung und dem Gemeinderat vorlegen.

Die Frage der möglicherweisen Umstellung der Straßenbahn nach Böckingen stellte sich jedoch sehr bald. Im Herbst 1949 wurde die Wiederaufnahme des Ausbaus des Neckarkanals für die Weiterführung der Schiffahrt von Heilbronn bis Stuttgart bzw. Plochingen beschlossen. Der Weiterbau des Neckarkanals über Heilbronn hinaus bedingte den Durchstich des Kanals, der bisher in Heilbronn endete. In diesem Zusammenhang wurde der Bau einer Brücke über den Neckarkanal für die Verbindung von Heilbronn mit Böckingen erforderlich. Bei etwaiger Beibehaltung der Straßenbahn nach Böckingen hätte sich die Strecke zum Anschluß auf die Brücke um zirka 500 m verlängert. Außerdem wäre hier ein zweigleisiger Ausbau notwendig geworden. Ferner hätte dadurch diese Straße und die Otto-Konz-Brücke wegen des Einbaus von zwei Gleisen um mehrere Meter verbreitert und wesentlich verstärkt werden müssen, was das Bauwerk um ein Vielfaches verteuert hätte. Aus diesem Grund hatte die Neckarbaudirektion ihrerseits großes Interesse an der Umstellung der Straßenbahn nach Böckingen auf Obus.

Daß sich für den Heilbronner Straßenbahnverkehr unter Umständen eine Änderung ergeben könnte, erfuhr die Öffentlichkeit erstmals am 21. Dezember 1949 aus der Zeitung, die über das Projekt des Neckarkanals mit seinen einschneidenden Veränderungen bei den „Böckinger Wiesen" berichtete. Unter anderem stand in der Heilbronner Stimme zu lesen: „Der Straßenbahnverkehr von Böckingen nach Heilbronn wird eine umwälzende Veränderung erfahren. Vielleicht wird der Einsatz ganz neuer Verkehrsmittel notwendig werden." Eine definitive Entscheidung war damit jedoch noch nicht getroffen worden. In jenen Tagen stand der Heilbronner Gemeinderat vor einer schwierigen Entscheidung. Einerseits lag die von Straßenbahndirektor Dietze angeforderte Wirtschaftlichkeitsberechnung noch nicht vor, andererseits unterbreitete die Neckarbaudirektion ein Angebot, der Stadt Heilbronn bei der Umstellung der Straßenbahn nach Böckingen auf Obus einen Zuschuß von 700 000 DM zu zahlen. Als im März 1950 bei der Karosseriefabrik Drautz in Heilbronn ein von der Straßenbahn in Bremen bestellter Obus fertiggestellt worden war, nahmen Mitglieder des Heilbronner Gemeinderats dieses neuartige Fahrzeug vor seiner Ablieferung

*Nach dem Kriege entwickelte sich die Haltestelle Harmonie in der Allee – hier am 3. Mai 1951 – zum wichtigsten Umsteigeplatz*

*Blick in die große Halle mit den Gleisen 7–12. Das Depot am Hauptbahnhof wurde 1946/47 wiederaufgebaut*

*Es konnte durchaus passieren, daß die Strecke nach Böckingen bei der Hochflutbrücke im Neckarhochwasser unterging*

*Oben: Links sieht man im Winter 1947 einen Einser in der Klingenberger Straße;*
*darunter die Hochflutbrücke und die Einmündung in die Frankfurter Straße.*

*Rechts überquert soeben Linie 3 am 3. Mai 1951 die Eisenbahnlinie Heilbronn – Eppingen – Das Durchfahrtsignal steh auf „Frei“ –;*
*zusammen mit der Linie 5 fuhr der Dreier in der Sontheimer Straße bis zur Gildenstraße*

nach Bremen eingehend „unter die Lupe“. Es galt, falls eine Umstellung kommen sollte, ein Verkehrsmittel zu konzipieren, das mindestens die kommenden 30 Jahre die Last des öffentlichen Nahverkehrs tragen können muß und das das Gesicht Heilbronns in verkehrstechnischer Hinsicht prägen wird. Ein Großteil der Gemeinderatsmitglieder sah in der „altvertrauten Spatzenschaukel“, die trotz aller Widrigkeiten sich in einem relativ guten Zustand präsentierte, das stabilste und verläßlichste Verkehrsmittel, das beibehalten und ausgebaut werden sollte. Die Befürworter des Kraftomnibusses konnten hingegen überzeugt werden, daß trotz aller Beweglichkeit dieser Fahrzeuge ihre Unterhaltung sehr teuer und ihr Verschleiß gegenüber dem Obus sehr hoch sein wird, so daß eine Umstellung der Straßenbahn auf Omnibus damals noch von vornherein ausschied. Bei dem elektrischen Oberleitungs-Omnibus (Obus) dagegen wird eine elektrische Fahrleitung benötigt, unter der aber der Obus so beweglich wie ein Omnibus ist. Bei einer Einführung des Obusses könnten auch die elektrischen Einrichtungen, die für die Straßenbahn bereits vorhanden sind, mitbenützt werden.

Zwischenzeitlich lag nun auch das im Auftrag von Straßenbahndirektor Dietze von Fachleuten der Stuttgarter Straßenbahnen AG erarbeitete Gutachten vor. Die dort angestellten Überlegungen ergaben, daß eine Sanierung der Straßenbahn nach Böckingen – ohne Fahrzeuge – einen Kostenaufwand von annähernd 1,5 Millionen DM verursachen würde. Die Kosten für die Einrichtung des Obus-Betriebs wurden dagegen mit 1,1 Millionen DM angesetzt. Darauf gab der Heilbronner Gemeinderat im April 1950 schließlich seine Zustimmung zum Abschluß eines Vertrags mit der Neckar-AG. Darin wurde festgelegt, daß auf der neuen Wehrbrücke über den Neckarkanal (Otto-Konz-Brücke) keine Schienen mehr eingebaut werden. Dafür leistete die Neckar-AG einen Beitrag zum Bau der Obus-Linie Heilbronn – Böckingen von 700 000 DM.

Für die zukünftige Obus-Linie sah man folgende Streckenführung vor: Allee – Kaiserstraße – Hauptbahnhof – Wehrbrücke – Sonnenbrunnen – Ludwigsburger Straße – Hofstattstraße. Es wurde bewußt nicht mehr die Klingenberger Straße befahren, um den Ausdehnungsmöglichkeiten Böckingens Rechnung tragen zu können. Der Kostenvoranschlag sah für die Einrichtung der Fahrleitung (Maste und Fahrdraht) einen Aufwand von 450 000 Mark vor, für die Beschaffung von zunächst 8 Obussen den Betrag von 650 000 Mark. Man sah auch Erweiterungen vor, so eine Linie zum Haselter und eine weitere über Kreuzgrund nach Frankenbach. Die durch die Umstellung freiwerdenden Straßenbahnwagen und Omnibusse sollten zur Verbesserung des Verkehrs auf den verbleibenden Linien dienen.

Bei der Heilbronner Bevölkerung stieß das Umstellungsvorhaben nicht überall auf Zustimmung. Viele Böckinger Bürger erinnerten sich noch sehr gut an die glücklose Zeit der ehemaligen „Gleislosen Straßenbahn" von 1911 bis 1916 und sahen daher mit Skepsis dem neuen Obus entgegen. In der „Heilbronner Stimme" las man am 18. Juli 1950 hierzu folgendes:

„Schon hört man Stimmen von Böckingern, man wolle sie benachteiligen und sie erneut mit einer „Gleislosen" seligen Angedenkens aus der Zeit vor dem Ersten Weltkrieg beglücken. Diese Kritiker übersehen, daß auch auf diesem Gebiet in den letzten vierzig Jahren solch' gewaltige technische Fortschritte gemacht wurden, daß man von einem Vergleich mit der alten „Gleislosen" überhaupt nicht mehr reden kann. Wir fürchten im Gegenteil, daß sich die Heilbronner beschweren werden, immer noch mit der „Spatzenschaukel" fahren zu müssen, wenn einmal die neuen Obusse eingesetzt sind!"

Der Heilbronner Gemeinderat machte sich seine Entscheidung nicht leicht. Bevor man sich für das neue System entschloß, wurden die Obus-Städte Gießen, Darmstadt, München und Ulm aufgesucht, um verschiedene Oberleitungsfabrikate und Fahrzeuge persönlich in Augenschein nehmen zu können. Aufgrund dieser Besichtigungsfahrten stimmte dann Ende Juli 1950 der Heilbronner Gemeinderat einem Antrag der Wirtschaftsabteilung zu, sechs Großraum-Obus-Fahrgestelle bei der Firma Henschel in Kassel um 129 000 DM in Auftrag zu geben. Für die Aufbautenherstellung wurden die drei Heilbronner Karosseriefabriken Drautz, Drögmöller und Wankmiller zur Angebotsabgabe aufgefordert. Die heimatlichen Firmen Drögmöller und Wank-

*Die Bankgebäude fehlen noch, als der Dreier am 3. Mai 1951 von der Allee in die Kaiserstraße einbog*

miller erhielten darauf später den Auftrag zur Karossierung von je drei Fahrzeugen. Diese Wagen benötigte man für die Strecke von Heilbronn nach Böckingen. Bei der Firma MAN wurden drei weitere Obusse mit selbsttragender Karosserie zum Preis von 142 131 DM in Auftrag gegeben, die auf der geplanten Obusstrecke nach Frankenbach zum Einsatz kommen sollten. Die elektrische Ausrüstung mit vollautomatischer Steuerung bestellten die Verkehrsbetriebe bei den Siemens-Schuckertwerken (SSW) in Stuttgart. Für die Errichtung der Fahrleitung erteilte man der BBC, Mannheim den Auftrag mit der Klausel, bei der Installation der Obus-Oberleitung maßgeblich Personal der Heilbronner Straßenbahn zu beteiligen. Im Herbst 1950 stellte sich im Laufe von Diskussionen heraus, daß die Straße von Heilbronn nach Frankenbach von dem zuständigen Straßenbauamt in absehbarer Zeit weder ausgebaut noch verbreitert werden wird. Für den geplanten Obus-Betrieb, für den die Fahrzeuge ja bereits bei MAN in Auftrag gegeben worden waren, wäre dies aber eine maßgebliche Voraussetzung gewesen.

Nun stellte sich die Frage, was mit den bereits bestellten Fahrzeugen und der Fahrleitung geschehen solle, da die erteilten Aufträge nicht mehr rückgängig gemacht werden konnten.
Bei der Straßenbahndirektion wurde daher die Überlegung angestellt, anstelle der Frankenbacher Strecke die Straßenbahnlinie nach Sontheim auf Obus umzustellen. Die Straßenbahnstrecke nach Sontheim stand zu dieser Zeit gerade zur grundlegenden Sanierung und zum zweigleisigen Ausbau heran, was einen finanziellen Aufwand von 450 000 DM erforderlich gemacht

*Ab dem 26. April 1950 fuhr die Straßenbahn über die wiederhergestellte Peter-Bruckmann-Brücke nach Neckargartach durch*

*Seit dem 20. Oktober 1949 erreichte die Straßenbahn in Neckargartach wieder die Ortsmitte*

hätte. Außerdem wäre die Beschaffung zusätzlicher Straßenbahntrieb- und -beiwagen für die dringend notwendige Verdichtung des Verkehrs nach Sontheim erforderlich geworden. Bei einer Umstellung auf Obus würde dagegen lediglich ein Betrag von 225 000 DM anfallen, zudem fänden die ursprünglich für die Frankenbacher Strekke vorgesehenen Obusse ein sinnvolles neues Betätigungsfeld. Die Direktion der Heilbronner Straßenbahn legte diesen Vorschlag dem Heilbronner Gemeinderat vor. Dort faßte man dann nach eingehender Beratung der vorgelegten Kostenvergleiche und mehreren Debatten am 21. Dezember 1950 den Beschluß, die Sontheimer Straßenbahnlinie auf Obus umzustellen und einen 15-Minuten-Verkehr zu betreiben.
Ein früherer Plan, zum Industriegelände beim Salzwerk ebenfalls eine Obus-Verbindung herzustellen, wurde nicht mehr weiter verfolgt.

## Trotz allem: Verbesserungen bei der Straßenbahn

Zwischenzeitlich wurden aber auch beim Straßenbahnbetrieb die Sanierungs- und Verbesserungsarbeiten weitergeführt. Zunächst begannen die Verkehrsbetriebe Anfang Januar 1950 mit dem Wiederaufbau der immer noch kriegszerstörten zweiten Wagenhalle beim Hauptbahnhof. Dort sollten künftig 24 Straßenbahnfahrzeuge eine Unterstellmöglichkeit erhalten, um das seit 1945 praktizierte Abstellen von Straßenbahnwagen im Freien auf dem Gleis entlang der Güterabfertigung beim Hauptbahnhof aufgeben zu können. Bald darauf bauten die Verkehrsbetriebe die Gleisanlage in der Wilhelmstraße und in der Allee zwischen Kaiserstraße und Hohe Straße zweigleisig aus, sanierten verschiedene Weichenanlagen und befestigten die Fahrleitung wieder – wie schon vor dem Zweiten

*Am Sülmertorbahnhof am 3. Mai 1951: Jahrelang war hier die Endstation der Linie 5, die bis zum 8. Dezember 1951 nach Sontheim fuhr. Eine der seltenen Aufnahmen der Straßenbahnlinie 6 entstand hier; sie fuhr von 1950 bis 1951 zum Sonnenbrunnen. Die Gleise endeten stumpf vor dem Bahnübergang. Deutlich ist zu sehen, daß die Einzungenweiche unverschweißt verlegt war.*

Weltkrieg – mittels Rosetten an den wiederaufgebauten Häusern. Dadurch konnte ein Großteil der häßlichen Hilfsmasten, die teilweise mitten auf den Gehwegen standen, abmontiert werden. Eine große Erleichterung für den Straßenbahnverkehr nach Neckargartach brachte der 26. April 1950: An diesem Tag fuhr erstmals nach dem Zweiten Weltkrieg wieder die Straßenbahn über die wiederaufgebaute Kanalbrücke von Heilbronn bis zur Ortsmitte Neckargartachs durch. Das lästige Umsteigen hatte ein Ende und das Heilbronner Straßenbahnnetz war endlich wieder zusammenhängend. Am gleichen Tag wurde dann allerdings die stündlich zwischen Neckargartach und Heilbronn, Hauptbahnhof – Allee verkehrende Omnibuslinie 12 eingestellt. Vor der Freigabe dieser Brücke unterzogen sie die zuständigen Stellen einer Belastungsprobe. Dazu rollten am 18. April 1950 neben mehreren beladenen Lastkraftwagen und Straßenwalzen auch acht Triebwagen auf die Brücke.

Die weitgehende Gleissanierung, die Wiederherstellung der technischen Anlagen und Betriebsmittel der Straßenbahn und der Kauf der Baden-Badener Fahrzeuge ermutigten die Direktion der Straßenbahn, die Fahrzeiten auf den einzelnen Strecken wieder zu verkürzen und den Fahrplan zu verdichten. Zum 1. September 1950 führten die Verkehrsbetriebe folgende Linienführung mit einer Wagenfolge von 15 Minuten (anstelle des bisherigen 20-Minuten-Grundfahrplans) ein:

Linie 1 Trappensee – Allee – Hauptbahnhof (sonntags weiter – Sonnenbrunnen – Böckingen)
Linie 2 Karlstor – Allee
Linie 3 Sontheimer Straße/Gildenstraße – Allee – Hauptbahnhof, werktags weiter – Sonnenbrunnen – Böckingen
Linie 4 Neckargartach – Kanalhafenbrücke – Allee – Sontheimer Straße/Gildenstraße
Linie 5 Sontheim – Gildenstraße – Liebigstraße – Allee – Sülmertor
Linie 6 Sonnenbrunnen – Hauptbahnhof – Allee – Sülmertor

Durch Linienverzahnung bestand zum Sonnenbrunnen, zum Sülmertor und zur Gildenstraße ein 7 1/2-Minuten-Verkehr, der zwischen Hauptbahnhof und der Gildenstraße sogar auf 3 1/3 bzw. 7 Minuten verdichtet war.
Ergänzend zum Straßenbahnbetrieb gab es noch folgende Omnibuslinien:

Linie 10 Frankenbach – Kreuzgrund – Hauptbahnhof – Allee – Moltkestraße – Gymnasiumstraße – Wollhausstraße – Oststraße – Silcherplatz – Winzerstraße (alle 30 Minuten)
Linie 11 Haselter – Sonnenbrunnen – Hauptbahnhof – Allee (werktags 16, sonntags 8 Kurse)
Linie 15 Flein – Südbahnhof – Allee (alle 60 Minuten)

Zur Durchführung dieses Verkehrs standen den Verkehrsbetrieben 23 Straßenbahntrieb- und 20-beiwagen sowie 7 Omnibusse und 2 Omnibusanhänger zur Verfügung.
Die Linienumstellung und Fahrplanverdichtung brachte der Heilbronner Straßenbahn eine wesentlich höhere Zunahme an Beförderungsfällen, als in den kühnsten Vorausberechnungen angenommen worden war. Während sich die Zahl der bisher monatlich zu befördernden Personen auf durchschnittlich 630 000 belief, stieg diese Zahl in den letzten vier Monaten des Jahres 1950 auf 755 000 pro Monat an. Die Einwohnerzahl Heilbronns betrug damals 64 461, so daß seinerzeit jeder Heilbronner bzw. Heilbronnerin, ob Kleinkind oder Greis, die öffentlichen Verkehrsmittel der Heimatstadt knapp 12 mal im Monat benutzte. Diese hohen Leistungen gingen allerdings wieder nur auf Kosten des Materials. Von dem Bestand von 23 Triebwagen mußten jeweils mindestens drei für Reparaturen und Hauptuntersuchungen abgerechnet werden. Die verbleibenden 20 Fahrzeuge hatten daher eine monatliche Fahrleistung von 5400 km zu erbringen. Mit dieser Leistung standen die Heilbronner Verkehrsbetriebe – wie übrigens während der ganzen Nachkriegsjahre – an der Spitze aller württemberg-badischen Verkehrsbetriebe. Die Aufsichtsbehörde befürchtete daher, daß eine solche Leistung nicht ohne Rückschlag durchgehalten werden könne. Diese Befürchtung sollte sich bereits im Winter bewahrheiten. Eine Vielzahl zusätzlicher Fahrgäste benutzte wegen des schlechten Wetters die Straßenbahn, so daß deren Wagen wieder hoffnungslos überfüllt und überlastet waren. Dadurch soll es an manchen Tagen bis zu 7 Wagenausfällen gekommen sein. Nur aufgrund des hochqualifizierten Werkstattpersonals und der Einsatzfreude des Fahrpersonals war ein größeres Debakel zu verhindern. Trotz allem konnte die Straßenbahnverwaltung nicht umhin, ab Sonntag, dem 27. Mai 1951 die Linien 1 und 4 zu einer Linie 4 Trappenssee – Allee – Neckargartach zusammenzufassen. Diese Änderung wurde plötzlich und ohne vorherige Ankündigung notwendig, da in kurzer Zeit infolge einiger Unfälle und anderweitig anstehender Reparaturarbeiten mehrere Triebwagen aus dem Personenverkehr genommen werden mußten.

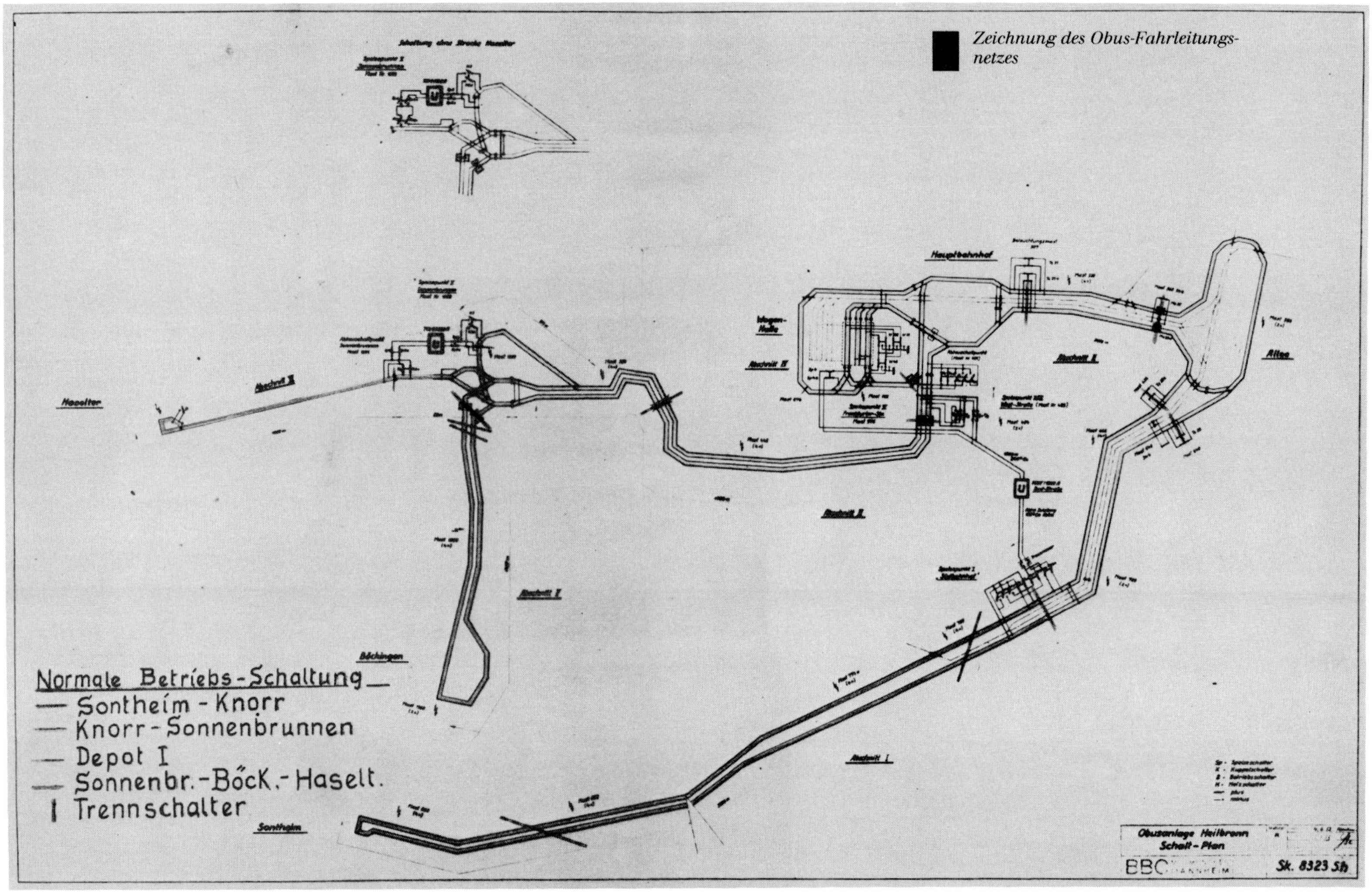


*Zeichnung des Obus-Fahrleitungsnetzes*

Beim Omnibusbetrieb der Heilbronner Straßenbahn konnten im Januar 1951 zunächst zwei weitere Büssing-Trambusse und wenige Wochen später ein weiterer Mercedes-Omnibus sowie zwei Bus-Anhänger zum Bestand genommen werden. Mit diesen Fahrzeugen war es möglich geworden, die schon lange von der Bevölkerung geforderte Omnibuslinie 14 vom Karlstor zum Sülmertor und weiter zum Salzwerk mit einer Länge von 3,5 km in Betrieb zu nehmen.
Im späten Frühjahr 1951 begannen die ersten Bauarbeiten für die von der Firma BBC, Mannheim projektierte Fahrleitung der künftigen Obuslinie, Monteure von BBC installierten zusammen mit dem Werkstattpersonal der Heilbronner Straßenbahn auf der 8,6 km langen Strecke von Böckingen über Sonnenbrunnen – Hauptbahnhof – Allee – Sontheimer Straße – Sontheim für die Hin-und Rückfahrt jeweils zwei Fahrdrähte. Die Obus-Fahrleitung wurde von der Straßenbahnoberleitung völlig getrennt verlegt, damit später möglicherweise auftretende Störungen in einem von beiden Netzen sich nicht auf das andere auswirkten. Für die neue Obus-Fahrlei-

*Unter Anleitung der BBC-Ingenieure verlegte 1951 das Heilbronner Werkstattpersonal die Obus-Fahrleitung, Hier bei der Karlstraße.*

*Unter einem provisorisch verlegten Fahrleitungsteil in der Frankfurter Straße erhielten die Fahrer ihre Einweisung*

tung mußten 480 neue Maste aufgestellt und bei verschiedenen Gebäuden entlang der Strecke insgesamt 40 Wandbefestigungs-Rosetten angebracht werden; 850 m³ Erde waren auszuheben und 700 m³ Beton zu verarbeiten. Jeweils alle 28 m waren die in einer Höhe von 5,5 m über der Straßenoberfläche verlaufenden Fahrdrähte an Querverspannungen zu befestigen. Für die günstige Betriebsabwicklung verlegte man 26 Kreuzungen mit der Straßenbahn-Fahrleitung sowie 32 Luftweichen, die größtenteils von den Wagenführern der Obusse vom Fahrpult aus gestellt werden konnten. 34 Schalter, 30 Streckentrenner und 46 Blitzableiter sicherten das Obus-Fahrleitungsnetz gegen alle möglichen Unbillen ab. Es war möglich, das gesamte Obus-Fahrleitungsnetz vorzuwärmen und mittels einer Abtauanlage die Reifbildung zu verhindern, um einen reibungslosen Betrieb auch während der kalten Jahreszeiten sicherzustellen.

Zu einem großen Teil verlief die neue Obus-Fahrleitung auf der gleichen Trasse, wie die bereits bestehende Straßenbahnoberleitung, wozu seinerzeit die örtliche Presse bemerkte: „Es ist nicht mehr ganz leicht, sich in dem Gewirr von Drähten zurechtzufinden, das den Heilbronner Luftraum durchzieht!" Der Bautrupp der BBC Mannheim rüstete die soeben fertiggestellte neue Wagenhalle am Hauptbahnhof gleich für die Unterbringung der neuen Obusse um. Mit ihrer Fläche von 53 x 22 m bot sie Platz für sechs Reihen Obusse und Omnibusse. Als Ende August/Anfang September 1951 die von den Heilbronner Firmen Wankmiller sowie Drogmöller aufgebauten sechs und einer der drei von MAN komplett hergestellten Obusse ausgeliefert und die Fahrleitungsmontage abgeschlossen waren, nahmen Beamte der Verkehrsabteilung des württemberg-badischen Innenministeriums am 15. September 1951 die technischen Einrichtungen und die Fahrzeuge ohne Anstände ab. Daraufhin begannen am Montag, dem 17. September die Probe- und Schulungsfahrten mit dem neuen Heilbronner Verkehrsmittel. Ein Teil der Straßenbahnwagenführer und einige Omnibusfahrer wurden dabei in die neuartige Technik eingewiesen und mit der Bedienung der neuen Fahrzeuge vertraut gemacht.

*Interessante Fahrleitungslage an der Abzweigung Sonnenbrunnen: Am 31. Mai 1954 fährt der Obus 21 zum Haselter weiter*

### Die neuen Obusse fahren

Nachdem im September 1951 die neue Wehrbrücke über den künftigen Neckarkanal fertiggestellt und technisch abgenommen war, konnte die Straßenbahnlinie 3 nach Böckingen auf Oberleitungs-Omnibusbetrieb umgestellt werden. Dies geschah zur Verwunderung der Bürger sang- und klanglos. Die Stadtverwaltung Heilbronn hatte bewußt auf jede Feierlichkeit verzichtet.

Ab dem 20. September 1951 nahmen die Heilbronner Verkehrsbetriebe den öffentlichen Verkehr zunächst mit sieben Obussen und drei Obus-Anhängern wie folgt auf:

Linie 20 Allee – Hauptbahnhof – Sonnenbrunnen – Böckingen (mit 3 Zügen)

Linie 21 Allee – Hauptbahnhof – Sonnenbrunnen (mit 2 Zügen)

Ein Motorwagen wurde zur Verstärkung im Berufsverkehr bereitgehalten, ein weiterer bildete die Reserve.

Durch den Obus-Verkehr gab es folgende Linienumstellung bei der Straßenbahn:

Linie 1 Trappensee – Allee – Sontheimer Straße/Gildenstraße

Linie 2 Karlstor – Allee – Kiliansplatz – Hauptbahnhof

Linie 4 Sülmertor – Allee – Kiliansplatz – Kanalhafenbrücke – Neckargartach

Linie 5 Sülmertor – Allee – Sontheimer Straße – Sontheim

Die Straßenbahnlinien 3 und 6 wurden eingestellt. Für den verbliebenen Straßenbahnbetrieb standen 22 Trieb- und 20 Beiwagen zur Verfügung. Endlich konnten nun auch bei der Straßenbahn die Einsatzzeiten der Fahrzeuge verkürzt und dem Personal der Werkstatt die zur Wartung und Pflege der Wagen notwendige Zeit gegeben werden.

In den folgenden Wochen wurden die restlichen Montagearbeiten an der Sontheimer Obusstrecke fortgeführt und Anfang Dezember 1951 abgeschlossen. Als die restlichen MAN-Obusse sowie drei weitere Obus-Anhänger ausgeliefert waren, konnte am 10. Dezember 1951 die Obuslinie 20 mit 5 Zügen auf der Strecke Sontheim – Sontheimer Straße – Allee – Kiliansplatz – Hauptbahnhof – Sonnenbrunnen – Böckingen verkehren. Zur Umstellung der Fahrleitung mußte die Straßenbahnlinie 5 bereits am Samstag, 8. Dezember 1951 bis zur Gildenstraße zurückgenommen und durch Omnibusse ersetzt werden. Auch diese Umstellung der Strecke nach Sontheim ging ohne die sonst üblichen Feierlichkeiten über die Bühne. Die Inbetriebnahme des neuartigen Verkehrsmittels würdigte die Heilbronner Presse u. a. mit folgende Glosse:

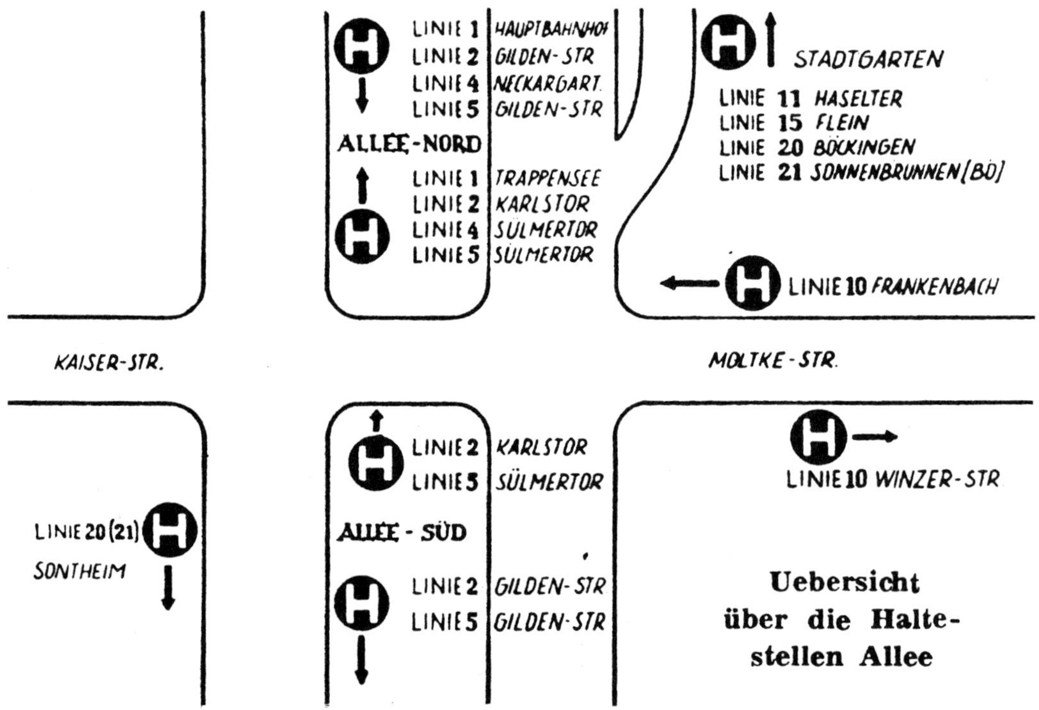

Uebersicht über die Haltestellen Allee

**Linienführung und Kreuzungen Allee**

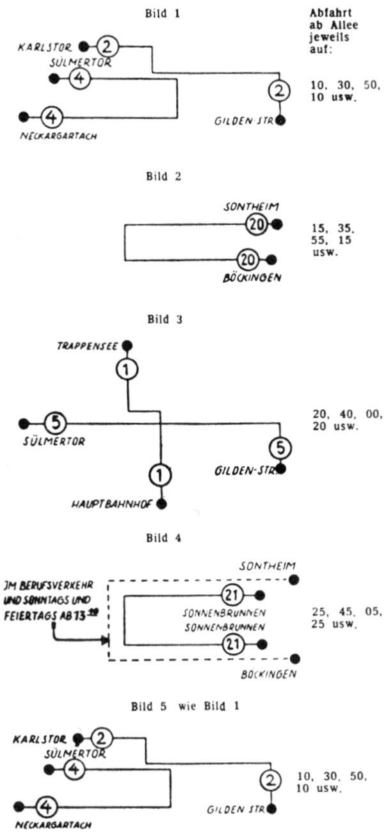


**Zur Beachtung!** Montag bis Samstag ab 19.10 und Sonn- und Feiertags bis 13.00 und ab 22.10 hat Obus-Linie 20 **direkten Anschluß an** Straba-Linie 1 und 4 und zwar jeweils **10, 30, 50, 10 usw.** Während der obengenannten Zeiten verkehrt Obus-Linie 20 also 5 Minuten früher und Straba-Linie 1 10 Minuten früher.

**Bitte Fahrplan beachten!**

„‚In den Großstädten ist es doch viel besser mit der Straßenbahn zu fahren. Man braucht nicht so viel umzusteigen', sagte neulich eine ältere Frau von auswärts an der Allee. – Liebe Frau! Sie haben wohl unsere neuen Obusse noch nicht gesehen, sonst hätten Sie uns Heilbronner nicht so ohne weiteres zu Kleinstädtern degradiert. Sind sie denn nicht prächtig, unsere Obusse, vornehm, elegant . . .?"

Es war nötig, die neuen Verkehrsmittel Heilbronns anzupreisen, denn eine Vielzahl der Fahrgäste stand den Obussen nach wie vor sehr skeptisch gegenüber. Die ablehnende Haltung wurde oftmals damit begründet, daß dieses Betriebsmittel die Stadt unnötig Geld kosten würde und den Erfordernissen nicht entspräche. Diese anfängliche „Antihaltung" war auch oft der Grund, schon kleine Unstimmigkeiten oder Verspätungen zum Anlaß zu nehmen, gegenüber dem Fahrpersonal seinen Unmut zu äußern. Es zeigte sich jedoch auch schon in den ersten Wochen, daß der ursprünglich durchgeführte 15-Minuten-Verkehr nach Sontheim dem Verkehrsbedürfnis nicht gerecht wurde. Es wurde erforderlich, zur Einführung eines 7 1/2-Minuten-Verkehrs umgehend drei weitere Obus-Züge (Motorwagen mit Anhänger) zur schnellsten Lieferung in Auftrag zu geben, was schließlich Mitte 1952 erfolgte. Glücklicher-

*Die im Sommer 1951 bereits abgelieferten Obusse warten in der Bushalle auf ihren Einsatz*

*Seite dem 20. September 1951 fahren Obusse statt der Straßenbahn nach Böckingen, hier im Januar 1960 in der Heuchelberger Straße*

*Obus 202 (Typ O 2.1) mit Anhänger 256 im Februar 1952 in der Wilhelm-Leuschner-Straße*

*Die Obus-Haltestelle Allee befand sich ab dem 20. September 1951 an der Stelle des heutigen Harmoniegeländes. Sowohl in Richtung Hauptbahnhof als auch nach Sontheim war hier ein- bzw. auszusteigen. Von der Haltestelle aus fuhren die Obusse weiter zur Wendeschleife bei der Karlstraße*

*Obus 209 auf dem Weg nach Sontheim im Frühjahr 1952 in der Allee*

weise legte sich die Abneigung gegen das neue Verkehrsmittel bald, zumindest dann, als erkannt wurde, daß die Verkehrsbetriebe sich um die Durchführung eines pünktlichen Betriebs bemühten.

Durch die Umstellung der Strecke Sontheim – Böckingen auf Obus gliederten sich die Heilbronner Verkehrsbetriebe Ende 1951 wie folgt:

- Betriebsteil Straßenbahn
  - Streckenlänge: 11,780 km
  - Fahrzeuge: 22 Trieb- und 20 Beiwagen
- Betriebsteil Obus
  - Streckenlänge: 8,66 km
  - Fahrzeuge: 9 Motorwagen und 6 Anhänger
- Betriebsteil Omnibus
  - Streckenlänge: 19,380 km
  - Fahrzeuge: 10 Autobusse und 4 Anhänger

Bald nach der Betriebsaufnahme mit den Obussen entfernte das Werkstattpersonal die alte Straßenbahn-Oberleitung und auf weiten Strekken in Böckingen und Sontheim auch die Gleise, von denen die brauchbaren Abschnitte auf Lager genommen, der Rest verschrottet wurde.

Da die Verkehrsbetriebe für den Straßenbahn-Restbetrieb mit 4 Linien täglich nur noch 12 Trieb- und 15 Beiwagen benötigten, konnten 1952 zwei Motorwagen und drei Anhänger, deren weiterer Erhalt bzw. Wiederherstellung finanziell nicht mehr zu vertreten war, aus dem Betrieb genommen und verschrottet werden. Dafür erhöhte sich der Bestand an Omnibussen um eine Einheit auf 11 und bei den Obus-Anhängern um 4 auf ebenfalls 11 Exemplare. Durch die Einführung des 20-Minuten-Betriebs (während der Hauptverkehrszeiten 10-Minuten-Verkehr) am 13. Juni 1952 und Tausch von Endstationen bei der Straßenbahn

Linie 1 Trappensee – Allee – Hauptbahnhof
Linie 2 Karlstor – Allee – Gildenstraße

war es sogar möglich, den Straßenbahnbetrieb während der schwächeren Verkehrszeiten mit nur 10 Triebwagen, während der Hauptverkehrszeiten mit 11 Trieb- und 13 Beiwagen durchzuziehen. Der Betriebsteil Straßenbahn schrumpfte bei den Heilbronner Verkehrsbetrieben dadurch stark zusammen.

Für die Straßenbahn wurden in der Folgezeit beim Gleisnetz lediglich noch solche Reparaturarbeiten ausgeführt, die zur Aufrechterhaltung der Sicherheit des Straßenbahnverkehrs erforderlich waren. Auszuwechselnde Gleisstücke ersetzte man durch altes, noch brauchbares Schienenmaterial.

Es zeigte sich deutlich, daß der dreigeteilte Betrieb Straßenbahn – Obus – Omnibus auf die Dauer nur sehr kostenintensiv aufrechterhalten werden konnte. Insbesondere die vollkommen veraltete Straßenbahn, die eigentlich grundlegend saniert werden müßte, verschlang zur Erhaltung der Sicherheit unverhältnismäßig hohe Summen. Um hier einen wirtschaftlich vertretbaren Betrieb machen zu können, wäre erforderlich gewesen, den verbrauchten Wagenpark völlig zu erneuern und den unzureichenden Unter- und Oberbau der vorwiegend eingleisigen Strecken von Grund auf herzurichten und zweigleisig auszubauen. Um eine Entscheidungsgrundlage zu erhalten, welche Verkehrsart in Heilbronn zukünftig eingesetzt werden soll, „Obusanlage, Omnibusbetrieb oder Ausbau der Straßenbahn", beschloß der Heilbronner Gemeinderat Mitte 1953, ein Gutachten über die Wirtschaftlichkeit des Verkehrsbetriebs Heilbronn durch die WIBERA (Wirtschaftsberatung deutscher Gemeinden, Wirtschaftsprüfungs- und Steuerberatungsgesellschaft, Düsseldorf) ausarbeiten zu lassen. Dies war um so dringlicher, als eine bessere Anbindung Neckargartachs, des Haselters und des Käferflugs anstand.

Für den erweiterten Omnibusbetrieb konnte Mitte 1953 die freigewordene alte „Viehhalle" am Hammelwasen erworben und für die Unterbringung von Kraftfahrzeugen hergerichtet werden. Zur Verstärkung des Obus-Betriebs bezogen die Verkehrsbetriebe zwischen März und Mai 1953 die drei Mitte 1952 bestellten Obus-Motorwagen mit Kässbohrer-Aufbauten. Im November 1953 begann das betriebseigene Personal der Verkehrsbetriebe mit dem Ausbau der 1,6 km langen einspurigen Obus-Strecke mit Wendeschleife zum Haselter. Bereits nach wenigen Wochen,

*Dieser Obus bog kurz zuvor aus der Karlstraße in die Allee ein*

*Parallel zur Straßenbahn fuhren die Obusse bei der Fleiner Straße von der Hohe in die Wilhelmstraße*

*Obus 206 (Typ O 2.2) rollt im März 1952 in der Sontheimer Straße auf Höhe der Gildenstraße*

*Die Endstation der Obusse lag in Sontheim bei der Horkheimer/Lutz-Straße*

am 13. Dezember 1953 konnte die neue Obus-Linie 22 „Allee – Kiliansplatz – Hauptbahnhof – Sonnenbrunnen – Haselter" dem Verkehr übergeben werden. Alle 60 Minuten rollte ein Obus auf dieser Strecke. Den dadurch freigewordenen Omnibus verwendeten die Verkehrsbetriebe zur Verdichtung der Omnibuslinie 10 auf einen 10-Minuten-Verkehr auf der Teilstrecke zwischen Kreuzgrund und Allee.
Da die Obuslinien 20 bis 22 und verschiedene Omnibuslinien die Strecke Allee – Kiliansplatz – Hauptbahnhof ausreichend und in genügend kurzen Intervallen bedienten, entschloß sich die Straßenbahnverwaltung aufgrund einer Gutachterempfehlung, die Linie 1 ab dem 14. Juni 1954 nur noch an Sonntagen auf der Strecke Hauptbahnhof – Harmonie – Trappensee verkehren zu lassen, an Werktagen dagegen nur noch zwischen der Harmonie und dem Trappensee einzusetzen.
In den Jahren 1953 und 1954 war der Betriebsteil Straßenbahn der Heilbronner Verkehrsbetriebe vom Pech verfolgt: Infolge schlechten Gleisunterbaus sprangen des öfteren die Triebwagen aus den Schienen. Am Freitag, 30. Juli 1954 fuhr ein Zug der Linie 4 gegen 18.10 Uhr in Richtung Sülmertor. Bei der Kurve Ecke Paulinen-/Turmstraße kippte der Wagen auf regennassen Schienen vermutlich wegen zu hoher Geschwindigkeit und falsch geneigter, d. h. in der Kurve nach außen abgesackter Gleise um. Da er sich im Zeitlupentempo zur Seite neigte und der mitgeführte Beiwagen auf den Gleisen stehenblieb, gab es glücklicherweise keine Verletzten.
Alle diese restriktiven Maßnahmen, gepaart mit den Unfällen waren nicht geeignet, die Straßenbahnbenützung in Heilbronn attraktiv zu gestalten. Dagegen wurden sowohl von der Verwaltung der Verkehrsbetriebe als auch von den Presseorganen ständig in positiven Stellungnahmen über den Obus- und Omnibusbetrieb berichtet, während negative Darstellungen zum Betrieb der „Spatzenschaukel" von Tag zu Tag das Bild der Heilbronner Straßenbahn mehr verdüsterten.

## Heilbronn trennt sich von seiner Straßenbahn

Als Mitte 1954 das 100 Seiten umfassende Gutachten der WIBERA vorlag, führte die Heilbronner Stadtverwaltung zusammen mit der Direktion der Verkehrsbetriebe vom 5. bis 7. Juli 1954 eingehende Gespräche mit einer Kommission des Gemeinderats sowie den Fachberatern der Gutachter. Die WIBERA-Gutachter stellten fest, daß die Erfolgslage der Heilbronner Verkehrsbetriebe – gemessen an ähnlichen deutschen Betrieben – außerordentlich schlecht sei. Zum großen Teil liege dies an den niedrigen Tarifen. In dem Gutachten wurde weiter verdeutlicht, daß ein Beibehalten der Straßenbahn in der bestehenden Form wirtschaftlich nicht vertretbar erscheine. Auch der Obus-Betrieb sei mit seiner nicht gerade als optimal zu bezeichnenden Linienführung wirtschaftlich nicht günstig zu führen und verursache daher hohe Betriebskosten. Ein Omnibusbetrieb mit einem sinnvoll gestalteten Liniennetz, einheitlichem Wagenpark und ausreichenden Fahrpreisen böte – nach Ansicht der Gutachter – allein die Gewähr für eine Steigerung der bisher zu wenig genutzten Fahrzeuge der Verkehrsbetriebe und eine Verbesserung der Ertragslage.
Nach einer weiteren Behandlung der Frage der künftigen Gestalt der Verkehrsbetriebe sowie des WIBERA-Gutachtens in der Wirtschaftsabteilung des Gemeinderats entschloß sich die Kommission, dem Gemeinderat die Einstellung des Straßenbahnbetriebs und Umstellung auf Omnibus und Beibehaltung des Obus-Betriebs auf den jetzt bedienten Strecken sowie die Anhebung der Tarife zu empfehlen.
Bei der Sitzung des Heilbronner Gemeinderats am 29. Juli 1954 erklärte Verwaltungsdirektor Maier, daß die Heilbronner Straßenbahn nicht mehr konkurrenzfähig sei. Das weitgehend eingleisige Netz stecke voller Nachteile, verhindere eine zügige Fahrweise, mache ein Ausweichen unmöglich und behindere den übrigen Straßenverkehr. Die nicht gerade optimale Gleislage lasse nur geringe Geschwindigkeiten zu. Darüber hinaus sei die Straßenbahn pro Rechnungskilometer gegenüber dem Autobus um 35 Pfennige, gegenüber dem Obus sogar um 37 Pfennige teurer. Diese Gegenüberstellung müsse zu dem Ergebnis führen, die Straßenbahn einzustellen. Auch die früher angestellte Überlegung, die Strecke Neckargartach – Allee – Trappensee beizubehalten, müsse fallengelassen werden, da sofort für die unverschiebbare Sanierung ein Betrag von 300 000 Mark anfallen würde und die Straßenbahnwerkstatt weiterhin unterhalten werden müßte. Maier führte weiter an, daß der Kapitaleinsatz bei den Obussen doppelt so hoch sei, wie bei Autobussen.

*Blick auf die Umsteige-Haltestelle in der Allee um 1950*

HERREN
MODEN
Singer

Bei einem reinen Autobusbetrieb müsse darauf geachtet werden, daß nicht eine unnötige Typenvielfalt bei den Fahrzeugen sich wieder auf die Kosten (Ersatzteilhaltung, Wartung) nachteilig auswirke. Zwar wäre für die Umstellung der Straßenbahn die Beschaffung eines Fabrikats der Idealfall, man hatte sich seitens der Stadtverwaltung jedoch auf zwei Fabrikate entschlossen, um eine gesunde Konkurrenz herauszufordern. Für den Stadtverkehrbus sei dabei auf eine tiefliegende Grundfläche mit bequemen Einstiegen, genügend großem Auffangraum, Heck- oder Unterflurmotor und Einrichtung für Einmannbetrieb Wert zu legen. Man werde dabei auch auf kleinere Fahrzeuge übergehen und den Fahrplan verdichten müssen. Allerdings sollte der Beiwageneinsatz in Wegfall kommen.
Nach Ansicht Maiers sei eine von der Bevölke-

*Die Haltestelle Allee bzw. Harmonie im letzten Betriebsjahr der Straßenbahn. 1954 sind bereits einige Geschäftshäuser entstanden*

*Von 1951 bis 1955 fuhren in der Kaiserstraße neben der Straßenbahn auch noch Obusse und Omnibusse zum Hauptbahnhof. Der Büssing-NAG-Bus des Typs TU 5000 (Typ A3) kommt am 3. Juli 1952 von der Winzerstraße*

rung gewünschte Netzerweiterung nicht zu vertreten. In Heilbronn kämen auf einen Kilometer Betriebslänge 2500 Einwohner, in anderen Städten dagegen mindestens 5000! Es sei, nach einer Verkehrszählung, eine Linienänderung notwendig. In Heilbronn läge die Benützung der Fahrzeuge mit nur 26 bis 28 % weit unter dem Durchschnitt anderer deutscher Städte. Zugunsten einer Beschleunigung des Linienverkehrs müsse außerdem die dichte Haltestellenfolge (unter 200 m) geändert werden. Der Gemeinderat stimmte darauf der Empfehlung der Kommission, die Straßenbahn zum 1. November 1954 ein- und auf Omnibus umzustellen, einstimmig zu. Allerdings konnte man sich noch nicht auf die Bestellung der zur Umstellung benötigten Omnibusse entscheiden. Der Einführung neuer Verkehrstarife wurde in gleicher Sitzung mit knapper Mehrheit zugestimmt.

*Ganz ohne Karambolage geht's nicht! Bus Nr. 3 (Typ A 1.2) hatte am 2. Februar 1952 Ecke Frankfurter/Weststraße Pech*

*Die Weststraße war Abstellplatz für tagsüber nicht benötigte Omnibus-Anhänger der Straßenbahn*

*Der „ex Baden-Badener" Zug in der Jägerhausstraße kommt im Mai 1951 auf Linie 1 vom Trappensee*

Der Straßenbahn-Einstellungsbeschluß wurde von der Heilbronner Bevölkerung mit sehr gemischten Gefühlen aufgenommen. Die „Spatzenschaukel" war doch vielen Bürgern – trotz aller ihrer angeblichen Fehler – eine liebe Vertraute geworden und ans Herz gewachsen. Von der Stimmung jener Tage soll nachstehender Leserbrief vom 19. August 1954 aus der „Heilbronner Stimme" künden:

„Da unlängst betont wurde, daß über die Abschaffung der Straßenbahn kaum Leserbriefe gekommen seien, während für das „Mahnmal auf dem Wartberg" unzählige Briefe eingegangen sind, möchte ich doch ein Wort dazu äußern. Schmerzlich ist die Abschaffung für die älteren Leute, die viel lieber Straßenbahn fahren. Denn es ist leicht, jahrelang zusehen zu müssen, wie nur für Omnibusse und Obusse Geld da ist, aber für die Straßenbahn nichts mehr aufgewendet wurde und dann noch den Spott der Leute zu hören: Die alte Spatzenschaukel sei reif zum Verschrotten usw. – Denken diese Leute auch, wie lange diese Wagen schon fahren und wie z. T. heute schon Omnibusse und Obusse ‚kleppern'!? Wie vorteilhaft wäre für Heilbronn auch nur ein einziger moderner Straßenbahnzug gewesen! Stattdessen hat man alte Wagen aufgekauft. Und haben diese maßgebenden Herren auch darüber nachgedacht, wie viele Werte vor wenigen Jahren beim Gleisumbau in die Neckarbrücke und Kaiserstraße gesteckt worden sind, die nun verloren gehen? Wenn auch eine Änderung sehr nötig ist, so hätte es doch nicht so radikal zu sein brauchen. J. M."

Man sah der Verwirklichung des Gemeinderatsbeschlusses mit großem Interesse entgegen. Es war zwar die Umstellung der Straßenbahn auf Omnibus festgelegt worden, nicht aber, wie das Heilbronner Verkehrsnetz künftig aussehen sollte. Von mehreren Seiten wurden Vorschläge zur Ausgestaltung des Liniennetzes eingerichtet und in den verschiedensten Gremien diskutiert. Es wurde auch angeregt, der Gemeinderat solle

*Der jüngste Triebwagen, Nr. 47 vom Typ 8.3, wartet im April 1952 an der Endstation Trappensee auf Fahrgäste*

*Die Haltestelle Allee – hier im Sommer 1951 – war jahrelang der wichtigste Heilbronner Umsteigeplatz*

*Ein ex Neckargartacher Triebwagen (Typ 6) rollt auf seinem Weg zum Sülmertor im Januar 1951 durch die Kaiserstraße*

*Beiwagen-Parade im Winter 1951 auf dem Hallen-Vorgleis beim Hauptbahnhof*

prüfen, ob die Verkehrsbetriebe nicht besser privatisiert werden könnten, um so das inzwischen beträchtliche Summen erreichende Defizit zu beseitigen. Durch verschiedene Debatten verzögerte sich die „Umstellungsangelegenheit" und es zeigte sich bald, daß der ursprünglich geplante Termin 1. November 1954 nicht eingehalten werden konnte.

Der Heilbronner Gemeinderat befaßte sich schließlich am 8. Dezember 1954 in öffentlicher Sitzung bei sehr starkem Zuhörerandrang nochmals mit der Frage der Umstellung der Straßenbahn auf Omnibus. Stadtkämmerer Maier stellte dabei klar, daß jeder Monat, in dem die Straßenbahn länger betrieben würde, der Stadtkasse einen Verlust von 50 000 Mark einbringe. Es wurde daher beschlossen,

- die Straßenbahn zum 1. April 1955 einzustellen und durch Omnibusse zu ersetzen (da die zur Umstellung erforderlichen Omnibusse früher nicht zu beschaffen waren)
- als Ersatz für die Straßenbahnfahrzeuge 12 Omnibusse für 600 000 DM zu beschaffen und zwar
  - 6 komplette Fahrzeuge von der Firma Büssing in Braunschweig und
  - 6 Fahrgestelle mit Motoren, ebenfalls von Büssing, Braunschweig, von denen je 3 durch die Heilbronner Karosseriefabriken Drögmöller und Wankmiller aufgebaut werden sollen
- die Verwaltung der Verkehrsbetriebe zu beauftragen, schnellstmöglich ein Konzept über die neue Linienführung vorzulegen.

Dem letzten Auftrag konnte der Direktor Dietze von den Heilbronner Verkehrsbetrieben rasch nachkommen. Schon am 19. Januar 1955 legte er dem Gemeinderat ein Konzept vor, das folgende Streckenführung der Omnibusse vorsah:

Linie 1 Böckingen – Sonnenbrunnen – Hauptbahnhof – Allee – Karlstraße – Friedhofstraße – Trappensee
(Omnibus im Tages- und Berufsverkehr alle 20 Minuten, anstelle der bish. Straßenbahn)

*Sonntagmorgen im Frühjahr 1954 an der Endstation Sülmertor*

*Zu forsche Fahrt brachte Triebwagen 62 (Typ 10) im Jahre 1954 Ecke Turm-/Paulinenstraße aus dem Gleichgewicht*

*Triebwagen 46 (Typ 8.2) steht 1954 startklar am Sülmertor. Er entstand 1939 aus dem Triebwagen 15 von 1898*

*An der Allee mußte – entgegen der sonstigen Gepflogenheiten – wie hier 1954 in Richtung Gildenstraße links eingestiegen werden*

Linie 2 Allee – Weinsberger Straße – Karlstor – Paul-Göbel-Brücke – Haller Straße – Gröberstraße – Wilhelm-Busch-Straße
(Omnibus im Tages- und Berufsverkehr alle 20 Minuten, anstelle der Straßenbahn und Buslinie – jedoch mit anderen Omnibussen)

Linie 4 Neckargartach, Leinbachstraße – Kanalbrücke – Kranenstraße – Kiliansplatz – Allee – Karlstraße – Krankenhaus
(Omnibus im Tages- und Berufsverkehr alle 20 Minuten, anstelle der Straßenbahn, jedoch mit Verlängerung)

Linie 5 Neckargartach – Karl-Wüst-Brücke – Neckarsulmer Straße – Allee – Wilhelmstraße – Sontheimer Straße – Kamerawerk
(Neue Omnibuslinie, die auf einem Teilstück die Straßenbahn ersetzt, im Tages- und Berufsverkehr, alle 20 Minuten)

*Seite 127, linke Spalte:*
*Eine Reise nach Neckargartach:* *Kurz nach Passieren der Neckarbrücke – linkerhand das Inselhotel – biegt der Vierer nach links in die Kranenstraße ein. Der Baden-Badener Zug auf Linie 1 fährt allerdings geradeaus zum Hauptbahnhof; von links biegt 1954 der ex Neckargartacher Zug auf die Neckarbrücke ein*

*Mittlere Spalte:*
*Ein seltener Schnappschuß von der Haltestelle Wohlgelegen. Linie 4 kam von links von der Kanalbrücke (1952); nach der Kanalbrücke schwenkte die Trasse in weitem Rechtsbogen nach Norden, hier der Triebwagen 61 mit dem Neuaufbauhänger 116; wie durch einen Park führte die Trasse weiter in Richtung Neckargartach*

*Rechte Spalte:*
*Kleiner Unfall – großer Auflauf! So könnte man diese Szene von 1953 in der Obereisesheimer Straße (kurz vor dem Depot) bezeichnen. Am Depot entlang kletterte im Winter 1952 der Vierer die Obereisesheimer Straße hoch zur Brückenstraße. Bald ist die Endstation in der Frankenbacher Straße in Neckargartach erreicht*

*Ein schmucker, stilreiner Dreiwagenzug 1952 auf einer Sonderfahrt kurz vor dem Ortseingang in Neckargartach*

Neckargartach
Teinacher Sprudel

4 Sülmertor

Sonderfahrt

4 Sülmertor

*Umsteigestelle Allee am 20. Juni 1954: Hier trafen sich alle Heilbronner Straßenbahn-, Obus- und Omnibuslinien*

*Alle siebeneinhalb Minuten gab es gegenüber der Harmonie ein „Straßenbahn-Meeting" mit Fahrmöglichkeiten nach allen Richtungen*

*Triebwagen 53 (Typ 4) kam 1952 aus der Hohe Straße auf die zweigleisige Trasse in der Wilhelmstraße*

*Das hält die stärkste Bahn nicht aus: Ein LKW drückte 1953 den „Zweier" am Rathenauplatz aus den Schienen*

Linie 5a Käferflug – Allee
(Omnibuslinie im Tages- und Berufsverkehr alle 20 Minuten)

Linie 10 Frankenbach – Kreuzgrund – Sonnenbrunnen – Hauptbahnhof – Allee – Winzerstraße
(Omnibus wie bisher, im Tages- und Berufsverkehr alle 20 Minuten)

Linie 14 Karlstor – Burenstraße – Neckarsulmer Straße – Karl-Wüst-Brücke
(Omnibus wie bisher, im Berufsverkehr nach Bedarf)

Linie 15 Flein – Südbahnhof – Wilhelmstraße – Allee
(Omnibus wie bisher, im Tagesverkehr alle 60 Minuten, im Berufsverkehr alle 20 Minuten mit Verlängerung: – Mannheimer Straße – Weippertstraße – Salzstraße – Karl-Wüst-Brücke – Neckargartach)

Linie 20 Böckingen – Sonnenbrunnen – Hauptbahnhof – Kiliansplatz – Allee – Wilhelmstraße – Sontheimer Straße – Sontheim
(Obus wie bisher, im Tagesverkehr alle 20 Minuten, im Berufsverkehr alle 10 Minuten)

Linie 22 Haselter – Sonnenbrunnen – Hauptbahnhof – Allee – Sontheim
(Obus wie bisher, nur im Berufsverkehr alle 20 Minuten)

Neben einer Fahrplanverdichtung brachte das neue Buskonzept teilweise eine geänderte Linienführung und neue Linien. Außerdem schlug Direktor Dietze folgende drei Ausflugslinien vor:

Linie A Harmonie – Trappensee – Jägerhaus
Linie B Harmonie – Wolfzipfel – Wartberg
Linie C Harmonie – Schweinsbergstraße – Gaffenberg

Diese Linien sollten ab Mitte April 1955 an Sonntagen alle 30 Minuten verkehren. Der Gemeinderat stimmte diesem Vorhaben ebenfalls zu.
Im Laufe des Monats März wurden rechtzeitig die 12 bestellten Büsing-Omnibusse ausgeliefert, die die Wagennummern 12-23 erhielten. Sofort begannen die Einweisungs- und Schulungsfahrten mit dem Personal. Teilweise schulten die Heilbronner Verkehrsbetriebe ihre Straßenbahn-

Wagenführer zu Omnibusfahrern um, teilweise wurde aber auch neues Personal eingestellt.
Die Tage der Heilbronner Straßenbahn waren nun doch gezählt. Der Einstellungstermin rückte immer näher. Wehmutsvoll gedachte jetzt die örtliche Presse der „geliebten Spatzenschaukel", nachdem zuvor jahrelang nicht gerade schmeichelhaft über dieses Verkehrsmittel berichtet wurde. So war am Freitag, dem 1. April 1955 in Heilbronn zu lesen:
„Die Verkehrsbetriebe hatten in den letzten Tagen soviel mit der Umstellung zu tun, daß an eine würdige Verabschiedung der alten Straßenbahn gar nicht gedacht werden konnte. Das soll heute nachgeholt werden. Um 12.15 Uhr, einem Zeitpunkt, zu dem auch die Bevölkerung daran teilnehmen kann, fährt zum letztenmal ein Wagen der Straßenbahn vom Hauptbahnhof zur Allee. Er ist bekränzt. Im Motorwagen fahren Pensionäre der Straßenbahn mit, in den beiden Anhängern darf die Jugend kostenlos mitfahren, die auf solche Weise eine lebendige Erinnerung an die Straßenbahn behalten wird. Die Jugend wird gut daran tun, sich auf die einzelnen Haltestellen zu verteilen, damit auch die anderen die Fahrt mitmachen können."
Der Gemeinderat gedachte anläßlich seiner Sitzung am 1. April 1955 kurz der Straßenbahn. Nach einer „Gedenkrede" von Oberbürgermeister Meyle fuhren die gewählten Gemeindevertreter mit Vertretern der Stadtverwaltung in einem Sonderzug zum Trappensee und zurück, um dann bei einem gemütlichen Beisammensein das Ableben der „geliebten Ungeliebten zu beweinen".
Der Straßenbahnwagenführer Neumayer hatte am letzten Betriebstag an seinem Wagen der Linie 2 einen Kranz mit Trauerschleife „Letzter Gruß" angebracht, was bei den Fahrgästen allgemein Anklang fand. Ein Heilbronner Bürger namens E. Runft fertigte ein Abschiedsgedicht auf die Straßenbahn, das auszugsweise die „Heilbronner Stimme" veröffentlichte:

„Jo, s'mecht unser alte Schaukel
Dene neue Busse Platz,
un Leitunge und Schiene
Sin von jetzt oo ganz für d'Katz.
Un der bekannte Schellenton,
Wo uns hat so oft ergötzt,

*Ein äußerst seltenes Bild: Alle ex Baden-Badener Anhänger stehen 1951 auf dem Stellgleis vor dem Depot Hauptbahnhof 1951 beisammen*

*Der 1925 von Krefeld gekaufte Triebwagen 54 biegt 1952 von der Gildenstraße in die Sontheimer Straße ein*

*Von 1952 bis 1955 befand sich die Endstation der Linien 2 und 5 in der Gildenstraße*

Wird jetzt oofach monoton
Un durch Hupetön ersetzt.
O, du alte Spatzeschaukel,
Hasch uns doch viel Nutze bracht,
Wenn au d'Leit von hier und auswärts
über die hen öfters g'lacht."

Ansonsten gab es keine Feierlichkeiten. Fast sang- und klanglos verschwand die Straßenbahn am 1. April 1955 aus dem Heilbronner Stadtbild, das sie doch 58 Jahre mitgestaltete. Die Omnibusse übernahmen nahtlos auf den oben beschriebenen Linien den öffentlichen Nahverkehr in Heilbronn.

Bereits vor der Einstellung der Straßenbahn war ein Teil der nicht mehr benötigten Trieb- und Beiwagen zur Wagenhalle Neckargartach gebracht worden. Nach der Stillegung kam ein großer Teil der restlichen Fahrzeuge ebenfalls noch nach Neckargartach, der kleinere Rest auf das Abstellgleis bei der Wagenhalle am Hauptbahnhof. Bis auf die Beiwagen Nr. 117 und Nr. 162, die auf den Kinderspielplätzen beim Waldheim und auf dem Gaffenberg aufgestellt wurden (und erst nach einigen Jahren langsamen Verfalls und mutwilligen Zerstörens zerlegt wurden), verschrottete das Werkstattpersonal der Verkehrsbetriebe die Fahrzeuge beim Hauptbahnhof und hinter der Wagenhalle Neckargartach Stück für Stück.

Während die Fahrleitung der Straßenbahn sofort nach ihrer Stillegung vom Oberleitungs-Bautrupp abgebaut wurde, dauerte es mehrere Jahre, bis die Gleise der Spatzenschaukel völlig aus dem Stadtbild Heilbronns verschwunden waren. So lamentierte die örtliche Presse noch im Januar 1961, als man die Oberleitung der Obusse entfernte: „Es zeigt sich übrigens, daß der Vorläufer der Obusse, die Straßenbahn, ein hartnäckigeres Erbe hinterlassen hat: Die Straßenbahnschienen, die jeden Autofahrer ärgern und darauf warten, zumindest in den Hauptverkehrsstraßen endlich herausgerissen zu werden."

Zwischenzeitlich gehören jedoch auch diese Relikte aus den Zeiten der „Heilbronner Straßenbahnen" der Vergangenheit an. Im Zuge der Straßenausbauten in der Innenstadt in den sechziger und siebziger Jahren verschwanden die alten Gleise Stück für Stück, so daß heute – mit Ausnahme einer Gleiskreuzung in der Sontheimer Straße beim Industriegleis zur Firma Knorr und einigen Rosetten der Fahrleitung an manchen Häusern – nichts mehr an die Heilbronner Straßenbahn erinnert.

*Für's eigene Leichenbegräbnis geschmückt! Am 1. April 1955, dem letzten Betriebstag der Straßenbahn, herrschte nochmals Hochbetrieb auf allen Linien.*

*Geschlossen beteiligte sich der Gemeinderat an einer Sonderfahrt zum Trappensee und posierte letztmals vor der ach so verschmähten und doch wieder geliebten „Spatzenschaukel"*

*Stand des Heilbronner Straßenbahnnetzes im Jahre 1950*

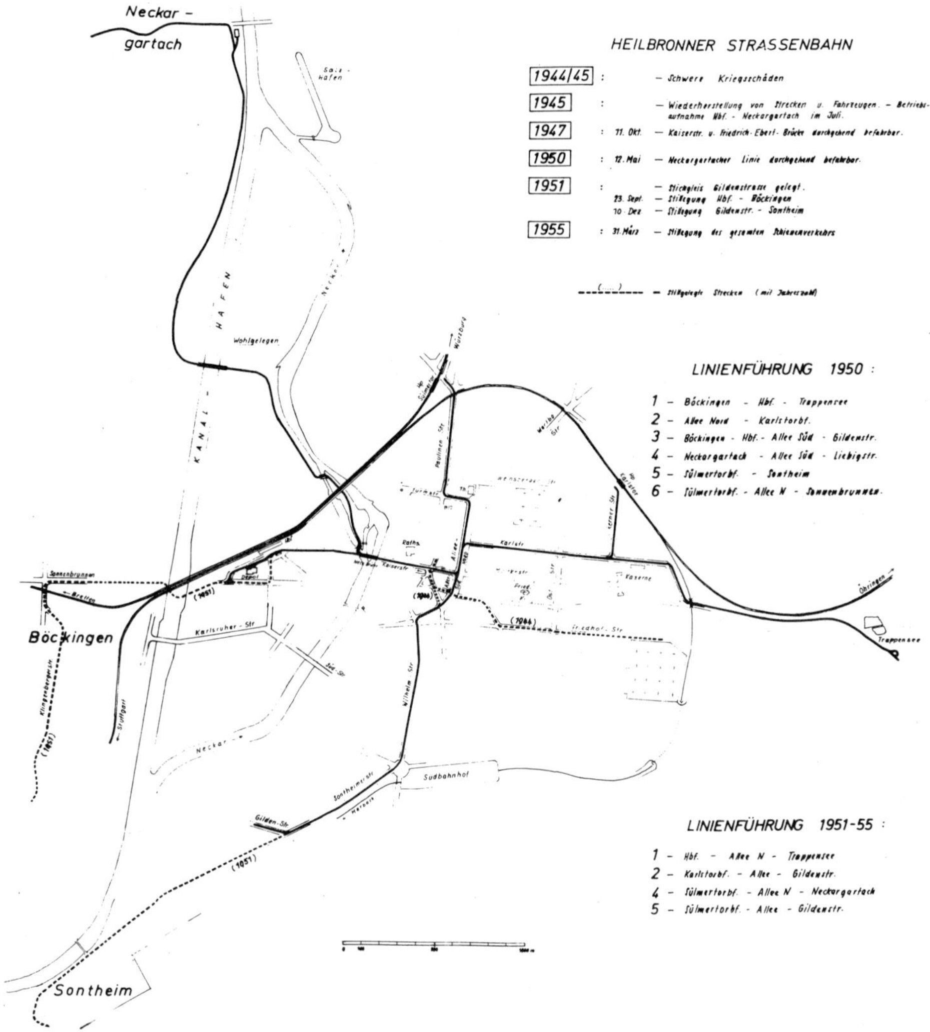
Neckar - gartach
HEILBRONNER STRASSENBAHN
1944/45 : – Schwere Kriegsschäden
1945 : – Wiederherstellung von Strecken u. Fahrzeugen. – Betriebsaufnahme Hbf. - Neckargartach im Juli.
1947 : 11. Okt. – Kaiserstr. u. Friedrich-Ebert-Brücke durchgehend befahrbar.
1950 : 12. Mai – Neckargartacher Linie durchgehend befahrbar.
1951 : – Stichgleis Gildenstrasse gelegt.
23. Sept. – Stillegung Hbf. - Böckingen
10. Dez. – Stillegung Gildenstr. - Sontheim
1955 : 31. März – Stillegung des gesamten Schienenverkehrs
(.....) – Stillgelegte Strecken (mit Jahreszahl)
HAFEN
KANAL
Wohlgelegen
Würzburg
LINIENFÜHRUNG 1950 :
1 – Böckingen - Hbf. - Trappensee
2 – Allee Nord - Karlstorbf.
3 – Böckingen - Hbf. - Allee Süd - Gildenstr.
4 – Neckargartach - Allee Süd - Liebigstr.
5 – Sülmertorbf. - Sontheim
6 – Sülmertorbf. - Allee N - Sonnenbrunnen.
Karlstr.
Kaserne
Öhringen
Trappensee
Böckingen
Karlsruher - Str.
Stuttgart
Neckar
(1951)
Wilhelm - Str.
Südbahnhof
Gilden - Str.
LINIENFÜHRUNG 1951-55 :
1 – Hbf. - Allee N - Trappensee
2 – Karlstorbf. - Allee - Gildenstr.
4 – Sülmertorbf. - Allee N - Neckargartach
5 – Sülmertorbf. - Allee - Gildenstr.
Sontheim

### Auch der Obus muß weichen

Die Umstellung auf reinen „Gummibetrieb“ erfolgte im großen und ganzen recht problemlos. Zwar trauerten nun plötzlich viele Heilbronner Bürger ihrer – zum Schluß nur noch wenig geliebten – Spatzenschaukel nach, doch sie gehörte ein für alle Mal der Vergangenheit an. Diese Trauer rührte vor allen Dingen auch daher, daß nun in den meisten der neuen Omnibusse, welche die Straßenbahn ersetzten, stets eine drangvolle Enge herrschte. Dies führte zwangsläufig zu Unstimmigkeiten und vielen Protesten. Als schließlich im Laufe des Sommers 1955 die aufgrund des WIBERA-Gutachtens zusätzlich bestellten acht Daimler-Benz-Omnibusse des Typs O 321 H (davon drei mit Schaffnersitz am Heckeingang und fünf Einmannwagen mit Mitteleinstieg) eingetroffen waren, gab es Erleichterungen durch den Einsatz von Zwischenwagen bzw. „E-Wagen“ auf den stark frequentierten Strecken.
Im Laufe des Sommers zeigte es sich aber auch, daß die gewählte Linienführung nicht unbedingt den Heilbronner Verkehrserfordernissen entsprach. Daher baten die Stadtwerke Heilbronn, Abt. Verkehrsbetriebe im Oktober 1955 den Heilbronner Gemeinderat, folgenden Linienänderungen zuzustimmen:

- Linie 1 Während der Hauptverkehrszeiten nur noch bis Böckingen, Friedrichstraße
- Linie 2 Nur noch bis Paul-Göbel-Straße, mit Betriebsschluß bereits um 20 Uhr und Betriebsbeginn an Sonntagen erst ab 12 Uhr.
- Linie 4 Verstärkungswagen zu Hauptverkehrszeiten vor den fahrplanmäßigen Wagen.
- Linie 5 wie Linie 4, außerdem wechselseitiger Verkehr mit Linie 15 wie folgt:
  Morgens befährt Linie 15 das Industriegebiet und über Neckarsulmer Straße zurück, während die Linie 5 über die Neckarsulmer Straße nach Neckargartach fährt und zurück über das Industriegebiet. Im abendlichen Hauptverkehr fahren beide Linien in umgekehrter Richtung, da die Linie 15 mit Anhänger verkehrt und dadurch zum bzw. vom Industriegebiet mehr Platz angeboten werden kann.
- Linie 5a Käferflug – Allee wird verlängert über Wilhelmstraße – Südbahnhof zur Gildenstraße.
- Linie 10 Verdichtung auf 10-Minuten-Verkehr.
- Linie 15 siehe Linie 5, außerdem wird morgens auf dem Rückweg nach Flein über Sontheim gefahren und abends von Flein über Sontheim nach Heilbronn.
- Linie 22 Die Obuslinie, die seither die Strecke Haselter – Sonnenbrunnen – Hauptbahnhof – Allee – Sontheim bediente, wird bis zur Allee zurückgenommen. Die Fahrgäste zur Gildenstraße nimmt Linie 5a mit, nach und von Sontheim die Linien 5 bzw. 15.

Durch diese Streckenänderungen und Fahrplanverbesserungen, die zum Winterfahrplan am 14. November 1955 in Kraft traten, konnten zwei Obus-Kurse eingespart werden, wogegen lediglich ein zusätzlicher Omnibus gebraucht wurde. Ständige Verkehrsbeobachtungen und Fahrgastzählungen veranlaßten die Verkehrsbetriebe auch in den Jahren 1956 und 1957 zu Fahrplananpassungen. Dazu beschaffte man 1956 drei und 1957 weitere zwei Büsing-Omnibusse des Typs TU 11 mit 37 Sitz- und 55 Stehplätzen. Diese Fahrzeuge erhielten wieder Schaffnerplätze am hinteren Eingang eingebaut. Dafür konnten dann die 1955 beschafften fünf Daimler-Benz-Einmannwagen des Typs O 321 H nach Minden verkauft werden (man konnte sich seinerzeit in Heilbronn noch nicht für den Einmannbetrieb erwärmen).
Als weitere Einsparung deklarierten die Verkehrsbetriebe die Umstellung der verkürzten Obuslinie 22 zum Haselter zum Winterfahrplan 1957. Ihre Aufgaben übernahm kurz die Kraftomnibuslinie 22, später die Omnibuslinie 5, die nun ab der Allee ihren Weg über den Hauptbahnhof – Karlsruher Straße – Wilhelm-Leuschner-Straße zum Haselter nahm. Dafür wurde die Linie 5a zum Käferflug verstärkt und die Linie 15 fuhr morgens und abends in beiden Richtungen über das Industriegebiet. Für den restlichen Obusbetrieb der Linie 20 benötigten die Verkehrsbetriebe lediglich noch neun Obusse, weshalb die drei neuesten MAN-Wagen Nr. 210-212 des Baujahres 1953 zum Verkauf ausgeschrieben wurden. 1959 erwarb sie die Stadt Landshut in Bayern für ihr Obusnetz und setzte sie dort unter den Nummern 110, 112 und 111 ein.
Im Laufe des Jahres 1959 erhielt die Allee durch bauliche Umgestaltung ein völlig neues Gesicht. Bei der Harmonie entstand eine moderne und verkehrsgerechte Kreuzung, wodurch aber die alte Zentralhaltestelle der Omnibusse beim Stadtgarten entfallen mußte. Stattdessen entstanden bei der Harmonie und vor der Hauptpost vier getrennte Haltestellen. Die grundlegende Änderung der Verkehrsführung machte eine Anpassung des Liniennetzes der Heilbronner Verkehrsbetriebe an die neuen Verhältnisse erforderlich. Da aufgrund einer gesetzlichen Bestimmung der Betrieb von Personenanhängern hinter Obussen

und Omnibussen (sofern dadurch eine Zuglänge von mehr als 18 m entsteht) zum 1. Juli 1960 untersagt wurde, nahmen die Verkehrsbetriebe dies zum Anlaß, gleichzeitig mit dieser Linienanpassung auch den Anhängerbetrieb auf allen Linien einzustellen. Dies bedingte allerdings die Beschaffung von 10 Daimler-Benz-„Großomnibussen" des Typs O 317 mit 37 Sitz- und 88 Stehplätzen (sowie – erstmals in Heilbronn – mit Luftfederung) anstelle der 16 außer Betrieb zu nehmenden Personenanhänger. Die „Neuen" trafen im Herbst 1959 rechtzeitig in Heilbronn ein. Dadurch war es möglich, zusammen mit der öffentlichen Übergabe des neuen Verkehrsbauwerks bei der Harmonie am 6. Dezember 1959 folgendes Liniennetz in Betrieb zu nehmen:

Linie 1 Böckingen – Sonnenbrunnen – Hauptbahnhof – Harmonie – Karlstraße – Trappensee

Linie 2 **Obus** Böckingen – Sonnenbrunnen – Hauptbahnhof – Hauptpost – Wilhelmstraße – Südbahnhof – Sontheim

Linie 3 Neckargartach – Salzstraße (Industriegebiet) – Harmonie – Hauptpost – Südbahnhof – Sontheim

Linie 4 Neckargartach – Austraße (Industriegebiet) – Harmonie – Hauptbahnhof – Karlsruher Straße – Kreuzgrund – Frankenbach

Linie 5 Winzerstraße – Friedhof – Hauptpost – Hauptbahnhof – Karlsruher Straße – Wilhelm-Leuschner-Straße – Haselter

Linie 6 Hohenstaufenstraße – Stuttgarter Brücke – Silcherstraße – Harmonie – Neckarsulmer Straße – Käferflug/Kirschengarten

Linie 7 Flein – Südbahnhof – Hauptpost – Harmonie – Wohlgelegen – Kreuzgrund/Steigsiedlung

*Das traurige Ende hinter und vor dem Depot Neckargartach. Hier zerlegte das Werkstattpersonal im April und Mai 1955 die arbeitslos gewordenen Straßenbahnfahrzeuge*

*Nur die beiden Beiwagen 117 und 162 entgingen zunächst noch dem Schneidbrenner. Sie standen einige Zeit beim Waldheim und beim Gaffenberg. Doch Vandalismus brachte auch ihr Ende bald herbei*

Durch die Zusammenlegung einiger Strecken konnten die Verkehrsbetriebe das Liniennetz straffen, daß man anstelle der bisherigen neun Linien jetzt mit sieben das ganze Netz abdeckte. Dadurch konnte trotz der Fahrplanverdichtung der Wageneinsatz so gestaltet werden, daß man mit einem Bestand von 9 Obussen und 40 Omnibussen (einschließlich 2 Reisebussen) auskam.

Der Betrieb auf der neuen Linie 2 mit den Solo-Obussen (einzeln fahrende Wagen) befriedigte aber insbesondere während der Hauptverkehrszeiten nicht mehr. Diese Fahrzeuge hatten mit ihren 35 Sitz- und 40 Stehplätzen zusammen mit den ebenfalls 75 Personen fassenden Anhängern zwar zum Zeitpunkt ihrer Beschaffung das größte Fassungsvermögen bei den Heilbronner Verkehrsbetrieben. Zwischenzeitlich boten aber die von der Automobilindustrie weiterentwickelten modernen Kraftomnibusse weit mehr Platz wie seinerzeit. Sie waren außerdem wesentlich flexibler und freizügiger einsetzbar, als der an die Oberleitung gebundene Obus. Des weiteren zeigten die in anderen bundesdeutschen und ausländischen Städten gemachten Erfahrungen, daß ein Obusbetrieb erst bei einer Anzahl von 15 Motorwagen wirtschaftlich vertretbar zu führen sei. Aufgrund erneuter Untersuchungen und Berechnungen über die Durchführung des Heilbronner Stadtverkehrs verzichteten die Verkehrsbetriebe wegen der hohen Investitions- und Unterhaltungskosten auf die ursprünglich geplante Obus-Netzerweiterung nach Frankenbach, zum Trappensee sowie nach Neckargartach. Außerdem war bei vielen Gemeinderäten eine Ausdehnung der Obusfahrleitung auf weitere Straßen schon aus „ästhetischen Gründen" unerwünscht. Diese Erkenntnisse veranlaßten die Direktion der Verkehrsbetriebe, Anfang 1960 einen Kostenvergleich zwischen dem Mischbetrieb (Obus-Omnibus) und einem reinen Omnibusbetrieb durchzuführen. Im Ergebnis legte diese Gegenüberstellung klar, daß sich ein reiner Kraftomnibusbetrieb wesentlich kostengünstiger gestalten ließe. Es wurde festgestellt, daß die zur Unterhaltung und Pflege der neun Obusse bereitzuhaltende Werkstattkapazität nicht ausreichend ausgelastet war und die ortsfesten Anlagen nicht wirtschaftlich ausgenutzt werden konnten. Weiter legte der Vergleich offen, daß die Streckenführung der bestehenden Obuslinie 2 nicht dem

*Stolz präsentieren sich die 12 Nachfolger der Spatzenschaukel im März 1955 am Hammelwasen*

hauptsächlichen Verkehrsbedürfnis entsprach, da der weitaus größere Teil der Fahrgäste jeweils in der Stadtmitte umsteigen müsse, um an sein Fahrziel zu gelangen. Die jetzt von verschiedenen Herstellern angebotenen Großraum-Omnibusse böten neben dem wesentlich höheren Fassungsvermögen auch noch die Gelegenheit, das Liniennetz optimaler und mehr den Fahrgastwünschen entsprechend zu gestalten.
Außerdem plante die Stadt Heilbronn, die ungewöhnlich stark angewachsenen Kraftfahrzeugströme in den Kernbereichen von Heilbronn und von Böckingen durch Einführung eines Einbahnstraßensystems in der Wilhelmstraße und Urbanstraße sowie in der Ludwigsburger Straße und der Klingenberger Straße zu kanalisieren und zu entspannen. Um die Obuslinie 2 der geänderten Verkehrsführung angepaßt weiterführen zu können, wären weiträumige Umbauten und teilweise Neuverlegungen des Obus-Fahrleitungsnetzes notwendig.

Die Stadtwerke Heilbronn, Abt. Verkehrsbetriebe legten daher dem Gemeinderat von Heilbronn im Spätsommer 1960 zwei Vorschläge zur Entscheidung vor: Entweder die notwendigen Mittel zum Umbau und zur Neuverlegung der Obus-Fahrleitung zu bewilligen oder die Umstellung des Obus-/Omnibus-Mischbetriebs auf reinen Kraftomnibusbetrieb freizugeben. Aufgrund der vorgenannten Punkte und eingehender Beratung im Technischen Ausschuß entschieden sich die Bürgervertreter nach kurzer Debatte am Donnerstag, 15. September 1960 rasch für die Einführung eines reinen Omnibusbetriebs, obwohl der erst neun Jahre alte Obusbetrieb sich noch in bestem Zustand befand und buchmäßig erst zu einem kleinen Teil abgeschrieben war. Als Umstellungstermin sah der Gemeinderat zunächst den 1. April 1961 vor. Gleichzeitig wurden die Mittel zur

*Von Böckingen her überquert die Obuslinie 20 die Otto-Konz-Brücke und erreicht die Karlsruher Straße*

*Lebhafter Verkehr auf dem umgebauten Hauptbahnhof-Vorplatz im Jahre 1956. Hier waren die Straßenbahnschienen bald verschwunden*

*Ein Obus-Zug der Linie 20 biegt auf seinem Weg nach Böckingen von der Weststraße in die Karlsruher Straße ein*

*Ankunft der Obusse an der Haltestelle Allee. Noch 1955 geben tiefe Kriegswunden den Blick zum Hafenmarktturm frei*

Beschaffung von neuen Daimler-Benz-Großraumomnibussen des Typs O 317 freigegeben, von denen vier Stück als Ersatz für die neun Obusse und die restlichen fünf für die wegen Überalterung außer Betrieb zu nehmenden sieben Büsing-Omnibusse der Baujahre 1947 bis 1949 vorgesehen waren. Seinerzeit wurde auch der Entschluß gefaßt, der günstigeren Ersatzteilvorhaltung und effektiveren Wagenpflege und -unterhaltung wegen, künftig nur noch Omnibusse eines Herstellers zu beschaffen.

Die Leitung der Verkehrsbetriebe erhielt vom Gemeinderat außerdem den Auftrag, die noch gut erhaltenen und völlig intakten Obusse samt der elektrischen Anlage zum Verkauf auszuschreiben.

Bereits zu den Sommerferien schränkten die Heilbronner den „teuren" Obusbetrieb ein. In den großen Ferien, vom 20. Juli bis 10. September 1960 fielen die Verstärkungswagen zwischen Böckingen und Sontheim weg. Ab dem 12. September 1960 fuhren zwar die Verstärkungswagen wieder, doch dafür rollten die elektrisch betriebenen Wagen nur noch von Montag bis Freitag tagsüber. Abends und an den Wochenenden fuhren dafür Dieselbusse auf der Linie 2. Da unerwarteterweise fünf der neu bestellten Großomnibusse des Typs O 317 im Laufe des Spätherbstes 1960 in Heilbronn eintrafen, entschlossen sich die Verkehrsbetriebe, den Einstellungstermin für die Obusse schon auf den 1. Januar 1961 vorzuziehen. Während die „gute alte Straßenbahn" wenigstens offiziell mit einer kleinen Gedenkfeier vom Oberbürgermeister und den Gemeinderäten der Stadt Heilbronn verabschiedet wurde, ging das Obus-Zeitalter fast sang- und klanglos zu Ende. Lediglich einige der treuesten Fahrgäste und Liebhaber dieses Transportmittels begleiteten die Obusse auf ihren letzten Fahrten am Nachmittag des Freitags, dem 30. Dezember 1960. Am Abend wurde die elektrische Anlage für immer abgeschaltet.

*Am 18. Oktober 1961 schwebten 4 Obusse am Kranhaken im Heilbronner Hafen zum Frachtschiff „Valzeina", um die Reise nach Braga in Portugal anzutreten, kritisch beobachtet von portugiesischen Ingenieuren*

*Die ausgebrauchten Straßenbahnschienen lagen noch viele Jahre in der Kreuzung Allee/Kaiserstraße. Erst mit dem Umbau der Kreuzung im Jahre 1959 verschwanden die Relikte vergangener Zeiten*

DRESDNER BANK

## Die Oberleitungs-Omnibusse verlassen Heilbronn

Ab dem 1. Januar 1961 fuhren durch Heilbronn folgende Omnibuslinien:

Linie 1 Böckingen – Sonnenbrunnen – Hauptbahnhof – Harmonie – Trappensee (wie bisher)
Linie 2 (Nur während des Berufsverkehrs: Böckingen – Sonnenbrunnen – Hauptbahnhof – Hauptpost – Gildenstraße – Sontheim)
Linie 3 Neckargartach – Salzstraße (Industriegebiet) – Harmonie – Hauptpost – Gildenstraße – Sontheim (wie bisher)
Linie 4 Neckargartach, Lindenstraße/Römerstraße – Austraße (Industriegebiet) – Harmonie – Hauptbahnhof – Sonnenbrunnen – Böckingen
Linie 5 Hohenstaufenstraße – Stuttgarter Brücke – Silcherstraße – Hauptpost – Hauptbahnhof – Karlsruher Straße – Wilhelm-Leuschner-Straße – Haselter
Linie 6 Winzerstraße – Friedhof – Hauptpost – Harmonie – Neckarsulmer Straße – Kirschengarten/Käferflug (Die östlichen Endstationen der Linien 5 und 6 wurden gegeneinander getauscht)
Linie 7 Flein – Südbahnhof – Hauptpost – Hauptbahnhof – Karlsruher Straße – Kreuzgrund – Frankenbach (der vormals von Linie 4 bediente Linienast nach Frankenbach wurde auf Linie 7 gelegt, damit dort ebenfalls Großomnibusse eingesetzt werden konnten)
Linie 8 Harmonie – Wohlgelegen – Steigsiedlung (während des Berufsverkehrs weiter – Neckargartach, Leinbachstraße) (neue Linie mit dem bisher von Linie 7 befahrenen Teilstück)

Während das Busangebot bzw. das stündliche Platzangebot bei den meisten Heilbronner Strekken während der Tageszeiten jetzt beträchtlich erhöht werden konnte, mußten die Fahrgäste in den Abendstunden – als erste Reaktion der Verkehrsbetriebe auf das „wegen der Fernsehabende zu Hause" geänderten Verkehrsaufkommens – die ersten Ausdünnungen beim abendlichen Spätverkehr hinnehmen: Ab 20 Uhr verkehrten die Omnibusse nur noch alle 20 Minuten.
Durch die Umstellung des Obusses auf Omnibus sowie durch die – teilweise – geänderte Linienführung erreichten die Verkehrsbetriebe einen wesentlichen günstigeren und wirtschaftlicheren Wagenumlauf, so daß trotz der Erhöhung des stündlichen Platzangebots insgesamt 7 Kurse (und dadurch 14 Mann Personal) eingespart werden konnten. Mußten noch im Jahre 1959 mit 259

*Am 30. Oktober 1961 verschifften die Heilbronner Verkehrsbetriebe die restlichen fünf Obusse nach Braga*

Mann Personal insgesamt 59 Fahrzeuge betrieben und gewartet werden, genügten dafür 1961 für die 41 Fahrzeuge 234 Arbeiter und Angestellte. Die Personalverringerung erreichten die Verkehrsbetriebe durch Abgänge in den Ruhestand. Noch während die Verhandlungen über den Verkauf der stillgelegten Obusse liefen, begannen die Verkehrsbetriebe am Dienstag, den 24. Januar 1961 mit der Entfernung der entbehrlichen Oberleitung. Dazu bemerkte die örtliche Presse:

„In dieser Woche begann der letzte Akt der 7 1/2jährigen Vorstellung, die die Oberleitungs-Omnibusse bei den Heilbronner Verkehrsbetrieben gegeben haben. Der Fahrdraht – mit der Umstellung auf reinen Kraftomnibusverkehr am Jahresanfang unnötig gewordenes Requisit – wird abmontiert. Es besteht kein Zweifel, das Verschwinden der Oberleitungen kann sich im Stadtbild nur vorteilhaft auswirken. Der Arbeitstrupp wird allerdings einige Wochen damit beschäftigt sein, bis die Demontage der insgesamt 37 000 m Fahrleitungsdraht abgeschlossen sein wird . . .".

Der Abbau wurde vom betriebseigenen Personal der Verkehrsbetriebe sorgfältig vorgenommen, da das noch wenig abgenutzte Material möglichst weiterverkauft werden sollte.

Mit ihrer Offerte über den Verkauf der gebrauchten Obusse sowie der elektrischen Anlagen hatten die Stadtwerke Heilbronn innerhalb der Bundesrepublik Deutschland wenig Glück, da zu jener Zeit bereits mehrere der damaligen „Obus-Städte" sich ebenfalls von diesem Betriebszweig trennen wollten. Daher mußten die Heilbronner Verkehrsbetriebe ihr Angebot auf das europäische Ausland ausdehnen. Damit hatte man dann sehr schnell Erfolg: Im Sommer 1961 interessierte sich die Stadt Braga in Portugal (mit damals 30 000 Einwohnern, etwa 55 km nördlich der Hafenstadt Porto gelegen) für die Einrichtung eines Obusses, da die dort noch vorhandene, völlig überalterte Straßenbahn dringend saniert werden mußte.

*Obuslinie 20 im Jahre 1956 in der Allee. Das Bankgebäude rechts ist kurz vor seiner Fertigstellung*

*Der fast brandneue Omnibus Nr. 32 fährt 1956 auf Linie 10 ins Wohngebiet Kreuzgrund*

*Der Straßenbahn-Nachfolger (Büsing 4500 T, Typ A5) fährt 1956 über die Kreuzung Karl-/Oststraße*

*1962, als diese Aufnahme bei der Hauptpost entstand, fuhr die Linie 5 zum Haselter*

Anfang Oktober 1961 reisten zwei Ingenieure aus Braga nach Heilbronn, um die Obusse und die übrigen elektrischen Anlagen einer kritischen Prüfung zu unterziehen. Aufgrund der guten Beurteilung durch die beiden Portugiesen waren sich die beiden Städte bald handelseinig und schlossen den Kaufvertrag ab. Ausschlaggebend für den Kauf war nicht zuletzt der Umstand, daß sich der Schiffstransport von Heilbronn nach Portugal sehr günstig auf die Frachtkosten auswirkte.

Am Mittwoch, dem 18. Oktober 1961 war es soweit: Zunächst schleppten die „Nachfolger" vier Obusse vom Depot Neckargartach (wo die seit Januar 1961 außer Betrieb befindlichen Veteranen ihr Schattendasein fristeten) zum Hafenplatz der Firma Rhenus in Heilbronn. Dort wartete am Kai bereits das Motorschiff „Valzeina" der Panalpina-Schiffahrt- und Spedition-GmbH, Basel. Der große Kran der Firma Rhenus sollte die vier Heilbronner „Jung-Oldtimer" in den Schiffsbauch hieven. Dazu schob man zunächst bei einem der Obusse Stahlrohre vor und hinter den Vorder- und Hinterrädern durch, die dann mittels starker Drahtseile am Kranhaken festgemacht waren. Doch als der Kran das erste Mal anzog rutschte eines der Stahlrohre an den Vorderrädern ab, da sich diese drehen konnten. Erst als man rasch eine stabile Befestigung an die Stahlrohre montiert hatte, konnte tags darauf dann die Verladung ohne Schwierigkeiten vonstatten gehen. Die vier Obusse standen bald darauf zu zweien nebeneinander im Schiffsbauch. Zusätzlich verlud man noch mehrere Kilometer Fahrleitungsdraht mit den dazugehörigen Oberleitungsmasten und Befestigungen. Die Valzeina brachte ihre Ladung über den Neckar und den Rhein nach Rotterdam, wo die Fracht gelöscht wurde.

Nach ihrer Rückkehr verlud man am 30. Oktober 1961 die restlichen fünf Obusse sowie die alten Hansa-Lloyd-Oberleitungsmontagekraftwagen, die Ersatzteile und elektrische Ausrüstungsgegenstände auf die Valzeina. Nach Ankunft in Rotterdam kam ihre Fracht zusammen mit den zwischengelagerten Teilen auf ein Seeschiff zum Weitertransport nach Porto. Von dort aus erreichten die Obusse und die elektrischen Anlagenteile auf dem Landwege ihre neue Wirkungsstätte in Braga, wo sie wenige Monate darauf auf den dortigen Linien 5 und 6 wieder in Betrieb gingen.

*In der Kaiserstraße liegen am 22. August 1961 immer noch die Straßenbahngleise, wie der Blick auf den Bus der Linie 1 zeigt*

*Der Bus 21 am Marktplatz in der Adventszeit 1962 hat bereits die neue Lackierung*

*Dagegen hat Omnibus Nr. 8 (Baujahr 1950, Typ A 2) sein ursprüngliches Aussehen*

## In Heilbronn fahren nur noch Omnibusse

Die Umstellung vom gemischten Betrieb Obus/Omnibus auf reinen Omnibusbetrieb vollzog sich problemlos. Die Heilbronner Fahrgäste hatten sich schnell auch an die neuen bzw. geänderten Linien gewöhnt. Es traten sogar gegenüber dem Mischbetrieb deutliche Verbesserungen ein, insbesondere als im Sommer 1961 anstelle der kleinen, abgewirtschafteten Omnibusse aus der Zeit der Währungsreform die restlichen neuen Daimler-Benz-Busse des Typs O 317 den Wagenpark verstärkten und eine spürbare Vergrößerung des Platzangebotes brachten. Im Laufe der kommenden Jahre paßten die Verkehrsbetriebe das Liniennetz immer wieder den neu hinzukommenden Wohnsiedlungen und dem sich daraus ergebenden Bedürfnis der Fahrgäste an. So betrieben die Stadtwerke Heilbronn, Abt. Verkehrsbetriebe ab Juni 1964 mit einem Bestand von 50 modernen Omnibussen folgendes Liniennetz:

Linie 1 (Täglich, tagsüber alle 15 Minuten, abends alle 20 Minuten):
Böckingen, Jäkleinstraße – Friedrichstraße – Sonnenbrunnen – Wilhelm-Leuschner-Straße – Hauptbahnhof – Harmonie – Karlstor – Krankenhaus – Trappensee
Fahrzeit: 23 Minuten

Linie 2 (Nur montags bis freitags 6-18 Uhr):
Sontheim, Raidweg – Ackermann – Gildenstraße – Hauptpost (nur morgens und abends weiter: Hauptbahnhof – Wilhelm-Leuschner-Straße – Sonnenbrunnen – Böckingen, Friedrichstraße)
Fahrzeit: 20 Minuten

Linie 3 (Täglich, wie Linie 1):
Neckargartach, Schlegelgrund – Römerstraße – Salzgrund (Industriegebiet) – Industrieplatz – Gaswerk – Harmonie – Hauptpost – Gildenstraße – Ackermann
a) – Sontheim, Raidweg; Fahrzeit 28 Minuten
b) – Gartenstraße – Horkheim, Schleuse
Fahrzeit: 32 Minuten jeweils jeder zweite Zug (zu Betriebszeiten der Linie 2 fahren alle Züge bis Horkheim)

Linie 4 (Nur montags bis freitags während des Berufsverkehrs alle 15 Minuten:
Neckargartach, Lindenstraße – Römerstraße – Großkraftwerk – Dieselstraße – Industrieplatz – Gaswerk – Harmonie – Hauptbahnhof – Wilhelm-Leuschner-Straße – Sonnenbrunnen – Böckingen, Friedrichstraße – Seestraße, Fahrzeit: 27 Minuten

*Ein Standardbus des Typs O 305 ist 1978 soeben an der umgestalteten, überdachten Haltestelle Hauptbahnhof angekommen*

Linie 5 (Täglich alle 15 Minuten, abends alle 20 Minuten): Hohenstaufenstraße – Stuttgarter Brücke – Mönchseestraße – Hauptpost – Hauptbahnhof – Wilhelm-Leuschner-Straße – Sandhof – Haselter; Fahrzeit: 23 Minuten

*Seit 1978 verkehrt Linie 1 mit den O 305-Bussen im Einmannbetrieb, wie hier in der Karlstraße zu sehen ist*

*Ein Bus O 305 der 3. Lieferung (Typ A 10.3) steht im Frühjahr 1976 an der Haltestelle Allee/Hauptpost*

Linie 6 (Täglich alle 15 Minuten, abends alle 20 Minuten):
Stuttgarter Brücke – Winzerstraße – Gemmingstal – Friedhof – Hauptpost – Harmonie – Sülmertor – Käferflug
a) – Kirschengarten; Fahrzeit: 23 Minuten
b) – Wartbergsteige – Erlenbacher Straße
Fahrzeit: 23 Minuten
Jeweils jeder zweite Zug

Linie 7 (Täglich, während des Berufsverkehrs alle 15 Minuten, sonst alle 30 Minuten, abends alle 40 Minuten):
Flein – Südbahnhof – Hauptpost – Hauptbahnhof – Wilhelm-Leuschner-Straße – Kreuzgrund – Frankenbach
Fahrzeit: 28 Minuten

Linie 8 (Täglich alle 30 Minuten, abends alle 40 Minuten):
Hauptpost – Harmonie – Gaswerk – Wohlgelegen – Steigsiedlung – Neckargartach, Leinbachstraße (während des Berufsverkehrs weiter – Wimpfener Straße – Lindenstraße)
Fahrzeit: 11 Minuten

Linie 8A (Nur montags bis freitags während des Berufsverkehrs alle 15 Minuten):
Sontheim, Quellenstraße – Ackermann – Gildenstraße – Hauptpost – Harmonie – Gaswerk – Industrieplatz – Salzgrund – Großkraftwerk – Lindenstraße
Fahrzeit: 28 Minuten

Dazu kamen noch die zwei „Sommerlinien", die wie bisher nur dem Ausflugsverkehr dienten und von Mitte April bis Mitte Oktober mittwochs (nachmittags 2 Touren) sowie sonn- und feiertags bei schönem Wetter verkehrten:

Linie A (Sonntags alle 30 Minuten):
Harmonie – Finanzamt – Krankenhaus – Trappensee – Jägerhaus
Fahrzeit: 13 Minuten

Linie B (Sonntag nachmittas, alle 30 Minuten):
Harmonie – Paul-Göbel-Brücke – Wolfszipfel – Wartberg; Fahrzeit: 13 Minuten

Allerdings verkehrten diese beiden Linien an Regentagen nicht. Um den Fahrgästen zu signalisieren, daß die Ausflugslinien in Betrieb sind, steckten die Fahrer aller Linienbusse vorn an der Windschutzscheibe ein grünes Schild mit weißer Aufschrift „Heute Ausflugsverkehr".
Während man in vielen bundesdeutschen Städten anfangs der sechziger Jahre dazu überging, den personalintensiven „Schaffnerbetrieb" bei den Straßenbahnen und Omnibussen auf „Einmannbetrieb" umzustellen, hielt man bei den Heilbronner Verkehrsbetrieben noch viele Jahre „aus wirtschaftlichen Überlegungen heraus" an der Bedienung der Fahrgäste durch Schaffner in den Bussen fest. Maßgebend für das Beibehalten dieser Betriebsform war der damalige Direktor der Abteilung Verkehrsbetriebe, Dipl.-Ing. Walther Ellendorff. Auf eine Anfrage des Heilbronner Gemeinderates bezüglich der Einführung eines Einmannbetriebs in Heilbronn vertrat Ellendorff im Frühjahr 1964 die Auffassung, den Schaffnerbetrieb beizubehalten und begründete seine Meinung gegenüber den Bürgervertretern und der Öffentlichkeit folgendermaßen: Auf Empfehlung der Gutachter sei nach der Einstellung der Straßenbahn im April 1955 zunächst versuchsweise auf einigen Linien der Einmannbetrieb durchgeführt worden. Die dabei seinerzeit aufgetretenen Schwierigkeiten hätten erneute Untersu-

dieses Problems initiiert, die das Ergebnis erbrachte hätten, daß eine Einführung des Einmannbetriebs für Heilbronn unter Umständen zur falschen und teuren Entscheidung werde. Der gesamte Linienverkehr Heilbronn mit seinen 93 000 Einwohnern und zwei angrenzenden Gemeinden (Flein und Frankenbach) mit zusammen 10 000 Einwohnern werde von 8 Durchmesserlinien bewältigt, die strahlenförmig die Stadt durchqueren und sich in der Stadtmitte kreuzen. Zur Beförderung der jährlich 14 Million Fahrgäste würden im Normalverkehr 16 schaffnerbesetzte Busse, in den Berufsspitzen 37 Schaffnerwagen benötigt. Bei den schaffnerbedienten Fahrzeugen sei pro einsteigendem Fahrgast ein Zeitbedarf von drei Sekunden anzusetzen, bei Einmannwagen müßten hierfür mindestens 6 bis 8 Sekunden vorgesehen werden. An den wichtigen Haltestellen in der Stadt müsse man von etwa 20 Fahrgästen ausgehen, was bei Schaffnerwagen einen Haltestellenaufenthalt von 1 Minute bedeute, bei Einmannwagen dagegen von über 2 Minuten. Die derzeit günstige Reisezeit von 21,9 km/h würde sich bei Einmannwagen auf 17,5 km/h verringern, wodurch sich die Umlaufzeit aller Linien um 21 % verlängern würde. Die verminderte Umlaufgeschwindigkeit bedingt einen größeren Fahrzeugbedarf mit mehr Fahrern (mit dem gegenüber Schaffnern um 10 % höheren Löhnen, zuzüglich 12 % Einmannzulage). Der vermehrte Wagenbedarf hat außerdem höhere Investitionskosten (Fahrzeuge, Wagenhallen) und weiteres Werkstattpersonal zur Folge. Zur Untermauerung seiner Feststellungen legte Direktor Ellendorff dem Gemeinderat folgende Berechnungen und Gegenüberstellungen vor:

| Gegenüberstellung | | Schaffnerbetrieb | Einmannbetrieb |
|---|---|---|---|
| Normalverkehr<br>Berufsverkehr<br>Reserve (1/6 des Bedarfs) | | 16 Busse<br>37 Busse<br>6 Busse | 21 Busse<br>50 Busse<br>10 Busse |
| Erforderlicher Wagenbestand | | 43 Busse | 60 Busse |
| Einsparung beim Schaffnerbetrieb | | 17 Busse (24,3 %) | |
| Erforderliches Personal: | Fahrer | 72 Mann | 107 Mann |
| | Schaffner | 72 Mann | – |
| | Werkstatt- und Hallepersonal | 43 Mann (1 Mann pro Bus) | 56 Mann (0,8 Mann pro Bus) |
| Erforderliches Betriebspersonal | | 187 Mann | 163 Mann |
| Einsparung beim Einmannbetrieb | | 24 Mann (13 %) | |

1963 gefahrene Wagenkilometer im Schaffnerbetrieb: 2,26 Mio. km
Hierfür wären im Einmannbetrieb erforderlich: 2,50 Mio. km

Aus diesen Zusammenstellungen ergeben sich folgende Berechnungen:

| | | | |
|---|---|---|---|
| | Erhöhung der Betriebskosten | 410.000,– DM | |
| + | Mehraufwand für zusätzliche Fahrer | 27.000,– DM | |
| + | Stellenzulage für diese Fahrer | 93.000,– DM | |
| ./. | Eingesparte Schaffnerkosten (24 Mann) | 370.000,– DM | |
| – | Mehraufwand bei Einmannbetrieb | 160.000,– DM | 160.000,– DM |
| – | Minderung der Einnahmen (vermehrt Sichtkarten, weniger Einzelfahrscheine) | | 94.000,– DM |
| – | Jährliche Kapitaldienstbelastung (finanzielle Belastungen durch Fremdkapital zur Beschaffung zusätzlicher Omnibusse und Abstellräume/-hallen | | ca. 250.000,– DM |
| | Minderung des jährlichen Betriebsergebnisses | | ca. 494.000,– DM |

Diese stattliche Summe überzeugte den Heilbronner Gemeinderat von der Beibehaltung des Schaffnerbetriebs auf allen Omnibuslinien.

Am 1. Januar 1970 schloß sich die Nachbargemeinde Klingenberg an die Stadt Heilbronn an. Im Eingemeindungsvertrag konnten die Gemeindevertreter Klingenbergs die Klausel festschreiben lassen, daß ihre Gemeinde an das Omnibusnetz der Verkehrsbetriebe Heilbronn angebunden wird. Darum gab es zu diesem Termin folgenden neuen Linienplan für die Heilbronner Omnibusse:

Linie 1 (Täglich alle 15 Minuten; abends alle 30 Minuten):
Klingenberg – Böckingen – Sonnenbrunnen – Hauptbahnhof – Harmonie – Karlstor – Jägerhausallee – Trappensee
Fahrzeit: 34 Minuten

Linie 2 (Nur montags bis freitags 6-8 Uhr, 11.30 bis 19 Uhr alle 15 Minuten):
Sontheim, Raidweg – Ackermann – Gildenstraße – Hauptpost (– nur während des Berufsverkehrs weiter – Hauptbahnhof – Sonnenbrunnen – Böckingen, Jäkleinstraße)
Fahrzeit: 22 Minuten

Linie 3 (Täglich alle 15 [30] Minuten):
Neckargartach, Schlegelgrund – Römerstraße – Salzgrund – Industrieplatz – Gaswerk – Harmonie – Hauptpost – Gildenstraße – Sontheim, Ackermann – Horkheim
Fahrzeit: 32 Minuten

Linie 4 (Nur montags bis freitags im Berufsverkehr alle 15 Minuten):
Neckargartach, Lindenstraße – Römerstraße – Großkraftwerke – Dieselstraße – Industrieplatz – Gaswerk – Harmonie – Hauptbahnhof – Sonnenbrunnen – Böckingen, Friedrichstraße
Fahrzeit: 27 Minuten

Linie 5 (Täglich alle 15 [30] Minuten):
Hohenstaufenstraße – Stuttgarter Brücke – Mönchseestraße – Hauptpost – Harmonie – Europaplatz – Peter-Bruckmann-Brücke – Gesundbrunnen
Fahrzeit: 25 Minuten

Linie 6 (Täglich alle 15 [30] Minuten):
Stuttgarter Brücke – Winzerstraße – Gemmingstal – Friedhof – Hauptpost – Harmonie – Sülmertor – Käferflug –
a) Kirschengarten
b) Wartbergsteige – Schickhardtstraße jeweils jeder zweite Zug
Fahrzeit: 22 Minuten

Linie 7 (Täglich, zu den Berufszeiten alle 7 1/2, sonst alle 15 [30] Minuten):
Jeweils jeder zweite Zug
a) Horkheim –
b) Sontheim, Raidweg –
Ackermann – Gildenstraße – Hauptpost – Hauptbahnhof – Wilhelm-Leuschner-Straße – Kreuzgrund – Frankenbach
Fahrzeit: 30 Minuten

Linie 8 (Täglich alle 15 [30] Minuten):
Haselter – Sandhof – Wilhelm-Leuschner-Straße – Hauptbahnhof – Harmonie – Gaswerk – Wohlgelegen – Steigsiedlung – Neckargartach – Sachsenäcker
Fahrzeit: 29 Minuten

Linie 9 (Täglich alle 15 [30] Minuten):
Flein – Südbahnhof – Hauptpost – Harmonie – Gaswerk – Industrieplatz – Dieselstraße – Großkraftwerk – Neckargartach
Fahrzeit: 27 Minuten

Dazu kamen während der Zeit von Mitte April bis Mitte Oktober an Mittwochen sowie an schönen Sonn- und Feiertagen die bekannten und beliebten Ausflugslinien A (Harmonie – Jägerhaus) und B (Harmonie – Wartberg) hinzu. Zur Durchführung des Betriebs dieser neun Linien verfügen die Stadtwerke Heilbronn, Abt. Verkehrsbetriebe über insgesamt 56 Omnibusse, von denen während der Hauptverkehrszeiten morgens zwischen 6 und 8 Uhr und abends zwischen 16 und 18.30 Uhr, 45 Stück eingesetzt werden mußten und tagsüber 33.

*Seite 145, linke Spalte: Zum neuen Betriebshof weist in der Kanalstraße dieses Verkehrsschild mit dem Firmenemblem. – Eine Reise mit der Linie 1 führt auf den Hinweg nach Böckingen durch die Ludwigsburger Straße. – Mit der Eingemeindung erhielt Klingenberg 1970 den Anschluß an das Heilbronner Busnetz*

*Mittlere Spalte: Die Buslinie 1 führt in Klingenberg durch die Theodor-Heuss-Straße. – Das Neubaugebiet beim Siebenmorgenweg wird ebenfalls von den Verkehrsbetrieben erschlossen. – An der Endstation der Linie 1 in Klingenberg können die Fahrer Pause machen*

*Rechte Spalte: Ab der Jäkleinstraße in Böckingen wird Linie 1 zu den Hauptverkehrszeiten von den Buslinien 5 und 6 verstärkt. – In Böckingen führt die Rückfahrt zur Innenstadt nach Heilbronn durch die Klingenberger Straße. – Hier fuhr bis 1951 die Straßenbahn, danach bis 1960 der Obus und seitdem die Busse der Verkehrsbetriebe*

Stadtwerke Heilbronn
Verkehrsbetriebe

Seit dem 10. Dezember 1949 wird Flein von den Bussen der Heilbronner Verkehrsbetriebe angefahren.

Zuerst war es die Linie 15, danach kam ab 1961 der Siebener, doch seit 1970 gehört Linie 9 zum Fleiner Ortsbild

Auf ihrem Weg zum Gemmingstal hatte Linie 11 im Sommer 1977 Pech auf der Kreuzung Wollhaus-/Oststr.

## Die Umstellung auf den Einmannbetrieb

Über viele Jahre hinweg waren die „Ellendorffschen Aussagen" von 1964 für die Durchführung des Heilbronner Stadtverkehrs maßgebend. Alle bis 1970 beschafften Omnibusse erhielten deshalb bei den Einstiegen an den hinteren Plattformen doppelte Klapptüren, einen großen Auffangraum und einen Schaffnersitzplatz für die Abfertigung der Fahrgäste. Ausgestiegen werden mußte immer entweder durch die mittlere Doppeltür oder durch die einfache Klapptür beim Fahrer vorne. Diktiert von einer permanenten Personalnot mußten aber auch die Stadtwerke Heilbronn schließlich das bisher streng verfolgte Schaffnerprinzip bei der Abfertigung der Fahrgäste verlassen und mit der stufenweisen Einführung des Einmannbetriebes beginnen. Allerdings beschränkte sich diese neue Betriebsart zunächst auf die Linie 8 (Allee – Sachsenäcker), auf der ab dem 10. Oktober 1965 versuchsweise der Einmannbetrieb eingeführt wurde. Zuvor erhielten die Fahrer, die sich für diese Aufgabe freiwillig meldeten, eine spezielle Ausbildung. Für seine Mehrbelastung (Fahren und Fahrscheinverkauf bzw. -kontrolle) erhielt das Personal den gesetzlich geregelten Einmannzuschlag ausbezahlt.

Ab Januar 1968 gab es diese neue Betriebsform auch auf den weniger frequentierten Linien 5 und 6. Dort bedienten jetzt an Sonntagen ganztägig sowie an Werktagen zwischen 10 und 15 Uhr sowie ab 20 Uhr abends die Wagenführer die Fahrgäste während der Haltestellenaufenthalte: Sie kontrollierten die Zeitkarten bzw. verkauften Einzelfahrscheine und Mehrfahrtenkarten. Dabei stellte sich rasch heraus, daß die seit 1959 in Heilbronn eingesetzten Daimler-Benz-Großomnibusse des Typs O 317 für diese Betriebsweise wenig geeignet waren. In den Wagen waren keine Entwerter für Mehrfahrkarten vorhanden und sie hatten außerdem beim vorderen Einstieg nur eine einfache Falttür. Alle zusteigenden Fahrgäste mußten durch diese Tür und sich beim Fahrer vorbeiquälen, sowohl die Barzahler wie auch die Inhaber von Mehrfahrtenkarten und Abonnements. Dadurch gab es sofort längere Haltestellenaufenthalte. Trotz aller Schwierigkeiten wurde aber auf den Linien 5 und 8 ab 1. Januar 1970 ganztägig der Einmannbetrieb eingeführt und auf Linie 6 der zeitweise schaffnerlose Verkehr beibehalten.

Die bei den O 317 für den Einmannverkehr erkannten Mängel führten zu dem Entschluß, auch in Heilbronn die sogenannten „VÖV-Standard-Linienbusse" einzuführen (ein vom Verband öffentlicher Verkehrsunternehmen – VÖV – entwickeltes Fahrzeug). Mit den fünf Daimler-Benz-Omnibussen des Typs O 305 trafen im Frühjahr 1971 die ersten VÖV-Fahrzeuge in Heilbronn ein. Sie wurden sofort auf der Linie 8 (Haselter – Hauptbahnhof – Harmonie – Wohlgelegen –

*Stadtauswärts fahren die Busse in Richtung Flein, Sontheim und Horkheim durch die Wilhelmstraße*

Neckargartach) eingesetzt. Gleichzeitig gab es nun auch Linie 6 ganztägig. Mit diesen Fahrzeugen, die sowohl beim vorderen Einstieg als auch beim Ausstieg in der Fahrzeugmitte doppelte Innenschwenktüren hatten, erzielten die Verkehrsbetriebe weitaus günstigere Ergebnisse, als bei den O 317. Die Haltestellenaufenthalte verringerten sich wieder spürbar. In den folgenden Jahren rüstete die Stadt Heilbronn auch die Linien 5 und 6 mit neuen Omnibussen des Typs O 305 aus, danach die Linie 9 und schließlich auch die Hauptverkehrslinie 4.

Zwischen den Jahren 1970 und 1972 erlebten die Heilbronner Verkehrsbetriebe einen erfreulichen Aufschwung, fast 20% mehr Fahrgäste bestiegen die blauen Busse. Diese Entwicklung bedingte eine Umstellung des bisherigen Streckennetzes und die Einführung neuer Linien. Gleichzeitig verdichteten die Heilbronner Stadtwerke auf einzelnen Linien mit hohen Fahrgast-

*Einst rollte hier die Straßenbahnlinie N (bzw. 4), heute wird die Frankenbacher Straße vom Bus der Linie 3 bedient*

zahlen die Wagenfolge, andererseits paßte man aber auch bei einzelnen Linien die Intervalle dem jeweiligen Verkehrsbedürfnis an. Im neuen Fahrplan vom 6. Januar 1973 richtete sich die Busfolge bei einer durchschnittlichen Wagenbelegung von 50 Personen im Omnibus des Typs O 305 nach folgenden Werten:

Stündlich bis zu 100 Fahrgästen in beiden Richtungen 60 Min. Wagenfolge

Stündlich bis zu 150 Fahrgästen in beiden Richtungen 40 Min. Wagenfolge

Stündlich bis zu 200 Fahrgästen in beiden Richtungen 30 Min. Wagenfolge

Stündlich bis zu 300 Fahrgästen in beiden Richtungen 20 Min. Wagenfolge

Stündlich bis zu 600 Fahrgästen in beiden Richtungen 10 Min. Wagenfolge

Stündlich bis 1200 Fahrgäste in beiden Richtungen 5 Min. Wagenfolge.

Folgende Linien verkehrten jetzt in Heilbronn:

*Die Straßenbahn ist durch Bus ersetzt, der reizvolle Ortskern Neckargartachs blieb aber erhalten*

Linie 1 Klingenberg – Böckingen – Hauptbahnhof – Harmonie – Karlstor – Krankenhaus –
a) Trappensee
b) Rampachertal
jeweils jeder zweite Zug
Alle 20 Minuten (HVZ alle 10 Minuten)

Linie 2 Böckingen – Hauptbahnhof – Hauptpost – Gildenstraße – Sontheim, Quellenstraße
nur während der HVZ alle 10 Minuten

Linie 3 (Frankenbach-) Neckargartach – Industriegebiet (Salzstraße) – Harmonie – Hauptpost – Gildenstraße – Sontheim – Horkheim
Alle 20 Minuten (Frankenbach alle 60 Minuten)

Linie 4 Böckingen, Jäkleinstraße – Hauptbahnhof – Harmonie – Industriegebiet (Austraße) – Neckargartach, Lindenstraße
Nur während der Hauptverkehrszeiten alle 20 Minuten

Linie 5 Klingenberg – Böckingen – Hauptbahnhof – Harmonie – Industriegebiet (Austraße) –

Neckargartach, Lindenstraße (Während der Berufszeiten bis Schlegelgrund)
Alle 20 (10) Minuten

Linie 6 Neckargartach, Lindenstraße – Industriegebiet (Salzstraße) – Harmonie – Hauptpost – Gildenstraße – Sontheim, Raidweg
Nur während der HVZ alle 20 Minuten

Linie 7 a) Frankenbach, Nordstraße –
b) Frankenbach, Maihalde –
jeweils jeder zweite Zug
Schanz, Nord – Hauptbahnhof – Hauptpost – Gildenstraße – Sontheim, Raidweg (abends ab 20 Uhr jeder zweite Zug bis Horkheim)
Alle 20 (10) Minuten

Linie 9 Schanz, Süd – Kreuzgrund – Wohlgelegen – Harmonie – Hauptpost – Südbahnhof – Flein
Alle 20 (10) Minuten

Linie 10 Gesundbrunnen – Wilhelm-Leuschner-Straße – Hauptbahnhof – Hauptpost – Mönchseestraße – Hohenstaufenstraße
Alle 20 Minuten

Linie 11 Schickardtstraße – Käferflug – Harmonie – Hauptpost – Friedhof – Gemmingstal
Alle 20 (15) Minuten

Linie 12 Haselter – Wilhelm-Leuschner-Straße – Hauptbahnhof – Harmonie – Wohlgelegen – Neckargartach, Sachsenäcker
Alle 20 Minuten

Dazu kamen noch die beiden bekannten, zwischen April und Oktober an Mittwochnachmittagen und Sonn- und Feiertagen verkehrenden Sommerlinien

A Harmonie – Krankenhaus – Trappensee – Jägerhaus
B Harmonie – Wolfszipfel – Wartberg

Während man die Linien 10, 11 und 12 ganztägig im Einmannbetrieb antraf, rollten die Linien 1 und 9 nur werktags zwischen 9 und 15 Uhr und abends ab 20 Uhr sowie an Samstagen und Sonn- und Feiertagen ohne Schaffner. Bei den anderen Linien waren die Busse nach wie vor mit Wagenführer und Schaffner unterwegs. Doch ab 25. November 1973 begann auch auf der Linie 2 zeitweise der Einmannbetrieb. Im Laufe des Jahres 1974 folgte dann die Einführung des ganztägigen Einmannbetriebs auf den Linien 5 und 9, bald darauf auch auf den Linien 4 und 6. Schließlich traf man in den Heilbronner Omnibussen ab dem 25. November 1975 nur noch auf den Linien 1, 2, 3 und 7 während der Berufszeiten (Linien 1 und 2) bzw. zwischen 6 Uhr und 19 Uhr (Linien 3 und 7) einen Schaffner an. Zum gleichen Termin konnte bei den auf allen anderen Linien eingesetzten Omnibussen neue Fahrscheinentwerter in

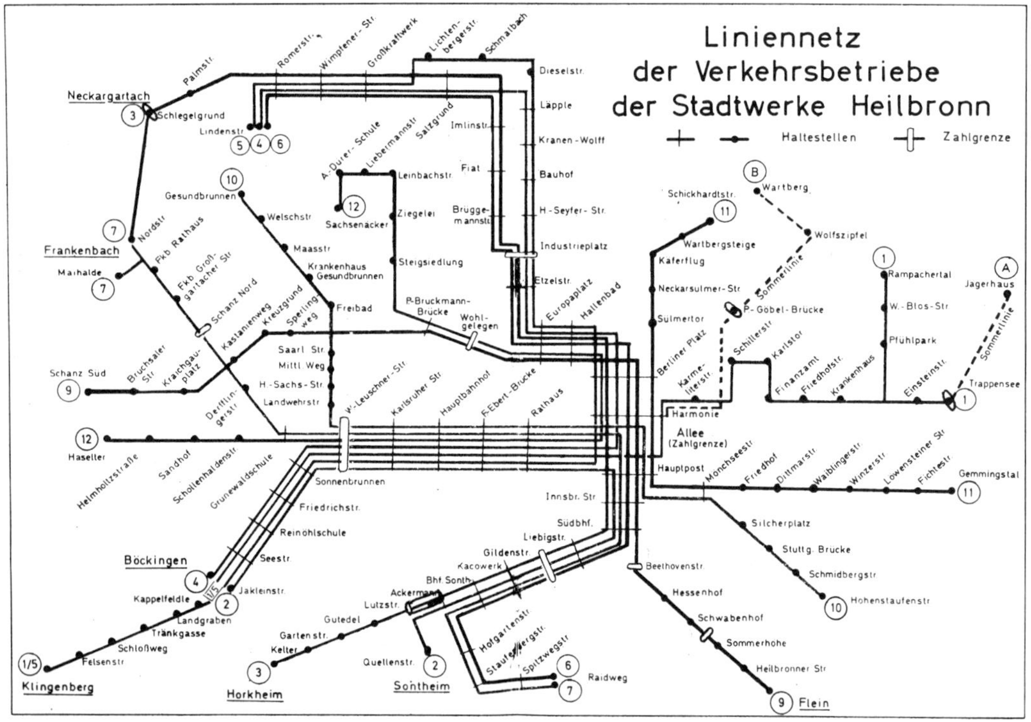


■ *Ausdehnung der Heilbronner Verkehrsbetriebe im Jahre 1973*

Betrieb genommen werden, mit denen die Fahrgäste ihre Einzelfahrscheine oder ihre Mehrfahrtenkarten selbst abstempeln mußten.

Die ältesten auf den drei Hauptlinien eingesetzten Schaffnerbusse des Typs O 317 hatten mittlerweile so viele Dienstjahre auf dem Buckel, daß sie spätestens im Jahre 1975 ersetzt werden mußten. Der Omnibushersteller Daimler-Benz hatte jedoch bereits drei Jahre zuvor die Produktion des Linienbustyps O 317 zugunsten der Herstellung der VÖV-Standard-Einmannbusse aufgegeben. Die Verkehrsbetriebe Heilbronn, die immer noch – in Teilbereichen – am Schaffnerprinzip bei ihren Hauptlinien festhielten, waren daher gezwungen, als Ersatz für die abgewirtschafteten O 317 Sonderanfertigungen zu beziehen. Die Stadt Heilbronn bestellte darum bei einer österreichischen Firma in Wien vier „O 317-Fahrgestelle", die diese Firma in Lizenz für Daimler-Benz herstellte. Auf diese baute die Karosseriefabrik Vetter in Fellbach dreitürige Stadtlinienbusse auf, die am Heck wieder eine große Auffangplattform und einen Schaffnersitz erhielten. Diese Spezialanfertigungen mit 32 Sitz- und 73 Stehplätzen, die sich schon äußerlich von den übrigen Heilbronner Linienbussen unterschieden, erhielten vom Personal den Spitznamen „EBG-Busse – **E**llendorff-**B**echtle-**G**edächtnisbusse –", da sie der damalige Verkehrsbetriebsleiter Bechtle aufgrund des Ellendorff'schen Schaffnerbetriebs-Konzepts bauen ließ. Lange verkehrten jedoch diese Sonderanfertigungen nicht mit einem Schaffner, denn schon nach wenigen Monaten Einsatz baute man sie im Herbst 1976 (zusammen mit den zuletzt gelieferten Original – O 317 – Bussen) zu Einmannwagen um. Dazu schweißte man in der eigenen Werkstatt die Doppeltüren am Wagenheck zu, hob die Auffangplattform auf die normale Wagenfußbodenhöhe an, baute den Schaffnerplatz aus und dafür neun zusätzliche Sitzplätze ein. Danach konnten die „EBG-Busse" 105 Personen auf 41 Sitz- und 64 Stehplätzen befördern.

*Am 1. Januar 1979 konnten die 1972 bzw. 1974 eingemeindeten Stadtteile Kirchhausen und Biberach endlich von den Bussen der Städt. Verkehrsbetriebe angefahren werden.*

*Am Rathaus starten die ersten Wagen mit den Ehrengästen. – Ortsvorsteher Fenzel begrüßt Oberbürgermeister Dr. Hoffmann als ersten Fahrgast in Biberach.*

*Bald darauf ist die Endstation Kirchhausen erreicht. – Dort gibt der bisherige Linienbusunternehmer seinem Unmut beredten Ausdruck: Er fährt die seitherige Postbuslinie mit dem Sarg auf den Hänger zu Grabe.*

*Frankenbach hat seit 1950 Anschluß an das Heilbronner Busnetz. Im Herbst 1985 verstärkt die Bundesbahn die Linie 7*

*Linie 3 in der Würzburger Straße auf dem Weg von Neckargartach zur Maihalde in Frankenbach*

*Treffpunkt der Linien 3, 5 und 7 an der Endstation Maihalde im November 1985*

Die Stadt Heilbronn vergrößerte nach dem Zweiten Weltkrieg ihre Fläche und Einwohnerzahl beträchtlich. Zählte man 1950 noch 73 299 Einwohner, wuchs die Bevölkerung bis zum Jahre 1961 um über 30% auf 99 257 Personen an. Heilbronn reihte sich in den Kreis der deutschen Großstädte ein. Nach der Eingemeindung Klingenbergs am 1. Januar 1970 zählte die Stadt 113 725 Bürger und diese Zahl konnte, trotz des beginnenden Rückgangs der Einwohnerzahlen, durch weitere Gemeindezusammenschlüsse (Kirchhausen am 1. Januar 1972 und Biberach, Frankenbach und Horkheim am 1. Januar 1974) nochmals erhöht werden. Doch durch den Geburtenrückgang und den Wegzug vieler Familien in die umliegenden Gemeinden sank die Zahl der Einwohner Heilbronns auf heute etwa 110 000.

Konnten die Verkehrsbetriebe zu Beginn der siebziger Jahre eine stetige Zunahme der Fahrgastzahlen melden, stagnierten Mitte des Jahrzehnts die Beförderungsfälle. Danach mußte man auch in Heilbronn – wie fast überall in der Bundesrepublik – wegen des immens angewachsenen Individualverkehrs bei den städtischen Omnibuslinien einen deutlich spürbaren Rückgang der Beförderungszahlen hinnehmen. Das konnte nicht ohne Auswirkung auf die Linienstruktur bleiben. So verschwand nach den Sommerferien 1977 sang- und klanglos die Berufsverkehrslinie 4 (Böckingen – Harmonie – Neckargartach), ihr folgte bald die Hauptverkehrslinie 6 (Neckargartach – Harmonie – Hauptpost – Sontheim) nach. Die Aufgaben dieser beiden Linien konnte nun mühelos von den anderen Linien aufgefangen werden, insbesondere als die Linien 5, 7, 9 und 11 auf einem Teil ihres Streckenverlaufs während der Berufszeiten mit einigen Kursen der Linien 5E, 7E, 9E und 11E („E" = Einsatzlinie) verstärkt wurden. Schließlich wurde ab dem 4. Juni 1978 die bisherige Tageslinie 2 (die als letzte Heilbronner Omnibuslinie zeitweise noch mit Schaffnern besetzt war) nur noch auf einigen wenigen Kursen an Werktagen morgens und abends benötigt, weshalb sie zur Linie „2E" herabgestuft wurde. Seit diesem Tag verkehren außerdem alle Omnibusse der Heilbronner Verkehrsbetriebe im „reinen Einmannverkehr". Am 3. Juni 1978 endete der Dienst der letzten Schaffner auf den Omnibussen in Heilbronn.

Im Gegensatz zum Stadtteil Klingenberg, der mit dem Tag seiner Eingemeindung nach Heilbronn sofort die Anbindung an das Heilbronner Omnibusnetz erhielt, mußten die Stadtteile Kirchhausen und Biberach nach ihrem Anschluß an die Stadt Heilbronn am 1. Januar 1972 bzw. 1. Januar 1974 noch 7 bzw. 5 Jahre auf eine Verbindung mit dem stadteigenen Omnibusnetz warten. Erst zum 31. Dezember 1978 liefen die Konzessionsverträge mit der Deutschen Bundespost (die seither die beiden Orte bediente) aus, weshalb auch erst am 1. Januar 1979 die blauen Heilbronner Busse anstelle der gelben Postwagen dorthinfahren durften.

Die Ausdehnung des Liniennetzes auf Biberach und Kirchhausen bedingte eine Verlängerung der seitherigen Omnibuslinien 3 und 7, die zu großen Ringlinien mit folgendem Verlauf umgeformt wurden:

Linie 3 (Nur in dieser Richtung):
(Biberach –) Kirchhausen – Frankenbach – Neckargartach – Industriegebiet (FIAT) – Harmonie – Hauptpost – Gildenstraße – Sontheim, Ackermann – Horkheim (ab dort weiter zur Rückfahrt als Linie 4)

Linie 4 (Nur in dieser Richtung):
Horkheim – Sontheim – Hauptpost – Harmonie – Industriegebiet (FIAT) – Neckargartach – Frankenbach – Kirchhausen (– Biberach) (dort weiter als Linie 7)

Linie 7 (Nur in dieser Richtung):
(Kirchhausen–) Biberach – Neckarau – Neckargartach – Frankenbach – Hauptbahnhof – Hauptpost – Rosenberg – Sontheim, Ackermann – Sontheim-Ost (ab dort weiter zur Rückfahrt als Linie 8)

Linie 8 (Nur in dieser Richtung):
Sontheim-Ost – Ackermann – Rosenberg – Hauptpost – Hauptbahnhof – Frankenbach – Neckargartach – Neckarau – Biberach (– Kirchhausen) (dort weiter als Linie 3)

Die anderen Linien (1, 2E, 5, 9 bis 12) blieben unverändert. Die nochmalige Ausweitung des Omnibusnetzes brachte zwangsläufig auch eine Erhöhung des Fahrzeugbestandes mit sich. Die Zahl der Busse steigerte sich im Laufe der Zeit von 52 Stück im Jahre 1969 auf 70 Einheiten ab 1974. Dazu kamen bereits seit einigen Jahren werktäglich noch mindestens drei Fremdbusse, die zur Bedienung einiger Kurse der Stadtwerke Heilbronn von der Deutschen Bundespost bzw. der Deutschen Bundesbahn angemietet wurden (und heute noch benötigt werden).

Der Mitte der siebziger Jahre einsetzende Abwärtstrend der Fahrgastzahlen hielt sich glücklicherweise in Grenzen. Durch die relativ günstigen Tarife und Fahrintervalle – vor allem tagsüber und während der Berufszeiten – konnten neue Fahrgäste für die blauen Heilbronner Omnibusse hinzugewonnen werden, die wegen der wachsenden Autoschlangen und dem damit verbundenen Streß lieber den fahrbaren Untersatz zu Hause oder am Stadtrand stehen lassen und stattdessen mit den öffentlichen Verkehrsmitteln zur Arbeit oder zum Einkauf ins Zentrum der Unterländer Metropole kommen bzw. wieder zurück nach Hause fahren.

Ständige Verkehrsbeobachtungen zeigten den Verantwortlichen der Verkehrsbetriebe Anfang der achtziger Jahre, daß das seit mehreren Jahren bestehende Liniennetz zwar für den normalen Tagesverkehr und für die Belange des Berufsverkehrs als ausgewogen bezeichnet werden konnte, daß aber der Heilbronner Nahverkehr in den Abendstunden sowie an Samstagen und Sonntagen nach anderen Gesichtspunkten zu führen war. Gegründet auf diesen Ergebnissen entwickelten die Verkehrsbetriebe ein spezielles Linien-

*Die städtischen Omnibusse fahren seit dem 1. Januar 1975 zum Rosenberg*

*Heute fahren fast nur die Daimler-Benz-Busse vom Typ O 305, wie hier 1985 in der Besigheimer Straße*

*Horkheim, seit 1972 nach Heilbronn eingemeindet, hat schon seit 1964 Anschluß zum städtischen Verkehrsnetz*

*Biberach und Kirchhausen mußten nach der Eingemeindung nach Heilbronn noch 5 bzw. 7 Jahre auf den Stadtbus warten. Zuerst bedienten dann die Ringlinien 3/4 und 7/8 diese Stadtteile, heute kommt der Vierer nach Biberach (links und rechts oben) und zum Schloß nach Kirchhausen fahren die Linien 4A und 7A (rechts unten)*

konzept, das einerseits den Fahrgastwünschen weitgehend entgegenkommt, das andererseits jedoch auch den betriebswirtschaftlichen Zwängen und Erfordernissen Rechnung trägt. Seit dem 28. August 1983 bedienen sie darum dieses neue Liniennetz:

| | |
|---|---|
| Linie 1 | Klingenberg – Böckingen – Hauptbahnhof – Harmonie – Karlstor – Krankenhaus – Jeweils jeder zweite Zug<br>a) Trappensee<br>b) Rampachertal<br>Betriebszeit: Täglich, tagsüber alle 15 Minuten, abends alle 30 Minuten |
| Linie 3/4/4A | (Linie 3) Frankenbach, Maihalde – Schlegelgrund – (alle 15/30 Minuten)<br>(Linie 4) Biberach, Maustal – Milchdorf – (alle 30 Minuten)<br>(Linie 4A) Kirchhausen, Schloßplatz – Biberach –<br>(alle 120 Minuten)<br>Neckargartach, Wimpfener Straße – Industriegebiet (FIAT) – Industrieplatz – Harmonie – Hauptpost – Gildenstraße – Sontheim – Horkheim<br>Betriebszeit: montags bis samstags von Betriebsbeginn bis 19 Uhr (samstags bis 14 Uhr), sonntags von 12 bis 19 Uhr |
| Linie 5/6 | (Linie 5) Frankenbach, Maihalde – Schlegelgrund – (nur während der HVZ* alle 30 Min., sonst ab Harmonie alle 30 Min.)<br>(Linie 6) Klinik Gesundbrunnen – (alle 30 Min.)<br>Neckargartach, Wimpfener Straße – Industriegebiet (Läpple) – Industrieplatz – Harmonie – Hauptbahnhof – Böckingen, Jäkleinstraße<br>Betriebszeit: montags bis freitags von Betriebsbeginn bis 18 Uhr<br>* HVZ = Hauptverkehrs- bzw. Berufsverkehrszeiten |
| Linie 5E | Ringlinie, nur in dieser Richtung:<br>Neckargartach, Schlegelgrund – Frankenbach, Maihalde – Schanz Nord – Hauptbahnhof – Harmonie – Industrieplatz – Industriegebiet (Läpple) – Neckargartach, Wimpfener Straße – Schlegelgrund (alle 15 Minuten)<br>Betriebszeit: Montag bis Freitag morgens zur HVZ (nicht während der Schulferien) |
| Linie 7/7A | (Linie 7A) Kirchhausen, Schloßplatz – Konradsberg – (alle 30 Min.) dann weiter als Linie 7: Frankenbach, Maihalde – Schanz Nord – Hauptbahnhof – Hauptpost – Rosenberg – Sontheim, Ackermann – Sontheim-Ost (alle 15 |

Minuten) (abends ab 19 Uhr jeder zweite Zug ab Schlegelgrund – Frankenbach, Maihalde bis Sontheim, Ackermann – Horkheim)

Linie 7E Ringlinie, nur in dieser Richtung: Frankenbach, Maihalde – Schlegelgrund – Neckargartach, Wimpfener Straße – Industriegebiet (Läpple) – Industrieplatz – Harmonie – Hauptpost – Hauptbahnhof – Schanz Nord – Frankenbach, Maihalde (alle 15 Minuten)
Betriebszeit: Montag bis Freitag nachmittags 15.30 bis 18.30 Uhr

Linie 9 Schanz Süd – Kreuzgrund – Wohlgelegen – Harmonie – Hauptpost – Südbahnhof – Robert-Bosch-Straße – Flein (alle 15 Minuten)
Betriebszeit: Montag bis Samstag von Betriebsbeginn bis 19 Uhr (samstags bis 14 Uhr), sonntags von 12 bis 19 Uhr

Linie 9E Harmonie – Hauptpost – Südbahnhof – Robert-Bosch-Straße – Flein (alle 15 Minuten)
Betriebszeit: montags bis freitags von 7 bis 18 Uhr

Linie 10 Gesundbrunnen – Klinik Gesundbrunnen – Hauptbahnhof – Hauptpost – Stuttgarter Brücke – Hohenstaufenstraße (alle 30 Minuten)
Betriebszeit: werktags von Betriebsbeginn bis 19 Uhr (samstags bis 14.30 Uhr), sonntags von 13 bis 19.30 Uhr

Linie 11 Gemmingstal – Winzerstraße – Friedhof – Hauptpost – Harmonie – Käferflug – Schickhardtstraße (alle 30, zur HVZ alle 15 Minuten)

Linie 12 Haselter – Hauptbahnhof – Harmonie – Wohlgelegen – Steigsiedlung – Neckargartach, Sachsenäcker (alle 30, zur HVZ alle 15 Minuten)

Linie 19 Schanz Süd – Im Kreuzgrund – Klinik Gesundbrunnen – Wilhelm-Leuschner-Straße – Hauptbahnhof – Harmonie (alle 60 Min.)
Betriebszeit: montags bis freitags von 19 bis 23.30 Uhr, samstags von 14 bis 23.30 Uhr und sonntags von Betriebsbeginn bis 12 Uhr und von 19 Uhr bis Betriebsschluß

Linie 93/94 (Linie 93) Neckargartach, Schlegelgrund – Wimpfener Straße – (alle 60 Minuten)
(Linie 94) Kirchhausen, Schloßplatz – Biberach, Maustal – Neckarau – Neckargartach, Milchhof – (alle 60 Minuten)
Großkraftwerk – (Linie 93: Industriegebiet, FIAT / Linie 94: Industriegebiet, Läpple –) Industrieplatz – Harmonie – Hauptpost – Südbahnhof – Flein (alle 30 Minuten)
Betriebszeit: montags bis freitags von 19 bis 23.30 Uhr, samstags von 14 bis 23.30 Uhr und sonntags von Betriebsbeginn bis 12 Uhr und von 19 Uhr bis Betriebsschluß

*Linie 4A biegt im November 1985 zur Haltestelle Schloßplatz Kirchhausen ein*

Dazu kommen noch die beliebten Sommer-Ausflugslinien, die von Mitte April bis Mitte Oktober mittwochnachmittags und sonntags verkehren:

Linie 1 wird vom Trappensee bis zum Jägerhaus verlängert
(mittwochs 2 Kurse, sonntags alle 30 Minuten)

Linie B Harmonie – Paul-Göbel-Brücke – Wolfzipfel – Wartberg
(mittwochs und sonntags je 2 Kurse)

Zur Abwicklung dieses Betriebs stehen seither 66 Omnibusse zur Verfügung, die Eigentum der Stadtwerke sind. Davon werden werktäglich während der Hauptverkehrszeiten am Morgen und am Spätnachmittag 61 Einheiten zur Bedienung von 82 Fahrdiensten (Kursen) benötigt. Lediglich fünf Wagen stehen als Reserve und für den Ausgleich bei Werkstattaufenthalten zur Verfügung. Zusätzlich fahren noch drei von der Deutschen Bundesbahn angemietete Busse an Werktagen sechs weitere Fahrdienste im Auftrag der Verkehrsbetriebe Heilbronn.

Wie überall in der Bundesrepublik Deutschland, so ist auch in Heilbronn heute – bedingt durch den starken Geburtenrückgang seit Mitte der siebziger Jahre – ein Zurückgehen der Fahrgastzahlen vor allem bei Schülern auf allen Omnibuslinien zu spüren. Die fehlenden Schülerzahlen konnten trotz des Zugewinns anderer, neuer Fahrgäste nicht aufgefangen werden. Trotzdem versuchen die Verkehrsbetriebe, das zur Zeit bestehende Fahrangebot aufrecht zu erhalten.

Insgesamt darf gesagt werden, daß sich die Stadtwerke Heilbronn – Verkehrsbetriebe –, als direkter Nachfahre des einstigen Straßenbahn- und Obus-Unternehmens, heute im neunten Jahr-

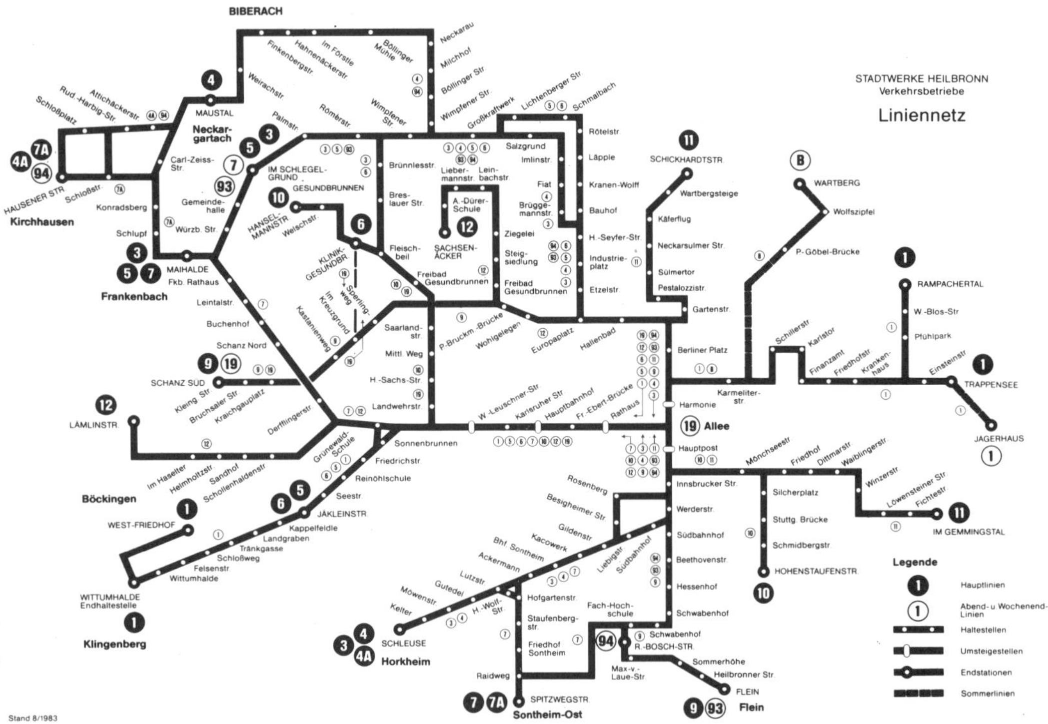


*Heilbronner Busnetz 1986*

*Linie 9E verstärkt im April 1984 die Stammlinie 9 zwischen der Allee und Flein*

*In Sontheim-Ost bei der Paul-Meyle-Schule haben die Linien 7 und 7A ihre Endstation*

*Bus 22 (Baujahr 1981, Typ A 10.6) an der Haltestelle Holzgartenstraße in Sontheim. Hier endete einst die Straßenbahn*

*Kaum mehr vorstellbar, daß hier vor 35 Jahren in Sontheim noch die Straßenbahn fuhr*

zehnt ihres Bestehens, in Heilbronn dem Fahrgast jugendfrisch präsentieren. Von der alten und zum Schluß recht abgewirtschaften „Spatzenschaukel" der Nachkriegsjahre – so wehmütig die Gedanken an sie und so schmerzlich ihr Verschwinden für viele auch sein mag – ist man heute mehr denn je entfernt. Ein stets gut gepflegter und auf dem neuesten Stand der Technik befindlicher Omnibuspark steht dem Publikum tagtäglich von morgens 5 Uhr bis nachts 24 Uhr zu erschwinglichen Tarifen und in vernünftigen Fahrintervallen zur Verfügung. Daß dies auch in Zukunft so bleiben möge, dazu sei dem Unternehmen und seinen Verantwortlichen allezeit eine glückliche Hand und „gute Fahrt" gewünscht.

*Buslinie 6 im September 1983 auf ihrem Weg von Böckingen zum Gesundbrunnen an der Kilianskirche*

# Das Rollmaterial

## *Allgemeines*

Die Heilbronner Straßenbahnen hatten – mit Ausnahme während der ersten Betriebsjahre – immer einen vielgestaltigen Fahrzeugpark, so daß man beim rollenden Inventar eigentlich nie von einem einheitlichen oder einem typischen Heilbronner Erscheinungsbild sprechen konnte. Das rührte einerseits daher, daß außer den 15 neuen Trieb- und 8 Beiwagen zur Eröffnung der ersten drei Strecken in den Jahren 1897/98 von den Heilbronner Straßenbahnen immer nur gebrauchte oder umgebaute Fahrzeuge eingesetzt wurden. Andererseits gab es während der gesamten Straßenbahn-Aera nur einen einzigen Fahrzeugtyp, der mehr als acht gleiche Wagen umfaßte.
Von Anfang an wurde aber stets großer Wert auf eine in allen Teilbereichen gut ausgerüstete Werkstatt gelegt, besetzt mit zwar wenig, dafür aber technisch gutgeschultem Personal. Man war daher immer in der Lage, alle Pflege-, Unterhaltungs- und Reparaturarbeiten an allen Fahrzeugen (deren Aufbau immer aus Holz bestand) und den größten Teil der zahlreichen Fahrzeugumbauten an Ort und Stelle im eigenen Hause durchzuführen. Dadurch hatten die Fahrzeuge nur relativ kurze Aufenthalte in der Werkstatt und konnten lange Jahre täglich im Einsatz stehen.
Bereits die ersten Neubaufahrzeuge erhielten 1897/98 in der Heilbronner Werkstatt ihre Endmontage. Wie bereits vorne erwähnt, wurden seinerzeit die Wagenkasten mit den Untergestellen von der Waggonfabrik Paul Herbrand und Co., Köln-Ehrenfeld und die elektrischen Ausrüstungen und Motoren von der AEG in Berlin gesondert geliefert. Der Einbau der Motoren und die Fertigstellung erfolgte unter sachkundiger Anleitung der AEG-Monteure durch Heilbronner Werkstattpersonal. In den nachfolgenden Jahren führte man an den ersten 15 Trieb- und 8 Beiwagen lediglich kleine Verbesserungsarbeiten durch. Ab 1909 folgte dann die erste größere Umbauaktion, die sich bis zum Jahre 1915 hinzog: Die offenen Plattformen wurden verglast, die schwächeren Motoren durch stärkere ersetzt, 5 offene Sommerwagen wurden in geschlossene Beiwagen umgebaut. Zu Beginn der zwanziger Jahre setzte man anstelle der Rollenstromabnehmer Lyrabügel auf die Triebwagendächer.
Als nach der Inflation das Heilbronner Straßenbahnnetz nach genau 25 Jahren erstmals erweitert und ein Jahr darauf durch die neue Vorortstrecke nach Böckingen ergänzt wurde, beschaffte man – um die Gesamtkosten der Neubauten in erschwinglichem Rahmen zu halten – von der Crefelder Straßenbahn und der Würzburger Straßenbahn GmbH zu sehr günstigen Konditionen die dort überzählig gewordenen offenen Trieb- und Beiwagen auf. In der Heilbronner Werkstatt baute man dann zunächst die 6 von Crefeld bezogenen offenen Vierachstriebwagen für den Einsatz auf Heilbronner Gleisen um. Daran anschließend wurden fünf der sieben zweiachsigen Crefelder Triebwagen für den Einsatz auf der Linie nach Böckingen zu geschlossenen Triebwagen hergerichtet. Die sieben offenen schon etwas betagten Würzburger Triebwagen kamen ebenfalls zur Böckinger Linie, nachdem sie zu geschlossenen Beiwagen umgestaltet worden waren. Anschließend an diese Umbauaktion bauten die Heilbronner Straßenbahnwerkstatt die noch offenen „ex Crefelder" (ehemalige Schreibweise) Vierachsentriebwagen zu geschlossenen Fahrzeugen um und versah sie mit stärkeren Motoren und neuer elektrischer Ausrüstung, was sich bis ins Jahr 1936 hinzog.
1927/28 baute man unter Verwendung sämtlicher noch verwendbarer Teile aus dem alten Triebwagen Nr. 4 aus den Gründerjahren einen neuen Triebwagen auf. Bei der äußeren Form dieser Fahrzeuge hielt man sich weitgehend an die zu dieser Zeit bei der Maschinenfabrik Esslingen im Bau befindlichen Triebwagen für die Stuttgarter und die Neckargartacher Straßenbahn. Zwischenzeitlich waren jedoch auch die weiteren fünffenstrigen Wagen der Reihe 1-7 von 1897 in ihrer technischen Ausrüstung völlig veraltet, daß ein Umbau zu kostspielig und praktisch – wie beim Triebwagen 4 – einem Neubau gleichgekommen wäre. Man mußte sie durch andere Fahrzeuge ersetzen. Da griffen die Heilbronner Straßenbahnen AG 1929 bei einem verlockend günstigen Angebot der Stuttgarter Straßenbahnen AG (SSB) zu, und erwarben sieben generalüberholte Triebwagen mit geschlossenen

Plattformen und in Stuttgart bereits mit dem Heilbronner Anstrich versehen zum Preis von ca. 3000 Mark je Stück. Darauf konnten vier der alten Heilbronner Triebwagen zu Rangierwagen umfunktioniert und zwei weitere zu Beiwagen umgestaltet werden.

Die sechsfenstrigen Heilbronner Triebwagen aus den Jahren 1897/98 mußten trotz der guten Pflege Mitte der dreißiger Jahre ebenfalls ersetzt werden. Ihre veraltete elektrische Ausrüstung war so abgewirtschaftet, daß eine nochmalige Überholung aus Kostengründen ausschied. Die Wagenkästen dieser Reihe war jedoch noch erstaunlicherweise gut erhalten. Man entschloß sich daher zu einem Umbau und bezog von der Waggonfabrik Rastatt acht neue Untergestelle mit aufmontierten neuen Plattformbauten. Des weiteren lieferte die AEG neue Motoren und elektrische Ausrüstungen. Sechs der alten sechsfenstrigen Wagenkästen setzten die Bediensteten der Heilbronner Straßenbahnwerkstatt auf die neuen Untergestelle zwischen die neuen Plattformvorbauten, zwei Wagenkästen wurden in der eigenen Werkstatt analog der alten Wagen völlig neu hergestellt und eingepaßt. Diese Umbzw. Neubauaktion, bei der auch die elektrische Ausrüstung mit eigenen Kräften eingebaut wurde, zog sich bis ins Jahr 1942 hin.

Steigende Fahrgastzahlen erforderten in Heilbronn den vermehrten Einsatz von Beiwagen. Um einige der sehr kleinen und überalterten Beiwagen aussondern zu können, kauften die Heilbronner Straßenbahnen im Jahre 1934 von der Esslinger Städtischen Straßenbahn sechs sehr gut erhaltene und relativ wenig gebrauchte, geschlossene und zwei offene (Sommer-)Beiwagen der Baujahre 1912 und 1919 die ebenfalls in der eigenen Werkstatt für den Einsatz auf dem Heilbronner Netz umgerüstet wurden. Die offenen Sommerwagen wurden dabei zu geschlossenen Fahrzeugen umgebaut. 1936 beschaffte man weitere fünf gebrauchte Beiwagen mit offenen Plattformen von der SSB, um mehr Beiwagen einsetzen zu können. Drei dieser Wagen erhielten bis 1944 geschlossene Plattformen und ein neues Untergestell durch die eigene Werkstatt.

Wegen der laufend weitersteigenden Verkehrsbedürfnisse kurz vor dem Zweiten Weltkrieg wurde es notwendig, den Wagenpark nochmals zu vergrößern. Da bot sich 1939 und 1940 erneut die Gelegenheit, von den Stuttgarter Straßenbahnen aus deren Fahrzeugpark 14 gut erhaltene, geschlossene Triebwagen mit etwas stärkeren Motoren zum Schrottpreis von 350 Reichsmark je Fahrzeug zu erwerben. Durch den Kauf dieser Wagen war es möglich, den Fahrplan den gestiegenen Verkehrsbedürfnissen gemäß zu verdichten. Außerdem konnten sechs der alten „Ex-Stuttgarter" Triebwagen nach Elbing in Ostpreußen weiterveräußert werden.

Wegen des zum Kriegsdienst eingezogenen Werkstattpersonals konnten während des Zweiten Weltkrieges an den Fahrzeugen nur noch die dringendsten Reparatur- und Unterhaltungsarbeiten durchgeführt werden. An den zum Umbau in der Werkstatt stehenden Wagen arbeitete man nur noch sporadisch weiter. Durch Kriegseinwirkung verloren die Heilbronner Straßenbahnen von ihren ursprünglich für den Personenverkehr zur Verfügung stehenden 40 Trieb- und 28 Beiwagen 22 bzw. 10, die völlig zerstört worden waren. Außerdem waren 13 Trieb- und 12 Beiwagen so stark beschädigt, daß sie vorläufig nicht mehr eingesetzt werden konnten.

Mit den verbliebenen Straßenbahnen konnte nach dem schrecklichen Krieg der Verkehr der Straßenbahn auch auf den zunächst nur in Teilstrecken betriebenen Linien kaum bewältigt werden. Die noch betriebsbereiten fünf Trieb-und sechs Beiwagen genügten dem starken und laufend steigenden Verkehrsbedürfnis in keiner Weise. In der Werkstatt wurden in jenen Tagen Höchstleistungen vollbracht: Nachts waren die noch intakten Wagen für den täglichen Betrieb zu warten und zu pflegen; tagsüber versuchte man, die stark beschädigten Wagen wieder flott zu bekommen, was in jener Zeit der Werkzeug- und Material- sowie Ersatzteilknappheit so manches „Zugeständnis" und viel Improvisation erforderte. Aber auch persönliches Engagement des Straßenbahnpersonals ist hier zu erwähnen: Einige Angehörige der Heilbronner Straßenbahnen opferten sogar ihre knappe Zuteilung an Tabakwaren zugunsten „ihrer Straßenbahn", so daß manche Zigarettenration für die dringend benötigten Ersatzteile getauscht wurde. Nur so war es möglich, bis Mitte 1948 wenigstens alle kriegsbeschädigten Wagen wieder dem Betrieb zuzuführen. Zwar konnte mit jedem wiederhergestellten Fahrzeug der Wagenengpaß etwas gemildert werden, den für das Verkehrsaufkommen erforderlichen Trieb- und Beiwagenbedarf deckte es jedoch nicht ab.

Die Stadtverwaltung Heilbronn versuchte bereits Anfang 1946, bei verschiedenen Fahrzeugherstellern eine Bestellung zur Lieferung mehrerer neuer Trieb- und Beiwagen unterzubringen, der Auftrag konnte jedoch wegen der Material-

knappheit nicht ausgeführt werden. Selbst gebrauchte Fahrzeuge waren in den ersten Nachkriegsjahren nicht zu bekommen, da überall steigende Verkehrsleistungen zu erbringen waren und neuhinzukommende Fahrzeuge die kriegsbedingt entstandenen Lücken füllen mußten. Erst 1949, als die Stadt Baden-Baden einen Teil ihres Straßenbahnbetriebs auf O-Bus umstellte, war es möglich, sechs guterhaltene, generalüberholte Triebwagen (Baujahr 1927) und sechs Sommerwagen (Baujahr 1912) zum Preis von zusammen 335 000 DM zu erwerben, wodurch beim Heilbronner Straßenbahn-Wagenpark eine spürbare Erleichterung eintrat. Ab 1950 konnte man daher an die seit langem anstehenden Grundüberholungen des vorhandenen Wagenmaterials herangehen, was bis Mitte 1953 abgeschlossen war. Dabei erhielten sämtliche Fahrzeuge „Albert-Kupplungen" anstelle der bisher verwendeten Trompetenkupplungen sowie Bremsleuchten angebaut. Da sich bereits das nahe Ende der Straßenbahnen Heilbronns abzeichnete, erfolgten in den darauffolgenden Jahren keine großen Aktionen mehr in der Werkstatt. Es wurden aber die Trieb-und Beiwagen, die für den täglichen Einsatz noch benötigt wurden, bis zum letzten Tag mit der nötigen Sorgfalt gepflegt und gewartet.
Nach der Einstellung des schienengebundenen Nahverkehrs in Heilbronn wurden sämtliche Trieb- und Beiwagen zunächst abgestellt. Da sich – großenteils wegen der Überalterung – kein Käufer mehr für sie fand, wurden sie alle im Laufe der Jahre 1955/56 verschrottet. Lediglich zwei Beiwagen, die auf Kinderspielplätzen aufgestellt worden waren, überlebten ihre Kameraden um einige Jahre. Der Beiwagen mit der Nummer 162, der auf dem Gaffenberg als letzter Zeuge von den Heilbronner Fahrzeugen kündete, wurde Ende der sechziger Jahre in desolatem Zustand entfernt und ging dann ebenfalls den Weg allen alten Eisens.

## Lackierung der Fahrzeuge

Die Heilbronner Straßenbahnen bzw. Verkehrsbetriebe, präsentierten sich im Laufe ihres Bestehens ihren Fahrgästen in unterschiedlicher farblicher Gestalt. Die ersten Wagen besaßen 1897 beige Plattformen und dunkelgrüne Seitenwände mit goldfarbenen Zierstreifen. Doch bereits bald nach der Jahrhundertwende wurde der Anstrich der Wagen anläßlich der fälligen Neulackierung geändert. Die Trieb- und Beiwagen zeigten sich jetzt dem Publikum in elfenbeinfarbener Lackierung, lediglich die Seitenwände waren zwischen den Seitenfenstern und den Regenabweis- bzw. Scheuerleisten olivgrün gestrichen. Die Wagennummern an den Stirnfronten wurden olivgrün und in der Mitte der Seitenwände elfenbeinfarben aufgebracht. Unterhalb der Scheuerleiste war noch die Firmenbezeichnung „HEILBRONNER STRASSENBAHNEN" in olivgrüner Schrift aufgemalt.
Anläßlich der Umbauten und Neulackierung in den Jahren 1913/14 erhielten die Straßenbahnen in Heilbronn abermals ein neues Aussehen: Die Fensterpartien wurden weiß, darunter an den Stirnfronten hellgrün und an den Seitenwänden elfenbein. Die Firmenbezeichnung fiel weg.
Als nach der Inflation die Heilbronner Straßenbahnen sich nach einem Tiefgang Ende 1924 wieder erholte und zu neuem Leben erwachte, bestehende Strecken ausgebaut und verlängert wurden und neue Linien hinzukamen, mußte der Wagenpark beträchtlich erweitert werden. Die neu hinzugekommenen Wagen präsentierten sich in einem neugestalteten Farbenkleid: Die Fensterpartien waren weiß lackiert, die Plattformen und Seitenwände darunter waren jetzt hellblau, gegen die Fenster mit zwei rund um das Fahrzeug laufenden Zierstreifen abgesetzt. Die Wagennummern, ebenfalls weiß, rutschten jeweils an die seitlichen Plattformenden. Zug um Zug erhielten dann auch die vorhandenen, alten Heilbronner Wagen diese Lackierung.
Eine neue Straßenbahnfarbe tauchte in Heilbronns Straßen mit den Fahrzeugen der 1928 eröffneten „Neckargartacher Straßenbahn" auf. Deren Trieb- und Beiwagen waren – in Anlehnung an das Aussehen der gleichartigen Wagen der Stuttgarter Straßenbahnen – orangegelb lakkiert, hatten weiße Fensterpartien und drei verschieden breite, unterhalb der Fenster rundumlaufende schwarze Zierstreifen. In der Mitte der Seitenwände befand sich das Neckargartacher Gemeindewappen, darunter, unterhalb der Scheuerleisten, die Firmenaufschrift „Neckargartacher Strassenbahn". In schwarzen Ziffern wurden die Wagennummern in der Mitte der Stirnfronten und seitlich an den Plattformenden angegeben. Diese Lackierung – jedoch ohne Wappen an den Seitenwänden – erhielten dann ab 1939 auch alle Heilbronner Straßenbahnwagen.
Nach dem Zweiten Weltkrieg wurde anstelle der aufwendigen drei verschiedenbreiten Zierstreifen lediglich noch ein etwas breiterer schwarzer

Streifen unterhalb der Fenster aufgemalt. Dafür erhielten die Wagen aber – soweit möglich – an den Seitenwänden jetzt das Heilbronner Stadtwappen. In diesem Aussehen fuhren die Fahrzeuge bis zur Einstellung der Straßenbahn durch Heilbronns Straßen.
Die ersten Omnibusse und die Obusse erhielten die in weiten Teilen Deutschlands in der Nachkriegszeit üblichen Einheitsfarbe. Die ganzen Fahrzeuge waren sandbeige lackiert und trugen lediglich als Verzierung unterhalb der Fenster einen roten, etwa 10 cm breiten Streifen. Einige der Busse hatten zusätzlich Aluminium-Zierleisten bekommen. Ab 1959, als die Daimler-Benz-Großomnibusse des Typs O 317 in Heilbronn eine neue Nahverkehrsaera ankündigten, tauchte erstmals der heute noch bei den Verkehrsbetrieben übliche Anstrich auf: Unterhalb der Fenster dunkelblau und die Fensterpartie sowie das Dach in „gebrochenem" Weiß. Anfang der sechziger Jahre erhielten alle vorhandenen Busse, soweit sie nicht bis 1965 ausrangiert wurden, diese neue und freundliche Farbe.

### Typisierung der Fahrzeuge

Bei den Heilbronner Straßenbahnen bestand zu keiner Zeit eine Typisierung der Fahrzeuge. Im täglichen Umgang sprachen die Betriebsangehörigen von den „kleinen" oder den „großen" Triebwagen bzw. später dann von den „kleinen Krefeldern", den „großen Krefeldern", den „Nekkargartacher" oder den „Stuttgarter Wagen" usw.

Um die einzelnen Fahrzeuge besser zusammenfassen, die Unterschiedlichkeit innerhalb der einzelnen Gruppen verdeutlichen und den Verbleib der Wagen besser verfolgen zu können, wurde vom Verfasser ein Typisierungsschema geschaffen, das folgende Aufteilung vorsieht:

Typ 1- 10 Personentriebwagen
Typ 51- 63 Personenbeiwagen
Typ 101-103 Arbeitstriebwagen
Typ 151-156 Arbeitsbeiwagen

Unterschiedliche Ausführungen eines Wagentyps werden als Untergruppe durch Ziffern hinter der Typennummer voneinander abgegrenzt (z. B. Typ 8.2 = 2. Untergruppe des Typs 8). Umbauten der Fahrzeuge (wobei keine wesentlichen Veränderung im Aussehen eintrat) werden durch Anfügen eines kleinen Buchstabens kenntlich gemacht (z. B. Typ 4 wird durch Umbau zu Typ 4a, 4b usw.).
Auch bei den Oberleitungs-Omnibussen (Obussen) und den Omnibussen gab und gibt es keine Typisierung bei den Heilbronner Verkehrsbetrieben. Darum wurden diese Fahrzeuge der besseren Übersichtlichkeit wegen nach ihren speziellen Merkmalen zusammengefaßt und nachstehende Untergliederung vorgenommen:

Typ O 1 - O 4 Obus-Triebwagen
Typ O 51 - O 54 Obus-Anhänger
Typ A 1 - A 10 Autobus- (bzw. Omnibus-) Motorwagen
Typ A 51 - A 54 Autobus-Anhänger

Wie bei der Straßenbahn werden auch hier unterschiedliche Ausführungen eines Wagentyps als Untergruppe durch Ziffern hinter der Typennummer voneinander abgegrenzt (z. B. Typ A 6.3 = 3. Untergruppe des Typs A 6).

## Die Straßenbahnfahrzeuge

**Triebwagen-Typ 1**
**Fahrzeugnummern:** 1-7 **Baujahr:** 1897
**Hersteller:** Wagenkasten: Herbrand & Co., Köln-Ehrenfeld
Elektrische Ausrüstung: AEG, Berlin

*Triebwagen 2 und 4 (Typ 1) im Lieferzustand, fahren 1902 durch die Sülmer Straße*

**Fahrzeugliste:**

| Nr. | Verbleib | Nr. | Umbau oder | Jahr | zu | Typ | Nr. | Verbleib |
|---|---|---|---|---|---|---|---|---|
| 1 | + 1934 | 4 | Umbau | 1927 | TW | Typ 5 | 4(II) | (s. Typ 5) |
| 2 | + 1934 | 5 | Umzeichnung | 1932 | – | | 4(III) | + 1934 |
| 3 | + 1934 | 6 | Umbau | 1929 | BW | Typ 58 | 124 | (s. Typ 58) |
| | | 7 | Umbau | 1929 | BW | Typ 58 | 125 | (s. Typ 58) |

**Beschreibung des Fahrzeugs:**
Zweiachsig; Pagodendach; fünf gleiche Bogenfenster; offene Plattformen; 16 Längssitze auf Holzbänken; 14 Stehplätze auf den Plattformen; über den Seitenfenstern schmale Holzschilde mit aufgemaltem Linienverlauf; auf der Plattformbrüstung aufgesteckte Zielschilder;
Länge des Fahrzeugs gesamt: 6300 mm; Länge des Fahrgastraums: 3900 mm;
Länge der Plattform: 1200 mm; Breite: 2010 mm; Höhe: 3410 mm; Leergewicht: 5000 kg; Achsabstand: 1500 mm; Raddurchmesser: 800 mm; einen AEG-Reihenschluß-Tatzlagermotor Typ VNB 125 mit je 14,7 kW; zwei Walzenfahrschalter (Spragueschaltung); Rollenstromabnehmer; Handbremse mit auf der Bremskurbel aufgebauter Signalglocke; einen, in Fahrtrichtung jeweils umsteckbaren Frontscheinwerfer.

**Bemerkungen:**
Herbrand & Co. lieferte lediglich die Untergestelle und die Wagenkasten, AEG sandte die Motoren und elektrischen Ausrüstungen gesondert nach Heilbronn. Die Endmontage erfolgte unter Anleitung von AEG-Monteuren in der Wagenhalle bei der Straßenbahn Heilbronn. Im Juli/August 1897 wurde bereits ein zweiter Fahrmotor Typ VNB 125 eingebaut, als sich zeigte, daß der Beiwagenbetrieb mit nur einem Motor nicht möglich war.
1907/08 wurden auf dem Dach über den Fronten und Seitenwänden hohe Reklametafeln aufgebaut und dafür die seitlichen Linienlaufschilder entfernt und statt dieser, große Zielschilder an den Frontwänden (zwischen Plattformbrüstung und Frontscheinwerfer) angebracht; Einbau von Heizungen im Wageninnern (Glühstofföfen).
**Umbau 1912-14 zu Typ 1a:** Plattformen verglast und halbhohe Klapptüren (ohne Fenster) sowie Fußglocken eingebaut (Signalglocke auf Handbremshebel entfernt); an jeder Stirnfront festinstallierten Frontscheinwerfer anmontiert; Einbau von zwei AEG-Fahrmotoren Typ U 107 mit je 23,5 kW.
1919 Lyrabügel anstelle des Rollenstromabnehmer aufmontiert sowie elektrische Heizung eingebaut.
1927-28 zur Einführung der Linienbezeichnungen bei den Heilbronner Strassenbahnen, Aufbau einer Halterung zur Befestigung von Blech-Linienschilder auf den Plattformdächern (jeweils vorne rechts).
Nach Inbetriebnahme der von den Stuttgarter Straßenbahnen übernommenen Triebwagen 6–12 (vgl. Typ 7) konnten diese kleinen abgewirtschafteten Wagen nach 32jähriger Dienstzeit aus dem Personenverkehr zurückgezogen werden. Vier der sieben fanden als Rangier- und Arbeitswagen ein neues Betätigungsfeld, ein Wagen (Nr. 4) wurde völlig umgebaut (vgl. Typ 5) und die restlichen beiden (Nr. 6 und 7) wurden zu Beiwagen umgestaltet und noch einige Jahre weiterverwendet.

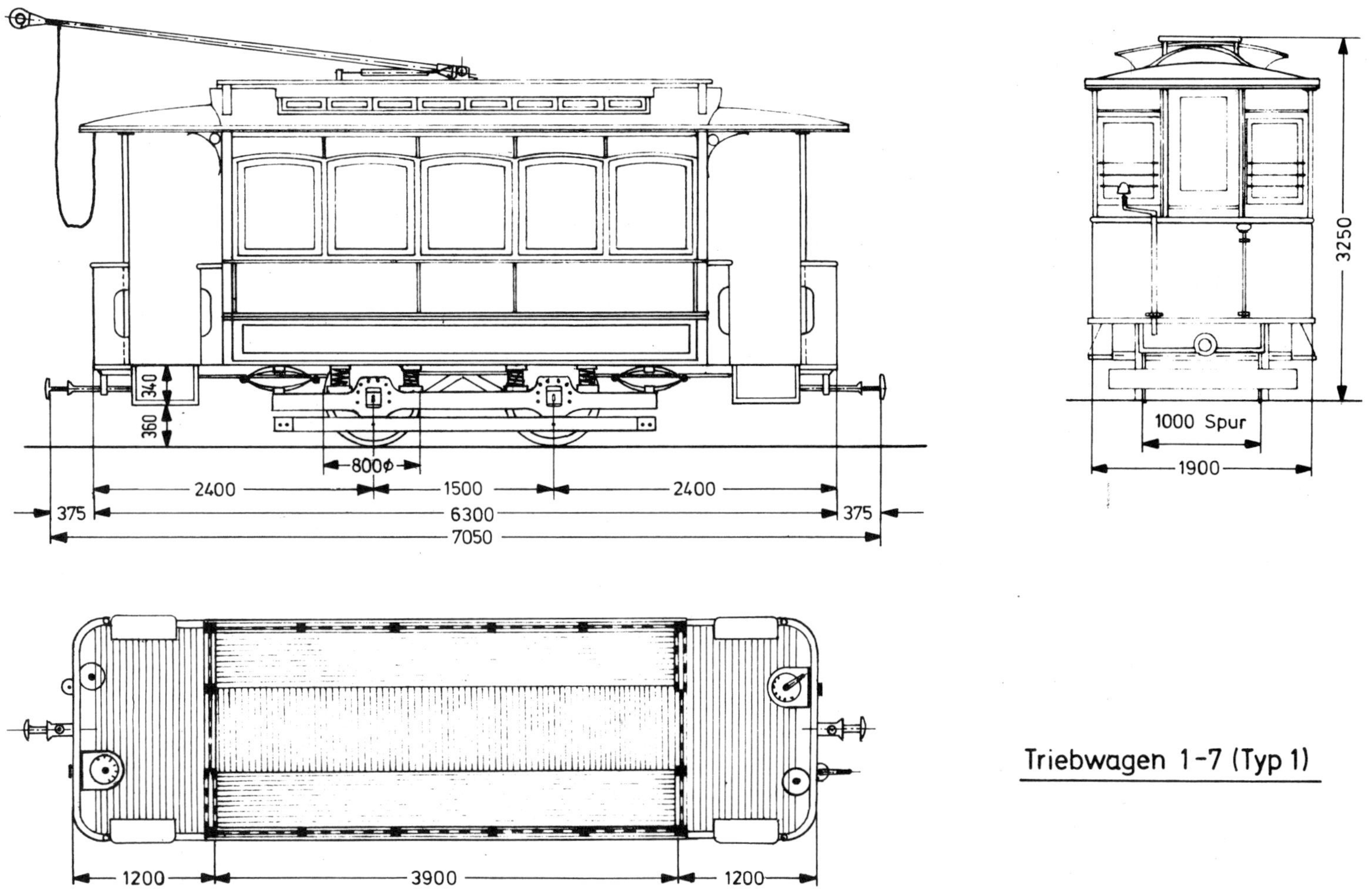


Triebwagen 1-7 (Typ 1)

### Triebwagen-Typ 2

**Fahrzeugnummern:** 8-15 **Baujahre:** 1897/98
**Hersteller:** Wagenkasten: Herbrand & Co., Köln-Ehrenfeld
Elektrische Ausrüstung: AEG, Berlin

**Beschreibung des Fahrzeugs:**
Zweiachsig; Pagodendach; sechs gleiche Bogenfenster; offene Plattformen; 20 Längssitze auf Holzbänken; 18 Stehplätze auf den Plattformen; über den Seitenfenstern schmale Holzschilde mit aufgemaltem Linienverlauf; auf der Plattformbrüstung aufgesteckte Zielschilder;
Länge des Fahrzeugs gesamt: 8200 mm; Länge des Fahrgastraums: 5200 mm;
Länge der Plattformen: 1500 mm; Breite: 1900 mm; Höhe: 3250 mm; Leergewicht: 6500 kg; Achsabstand: 1800 mm; Raddurchmesser: 800 mm; zwei AEG-Fahrmotoren Typ VNB 125 mit je 17 kW; zwei AEG-Walzenfahrschalter (Sprageschaltung); Rollenstromabnehmer; Handbremse mit auf Bremskurbel aufgebauter Signalglocke; einen, in Fahrtrichtung jeweils umsteckbaren Frontscheinwerfer.

*Triebwagen 15 (Typ 2) hatte, wie seine Brüder, anfänglich in den Seitenfenstern Werbung eingraviert (1906)*

**Fahrzeugliste:**

| Baujahr | Nr. | Umbaujahr zu Typ 2a | Nr. ab 1929 | Umbaujahr | zu Typ | Nr. | Verbleib | Bemerkungen |
|---|---|---|---|---|---|---|---|---|
| 1897 | 8 | 1912 | 13(II) | 1939 | 101.1 | 26 | KV 1944 | Rangierwagen |
| 1897 | 9 | 1912 | 14(II) | 1939 | 101.2 | 92 | + 1951 | Arbeitswagen |
| 1897 | 10 | 1910 | 15(II) | 1936 | 8.1 | 41 | – | (s. Typ 8.1) |
| 1897 | 11 | 1910 | 16(II) | 1936 | 8.1 | 42 | – | (s. Typ 8.1) |
| 1897 | 12 | 1910 | 17(II) | 1936 | 8.1 | 43 | – | (s. Typ 8.1) |
| 1897 | 13 | 1911 | 18(II) | 1936 | 8.1 | 44 | – | (s. Typ 8.1) |
| 1898 | 14 | 1911 | 19(II) | 1939 | 8.2 | 45 | – | (s. Typ 8.1) |
| 1898 | 15 | 1911 | 20(II) | 1939 | 8.2 | 46 | – | (s. Typ 8.1) |

**Bemerkungen:**
Von Herbrand & Co., wurden lediglich die Untergestelle und die Wagenkasten geliefert, die Motoren und elektrischen Ausrüstungen wurden gesondert von der AEG nach Heilbronn versandt. Die Endmontage erfolgte durch das Personal der Heilbronner Straßenbahnen in der Wagenhalle in Heilbronn.
1906-08 wurden auf den Dächern der Triebwagen über den Fronten und den Seitenwänden hohe Reklametafeln aufgebaut und dafür die seitlichen Linienlaufschilder entfernt und statt dieser große Zielschilder an den Frontwänden (zwischen Plattformbrüstung und Frontscheinwerfer) angebracht; Einbau von Heizungen im Wageninnern (Glühstofföfen).
**Umbau 1910-12 zu Typ 2a:** Plattformen verglast und halbhohe Klapptüren (ohne Fenster) sowie Fußglocken eingebaut (Signalglocke auf Handbremshebel entfernt); an jeder Stirnwand festinstallierten Frontscheinwerfer anmontiert; Einbau von zwei AEG-Fahrmotoren Typ U107 mit je 23,5 kW; die Wagenkästen in eigener Werkstatt auf verlängerte Untergestelle mit verbesserter Federung aufgesetzt, daher Triebwagen 8 jetzt Achsstand 1800 mm, Triebwagen 9-15, 2800 mm. 1918 Lyrabügel und elektr. Heizung eingebaut.
1927-28 zur Einführung von Linienbezeichnungen bei den Heilbronner Straßenbahnen, Aufbau einer Halterung zur Befestigung von Blechlinienschildern auf den Plattformdächern.
1936-39 wurden die Triebwagen 15(II)-20(II) (ex 10-15) in eigener Werkstatt umgebaut (weiter siehe Typen 8.1 und 8.2).
Triebwagen 13(II) und 14(II) (ex 8 und 9) wurden 1939 als Arbeitstriebwagen weiterverwendet, da sich ihr (ursprünglich geplanter) Umbau wegen Überalterung des Wagenkastens nicht mehr lohnte.

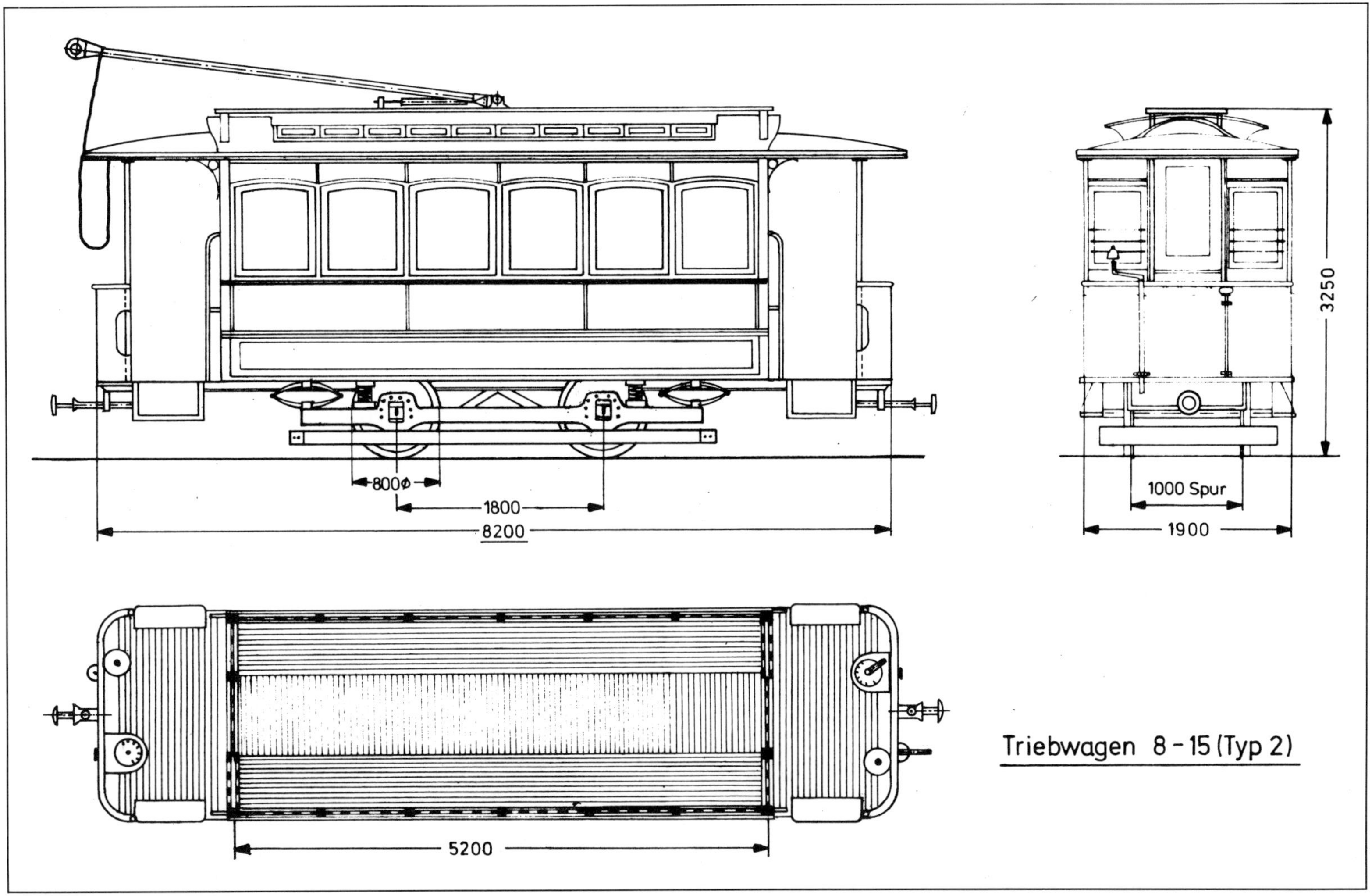


Triebwagen 8 - 15 (Typ 2)

**Triebwagen-Typ 3**
**Fahrzeugnummern:** 21-25 **Baujahre:** 1900/25
**Zugang in Heilbronn:** 1924/25
**Hersteller:** Düsseldorfer Eisenbahnbedarf, vormals Carl Weyer & Co.

**Beschreibung des Fahrzeugs:**
Zweiachsig; Laternendach; drei gleiche, große Bogenfenster; geschlossene Plattformen mit Klapptüren; 22 Längssitze auf Holzbänken; 25 Stehplätze auf den Plattformen; Vorrichtung für Blechlinienschild auf den Plattformdächern, jeweils vorne rechts; Kasten für Zielschilder über den Stirnfrontfenstern;
Länge des Fahrzeugs gesamt: 7970 mm; Länge des Fahrgastraums: 5170 mm;
Länge der Plattform: 1400 mm; Breite: 2050 mm; Höhe: 3250 mm; Leergewicht: 9000 kg; Achsabstand: 2600 mm; Raddurchmesser: 800 mm; zwei AEG-Fahrmotoren Typ U 140 mit je 31 kW; zwei AEG-Fahrschalter; Lyrabügel; Handbremse.

**Fahrzeugliste:**

| Herkunft ex Nr. | Nr. in HN | Nr. ab 1942 | Verbleib |
|---|---|---|---|
| (Ex Krefeld TW 79 = 206) | 21 | 21 | KV 1944 |
| (Ex Krefeld TW 67 = 215) | 22 | 24(II) | + 1953 |
| (Ex Krefeld TW 57 = 210) | 23 | 23 | KV 1944 |
| (Ex Krefeld TW 72 = 217) | 24 | 22(II) | + 1953 |
| (Ex Krefeld TW 54 = 207) | 25 | 25 | KV 1944 |

**Bemerkungen:**
Für die Erweiterung des Streckennetzes, insbesondere für die neue Linie nach Böckingen wurden dringend Fahrzeuge benötigt. Von der Krefelder Straßenbahn konnten kostengünstig diese gebrauchten, offenen Triebwagen übernommen werden. Sie wurden 1925 in eigener Werkstatt für den Betrieb in Heilbronn aufgerichtet und dabei die offenen Plattformen verglast und mit Klapptüren versehen.
1929/30 Dachlaternen für Linien-Steckschilder (Blechmasken) auf den Plattformdächern jeweils vorne rechts anmontiert.

1941: Triebwagen 24 umgebaut zu **Typ 3a:** Laternendach über die Plattformen vorgezogen, zur Stirnfront flach auslaufend, sowie Schiebetüren eingebaut. Bei der anschließenden Lackierung im Jahre 1942 erhielt der Triebwagen 24 versehentlich die Nummer „22“ aufgemalt. Nach der Entdeckung des Mißgeschicks wurde der bisherige Triebwagen 22(I) in 24(II) umgenummert.

*Stationen der Triebwagenreihe Typ 3, die 1924 aus Krefeld kam: Links das Aussehen von 1925 nach dem Umbau für Heilbronner Zwecke, mittig der 1941 umgebaute Triebwagen 24, 1949 in der Allee und rechts der ehemalige Motorwagen 22 als 24(II) in seinen letzten Tagen auf dem Abstellgleis beim Hauptbahnhof*

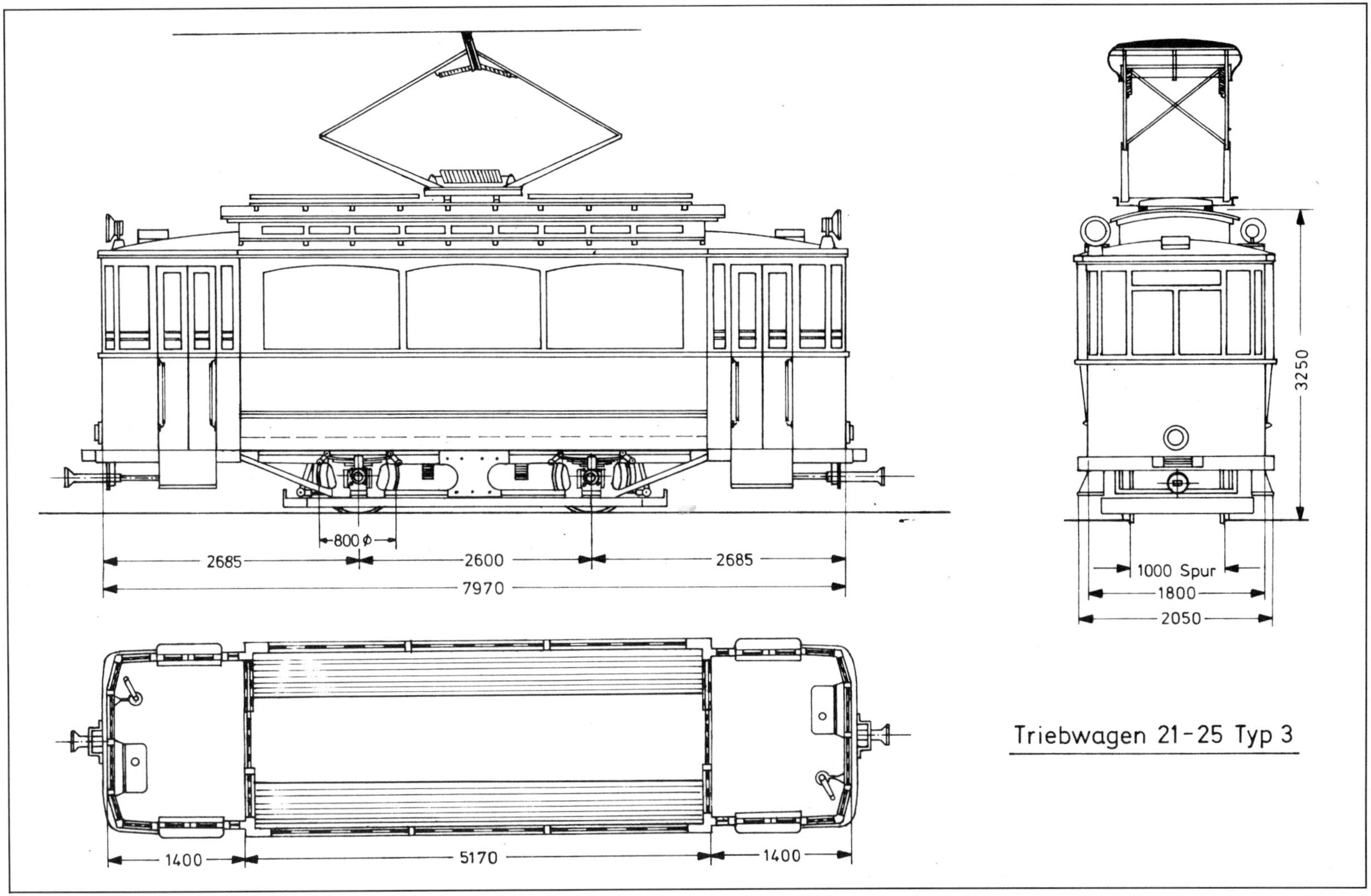
800 ϕ
2685
2600
2685
7970
3250
1000 Spur
1800
2050
1400
5170
1400
Triebwagen 21-25 Typ 3

**Triebwagen-Typ 4**
**Fahrzeugnummer:** 51-56 **Baujahre:** 1901/02
**Zugang in Heilbronn:** 1925
**Hersteller:** Van der Zypen & Charlier, Köln-Deutz

**Beschreibung des Fahrzeugs:**
Vierachsig (Maximum-Drehgestelle); Laternendach; fünf gleiche, große Bogenfenster; verglaste Plattform-Stirnwände, sonst offene Plattformen mit Gitterverschluß; 30 Quersitze auf Holzbänken; 18 Stehplätze auf den Plattformen; Vorrichtung für Blechlinienschild auf den Plattformdächern, jeweils vorne rechts, links eine Positionslampe, in der Mitte eine Dachdrehwalze für Zielschilder;
Länge des Fahrzeugs gesamt: 10 700 mm; Länge des Fahrgastraums: 8000 mm; Länge der Plattformen: 1350 mm; Breite: 2100 mm; Höhe: 3400 mm; Leergewicht: 11 000 kg; Drehzapfenabstand: 6300 mm; Achsabstand im Drehgestell: 1300 mm; Raddurchmesser Treibrad: 820 mm; Laufrad: 632 mm; Druckluftbremse mit Achskompressor; zwei UEG-Fahrmotoren Typ UAB mit je ??? kW; zwei UAB-Fahrschalter; ein Lyrabügel; Trompetenkupplung.

**Fahrzeugliste:**

| Herkunft ex Krefeld (Baujahr | Nr. | Nr. ab 1920) | Nr. in Heilbronn | Umbau Jahr | zu Typ | Jahr | zu Typ | Verbleib |
|---|---|---|---|---|---|---|---|---|
| (1901 | 101 | = 401) | 51 | 1927 | 4a | – | – | KV 1944 |
| (1901 | 103 | = 403) | 52 | 1933 | 4b | – | – | KV 1944 |
| (1901 | 105 | = 404) | 53 | 1929 | 4a | 1948 | 4c | + 1955 |
| (1901 | 102 | = 402) | 54 | 1936 | 4b | 1949 | 4c | + 1955 |
| (1901 | 106 | = 405) | 55 | 1932 | 4a | 1949 | 4c | + 1955 |
| (1902 | 108 | = 407) | 56 | 1935 | 4b | 1949 | 4c | + 1955 |

**Bemerkungen:**
Die genaue Umnumerierung der Krefelder Wagen konnte in Heilbronn nur für den Triebwagen 54 (ex Krefeld 102 = 402) sicher ermittelt wer-

*Die „großen Krefelder" (Typ 4) in Heilbronn:*
*Links im Ursprungszustand, wie sie zunächst in Heilbronn fuhren; das mittlere Bild zeigt den Wagen nach dem Umbau zu Typ 4a und rechts den letzten Zustand nach nochmaligem Umbau 1948/49 zu Typ 4c, wie sie dann bis 1955 in Heilbronn unterwegs waren*

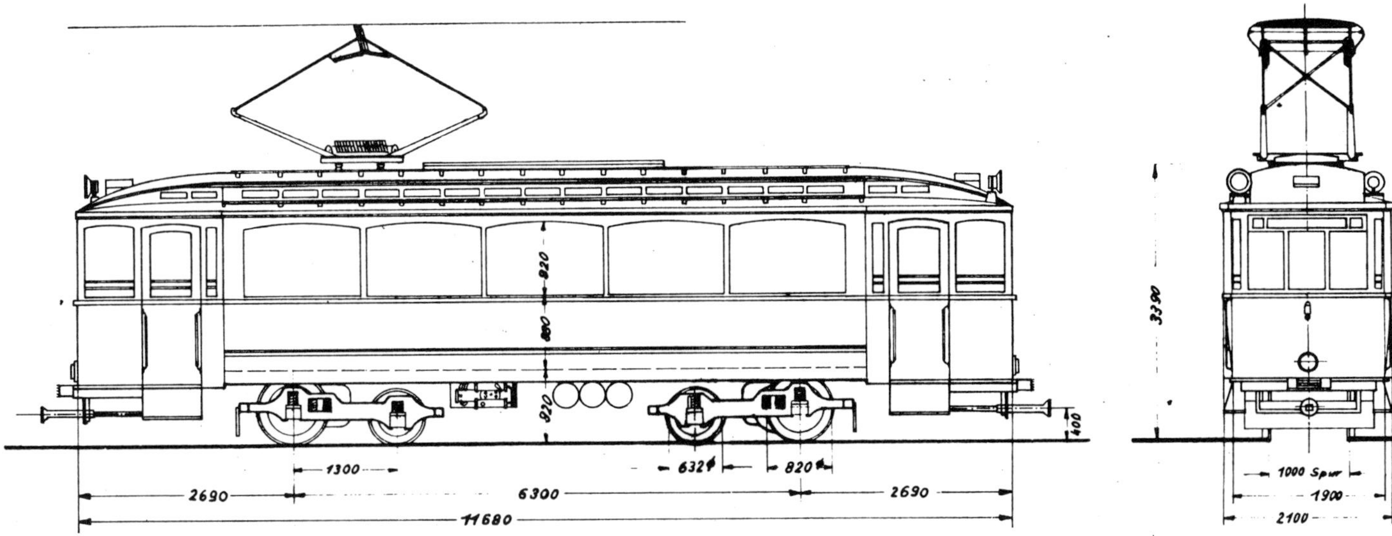


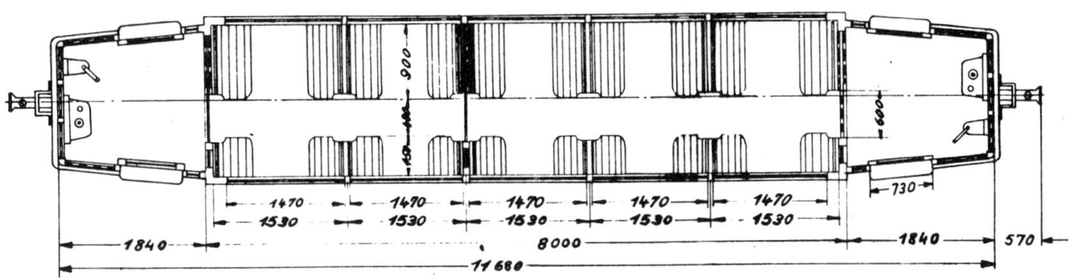


Triebwagen 51-56 (Typ 4)

den. Diese Fahrzeuge konnten gebraucht zur Deckung des Wagenbedarfs wegen Netzerweiterung von der Krefelder Straßenbahn AG zu äußerst günstigen Konditionen übernommen werden. Sie wurden in Heilbronn anfänglich in ihrer ursprünglichen, Krefelder Form eingesetzt.
**Umbau 1927-32 zu Typ 4a:** Triebwagen 51, 53 und 55 Plattformen verlängert und verschlossen sowie mit Schiebetüren versehen. Dachlaternen für Liniensteckschilder (Blechmasken) auf den Plattformdächern vorne rechts; Kasten für Zielfilme über den Frontfenstern; Länge des Fahrzeugs gesamt: 11680 mm; Länge der Plattformen: 1840 mm; Leergewicht: 12 000 kg; zwei AEG-Fahrmotoren Typ USL 323 mit je 44 kW; zwei AEG-Fahrschalter; ein Lyrabügel; sonst wie oben.
**Umbau 1933-36 zu Typ 4b:** Triebwagen 52, 54 und 56 wie Typ 4a, jedoch das Laternendach flach auslaufend über die Plattformen vorgezogen; Druckluftbremse mit Motorkompressor.
1934: Bei Triebwagen 55 Scherenstromabnehmer anstelle des Lyrabügels aufgebaut, 1939 bei 51 und 52, 1948 bei 53, 54 und 56.
**Umbau 1948-49 zu Typ 4c:** Bei Triebwagen 53 und 55 die Laternendächer flach auslaufend über die Plattformen vorgezogen; bei Triebwagen 53 bis 56: Drehzapfenabstand auf 7750 mm verlängert; Einbau von zwei Siemens-Fahrmotoren Typ GBM 431 mit je 60 kW und zwei Siemens-Fahrschalter Typ SEF 1 mit 12 Fahr- und 13 Bremsstufen bei Triebwagen 54 und 55; Einbau von zwei AEG-Fahrmotoren Typ EM 60/600 mit je 65 kW und zwei AEG-Fahrschaltern Typ EF 43 F1 mit 17 Fahr- und 13 Bremsstufen bei Triebwagen 53 und 56; Druckluftbremse mit Achskompressor; Albert-Kupplung.

*Blick in das Wageninnere der Triebwagen*

**Triebwagen-Typ 5**
**Fahrzeugnummer:** 4 (II) **Baujahr:** 1928
**Hersteller:** Heilbronner Straßenbahnen AG

**Beschreibung des Fahrzeugs:**
Zweiachsig; Tonnendach mit Lüftungskiemen über den Plattformen; drei gleiche Bogenfenster mit Lüftungsklappen; geschlossene Plattformen mit Schiebetüren; 18 Quersitze auf Holzbänken; 30 Stehplätze auf den Plattformen und im Wageninnern; Dachlaternen (auf den Plattformdächern jeweils vorne rechts) für Linien-Steckschild (Blechmasken); Kasten für Zielfilm über den Frontfenstern; Länge des Fahrzeugs gesamt: 8060 mm; Länge des Fahrgastraums: 4380 mm; Länge der Plattformen: 1840 mm; Breite: 2050 mm; Höhe: 3200 mm; Leergewicht: 11 500 kg; Achsabstand: 2500 mm; Raddurchmesser 800 mm; zwei AEG-Fahrmotoren Typ U 140 mit je 31 kW; zwei AEG-Fahrschalter, ein Lyrabügel; Trompetenkupplung.

**Bemerkungen:**
Unter Verwendung sämtlicher noch brauchbarer Teile wurde dieser Triebwagen in der eigenen Werkstatt völlig neu aufgebaut. Bei der äußeren Form lehnte man sich dabei stark an die Pläne für die gerade im Bau befindlichen Triebwagen der

**Fahrzeugliste:**

| (Herkunft, ex TW) | Nr. | Nr. ab 1932 | Nr. ab 1939 | Verbleib |
|---|---|---|---|---|
| (Ex TW 4(I), Typ 1) | 4(II) | 12(III) | 36 | + 1955 |

*Aus dem alten Triebwagen 4 (Typ 1) entstand in eigener Werkstatt der Triebwagen 12 (später 36, Typ 5) in neuzeitlichem Gewande. Teile dieses Wagens waren also von 1897 bis 1955 im Dienst*

Stuttgarter Straßenbahnen AG bzw. der Neckargartacher Straßenbahn (vgl. Typ 6) an.
1939: Scherenstromabnehmer anstelle des Lyrabügels aufgebaut.
1950: Albert-Kupplung anstelle der Trompetenkupplung eingebaut.

**Triebwagen-Typ 6**
**Fahrzeugnummern:** 31-35 **Baujahr:** 1928
**Hersteller:** Maschinenfabrik Esslingen

**Beschreibung des Fahrzeugs:**
Zweiachsig; Tonnendach mit Lüftungskiemen über den Plattformen; vier gleiche Bogenfenster mit Lüftungsklappen; geschlossene Plattformen mit Schiebetüren; 22 Quersitze auf Holzbänken; 23 Stehplätze auf den Plattformen; Dachlaterne für Liniensteckschild (Blechmaske) mittig über den Plattformen; Dachdrehwalzen für emaillierte Zielschilder über den Stirnfronten;
Länge des Fahrzeugs gesamt: 10 120 mm; Länge des Fahrgastraums: 5840 mm; Länge der Plattformen: 2140 mm; Breite: 2050 mm; Höhe: 3200 mm; Leergewicht: 13 000 kg; Achsabstand: 2750 mm; Raddurchmesser: 750 mm; zwei AEG-Fahrmotoren Typ USL 323a mit je 44 kW; zwei AEG-Schleifring-Fahrschalter Typ FB Vsp 41; ein Lyrabügel; Trompetenkupplung.

**Fahrzeugliste:**

| Nr. b. Neckargartacher Str. | Nr. ab 1940 b. Heilbr. Str. | Fabriknummer | Verbleib |
|---|---|---|---|
| 31 | 31 | ME 18386 | + 1955 |
| 32 | 32 | ME 18387 | KV 1944 |
| 33 | 33 | ME 18388 | + 1955 |
| 34 | 34 | ME 18389 | KV 1944 |
| 35 | 35 | ME 18390 | + 1955 |

**Bemerkungen:**
Diese Fahrzeuge beschaffte die selbständige „Straßenbahn Neckargartach". Sie wurden von der Maschinenfabrik Esslingen nach Plänen für gleichartige Triebwagen der Stuttgarter Straßenbahnen AG hergestellt. 1940 übernahmen die Heilbronner Straßenbahnen diese Fahrzeuge, die von Anfang an (da die Betriebsführung der Straßenbahn Neckargartach den Heilbronner Straßenbahnen oblag) in das Heilbronner Nummernschema eingegliedert waren.
1934: Neue Scherenstromabnehmer anstelle der Lyrabügel aufgebaut.
1949/50: Dachkästen für Linien- und Zielfilme über den Stirnfronten anstelle der Dachdrehwalzen und Dachlaternen aufmontiert; Albert-Kupplung anstelle der Trompetenkupplung; Brems- und Schlußlichter angebracht.

*Werksaufnahme und letztes Erscheinungsbild des schmucken Neckargartacher Triebwagens (Typ 6)*

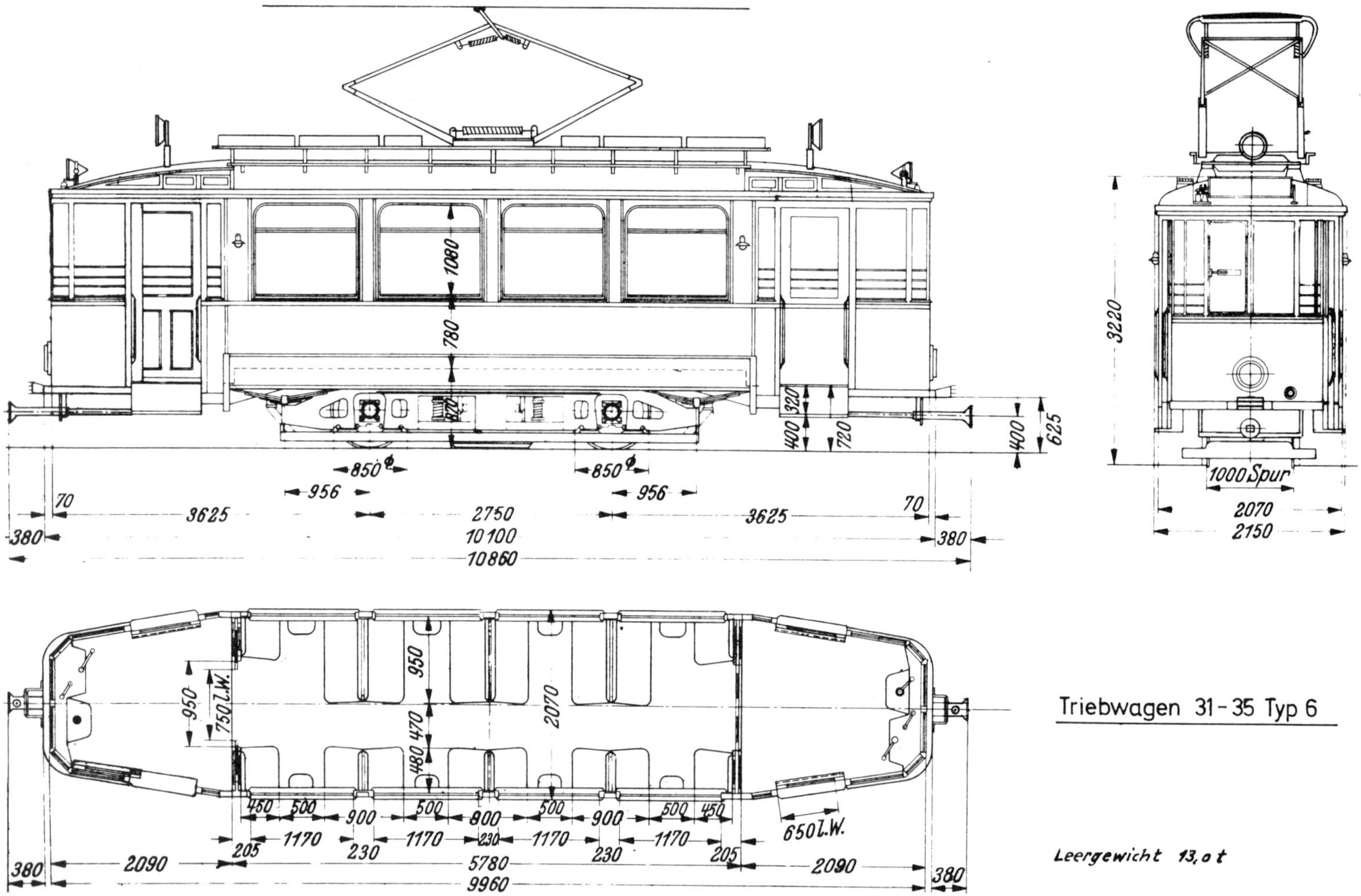


Triebwagen 31-35 Typ 6

Leergewicht 13,0 t

**Triebwagen-Typ 7**
**Fahrzeugnummern:** 7(II)-12(II) **Baujahr:** 1902
**Zugang in Heilbronn:** 1929
**Hersteller:** Herbrand & Co., Köln-Ehrenfeld

**Beschreibung des Fahrzeugs:**
Zweiachsig; Laternendach; fünf gleiche, gerade Fenster; geschlossene Plattformen mit Klapptüren; 16 Längssitze auf Holzbänken; 17 Stehplätze auf den Plattformen; Dachlaterne für Liniensteckschild (Blechmaske) auf den Plattformdächern; jeweils vorne rechts, mittig Dachdrehwalze für emaillierte Zielschilder;
Länge des Fahrzeugs gesamt: 6980 mm; Länge des Fahrgastraums: 4180 mm; Länge der Plattformen: 1400 mm; Breite: 2045 mm; Höhe: 3175 mm; Leergewicht: 8150 kg; Achsabstand: 1550 mm; Raddurchmesser: 800 mm; zwei AEG-Fahrmotoren Typ AB 53 mit je 22 kW; zwei AEG-Fahrschalter Typ B 42; ein Lyrabügel; Handbremsen; Trompetenkupplung.

**Bemerkungen:**
Diese Fahrzeuge, ursprünglich mit offenen, 1913 durch die Hauptwerkstatt der Stuttgarter Straßenbahnen AG (SSB) verschlossenen Plattformen, konnten 1929 zu äußerst günstigen Bedingungen von den SSB erworben werden. Sie wurden vor ihrer Übergabe durch die SSB in deren Hauptwerkstatt generalüberholt und auf die Heilbronner Verhältnisse umgerüstet und lackiert.
1934: Kleine Kästen für Ziel-Steckschilder (Blechtafeln) über den Führerständen an der jeweils linken Frontscheibe an- und die Dachwalzen abgebaut.

**Fahrzeugliste:**

| (Ex Stuttgart Nr. = Nr. ab 1913) | Nr. 1929 | ab Jahr | Nr. | Umbau zu ATW Jahr Nr. Typ | Verbleib |
|---|---|---|---|---|---|
| (205 = 84) | 6(II) | – | | – | V 1940 an Elbing 6 |
| (206 = 85) | 7(II) | | | 1940 91 102 | + 1944 |
| (198 = 77) | 8(II) | 1935 | 1(II) | – | V 1940 an Elbing 1 |
| (199 = 78) | 9(II) | 1935 | 2(II) | – | V 1940 an Elbing 2 |
| (202 = 81) | 10(II) | 1935 | 3(II) | – | V 1940 an Elbing 3 |
| (203 = 82) | 11(II) | 1935 | 4(IV) | – | V 1940 an Elbing 4 |
| (204 = 83) | 12(II) | 1932 | 5(II) | – | V 1940 an Elbing 5 |

Diese Triebwagen waren vorwiegend auf der „Friedhoflinie" 3 eingesetzt. Nachdem von den SSB 1939/40 erneut preisgünstig guterhaltene gebrauchte Triebwagen jüngeren Alters angekauft werden konnten, waren diese Fahrzeuge überflüssig. Sechs dieser Triebwagen konnten daher 1940 an die Straßenbahn in Elbing (Ostpreußen) weiterverkauft werden. Triebwagen 1-3 wurden am 29. März, Triebwagen 4-6 am 30. März 1940 auf Waggons der Reichsbahn verladen und nach Ostpreußen abgesandt.
Triebwagen 7 wurde 1940 zum Arbeitstriebwagen 91 umfunktioniert und als Rangier- und Gütertriebwagen weiterverwendet. Er brannte in der Nacht vom 27. zum 28. März 1944 aus ungeklärter Ursache aus.

*Generalüberholt von Stuttgart übernommen, taten die schon 27 Jahre alten Wagen noch 10 Jahre Dienst in Heilbronn*

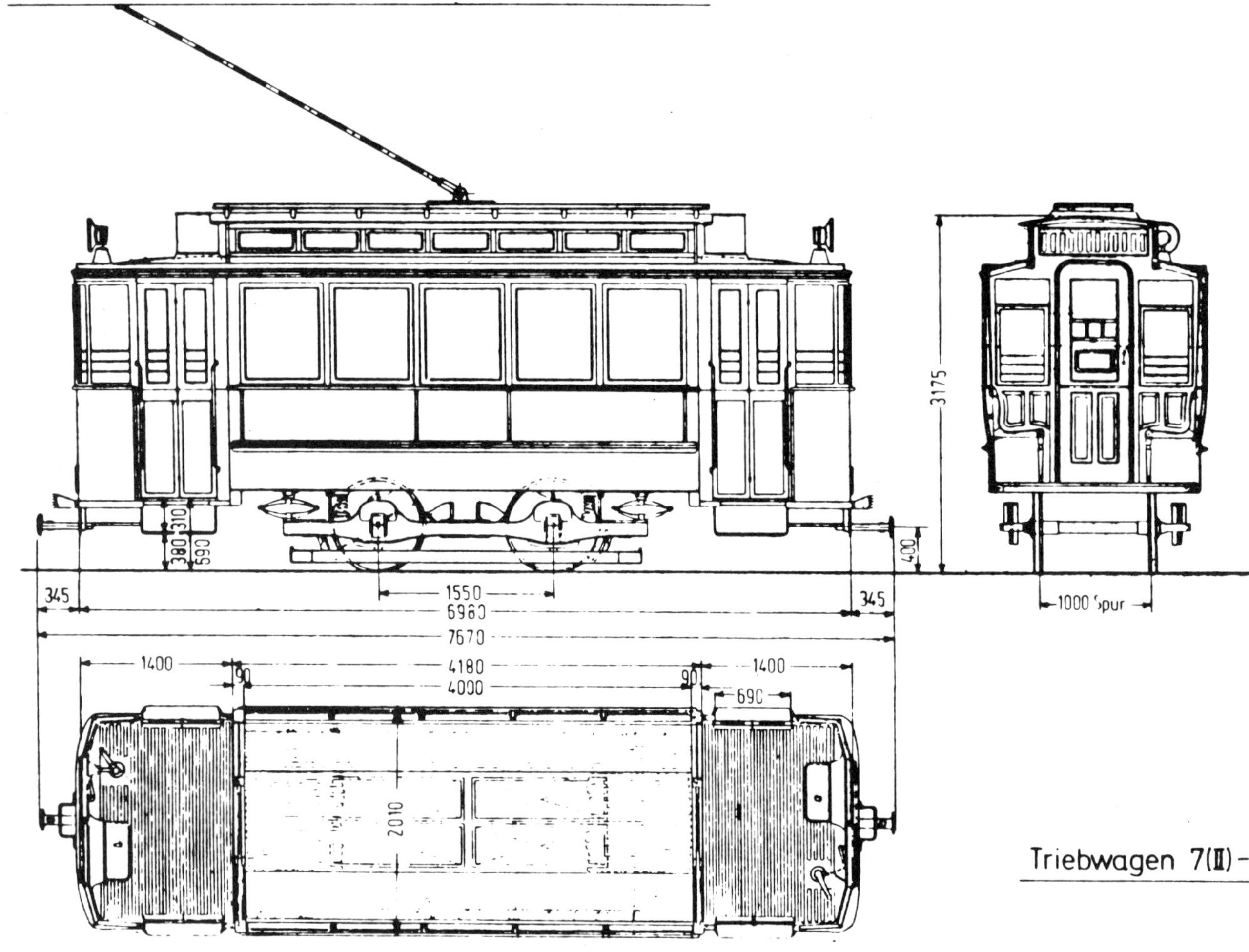


Triebwagen 7(II)-12(II) Typ 7

**Triebwagen-Typ 8.1 bis 8.3**
**Fahrzeugnummern:** 41-48 **Baujahr:** 1936-1941
**Hersteller:** Untergestelle und Plattformbauten: Waggonfabrik Rastatt
Wagenkästen 41-46: Herbrand & Co., Köln-Ehrenfeld
Wagenkästen 47-48: Heilbronner Straßenbahnen AG

**Beschreibung des Fahrzeugs:**
Zweiachsig; Laternendach, über den Plattformen flach auslaufend (Typ 8.2 und 8.3: Tonnendach mit Lüftungskiemen über den Plattformen); sechs gleiche Bogenfenster; geschlossene Plattformen mit Schiebetüren; 20 Längssitze auf Holzbänken; 28 Stehpzwzv jpauf den Plattformen; Dachlaternen für Linien-Steckschilder (Blechmasken) auf den Plattformdächern jeweils vorne rechts, mittig Dachdrehwalzen für emaillierte Zielschilder; ein Scherenstromabnehmer; Trompetenkupplung
Länge des Fahrzeugs gesamt: 8700 mm; Länge des Fahrgastraums: 5200 mm; Länge der Plattform: 1750 mm; Breite: 2050 mm; Höhe: 3050 mm; Leergewicht: 10000 kg; Achsabstand: 2800 mm; Raddurchmesser: 750 mm; zwei AEG-Fahrmotoren Typ USL 523a mit je 44 kW (Typ 8.2: zwei AEG-Fahrmotoren Typ U 140 mit je 31 kW); zwei AEG-Schleifringfahrschalter mit je 9 Fahr- und 6 Bremsstufen; Handbremse.

**Bemerkungen:**
Bei der Waggonfabrik Rastatt wurde für die Erneuerung der Triebwagen des Typs 2, 1936 und 1939 jeweils vier neue Untergestelle mit angebauten Plattformaufbauten (ohne Dach) bestellt. Nach der Anlieferung wurden 1936 in eigener Werkstatt die noch gut erhaltenen Wagenkästen der Triebwagen 15-18 von den alten Untergestellen abgehoben und auf die neuen Wagenunterteile zwischen die bereits vorhandenen Plattformaufbauten eingepaßt, das Pagodendach in ein über den Plattformen flach auslaufendes Laternendach umgeändert, die neuen AEG-Fahrmotoren und -Fahrschalter eingebaut, wobei sämtliche noch brauchbare Teile der alten Triebwagen mitverwendet wurden (Typ 8.1).
Auf zwei der 1939 gelieferten Untergestelle wurde in gleicher Weise der alte Wagenkasten der Triebwagen 19 und 20 eingepaßt, jedoch anstelle des alten Pagodendachs ein neues Tonnendach aufgebaut (Typ 8.2).
Es war vorgesehen, auch die Wagenkästen der Triebwagen 13 und 14 (Typ 2) in gleicher Weise auf die neuen Untergestelle aufzusetzen. Da zwischenzeitlich die Wagenkästen jedoch so abgewirtschaftet waren, sah man davon ab und baute stattdessen 1941 in eigener Werkstatt nach dem Muster des Triebwagen-Typs 2 ein neues Wagenmittelteil und ein neues Tonnendach (Typ 8.3).

**Fahrzeugliste:**

| Herkunft ex TW (Nr. = Nr. ab 1929 Typ) | Umbau- bzw. Neubaujahr | Typ | Nr. | Verbleib |
|---|---|---|---|---|
| (10 = 15 Typ 2) | U 1936 | Typ 8.1 | 41 | + 1955 |
| (11 = 16 Typ 2) | U 1936 | Typ 8.1 | 42 | KV 1944 |
| (12 = 17 Typ 2) | U 1936 | Typ 8.1 | 43 | KV 1944 |
| (13 = 18 Typ 2) | U 1936 | Typ 8.1 | 44 | KV 1945 |
| (14 = 19 Typ 2) | U 1939 | Typ 8.2 | 45 | KV 1944 |
| (15 = 20 Typ 2) | U 1939 | Typ 8.2 | 46 | + 1955 |
| – – – – | N 1941 | Typ 8.3 | 47 | + 1955 |
| – – – – | N 1941 | Typ 8.3 | 48 | KV 1944 |

Die Scherenstromabnehmer für alle Wagen des Typs 8 wurden 1936 bzw. 1939 gebraucht von der Stuttgarter Straßenbahnen AG erworben. 1949/50 erhielten die verbliebenen Triebwagen 41, 46 und 47 Dachkästen für Linien- und Zielfilme anstelle der Dachlaternen und -drehwalzen über den Stirnfronten – sowie Albert-Kupplungen anstelle der Trompeten-Kupplungen eingebaut.

*Frisch aus der Werkstatt nach dem Umbau fährt 1936 Triebwagen 43 über den Neckar*

*Aus „Alt“ mach „Neu“ war die Devise: Links oben Typ 8.1, Umbau 1936;*

*daneben Triebwagen 46, Umbautyp 8.2 von 1939;*

*darunter Blick auf den Siemens-Fahrschalter, den nur die neugebauten Triebwagen 47 und 48 hatten; rechts daneben ein Triebwagen der Type 8.3, die neugebaut und nicht aus Altwagen entstand, darüber Triebwagen 41 im letzten Betriebsjahr*

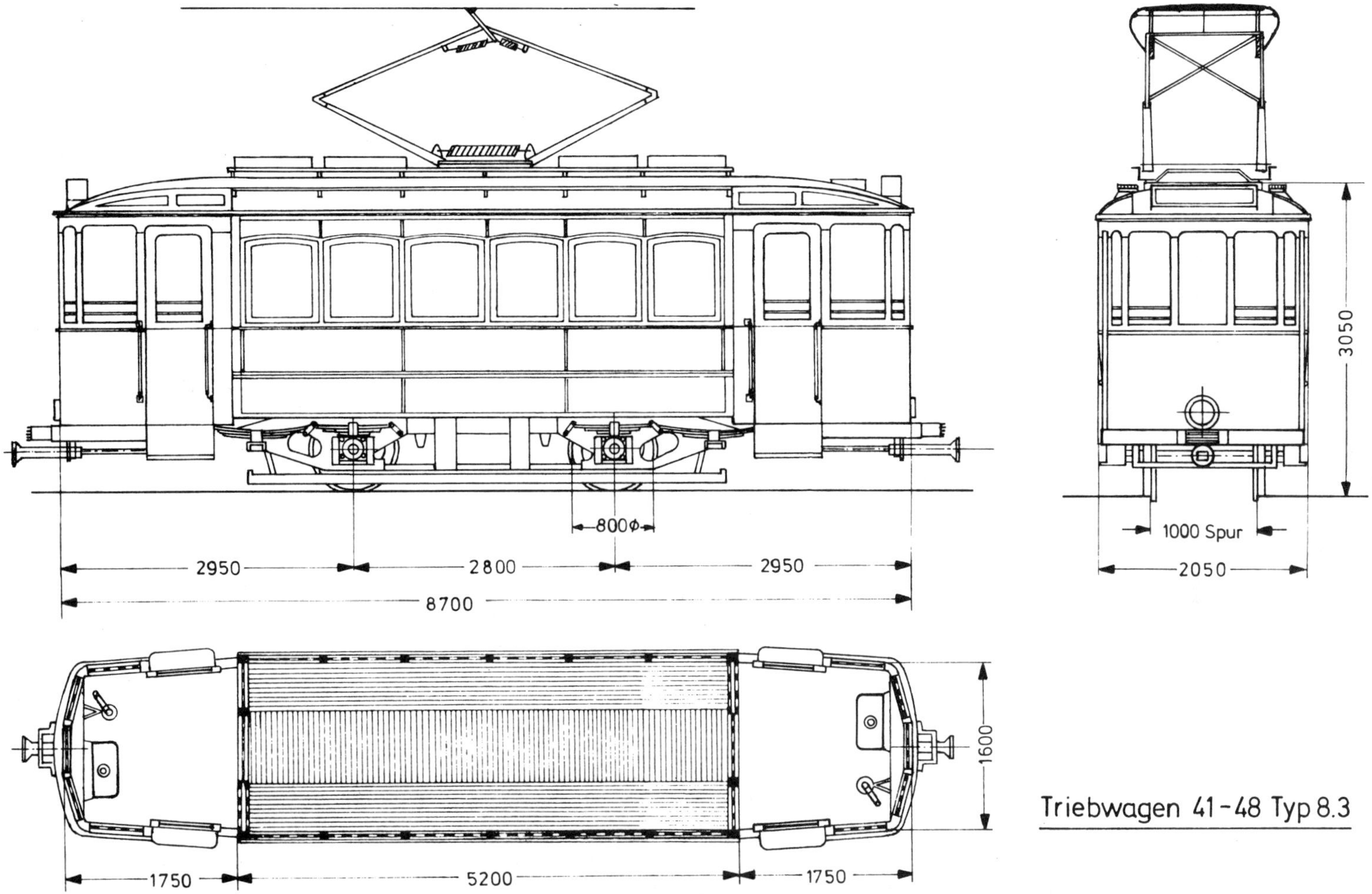


Triebwagen 41-48 Typ 8.3

**Triebwagen-Typ 9.1 und 9.2**
**Fahrzeugnummern:** 7(III)-20(III)
**Baujahre:** 1912/13
**Zugang in Heilbronn:** 1939/40
**Hersteller:** Herbrand & Co., Köln-Ehrenfeld

**Beschreibung des Fahrzeugs:**
Zweiachsig; Laternendach; ein kleines, zwei große, ein kleines Fenster; geschlossene Plattformen mit Klapptüren; 16 Längssitze auf Holzbänken; 24 Stehplätze auf den Plattformen; Dachlaternen für Linien-Steckschilder (Blechmasken) mittig über den Plattformen, Dachdrehwalzen für emaillierte Zielschilder über den Stirnfronten;
Länge des Fahrzeugs gesamt: 7730 mm; Länge des Fahrgastraums: 4230 mm; Länge der Plattformen: 1800 mm; Breite: 2000 mm; Höhe: 3250 mm; Leergewicht: 9500 kg; Achsabstand: 1800 mm; Raddurchmesser: 800 mm; zwei AEG-Fahrmotoren Typ U 140 mit je 31 kW; zwei AEG-Fahrschalter Typ B 42; ein Lyrabügel; elektrische und Handbremse; Trompetenkupplung.

**Bemerkungen:**
Die Triebwagen des Typs 9.1 hatten nur wenig Unterscheidungsmerkmale gegenüber denen des Typs 9.2: Verschieden große Frontfenster und andere Fensterunterteilung auf den Plattformen. Die Heilbronner Straßenbahnen bezogen diese 14 grundüberholten Triebwagen von der Stuttgarter Straßenbahnen AG zum Preis von 350 Reichsmark je Stück. Sie dienten als Ersatz für die ausgemusterten kleinen Triebwagen des Typs 7 und die im Umbau befindlichen Triebwagen des Typs 2.

**Fahreugliste:**

| (Ex SSB Baujahr | Nr. | = Nr. ab 1928) | Zugang in Heilbronn | Typ | Nr. | Verbleib |
|---|---|---|---|---|---|---|
| (1912 | 273 | = 573) | 1940 | 9.1 | 7(III) | + 1955 |
| (1912 | 274 | = 574) | 1940 | 9.1 | 8(III) | KV 1944 |
| (1912 | 265 | = 565) | 1940 | 9.1 | 9(III) | KV 1944 |
| (1912 | 266 | = 566) | 1940 | 9.1 | 10(III) | KV 1944 |
| (1912 | 268 | = 568) | 1939 | 9.1 | 11(III) | KV 1944 |
| (1912 | 270 | = 570) | 1939 | 9.1 | 12(III) | KV 1944 |
| (1912 | 271 | = 571) | 1939 | 9.1 | 13(III) | + 1955 |
| (1913 | 353 | = 563) | 1939 | 9.2 | 14(III) | KV 1944 |
| (1913 | 351 | = 561) | 1939 | 9.2 | 15(III) | KV 1944 |
| (1912 | 269 | = 569) | 1939 | 9.1 | 16(III) | + 1955 |
| (1913 | 354 | = 564) | 1939 | 9.2 | 17(III) | + 1955 |
| (1912 | 267 | = 567) | 1939 | 9.1 | 18(III) | KV 1944 |
| (1913 | 352 | = 562) | 1939 | 9.2 | 19(III) | + 1955 |
| (1912 | 272 | = 572) | 1939 | 9.1 | 20(III) | KV 1944 |

*14 vollkommen überholte und neulackierte, 27 Jahre alte Triebwagen des Typs 9 verstärkten die Heilbronner Straßenbahn spürbar ab 1939/40. Leider gingen durch den Krieg 9 davon verloren*

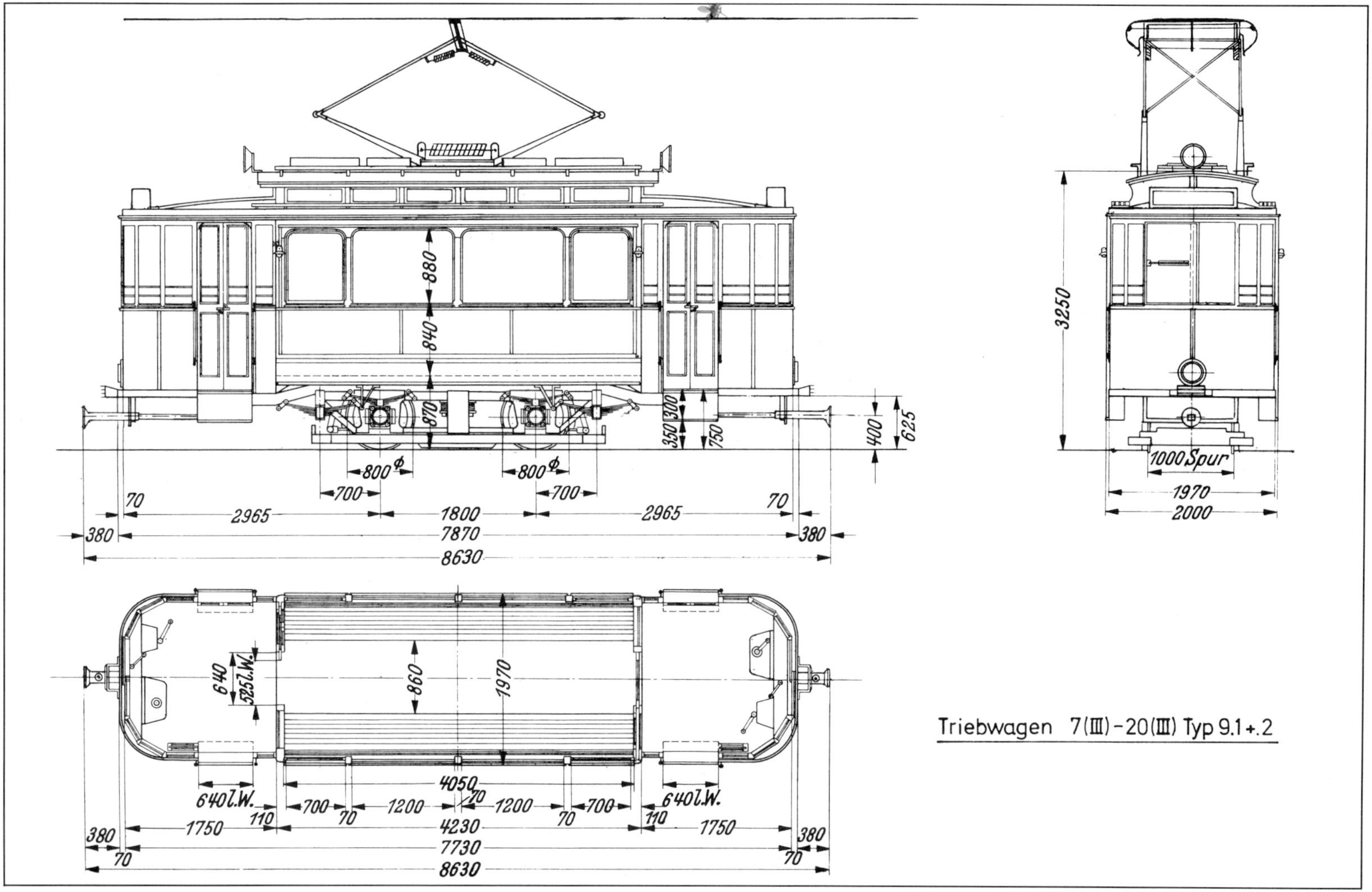


Triebwagen 7(III)-20(III) Typ 9.1+.2

1948: Scherenstromabnehmer anstelle des Lyrabügels aufgebaut.

1949: Dachkästen für Linien- und Zielfilme über den Stirnfronten anstelle der Dachdrehwalzen aufgebaut, die Dachlaternen wurden nicht entfernt; Albert-Kupplungen anstelle der Trompeten-Kupplungen anmontiert.

*Triebwagen 16 (Typ 9.1) erreichte 1951 Böckingen trotz seiner Beschilderung in Spiegelschrift*

*Triebwagen 19 verdiente in den letzten Betriebsmonaten sein Gnadenbrot als Arbeitswagen*

**Triebwagen-Typ 10**

**Fahrzeugnummern**: 60-65 **Baujahr**: 1927
**Zugang in Heilbronn**: 1949
**Hersteller**: Waggonfabrik Rastatt

**Beschreibung des Fahrzeugs:**

Zweiachsig; Tonnendach mit Dachkästen für die Innenraumbelüftung; vier gleiche Bogenfenster; geschlossene Plattformen mit Schiebetüren; Seitenwandverkleidung mit senkrecht stehenden Holzlatten (zwischen Seitenfenstern und Scheuerleiste); 22 Quersitze auf Holzbänken; 26 Stehplätze (davon 22 auf den Plattformen, 4 im Wageninnern);

Länge des Fahrzeugs gesamt: 9720 mm; Länge des Fahrgastraums: 5720 mm; Länge der Plattformen: 2000 mm; Breite: 2060 mm; Höhe: 3260 mm; Leergewicht: 11 500 kg; Achsabstand: 3000 mm; Raddurchmesser: 800 mm; zwei AEG-Fahrmotoren Typ USL 323a mit je 48,5 kW; zwei AEG-Fahrschalter Typ NF Bh 3 mit je 11 Fahr- und 7 Bremsstufen; Handbremse; Scherenstromabnehmer; Albert-Kupplung.

**Fahrzeugliste:**

| (Herkunft ex Nr.) | Nr. | Verbleib |
|---|---|---|
| (Baden-Baden 53) | 60 | + 1955 |
| (Baden-Baden 54) | 61 | + 1955 |
| (Baden-Baden 55) | 62 | + 1955 |
| (Baden-Baden 56) | 63 | + 1955 |
| (Baden-Baden 58) | 64 | + 1955 |
| (Baden-Baden 59) | 65 | + 1955 |

**Bemerkungen:**

Nachdem die Stadt Baden-Baden 1949 einen Teil ihres Straßenbahnnetzes stillgelegt hatte, konnten diese sechs Triebwagen zusammen mit sechs Beiwagen (vgl. Typ 63) günstig erworben werden. Damit konnte dem großen Fahrzeugmangel in Heilbronn deutlich abgehofen werden.

Anfänglich wurden diese Triebwagen in ihrem original Baden-Badener Aussehen auf den Heilbronner Strecken eingesetzt (über den Plattformen rechts und links außen jeweils eine kleine, auf hohem Sockel stehende Positionslampe mit Liniensteckschildern (Blechmasken), mittig eine kleine Dach-Drehwalze für Zielschilder).

1950/51 umgebaut auf „Heilbronner Normalien": Dachkästen für Linien- und Zielfilme über den Stirnfenstern aufgebaut (und dafür die Positionslampen und Dach-Drehwalzen abgebaut).

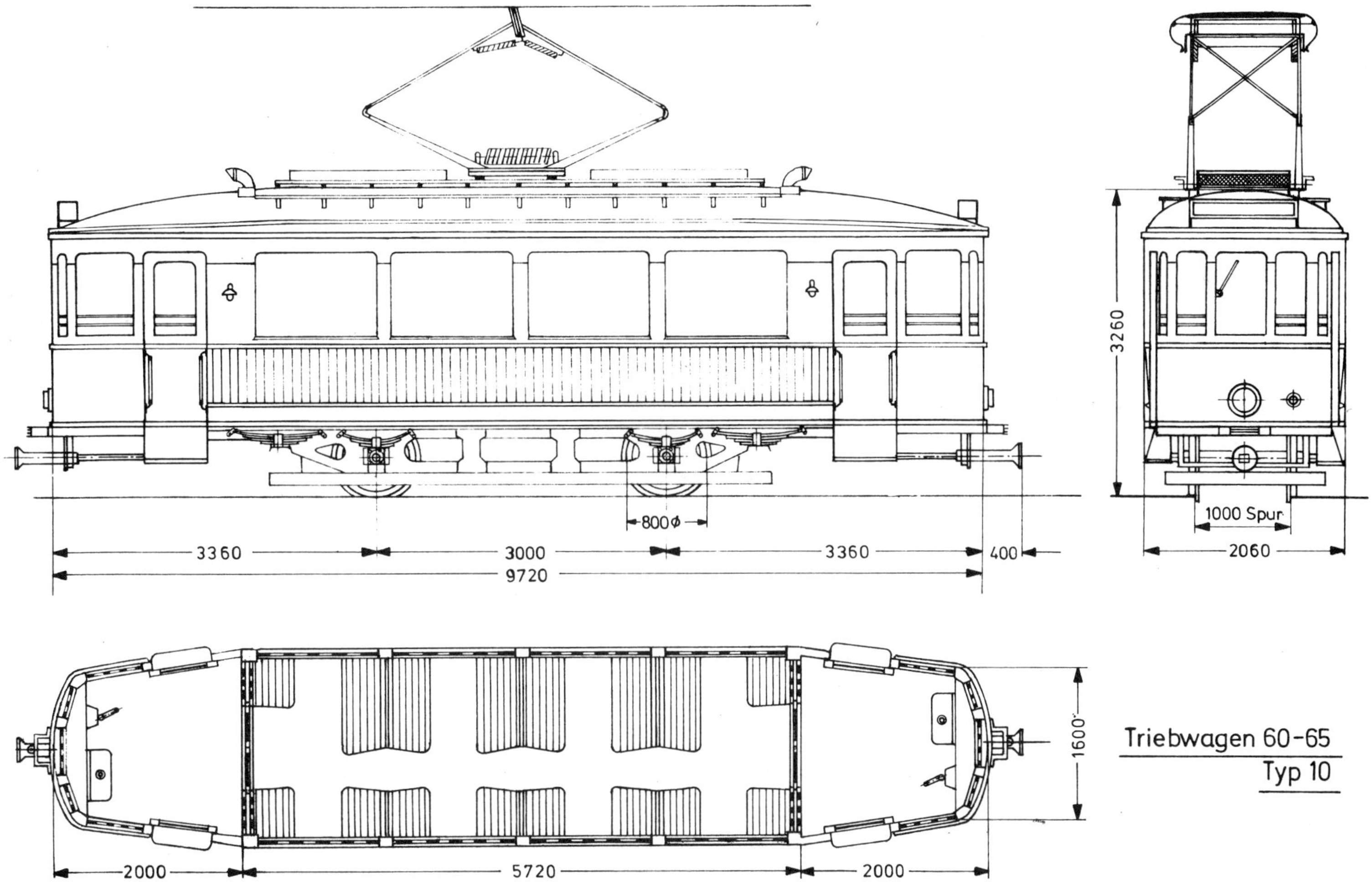


Triebwagen 60-65
Typ 10

*Die 6 im Jahre 1949 aus Baden-Baden hinzugekommenen Triebwagen entspannten die prekäre Heilbronner Fahrzeuglage deutlich. Oben links ist Triebwagen 62 im Originalzustand 1949, daneben zwei Jahre darauf im Heilbronner Gewande;*

*darunter Aufnahmen von Triebwagen 62 und 65. Diese Reihe des Typs 10 bildete in den letzten Jahren das Rückgrat der „Spatzenschaukel“*

**Beiwagen-Typ 51**
**Fahrzeugnummern:** 16-18 (= 101-103)
**Baujahr:** 1897
**Hersteller:** Herbrand & Co., Köln-Ehrenfeld

**Beschreibung des Fahrzeugs:**
Zweiachsig; Sommerwagen; Flachdach; ohne Fenster in den Seitenwänden; offene Plattformen; 12 Längssitze auf Holzbänken, nur Leiste in Rükkenhöhe zur Sicherung; Wetterschutzvorhang, vom Dach bis zum Untergestell herablaßbar; Länge des Fahrzeugs gesamt: 5650 mm; Länge des Fahrgastraums: 3250 mm; Länge der Plattformen: 1200 mm; Breite: 1900 mm; Höhe: 2850 mm; Achsabstand 1550 mm; Raddurchmesser: 770 mm; Handbremse; Trompetenkupplung.

**Fahrzeugliste:**

| Nr. | Nr. ab 1902 | Umbau Jahre | zu Typ | Nr. | Verbleib |
|---|---|---|---|---|---|
| 16 | 101 | 1914/15 | 51a | 101 | + 1935 |
| 17 | 102 | 1914/15 | 51b | 102 | + 1935 |
| 18 | 103 | 1914/15 | 51a | 103 | + 1935 |

**Bemerkungen:**
**Umbau 1914/15 zu geschlossenem Beiwagen Typ 51a und 51b** in eigener Werkstatt: Zweiachsig; Flachdach; vier gleiche, gerade Fenster; geschlossene Plattformen mit halbhohen, fensterlosen Klapptüren (Typ 51b: Fensterpartie auf Plattformen über die Stirnwände hinausragend); 14 Längssitze auf Holzbänken; 16 Stehplätze auf den Plattformen; keine Innentüren; 1925 Einbau von Klapptüren mit Fenstern.
Länge des Fahrzeugs insgesamt: 5650 mm; (Typ 51b Länge Dach und Seiten oberhalb der Seitenwände – Fensterpartie: 6050 mm; Länge unterhalb der Fensterpartie: 5600 mm); Länge des Fahrgastraums: 3250 mm; Länge der Plattformen: 1200 mm; Breite: 1900 mm; Höhe: 2850 mm; Achsabstand: 1550 mm; Raddurchmesser: 770 mm; Solenoid- und Handbremse; Trompetenkupplung.
Nach Ankunft der „Esslinger Beiwagen“ (vgl. Typen 59 und 60) waren diese Beiwagen überflüssig. Sie wurden 1934 abgestellt, 1935 verschrottet.

101

Seite 181: Beiwagen 101 (Typ 51) 1905 am Hauptbahnhof mit Sonnenschutzplane. Der Triebwagen hatte hölzerne Sonnenschutzjalousien

**Beiwagen-Typ 52**
**Fahrzeugnummern**: 19-21 (= 106-108)
**Baujahr**: 1898
**Hersteller**: Herbrand & Co., Köln-Ehrenfeld

**Beschreibung des Fahrzeugs:**
Zweiachsig; Pagodendach; sechs gleiche Bogenfenster; offene Plattformen; 20 Längssitze auf Holzbänken; 12 Stehplätze auf den Plattformen; Länge des Fahrzeugs gesamt: 7300 mm; Länge des Fahrgastraums: 5200 mm; Länge der Plattformen: 1050 mm; Achsabstand: 1800 mm; Raddurchmesser: 800 mm; Breite: 1900 mm; Höhe: 3250 mm; Handbremse; Trompetenkupplung.

**Bemerkungen:**
Zu Triebwagen-Typ 2 passende Beiwagen.
**1924/25 Umbau zu Typ 52a:** In eigener Werkstatt wurden die Plattformen verlängert und verglast; halbhohe, fensterlose Klapptüren eingebaut; Verlängerung des Achsabstandes: 2500 mm; neue Fahrzeuglänge gesamt: 7600 mm; Erhöhung der Stehplätze auf den Plattformen auf 14; Einbau einer Solenoidbremse; sonst wie oben beschrieben.

**1931 Umbau zu Typ 52b:** In eigener Werkstatt den Wagenkasten (ohne Plattformen) auf ein neues, von der Waggonfabrik Rastatt hergestelltes Untergestell aufgesetzt, das Pagodendach ab- und ein Laternendach aufgebaut:
Zweiachsig; Laternendach; sechs gleiche Bogenfenster; geschlossene Plattformen mit verglasten Klapptüren; 20 Längssitze auf Holzbänken; 18 Stehplätze auf den Plattformen;
Länge des Fahrzeugs gesamt: 8200 mm; Länge des Fahrgastraums: 5200 mm; Länge der Plattformen: 1500 mm; Achsabstand: 2750 mm; Radurchmesser: 800 mm; Breite: 1900 mm; 3250 mm; Hand- und Solenoidbremse; Trompetenkupplung.
1950: Albert-Kupplung anstelle der Trompetenkupplung eingebaut.

**Fahrzeugliste:**

| Nr. | Nr. ab 1902 | Umbauten Jahr | zu Typ | Nr. | Jahr | zu Typ | Nr. | Verbleib |
|---|---|---|---|---|---|---|---|---|
| 19 | 104 | 1924/25 | 52a | 118 | 1931 | 52b | 118 | + 1955 |
| 20 | 105 | 1924/25 | 52a | 119 | 1931 | 52b | 119 | KV 1944 |
| 21 | 106 | 1924/25 | 52a | 120 | 1931 | 52b | 120 | + 1955 |

*Die offenen Sommerwagen erhielten 1914/15 einen etwas abenteuerlichen Aufbau mit geschlossenen Perrons*

*Die zu den Triebwagen des Typs 2 passenden Beiwagen 104–106 (Typ 52) waren bis 1914 offen*

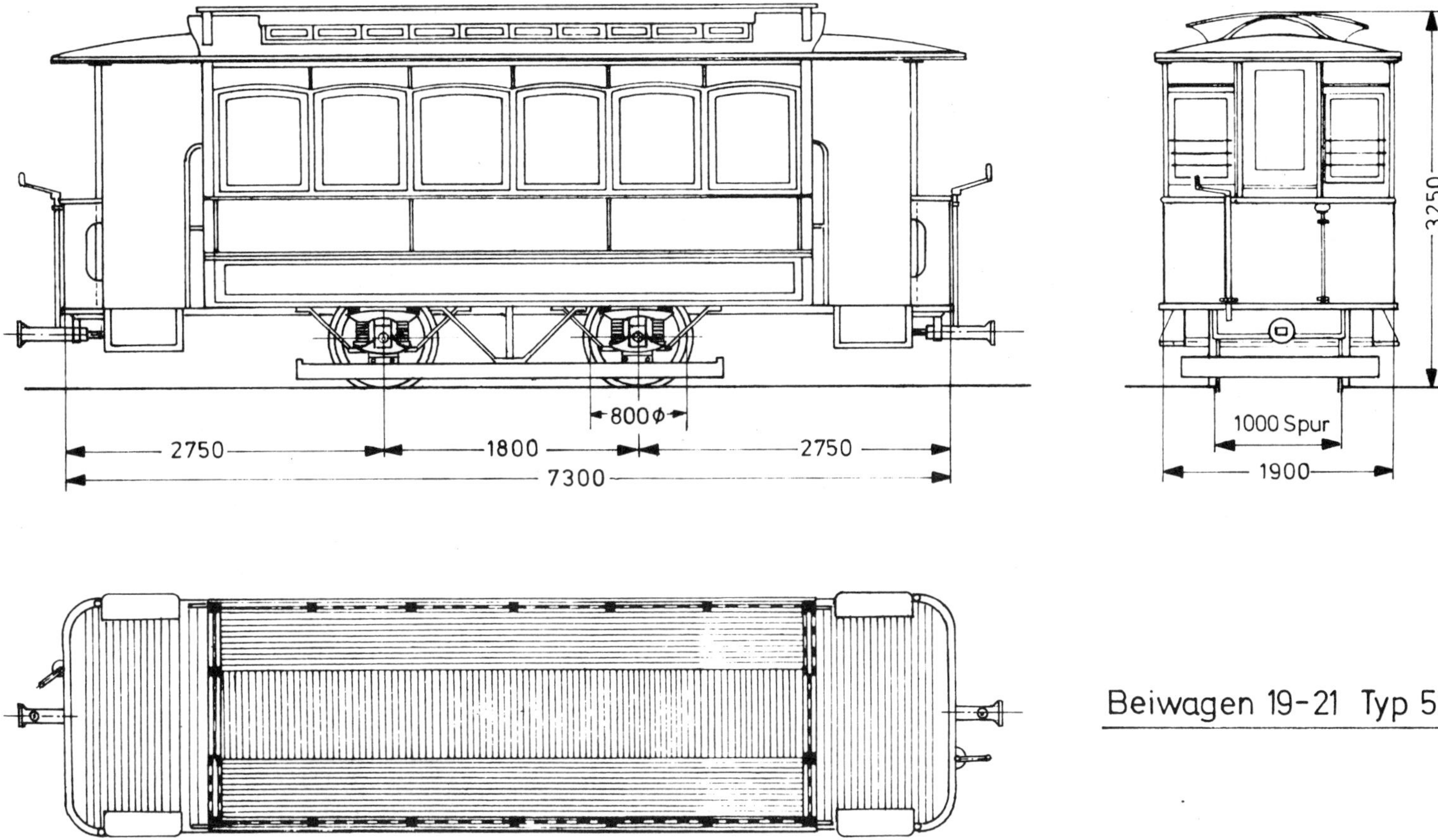


Beiwagen 19-21 Typ 52

*Beiwagen 104–106 erhielten 1924/25 geschlossene Plattformen und die Nummer 118–120, 1931 bei der Generalüberholung sogar neue Untergestelle und ein neues Dach*

**Beiwagen-Typ 53**
**Fahrzeugnummern**: 22, 23 (= 104, 105)
**Baujahr**: 1900
**Hersteller**: Herbrand & Co., Köln-Ehrenfeld

**Beschreibung des Fahrzeugs:**
Zweiachsig; Sommerwagen; Flachdach; ohne Fenster und Seitenwände; offene Plattformen; 14 Längssitze auf Holzbänken, nur eine Leiste in Rükkenhöhe zur Sicherung; Wetterschutzvorhang, von Dach bis zum Untergestell herablaßbar; Länge des Fahrzeugs gesamt: 5800 mm; Länge des Fahrgastraums: 3400 mm; Länge der Plattformen: 1200 mm; Breite: 1900 mm; Höhe: 2850 mm; Achsabstand: 1600 mm; Raddurchmesser: 770 mm; Handbremse; Trompetenkupplung.

**Fahrzeugliste:**

| Nr. | Nr. ab 1902 | Umbau Jahr | zu BW Typ | Nr. | Jahr | BW Typ | Nr. | Jahr | ABW Typ | Nr. | Verbleib |
|---|---|---|---|---|---|---|---|---|---|---|---|
| 22 | 107 | 1914/15 | 53a | 107 | 1926 | 53b | 104(II) | 1936 | 157 | ohne | KV 1944 |
| 23 | 108 | 1914/15 | 53a | 108 | 1926 | 53b | 105(II) | 1936 | 158 | ohne | KV 1944 |

**Bemerkungen:**
Die Sommerwagen des Typs 53 waren äußerlich denen des Typs 51 sehr ähnlich, lediglich etwas länger und mit einem andersartigen Untergestell ausgestattet.
**Umbau 1914/15 zu geschlossenem Beiwagen Typ 53a** in eigener Werkstatt: Zweiachsig; Flachdach; vier gleiche, gerade Fenster mit Lüftungsklappen; geschlossene Plattformen mit halbhohen, fensterlosen Klapptüren; 14 Längssitze auf Holzbänken; Innentüren.
Länge des Fahrzeugs gesamt: 6500 mm; Länge Fahrgastraum: 3400 mm; Länge Plattformen: 1550 mm; Breite: 1900 mm; Höhe: 3000 mm; Achsabstand: 2500 mm; Raddurchmesser: 770 mm; Hand- und Solenoidbremse; Trompetenkupplung.
**Umbau 1926 zu geschlossenem Beiwagen Typ 53b** in eigener Werkstatt: Umgestaltung der Plattformen durch Entfernen der Innentüren, Einbau von verglasten Schiebetüren an der jeweils hinteren Plattform; Verschließen der jeweils vorderen Plattformtür und Entfernen des dortigen Trittbretts; Verlängerung der Längssitzbänke bis jeweils zur vorderen Plattformstirnwand, dadurch Erhöhung der Sitzplatzzahl auf 22 (je Längsseite 11). Maße wie bei Typ 53a (oben).
Nach Eintreffen der „Stuttgarter Beiwagen" waren diese verhältnismäßig kleinen Fahrzeuge überflüssig. Sie wurden daher 1936 zu Arbeitsbeiwagen umgebaut: Beiwagen 104(II) zu geschlossenem Salzwagen Typ 157, Beiwagen 105(II) zu Werkstattwagen Typ 158. Sie waren im alten Teil der Wagenhalle beim Hauptbahnhof Heilbronn abgestellt, als sie am 4. Dezember 1944 dem schweren Bombenangriff zum Opfer fielen.

*Beiwagen 104(II) und 105(II) erhielten 1926 einen exotischen Aufbau mit nur einer Einstiegstür*

**Beiwagen-Typ 54**
**Fahrzeugnummern:** 111-117 **Baujahr:** 1900
**Zugang in Heilbronn:** 1925
**Hersteller:** Wagenkasten: MAN
Untergestell und Plattformbauten:
Waggonfabrik Rastatt

**Beschreibung des Fahrzeugs:**
Zweiachsig; Laternendach; fünf gleiche Bogenfenster; geschlossene Plattformen mit halbhohen, fensterlosen Klapptüren; 16 Längssitze auf Holzbänken; 22 Stehplätze auf den Plattformen; Hand- und Solenoidbremse; Trompetenkupplung.
Länge des Fahrzeugs gesamt: 7600 mm; Länge des Fahrgastraums: 4200 mm; Länge der Plattformen: 1700 mm; Breite: 2050 mm; Höhe: 3050 mm; Achsabstand: 2500 mm; Raddurchmesser: 770 mm; Leergewicht: 7000 kg.

**Bemerkungen:**
Wegen des steigenden Verkehrs und der Netzerweiterung war es erforderlich, verstärkt Beiwagen einzusetzen. Daher wurden 1925 von der Würzburger Straßenbahn GmbH 7 gebrauchte Triebwagen der Nummernreihe 1-36 angekauft. Die noch gut erhaltenen Wagenkästen mit Inneneinrichtungen wurden in eigener Werkstatt von den alten Untergestellen abgehoben und auf neue, von der Waggonfabrik Rastatt gebaute Untergestelle mit Plattformbauten eingepaßt. Die Räder bestanden aus Radsternen (Baujahr 1913) mit aufgeschraubten Radreifen.
Ab 1950 wurden Albert-Kupplungen anstelle der Trompetenkupplungen angebaut.

**Fahrzeugliste:**

| (ex Würzburg Nr.) | Zugang/Inbetriebnahme | Nr. | Umbauten Jahr | zu Typ | Nr. | Verbleib |
|---|---|---|---|---|---|---|
| (1 . . . 36) | 1925/ 1925 | 111 | – | – | – | + 1955 |
| (1 . . . 36) | 1925/ 1925 | 112 | 1952 | 54a | 112 | + 1955 |
| (1 . . . 36) | 1925/ 1925 | 113 | – | – | – | KV 1944 |
| (1 . . . 36) | 1925/ 1926 | 114 | – | – | – | + 1944 |
| (1 . . . 36) | 1925/ 1926 | 115 | – | – | – | KV 1944 |
| (1 . . . 36) | 1925/ 1926 | 116 | 1948 | 62 | 116 | + 1955 |
| (1 . . . 36) | 1925/ 1926 | 117 | 1953 | 54a | 117 | + 1955 |

*1925 verstärken 7 Beiwagen, vormalige Triebwagen aus Würzburg, den Fahrzeugpark*

**Umbau 1953/54 zu Typ 54a:** Umgestaltung der Plattformen durch Einbau von Schiebetüren anstelle der Klapptüren bei Beiwagen 112 und 117.
**Umbau 1948 zu Typ 62:** Der Beiwagen 116 erhielt - unter weitgehender Verwendung sämtlicher noch brauchbarer Teile des alten Wagens – einen einfach ausgeführten Neuaufbau durch

*Oben Typ 54 in Ursprungsausführung, unten mit neuer Lackierung und kriegsbedingt abgedunkelten Fenstern (1943)*

die Firma Schober in Heilbronn-Böckingen: Zweiachsig; Tonnendach mit Lüftungskiemen über den Plattformen; drei gleiche gerade Fenster mit Lüftungsklappen; geschlossene Plattformen mit Schiebetüren; keine Türen im Wageninnern; 16 Längssitze auf Holzbänken; 22 Stehplätze auf den Plattformen; Seitenwände mit sehr hochliegender Regenwasser-Abweisleiste und senkrechtstehenden Holzlatten; Hand- und Solenoidbremse; Trompetenkupplung.
1950 Albert-Kupplung anstelle der Trompetenkupplung angebaut.

### Beiwagen-Typ 55

**Fahrzeugnummern:** 106(II), 107(II)
**Baujahr:** 1900
**Zugang in Heilbronn:** 1925
**Hersteller:** Düsseldorfer Eisenbahnbedarf, vorm. Carl Weyer & Co.

**Beschreibung des Fahrzeugs:**
Zweiachsig; Laternendach; drei gleiche, große Bogenfenster; offene Plattformen mit verglasten Stirnfronten; 22 Längssitze auf Holzbänken; 25 Stehplätze auf den Plattformen; Trompetenkupplung.
Länge des Fahrzeugs gesamt: 7970 mm; Länge des Fahrgastraums: 5170 mm; Länge der Plattformen: 1400 mm; Breite: 2050 mm; Höhe: 3250 mm; Achsabstand: 2600 mm; Raddurchmesser: 800 mm; Hand- und Solenoidbremse.

**Bemerkungen:**
Einfacher Umbau in eigener Werkstatt aus ehemals Krefelder Triebwagen (gleiches Baumuster wie Triebwagen Typ 3). Da sie für die kleinen Heilbronner Triebwagen zu schwer waren, sollten sie ursprünglich nochmals umgebaut werden, nach Ankunft der Esslinger Beiwagen (vgl. Typ 59) war dies jedoch überflüssig. Sie wurden daher 1935 abgestellt und abgebrochen.

**Fahrzeugliste:**

| (Ex Krefeld Nr.) | Nr. | Verbleib |
|---|---|---|
| (Ex Triebwagen 56 = 209) | 106(II) | + 1935 |
| (Ex Triebwagen 76 = 203) | 107(II) | + 1935 |

*Das „ex-Krefelder Unikum“ war für Heilbronn ungeeignet*

**Beiwagen-Typ 56**
**Fahrzeugnummern:** 121-123 **Baujahr:** 1883
**Zugang in Heilbronn:** 1925
**Hersteller:** ??

**Beschreibung des Fahrzeugs:**
Vierachsig; Laternendach; ein großes, ein kleines, zwei große, ein kleines, zwei große, ein kleines, ein großes (= neun) Fenster; offene Plattformen mit Gitterverschluß; 36 Längssitze auf Holzbänken; Trompetenkupplung.
Länge des Fahrzeugs gesamt: 10 400 mm; Länge des Fahrgastraums: 8200 mm; Länge der Plattformen: 1100 mm; Breite: 2100 mm; Höhe: ?; Achsabstand: 1000 mm; Drehzapfenabstand: 5200 mm; Hand- und Druckluftbremse.

**Fahrzeugliste:**

| Ex Dampfbahn = Krefeld) | Nr. | Verbleib |
|---|---|---|
| (Ex CUL 27 = CSB 115) | 121 | + 1934 |
| (Ex CUL 30 = CSB 117) | 122 | + 1934 |
| (Ex CUL 31 = CSB 118) | 123 | + 1934 |

**Bemerkungen:**
Zusammen mit den großen Krefelder Triebwagen (vgl. Typ 4) wurden diese schon verhältnismäßig alten, jedoch noch gut erhaltenen Beiwagen der Krefelder Straßenbahn (die von der ehemaligen Dampfstraßenbahn „Crefeld-Uerdinger Localbahn AG (CUL)" – bis 1884: Reymers & Masch – stammten) übernommen für die geplante Strecke nach Neckargartach. Da sich der Bau dieser Strecke verzögerte, setzte man sie auf den Stadtstrecken ein, wo sie sich aber nicht eigneten. Ab 1929 liefen sie vorwiegend während der Hauptverkehrszeiten zwischen Heilbronn und Neckargartach. Nach Ankunft der von Esslingen übernommenen Beiwagen (vgl. Typ 59) wurden diese alten und schweren und für den Heilbronner Stadtverkehr ungeeigneten Fahrzeuge aus dem Verkehr gezogen und verschrottet.

**Beiwagen-Typ 57**
**Fahrzeugnummern:** 71-75 **Baujahr:** 1928
**Hersteller:** Maschinenfabrik Esslingen

**Beschreibung des Fahrzeugs:**
Zweiachsig; Tonnendach mit Lüftungskiemen über den Plattformen; vier gleiche Bogenfenster mit Lüftungsklappen; geschlossene Plattformen mit Schiebetüren; 22 Quersitze auf Holzbänken; 24 Stehplätze auf den Plattformen.
Länge des Fahrzeugs gesamt: 9700 mm; Länge des Fahrgastraums: 5840 mm; Länge der Plattformen: 1930 mm; Breite: 2050 mm; Höhe: 3060 mm; Achsabstand: 3000 mm; Raddurchmesser: 700 mm; Leergewicht: 9000 kg; Hand- und Solenoidbremse; Trompetenkupplung.

**Bemerkungen:**
Diese Beiwagen beschaffte die selbständige „Straßenbahn Neckargartach" passend zu den Triebwagen 31-35 des Typs 6 (vgl. dort). Die Maschinenfabrik Esslingen baute sie nach Plänen für gleichartige Beiwagen der Stuttgarter Straßenbahnen AG. 1940 übernahmen die Heilbronner Straßenbahnen diese Fahrzeuge, die von Anfang

**Fahrzeugliste:**

| Nr. | Verbleib |
|---|---|
| 71 | + 1955 |
| 72 | + 1955 |
| 73 | + 1955 |
| 74 | + 1955 |
| 75 | + 1955 |

*Von den ehemaligen Neckargartacher Beiwagen ging im Krieg keiner verloren*

an (da die Betriebsführung der Straßenbahn Neckargartach der Heilbronner Straßenbahnen AG oblag) in das Heilbronner Nummernschema eingegliedert waren.
1950 Albert-Kupplung anstelle der Trompetenkupplung angebaut.

*Beiwagen Typ 57 – hier auf dem Abstellgleis vor dem Depot in Neckargartach – wurden nie umgebaut*

**Beiwagen-Typ 58**
**Fahrzeugnummern:** 124-125
**Bau-/Umbaujahr:** 1897/1929
**Hersteller:** Herbrand & Co., Köln-Ehrenfeld/Heilbronner Strassenbahnen

**Beschreibung des Fahrzeugs:**
Zweiachsig; Pagodendach; fünf gleiche Bogenfenster; geschlossene Plattformen mit halbhohen, fensterlosen Klapptüren; 16 Längssitze auf Holzbänken; 14 Stehplätze auf den Plattformen; Trompetenkupplung.
Länge des Fahrzeugs gesamt: 7970 mm; Länge des Fahrgastraums: 3900 mm; Länge der Plattformen: 1200 mm; Breite: 2010 mm; Höhe: 3410 mm; Achsabstand: 1500 mm; Raddurchmesser: 800 mm; Hand- und Solenoidbremse.

**Fahrzeugliste:**

| (Ex Triebwagen) | Nr. | Verbleib |
|---|---|---|
| (Ex TW Typ 1 Nr. 6) | 124 | + 1934 |
| (Ex TW Typ 1 Nr. 7) | 125 | + 1934 |

**Bemerkungen:**
In eigener Werkstatt aus den Triebwagen Nr. 6 und 7 durch Entfernen der Motoren und der Fahrschalter umgebaut. Nach Inbetriebnahme der von der Esslinger Straßenbahn übernommenen Beiwagen (vgl. Typen 59 und 60) konnten diese beiden ziemlich verbrauchten und für ihre Größe zu schweren Beiwagen abgestellt und bald darauf verschrottet werden.

*Man sieht's an seinem Untergestell, daß er einst ein Triebwagen war*

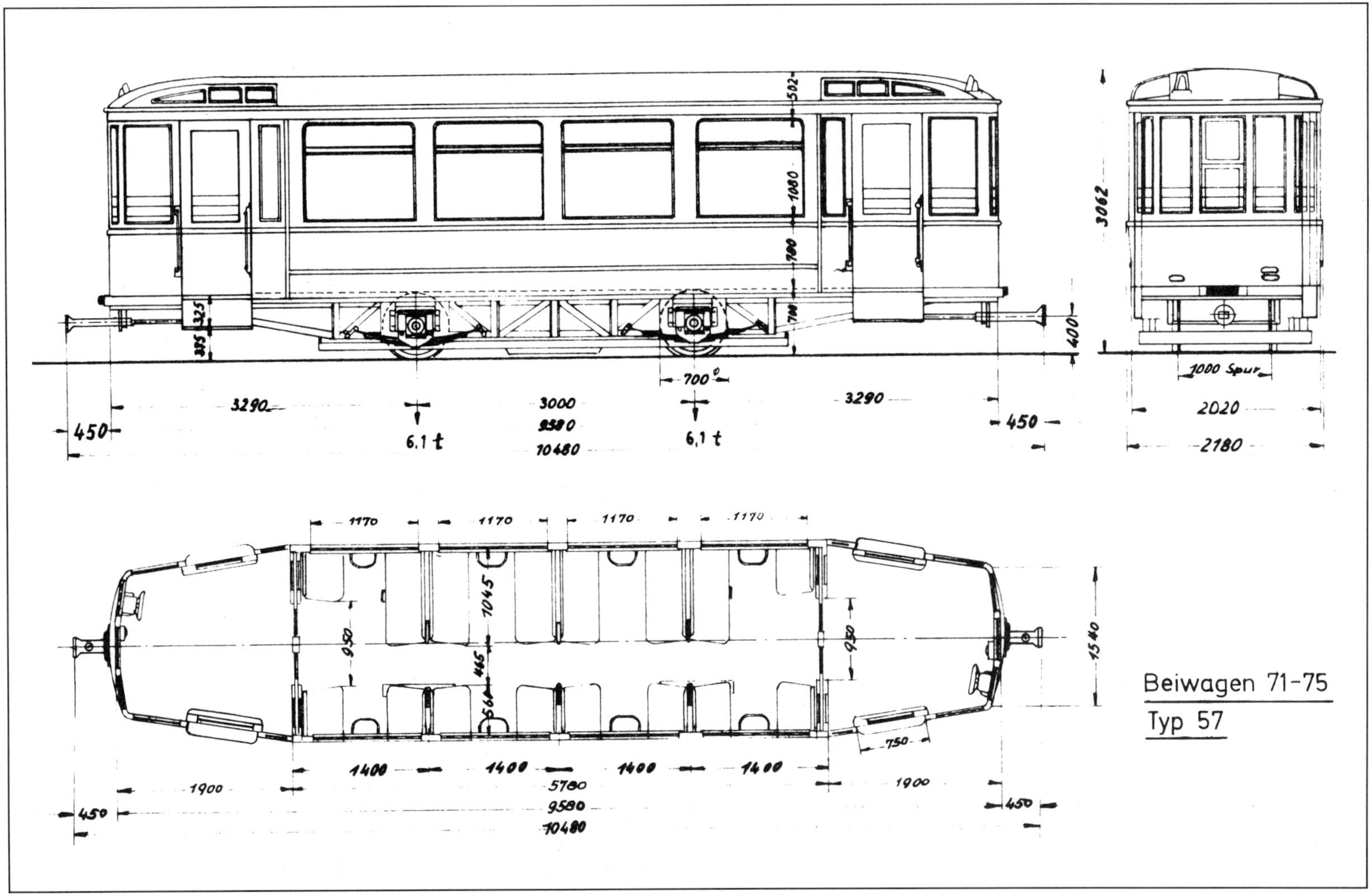


Beiwagen 71–75

Typ 57

*Von ehemals 6 Esslinger Beiwagen überlebten in Heilbronn nur zwei den Zweiten Weltkrieg*

**Beiwagen-Typ 59.1 und 59.2**
**Fahrzeugnummern:** 121(II)-125(II), 126
**Baujahre:** Typ 59.1: 1912
Typ 59.2: 1919
**Zugang in Heilbronn:** 1934
**Hersteller:** Typ 59.1: Herbrand & Co., Köln-Ehrenfeld
Typ 59.2: Maschinenfabrik Esslingen

**Beschreibung des Fahrzeugs:**
Zweiachsig; Laternendach; fünf gleiche Bogenfenster; Plattformen mit verglasten Stirnfronten und zweiflügeligen Gitter-Klapptüren; 18 Längssitze auf Holzbänken; 22 Stehplätze auf den Plattformen; Trompetenkupplung.
Länge des Fahrzeugs: 6950 mm; Länge des Fahrgastraums: 4450 mm; Länge der Plattformen: 1250 mm; Breite: 2050 mm; Höhe: 3165 mm; Achsabstand: 2300 mm; Raddurchmesser: 770 mm; Leergewicht: 6200 kg; Hand- und Solenoidbremse.

**Fahrzeugliste:**

| (Ex Esslingen) Nr. | Nr. ab 1929 | Nr. ab 1930) | Typ | Nr. | Verbleib |
|---|---|---|---|---|---|
| (16 | 71 | 71) | 59.1 | 121(II) | + 1953 |
| (17 | 72 | 72) | 59.1 | 122(II) | KV 1944 |
| (18 | 72 | 73) | 59.1 | 123(II) | KV 1944 |
| (24 | 79 | 74(II)) | 59.2 | 124(II) | KV 1944 |
| (25 | 80 | 75(II)) | 59.2 | 125(II) | KV 1944 |
| (21 | 76 | 76) | 59.2 | 126 | + 1951 |

**Bemerkungen:**
1934 konnten von der Esslinger Städtischen Straßenbahn diese gut erhaltenen Beiwagen äußerst günstig übernommen und sofort auf dem Netz der Heilbronner Straßenbahnen eingesetzt werden, da außer der Lackierung an den Fahrzeugen kaum Änderungen vorgenommen werden mußten. Zusammen mit den ebenfalls gebraucht angeschafften Beiwagen der Typen 60 und 61 (vgl. dort) ersetzten sie die alten, sehr überholungsbedürftigen Beiwagen der Typen 51a, 51b, 55, 56 und 58 (vgl. dort).

**Beiwagen-Typ 60**
**Fahrzeugnummern:** 127-128 **Baujahr:** 1912
**Zugang in Heilbronn:** 1934
**Hersteller:** Maschinenfabrik Esslingen

**Beschreibung des Fahrzeugs:**
Zweiachsig; Tonnendach; drei gleiche, in der Mitte durch eine Strebe unterteilte Bogenfenster; Plattformen mit verglasten Stirnfronten und zweiflügeligen Gitter-Klapptüren; 18 Quersitze auf Holzbänken; 22 Stehplätze auf den Plattformen; unterhalb der Seitenfenster bis zur Scheuerleiste senkrecht stehende Holzlatten als Seitenwandverkleidung; Trompetenkupplung.
Länge des Fahrzeugs gesamt: 7120 mm; Länge des Fahrgastraums: 4620 mm; Länge der Plattformen: 1250 mm; Breite: 2090 mm; Höhe: 3000 mm; Achsabstand: 2300 mm; Raddurchmesser: 770 mm; Leergewicht: 5800 kg; Hand- und Solenoidbremse.

**Fahrzeugliste:**

| (Ex Esslingen) Nr. | Nr. ab 1929 | Nr. ab 1930 | Nr. | Verbleib |
|---|---|---|---|---|
| (19 | 74 | 79(II)) | 127 | + 1953 |
| (20 | 75 | 80(II)) | 128 | KV 1944 |

**Bemerkungen:**
Diese ursprünglich offenen Sommerwagen der Esslinger Städtischen Straßenbahn wurden nach ihrer Ankunft in Heilbronn von der eigenen Werkstätte in geschlossene Beiwagen umgebaut.

*Bald nachdem diese Aufnahme gemacht war, ging der Wagen durch den Angriff am 4.12.44 auf Heilbronn verloren*

1947 erhielt Beiwagen 127 wegen Glasmangels anstelle der einen jetzt zwei Streben in den Seitenfenstern, damit kleinere Glasscheiben eingesetzt werden konnten.
1950 Albert-Kupplung anstelle der Trompetenkupplung eingebaut.

**Beiwagen-Typ 61**
**Fahrzeugnummern:** 101(II)-105(III)
**Baujahre:** 1888/90, Umbau: 1907
**Zugang in Heilbronn:** 1936
**Hersteller:** Herbrand & Co., Köln-Ehrenfeld/ Stuttgarter Straßenbahnen AG

**Beschreibung des Fahrzeugs:**
Zweiachsig; Gewölbedach; fünf gleiche, gerade Fenster mit kleinen Lüftungsklappen darüber; offene Plattformen mit Ketten als Verschluß; 18 Längssitze auf Holzbänken; 16 Stehplätze auf den Plattformen; Trompetenkupplung.
Länge des Fahrzeugs gesamt: 6400 mm; Länge des Fahrgastraums: 4400 mm; Länge der Plattformen: 1000 mm; Breite: 2000 mm; Höhe: 2860 mm; Achsabstand: 1700 mm; Raddurchmesser: 770 mm; Leergewicht: 4500 kg; Hand- und Solenoidbremse.

*Der ehemalige „Stuttgarter“ in seiner Ursprungsform hier 1943 vor der Halleneinfahrt beim Hauptbahnhof*

**Bemerkungen:**
Die von der ehemaligen Pferdebahn „Neue Stuttgarter Straßenbahn Lipken und Cie. (NSS)“ (eine der Vorgängerinnen der Stuttgarter Straßenbahnen AG) bezogenen kleinen Wagen mit nur 10 Sitzplätzen wurden von der Hauptwerkstatt der SSB im Jahre 1907 unter Verwendung sämtlicher alter Teile in diese 18sitzigen Fahrzeuge umgebaut. Die Heilbronner Straßenbahnen übernahm die Wagen von der SSB am 15. und 16. Mai 1936.
**Umbau 1940-1944 zu Typ 61a:** Die Beiwagen 101(II), 104(III) und 105(III) wurden in eigener Werkstatt grundüberholt, dabei die Plattformen verlängert und geschlossen, sowie Schiebetüren eingebaut.

*In eigener Werkstatt erhielten Beiwagen des Typs 61 1943–44 geschlossene Plattformen*

Länge des Fahrzeugs: 7900 mm; Länge des Fahrgastraums: 4400 mm; Länge der Plattformen: 1750 mm; Breite: 2000 mm; Höhe: 2860 mm; Achsabstand: 2300 mm; Raddurchmesser: 770 mm; Leergewicht: 5000 kg; sonst wie oben (Typ 61).
1947 Einbau von Quersprossen in die Seitenfenster bei Beiwagen 103.
1950 Albert-Kupplung anstelle der Trompetenkupplung eingebaut.

**Fahrzeugliste:**

| (Ex Stuttgart) Baujahr | Nr. b. NSS | Nr. bei SSB ab 1890 | ab 1913 | ab 1928 | Nr. | Umbau zu Typ 61a | Verbleib |
|---|---|---|---|---|---|---|---|
| (1888 | 27 | 27 | 627 | 927) | 101(II) | 1940 | + 1955 |
| (1888 | 26 | 26 | 626 | 926) | 102(II) | – | KV 1944 |
| (1888 | 28 | 28 | 628 | 928) | 103(II) | – | + 1951 |
| (1890 | 30 | 30 | 630 | 930) | 104(III) | 1944 | KV 1944 |
| (1888 | 29 | 29 | 629 | 929) | 105(III) | 1942 | + 1955 |

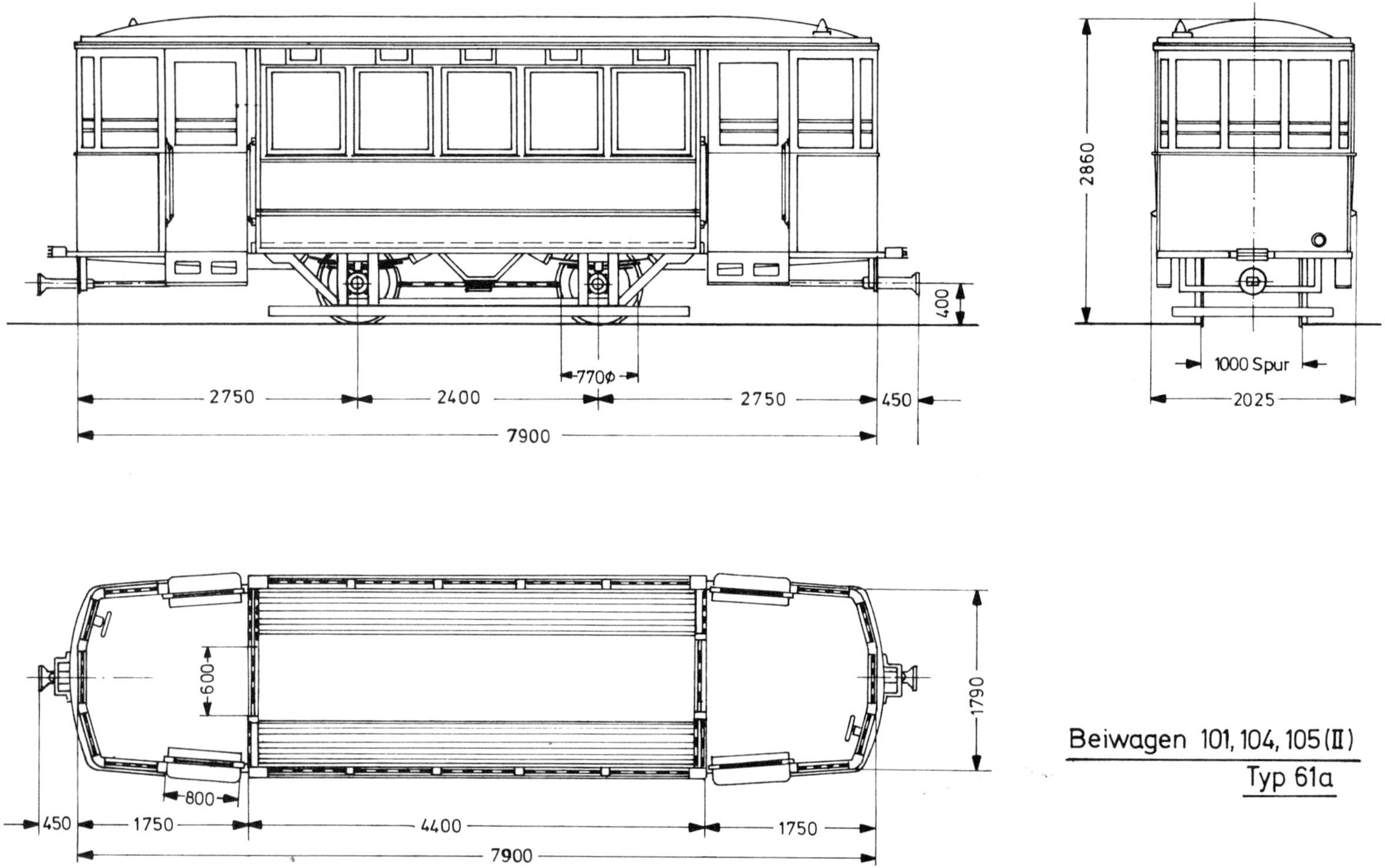


Beiwagen 101, 104, 105 (II)
Typ 61a

**Beiwagen-Typ 62**
Siehe hierzu Beiwagen-Typ 54.

**Triebwagen-Typ 63.1 und 63.2**
**Fahrzeugnummern:** 160-165 **Baujahr:** 1912
**Zugang in Heilbronn:** 1949
**Hersteller:** Waggonfabrik Rastatt

**Beschreibung des Fahrzeugs:**
Zweiachsig; Tonnendach; drei gleiche Bogenfenster; Plattformen mit verglasten Stirnfronten mit fünf (Typ 63.1) bzw. sieben (Typ 63.2) Fenstern und Klappgittern als Verschluß; 18 Quersitze auf Holzbänken; 16 Stehplätze auf den Plattformen; unterhalb der Seitenfenster bis zur Scheuerleiste senkrecht stehende Holzlatten als Seitenwandverkleidung; Albert-Kupplung; Hand- und Solenoidbremse.
**Typ 63.1:** Länge des Fahrzeugs gesamt: 8000 mm; Länge des Fahrgastraums: 4300 mm; Länge der Plattformen: 1850 mm; Breite: 2050 mm; Höhe: 3060 mm; Achsabstand: 2800 mm; Raddurchmesser: 800 mm.
**Typ 63.2:** Länge des Fahrzeugs gesamt: 8250 mm; Länge des Fahrgastraums: 4350 mm; Länge der Plattformen: 1950 mm; Breite: 2100 mm; Höhe: 3200 mm; Achsabstand: 3000 mm; Raddurchmesser: 800 mm.

**Bemerkungen:**
Nachdem die Stadt Baden-Baden einen Teil ihres Straßenbahnnetzes stillgelegt hatte, konnten diese sechs Beiwagen zusammen mit sechs Triebwagen (vgl. Typ 10) 1949 günstig erworben werden. Die Beiwagen 160-163 (Typ 63.1) waren ursprünglich offene Sommerwagen. Vor ihrem Einsatz auf dem Heilbronner Netz noch im Jahre 1949, baute sie die Werkstatt der Heilbronner Straßenbahnen in geschlossene Beiwagen um und glich sie den bereits geschlossenen Wagen 164 und 165 (Typ 63.2) an.

**Fahrzeugliste:**

| (Ex Baden-Baden) | Typ | Nr. | Verbleib |
|---|---|---|---|
| (Ex 33 . . . 38) | 63.1 | 160 | + 1955 |
| (Ex 33 . . . 38) | 63.1 | 161 | + 1955 |
| (Ex 33 . . . 38) | 63.1 | 162 | + 1955 |
| (Ex 33 . . . 38) | 63.1 | 163 | + 1955 |
| (Ex 31) | 63.2 | 164 | + 1955 |
| (Ex 32) | 63.2 | 165 | + 1955 |

*Beiwagen 116 (Typ 62, ex Typ 54) erhielt als einziger nach dem Kriege einen Neuaufbau*

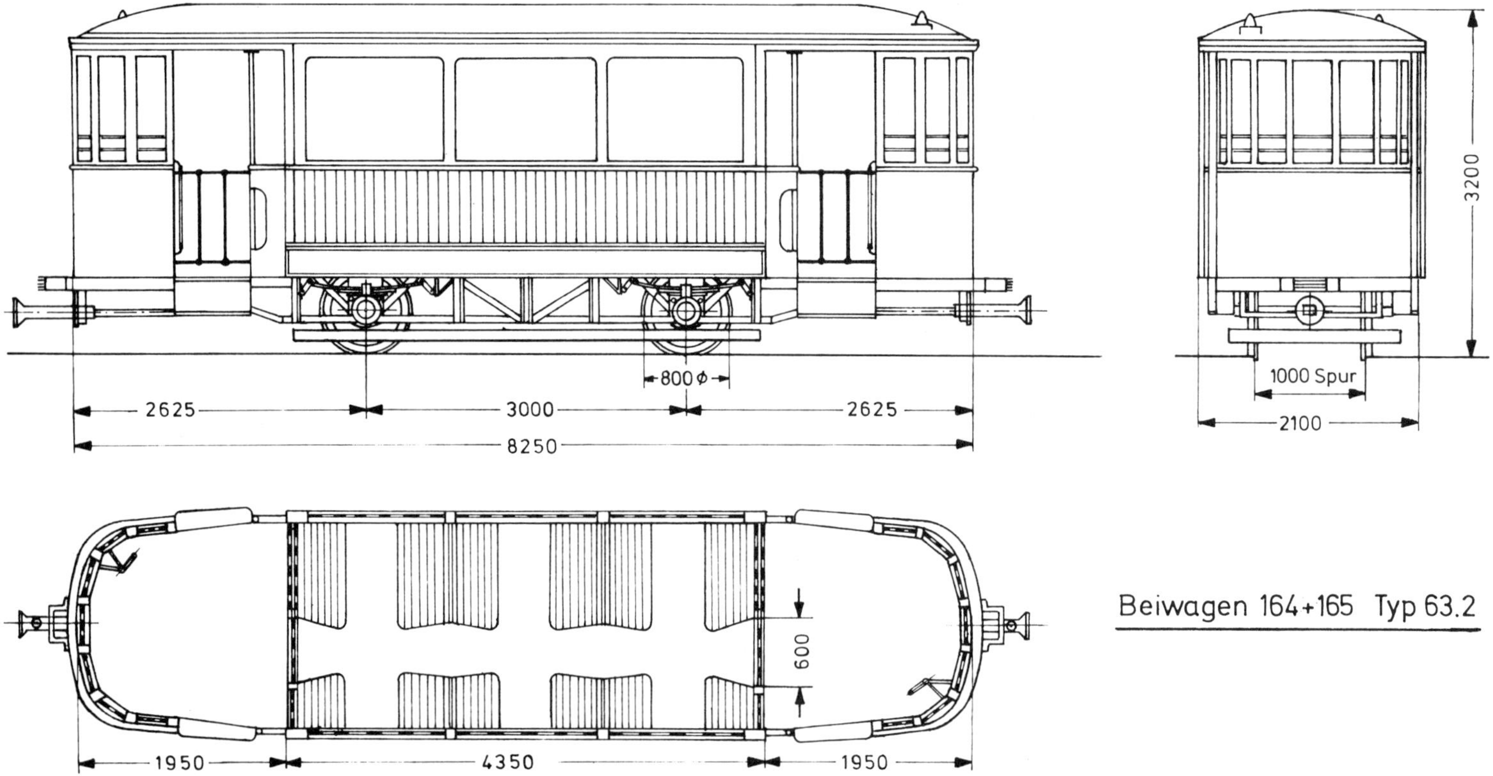


Beiwagen 164+165 Typ 63.2

DR.OETKER BACKPULVER
162

91

2

160

Persil die vollendete Wäschepflege
164

7

| Typ | Nr. | Bau-jahr | Hersteller | Art | Verbleib | Bemerkung |
|---|---|---|---|---|---|---|
| 101.1 | 26 | 1936 | HKE/HN | Rangiertrieb-wagen | KV 1944 | Umbau aus TW 13 (1897), Typ 2 |
| 102 | 91 | 1940 | HKE/HN | Gütertriebwagen | + 1944 | Umbau aus TW 7 (1902), Typ 7 |
| 101.2 | 92 | 1940 | HKE/HN | Arbeitstrieb-wagen/Gleisbau | + 1951 | Umbau aus TW 14, (1897), Typ 2 |
| 151.1<br>151.2 | 1<br>2 | 1912<br>1912 | ?<br>? | Plattformwagen<br>Plattformwagen | KV 1944<br>KV 1944 | Für betriebseigene Transporte, vorwiegend Schienen |
| 152 | – | 1928 | HN | Plattformwagen mit Stirnwand | + 1955 | |
| 153 | – | 1928 | | Kleinlore | + 1955 | Mit abklappbaren Seitenwänden |
| 54 | – | 1912 | ? | Salzwagen und Gleisreiniger | + 1936 | Abklappbare Seitenwände, Planenverdeck, Gleisbesen, Salzstreuvorrichtung |
| 155.1<br>155.2 | –<br>– | 1928<br>1928 | HN<br>HN | Fahrbare Leiter<br>Fahrbare Leiter | KV 1944<br>KV 1944 | In eigener Werkstatt gebaute Oberleitungs-montagewagen |
| 156 | – | ? | ? | Achsbruchwagen | + 1955 | |
| 157 | – | 1936 | HKE/HN | Salzstreuwagen | KV 1944 | Umbau aus Beiwagen 104 (II), Typ 53b |
| 158 | – | 1936 | HKE/HN | Werkstattwagen | KV 1944 | Umbau aus Beiwagen 105 (II), Typ 53b |
| 159 | – | 1949 | HN | Gleiskleinwagen | + 1955 | Materialwagen für Streckenkolonne |

*Seite 195, linke Spalte*
*Die ex-Baden-Badener konnten ihre Herkunft nicht verleugnen, denn die „Holzlatten-Seitenwand“ ist „typisch badisch“.*
*Oben Beiwagen 162, darunter der 160 (Typ 62.1), beide 1952 an der Endstation Gildenstraße. Sie waren ursprünglich Sommerwagen. Der 1954 in der Allee stehende Wagen 164 hatte dagegen immer geschlossene Plattformen*

*Mittlere Spalte:*
*Oben steht Arbeitstriebwagen 91 (ex Nr. 7 Typ 7) vor dem Depot am Hauptbahnhof, darunter die Reste des kriegsbeschädigten Nr. 92, der aus dem Triebwagen 13 (Typ 2 von 1897) entstand;*
*darunter eine exotische Werkstattlore zum Abstellen von Wagenkästen*

*Rechte Spalte:*
*Oben steht ein Plattformwagen, darunter der Gleisreinigungs- und Salzwagen und unten die fahrbare Fahrleitungsleiter*

*Rechte Seite:*
*Der Wagen Nr. 1 der „Gleislosen Straßenbahn“ (Typ O 1) steht Ecke Frankfurter/Bahnhofstraße*

**Obus-Typ O 1**
**Fahrzeugnummern:** 1-4 **Baujahr:** 1910; **Verschrottet:** 1919
**Hersteller:** Fahrgestell und Aufbau: G. Daimler, Untertürkheim
Elektrische Ausrüstung: Elektro-Daimler (früher: Mercedes-Electrique), Wiener-Neustadt
**System:** „Mercedes-Electrique – Stoll"

**Beschreibung des Fahrzeugs:**
Zweiachsig; Vollgummibereifung; Laternendach über dem Fahrgastraum, Tonnendach über der Einstiegsplattform; rechts drei, links vier gleiche, gerade Fenster; offene Führerplattform mit Windschutzscheibe; eine Einstiegsplattform mit Treppe (auf rechter Fahrzeugseite hinter der Vorderachse); 16 Längssitze auf Holzbänken; 4 Stehplätze im Wageninnern, 4 Stehplätze auf der Plattform. Zwei Elektro-Daimler Radnabenmotoren mit je 6,6 kW (9 PS) (direkt in die Radnabe der Hinterachse eingebauten Elektromotoren mit Kurzschlußbremse); ein Fahrschalter (wie für Straßenbahn mit Serien- und Parallelschaltung sowie einigen Bremsstufen – zu schalten mit einer Kurbel, links neben dem Lenkrad eingebaut); Widerstände unter dem Wagenbogen (unter dem Fahrersitz).
Ein Stromabnehmer, System Stoll (kleiner Wagen mit vier kugelgelagerten Metallrollen, durch ein Pendelgewicht auf die beiden Fahrdrähte gedrückt (je zwei Rollen an einem Pol), mittels Stahlbügel gegen Absturz gesichert; durch flexibles Kabel mit dem Stromabnehmerwagen und dem Obus verbunden; eine automatische Kabeltrommel für 12 m Doppelkabel läßt ein seitliches Ausweichen von 6 bis 7 m in beiden Richtungen zu. Leergewicht: 3000 kg; Länge des Fahrgastraums: 3800 mm; Länge der Einstiegsplattform mit Führerstand: 2200 mm; Länge gesamt (über Stoßstangen): 6100 mm; Höchstgeschwindigkeit (Vmax.): 20 km/h.

**Obus-Typ O 2.1 bis O 2.2**
**Fahrzeugnummern:** 201 bis 206 **Baujahr:** 1951
**Hersteller:** Fahrgestell: Henschel & Sohn, Kassel, Typ II-65000
Aufbau: Typ O 2.1 Drögmöller, Heilbronn
Typ O 2.2 Wankmiller, Heilbronn

**Beschreibung des Fahrzeugs:**
Zweiachsig; Tonnendach; rechts ein kleines, ein großes Fenster, Doppel-Falttür, drei Fenster, Doppelfalttür; links sieben Fenster (alle Seitenfenster mit darüberliegendem, schmalem Lüftungsfenster; elektro-pneumatische Kiekert Doppel-Falttüren mit lichter Weite von 1200 mm); 34 Sitzplätze gepolstert (Durofol), 43 Stehplätze.

*Obus 201 (Typ O 2.1) baute die Firma Drögmöller auf. Er steht gegenüber dem Hauptbahnhof*

In der Stirnfront über den Windschutzscheiben eingebauter Kasten für kombinierten Linien- und Zielfilm; elektrische Frischstrom-Wagenheizung; Anhängerkupplung. Länge des Fahrzeugs: 10 750 mm; Breite: 2550 mm; Höhe: 3350 mm; Leergewicht: 9500 kg; Nutzlast: 5000 kg; zulässiges Gesamtgewicht: 14 500 kg. Ein eigenbelüfteter Siemens-Schuckert (SSW)-Doppelkollektor-

**Fahrzeugliste:**

| Typ | Nr. | Amtl. Kennzeichen ab 1951 | ab 1956 | Fahrgestell-Nr. | Verbleib Verkauf | In Nr. | Braga (Portugal) Bemerkungen 1) |
|---|---|---|---|---|---|---|---|
| 0 2.1 | 201 | AW 37-6492 | HN-6071 | 25231 | V 1961 | 4 | (1969 abgestellt) |
| 0 2.1 | 202 | AW 37-6493 | HN-6072 | 25232 | V 1961 | 5 | |
| 0 2.1 | 203 | AW 37-6494 | HN-6073 | 23235 | V 1961 | 6 | (1969 abgestellt) |
| 0 2.2 | 204 | AW 37-6495 | HN-6074 | 25230 | V 1961 | 7 | (1976 Neuaufbau) |
| 0 2.2 | 205 | AW 37-6496 | HN-6075 | 25233 | V 1961 | 8 | (1976 Neuaufbau) |
| 0 2.2 | 206 | AW 37-6497 | HN-6076 | 25234 | V 1961 | 9 | (1961 abgestellt) |

motor (Unterflur in Wagenmitte gelagert), Typ D 602e mit 87-110 kW bei einer Drehzahl von 1430-1800 U/min.; Antrieb der Hinterachsen über Kardanwelle und Ausgleichsgetriebe; ein mechanisch direkt betätigtes Nockenschaltwerk (SSW) Typ ONW 6F4; fremderregte elektrische Bremse (auf den Antrieb wirkend); Bosch Lastzug-Druckluftbremse; Handbremse (auf Hinterräder und Anhänger-Bremsventil wirkend); Höchstgeschwindigkeit (V max.) 60 km/h; zwei SSW-Stangenstromabnehmer Typ OSE.

**Bemerkungen:**

Obus Nr. 202 und 204 hatten eine Länge von 10800 mm, 205 von 10650 mm.

1953 zur Einführung des Fahrgastflusses bei der hinteren Einstiegtür am Heck einen Schaffnerplatz eingebaut (Einstieg nur noch bei der Hecktür, Ausstieg nur bei der Tür in Wagenmitte), dadurch nur noch 30 Sitzplätze und 45 Stehplätze; Einbau eines vollautomatischen Nockenschaltwerks; Leergewicht erhöhte sich auf 10 300 kg, das zulässige Gesamtgewicht wurde auf 15 000 kg angehoben.

1) In Braga diente der Obus Nr. 9 (ex 206) nur als Ersatzteilspender; auf die Fahrgestelle der Obusse 6 und 7 (ex 203 und 204) baute die portugiesische Firma Camo Carrocarias Lda., Porto einen neuen Wagenkasten auf.

**Obus-Typ O 3**

**Fahrzeugnummern:** 207 bis 209 **Baujahr:** 1951

**Hersteller:** Fahrgestell: MAN, Nürnberg, Typ MKE 2
Aufbau: Kässbohrer, Ulm a.D.

**Beschreibung des Fahrzeugs:**

Zweiachsig; Tonnendach; selbsttragende Karosserie; rechts eine Tür, drei gleiche Fenster, eine Tür, vier gleiche Fenster, eine Tür, ein Eckfenster; links Fahrertür, zehn gleiche Fenster, Eckfenster; alle Seitenfenster mit Klappfenster (nach innen) zur Belüftung des Wageninnern, zusätzlich Dachlüfter; drei elektro-pneumatische Wegmann-Falttüren (lichte Weite vorne 750 mm, Mitte 1200 mm, hinten 1200 mm); 33 Sitzplätze gepolstert, 38 Stehplätze, in der Stirnfront über den Windschutzscheiben eingebauter Kasten für

*Typ O 2.2 (Aufbau von Wankmiller) erreicht am 31. März 1954 soeben die Haltestelle Hauptbahnhof*

kombinierten Linien- und Zielfilm; elektrische Frischstrom-Wagenheizung; Anhängerkupplung.
Länge des Fahrzeugs: 10850 mm; Breite: 2480 mm; Höhe: 3300 mm; Leergewicht: 8320 kg; Nutzlast: 4680 kg; zulässiges Gesamtgewicht: 13000 kg.
Ein eigenbelüfteter Siemens-Schuckert (SSW)-Doppelkollektormotor (Unterflur in Wagenmitte gelagert), Typ 602e mit je 87-110 kW, bei einer Drehzahl von 1430-1800 U/min.; ein mechanisch direkt betätigtes Nockenschaltwerk SSW, Typ 6F4; fremderregte elektrische Bremse (auf den Antrieb wirkend); Bosch Lastzug-Druckluftbremse; Handbremse (mechanisch auf Hinterräder und Anhängerbremsventil wirkend); Höchstgeschwindigkeit (V max.): 60 km/h; zwei SSW-Stangenstromabnehmer Typ OSE.

**Fahrzeugliste:**

| Typ | Nr. | Amtliches Kennzeichen ab 1951 | ab 1956 | Fahrgestell-Nr. | Verbleib Verkauf nach Braga | |
|---|---|---|---|---|---|---|
| 0 3 | 207 | AW 37-6498 | HN-6077 | 100 627/1 | V 1961 | (Nr. 1) |
| 0 3 | 208 | AW 37-6499 | HN-6078 | 100 627/3 | V 1961 | (Nr. 2) |
| 0 3 | 209 | AW 37-6500 | HN-6079 | 100 660/42 | V 1961 | (Nr. 3) |

**Bemerkungen:**
Obus Nr. 207 hatte ein Leergewicht von 8375 kg und eine Nutzlast von 4625 kg. 1953 zu Einführung des Fahrgastflusses (von hinten zur Mitte und nach vorne) bei der Hecktür einen Schaffnerplatz eingebaut, dadurch nur noch 29 Sitzplätze und 42 Stehplätze; MAN-Falttüren anstelle der Wegmanntüren; vollautomatisches Nockenschaltwerk, dadurch erhöhte sich das Leergewicht bei allen auf 9120 kg und das zulässige Gesamtgewicht auf 13800 kg.

**Obus-Typ 0 4**
**Fahrzeugnummern:** 210 -212 **Baujahr:** 1953
**Hersteller:** Fahrgestell: MAN, Nürnberg
Aufbau: Kässbohrer, Ulm a.D.

**Beschreibung des Fahrzeugs:**
Zweiachsig; Tonnendach; selbsttragende Karosserie; rechts eine Tür, fünf gleiche Fenster, eine Tür, drei gleiche Fenster, eine Tür; links eine Fah-

*Links oben steht Obus 209 (Typ O3) im März 1952 in der Sontheimer Straße; unten sieht man dasselbe MAN-Fahrzeug mit Kässbohrer-Aufbau an der Haltestelle Allee*

*In der Kaiserstraße wurden 1953 im Heilbronner Obusnetz mit einem Henschel-Obus Versuchsfahrten gemacht*

**Fahrzeugliste:**

| Typ | Nr. | Amtliches Kennzeichen ab 1953 | ab 1956 | Fahrgestell-Nr. | Verbleib | Verkauf nach Landshut |
|---|---|---|---|---|---|---|
| 0 4 | 210 | AW 37-6875 | HN-6080 | 100 670/42 | V 1959 | Nr. 110 |
| 0 4 | 211 | AW 37-6876 | HN-6081 | 100 670/41 | V 1959 | Nr. 112 |
| 0 4 | 212 | AW 37-6877 | HN-6082 | 100 670/43 | V 1959 | Nr. 111 |

**Bemerkungen:**
1956 durch Umbau der Bremsanlage Erhöhung des Leergewichts auf 9140 kg und des zulässigen Gesamtgewichts auf 13800 kg. Da diese Fahrzeuge nach Einstellung des Linienbetriebs zum Haselter im Oktober 1957 nicht mehr benötigt wurden, verkauften sie die Stadtwerke Heilbronn, Abt. Verkehrsbetriebe an den Obusbetrieb der Stadt Landshut in Bayern.

rertür, zehn gleiche Fenster, ein Eckfenster; alle Seitenfenster mit darüberliegendem Klappfenster (nach innen schwenkbar) zur Belüftung des Wageninnern, zusätzlich Dachlüfter; drei elektropneumatische Wegmann-Falttüren (lichte Weite vorne und in der Mitte je 750 mm, hinten 1200 mm); Fahrgastfluß von hinten nach vorne; Schaffnersitz beim Einstieg (hintere Tür); 30 Sitzplätze gepolstert, 42 Stehplätze; in der Stirnfront eingebaute Kästen für Linienfilm und für Zielfilm; elektrische Frischstrom-Wagenheizung; Anhängerkupplung.
Länge des Fahrzeugs: 10850 mm; Breite: 2480 mm; Höhe: 3300 mm; Leergewicht: 8340 kg; Nutzlast: 4660 kg; zulässiges Gesamtgewicht: 13000 kg.

Ein Siemens-Schuckert (SSW)-Einkollektormotor (Unterflur in Wagenmitte) Typ GB 200/19 mit 90 kW, bei einer Drehzahl von 950 U/min.; eine indirekte, elektromagnetische SSW-Schützenschaltung (im Fahrzeugheck untergebracht); fremderregte elektrische Bremse (auf den Antrieb wirkend); Bosch Lastzug-Druckluftbremse; Handbremse (mechanisch auf Hinterräder und Anhängerbremsventil wirkend, durch Federspeicher-Bremszylinder verstärkt); Höchstgeschwindigkeit (V max.) 60 km/h; zwei SSW-Stangenstromabnehmer Typ OSE.

*Die jüngste Heilbronner Obus-Serie (Typ O 4) war nur knapp 6 Jahre in Heilbronner Diensten. Links fährt Obus 211 zur Haltestelle Allee, rechts oben der gleiche Bus am 20. Juni 1954 in der Allee, darunter Obus 212 bereits am Güterbahnhof auf einen Bundesbahnwagen zum Abtransport (1959) nach Landshut verladen*

| Typ | Fahrzeug-Nr. | Amtliches Kennzeichen ab | Amtliches Kennzeichen ab | Baujahr | Hersteller Fahrgestell | Typ | Aufbau | Motorleistung | Anzahl der Sitzplätze | Anzahl der Stehplätze | Ausmusterung | Bemerkungen |
|---|---|---|---|---|---|---|---|---|---|---|---|---|
| A 1.1<br>A 1.1 | 1<br>2 | AW 37-5070<br>AW 37-5069 | HN-6001<br>HN-6002 | 1947<br>1947 | Büssing-NAG<br>Büssing-NAG | 5000 T<br>5000 T | Drauz, HN<br>Drauz, HN | 107 PS<br>107 PS | 27<br>27 | 23<br>23 | 06.11.1957<br>06.11.1957 | Rechts 2 Schiebetüren, ohne Fahrertür, Wechselgetriebe |
| A 1.2<br>A 1.2 | 3<br>4 | AW 37-5065<br>AW 37-5712 | HN-6003<br>HN-6004 | 1948<br>1948 | Büssing-NAG<br>Büssing-NAG | 5000 T<br>5000 T | Drauz, HN<br>Drauz, HN | 107 PS<br>107 PS | 27<br>27 | 30<br>30 | 06.11.1957<br>15.03.1961 | |
| A 1.3<br>A 1.3<br>A 1.3 | 5<br>6<br>7 | AW 37-5835<br>AW 37-5888<br>AW 37-5895 | HN-6005<br>HN-6006<br>HN-6007 | 1949<br>1949<br>1949 | Büssing-NAG<br>Büssing-NAG<br>Büssing-NAG | 5000 T<br>5000 T<br>5000 T | Wankmiller<br>Wankmiller<br>Wankmiller | 107 PS<br>107 PS<br>107 PS | 29<br>29<br>29 | 27<br>27<br>27 | 15.03.1961<br>15.03.1961<br>15.03.1961 | Rechts 2 Schiebetüren, mit Fahrertür, Wechselgetriebe |
| A 2 | 8 | AW 37-6284 | HN-6008 | 1950 | Daimler-Benz | 0 3500 | Daimler-Benz | 90 PS | 23 | 23 | 1960 | Umbau für Gelegenheitsverkehr (vgl. Typ A 2.1) |
| A 3<br>A 3 | 9<br>10 | AW 37-5299<br>AW 37-6311 | HN-6009<br>HN-6010 | 1950<br>1950 | Büssing-NAG<br>Büssing-NAG | 5000 TU<br>5000 TU | Büssing-NAG<br>Büssing-NAG | 135 PS<br>135 PS | 33<br>33 | 32<br>32 | 1963<br>1963 | 3 einfache Falttüren, rechts ohne Fahrertür, Wechselgetriebe |
| A 4 | 11 | AW 37-6626 | HN-6011 | 1951 | Daimler-Benz | 0 6600 H | Daimler-Benz | 145 PS | 39 | 34 | 1956 | Umbau durch Drögmöller für Ausflugsverkehr; Hydromatic-Getriebe, 1 einfache, eine doppelte Falttür |
| A 5<br>A 5<br>A 5<br>A 5<br>A 5<br>A 5<br>A 5<br>A 5<br>A 5<br>A 5<br>A 5<br>A 5 | 12<br>13<br>14<br>15<br>16<br>17<br>18<br>19<br>20<br>21<br>22<br>23 | AW 37-7491<br>AW 37-7492<br>AW 37-7493<br>AW 37-7495<br>AW 37-7496<br>AW 37-7497<br>AW 37-7498<br>AW 37-7499<br>AW 37-7500<br>AW 37-7501<br>AW 37-7502<br>AW 37-7503 | HN-6012<br>HN-6013<br>HN-6014<br>HN-6015<br>HN-6016<br>HN-6017<br>HN-6018<br>HN-6019<br>HN-6020<br>HN-6021<br>HN-6022<br>HN-6023 | 1955<br>1955<br>1955<br>1955<br>1955<br>1955<br>1955<br>1955<br>1955<br>1955<br>1955<br>1955 | Büssing<br>Büssing<br>Büssing<br>Büssing<br>Büssing<br>Büssing<br>Büssing<br>Büssing<br>Büssing<br>Büssing<br>Büssing<br>Büssing | 4500 T<br>4500 T<br>4500 T<br>4500 T<br>4500 T<br>4500 T<br>4500 T<br>4500 T<br>4500 T<br>4500 T<br>4500 T<br>4500 T | Büssing<br>Büssing<br>Büssing<br>Büssing<br>Büssing<br>Büssing<br>Büssing<br>Büssing<br>Büssing<br>Büssing<br>Büssing<br>Büssing | 100 PS<br>100 PS<br>100 PS<br>100 PS<br>100 PS<br>100 PS<br>100 PS<br>100 PS<br>100 PS<br>100 PS<br>100 PS<br>100 PS | 24<br>24<br>24<br>24<br>24<br>24<br>24<br>24<br>24<br>24<br>24<br>24 | 44<br>44<br>44<br>44<br>44<br>44<br>44<br>44<br>44<br>44<br>44<br>44 | 1965<br>1969<br>1966<br>1970<br>1966<br>1965<br>1970<br>1970<br>1970<br>1969<br>1969<br>1965 | Ab 1965 umgenummert:<br>23 (III); HN-6023<br>24 (III); HN-6024<br>25 (III); HN-6025<br>26 (III); HN-6026<br>– –<br>27 (III); HN-6027<br>28 (III); HN-6028<br>29 (III); HN-6029<br><br>Vorne und hinten je eine einfache Falttür; ohne Fahrertür, Wechselgetriebe |
| A 6.1<br>A 6.1<br>A 6.1 | 24<br>25<br>26 | AW 37-7625<br>AW 37-7626<br>AW 37-7627 | HN-6024<br>HN-6025<br>HN-6026 | 1955<br>1955<br>1955 | Daimler-Benz<br>Daimler-Benz<br>Daimler-Benz | 0 321 H<br>0 321 H<br>0 321 H | Daimler-Benz<br>Daimler-Benz<br>Daimler-Benz | 110 PS<br>110 PS<br>110 PS | 24<br>24<br>24 | 35<br>35<br>35 | 1965<br>1965<br>1965 | Vorne und hinten je eine einfache Falttür; Wechselgetriebe |

*Oben ist der Büssing-NAG-Bus Nr. 5 (Typ A 1.3), darunter der einzige Daimler-Benz-Schnauzenbus O3500 von 1950, der heutige Museumswagen*

*Oben Mitte ist Bus 11 (Daimler-Benz O 6600H) in Ursprungsausführung zu sehen, daneben ein Blick ins Wageninnere*

*Der erste Heilbronner Büssing-NAG-Omnibus (Typ TU 5000T) mit werksmäßigem Aufbau am 2. Juli 1952 in der Kaiserstraße*

| Typ | Fahrzeug-Nr. | Amtliches Kennzeichen ab Ankunft | ab 1956 | Baujahr | Hersteller Fahrgestell | Typ | Aufbau | Motorleistung | Anzahl der Sitzplätze | Stehplätze | Ausmusterung | Bemerkungen |
|---|---|---|---|---|---|---|---|---|---|---|---|---|
| A 6.2 | 27 | AW 37-7769 | HN-6027 | 1955 | Daimler-Benz | 0 321 H | Daimler-Benz | 110 PS | 28 | 35 | V 1957 | Aufgrund des WIBERA-Gutachtens beschaffte Einmannwagen. Vorne eine einfache, in der Mitte eine doppelte Falttür, Wechselgetriebe. Verkauft an Stadtwerke Minden (Westfalen) |
| A 6.2 | 28 | AW 37-7770 | HN-6028 | 1955 | Daimler-Benz | 0 321 H | Daimler-Benz | 110 PS | 28 | 35 | V 1957 | |
| A 6.2 | 29 | AW 37-7771 | HN-6029 | 1955 | Daimler-Benz | 0 321 H | Daimler-Benz | 110 PS | 28 | 35 | V 1957 | |
| A 6.2 | 30 | AW 37-7772 | HN-6030 | 1955 | Daimler-Benz | 0 321 H | Daimler-Benz | 110 PS | 28 | 35 | V 1957 | |
| A 6.2 | 31 | AW 37-7773 | HN-6031 | 1955 | Daimler-Benz | 0 321 H | Daimler-Benz | 110 PS | 28 | 35 | V 1957 | |
| A 3.1 | 11 | HN-6011 | | 1956 | Daimler-Benz | 0 6600 H | Drögmöller | 145 PS | 46 | – | 1963 | Zum Reisebus umgebaut, ex Typ A 3, Bj. 1951 |
| A 7.1 | 32 | HN-6032 | HN-6080 | 1956 | Büssing | TU 11 | Büssing | 170 PS | 37 | 55 | 1972 | Nr. ab 1970: 80; Vorne, Mitte und hinten je Doppelfalttür ohne Fahrertür; Voith-DIWA-Getriebe |
| A 7.1 | 33 | HN-6033 | HN-6081 | 1956 | Büssing | TU 11 | Büssing | 170 PS | 37 | 55 | 1972 | Nr. ab 1970: 81 |
| A 7.1 | 34 | HN-6034 | HN-6082 | 1956 | Büssing | TU 11 | Büssing | 170 PS | 37 | 55 | 1972 | Nr. ab 1970: 82 |
| A 7.1 | 30 | HN-6030 | HN-6078 | 1957 | Büssing | TU 11 | Büssing | 170 PS | 37 | 55 | 1972 | Nr. ab 1970: 78 |
| A 7.1 | 31 | HN-6031 | HN-6079 | 1957 | Büssing | TU 11 | Büssing | 170 PS | 37 | 55 | 1972 | Nr. ab 1970: 79 |
| A 8.1 | 35 | HN-6035 | | 1959 | Daimler-Benz | 0 317 | Daimler-Benz | 172 PS | 37 | 81 | 1973 | Vorne eine einfache, in der Mitte und hinten je eine Doppel-Falttür; Voith-DIWA-Getriebe, ohne Fahrertür |
| A 8.1 | 36 | HN-6036 | | 1959 | Daimler-Benz | 0 317 | Daimler-Benz | 172 PS | 37 | 81 | 1974 | |
| A 8.1 | 37 | HN-6037 | | 1959 | Daimler-Benz | 0 317 | Daimler-Benz | 172 PS | 37 | 81 | 1973 | |
| A 8.1 | 38 | HN-6038 | | 1959 | Daimler-Benz | 0 317 | Daimler-Benz | 172 PS | 37 | 81 | 1974 | |
| A 8.1 | 39 | HN-6039 | | 1959 | Daimler-Benz | 0 317 | Daimler-Benz | 172 PS | 37 | 81 | 1973 | |
| A 8.1 | 40 | HN-6040 | | 1959 | Daimler-Benz | 0 317 | Daimler-Benz | 172 PS | 37 | 81 | 1975 | |
| A 8.1 | 41 | HN-6041 | | 1959 | Daimler-Benz | 0 317 | Daimler-Benz | 172 PS | 37 | 81 | 1975 | |
| A 8.1 | 42 | HN-6042 | | 1959 | Daimler-Benz | 0 317 | Daimler-Benz | 172 PS | 37 | 81 | 1974 | |
| A 8.1 | 43 | HN-6043 | | 1959 | Daimler-Benz | 0 317 | Daimler-Benz | 172 PS | 37 | 81 | 1973 | |
| A 8.1 | 44 | HN-6044 | | 1959 | Daimler-Benz | 0 317 | Daimler-Benz | 172 PS | 37 | 81 | 1974 | |
| A 2.1 | 8 | HN-6008 | | 1960 | Daimler-Benz | 0 3500 | Daimler-Benz | 90 PS | 32 | 10 | U 1977 | Zum Reise- und Fahrschulbus umgebaut, ex Typ A 2; seit 1977 Museumswagen |
| A 8.2 | 51 | HN-6051 | | 1961 | Daimler-Benz | 0 317 | Daimler-Benz | 172 PS | 37 | 79 | 1974 | Wie Typ A 8.1 |
| A 8.2 | 52 | HN-6052 | | 1961 | Daimler-Benz | 0 317 | Daimler-Benz | 172 PS | 37 | 79 | 1975 | |
| A 8.2 | 53 | HN-6053 | | 1961 | Daimler-Benz | 0 317 | Daimler-Benz | 172 PS | 37 | 79 | 1975 | |
| A 8.2 | 54 | HN-6054 | | 1961 | Daimler-Benz | 0 317 | Daimler-Benz | 172 PS | 37 | 79 | 1973 | |
| A 8.2 | 55 | HN-6055 | | 1961 | Daimler-Benz | 0 317 | Daimler-Benz | 172 PS | 37 | 79 | 1974 | |
| A 8.2 | 56 | HN-6056 | | 1961 | Daimler-Benz | 0 317 | Daimler-Benz | 172 PS | 37 | 79 | 1974 | |
| A 8.2 | 57 | HN-6057 | | 1961 | Daimler-Benz | 0 317 | Daimler-Benz | 172 PS | 37 | 79 | 1974 | |
| A 8.2 | 58 | HN-6058 | | 1961 | Daimler-Benz | 0 317 | Daimler-Benz | 172 PS | 37 | 79 | 1976 | |
| A 8.2 | 59 | HN-6059 | | 1961 | Daimler-Benz | 0 317 | Daimler-Benz | 172 PS | 37 | 79 | 1976 | |

*Der Straßenbahn-Nachfolger: Büssing Typ 4500 mit 24 Sitzplätzen quer und längs, wie die Innenaufnahme zeigt*

*Mitte: Oben steht der O 321H Nr. 26 von Daimler-Benz, der 10 Jahre in Heilbronn verkehrte; darunter der Einmannwagen Nr. 31, der bereits nach 2 Jahren verkauft wurde. Unten ist Bus Nr. 11 in seiner Ausflugsversion von 1956 zu sehen.*

*Rechts: Oben steht im Depot der gerade angekommene Büssing TU11 von 1956, darunter derselbe Typ (Nr. 71, A 7.1) an der Allee in alter und unten in neuer Lackierung*

| Typ | Fahrzeug-Nr. | Amtliches Kennzeichen ab | ab | Baujahr | Hersteller Fahrgestell | Typ | Aufbau | Motorleistung | Anzahl der Sitzplätze | Stehplätze | Ausmusterung | Bemerkungen |
|---|---|---|---|---|---|---|---|---|---|---|---|---|
| A 8.3 | 1 (III) | HN-6001 | | 1962 | Daimler-Benz | 0317 | Daimler-Benz | 172 PS | 37 | 74 | 1975 | Wie Typ A 8.1 |
| A 8.3 | 2 (III) | HN-6002 | | 1962 | Daimler-Benz | 0317 | Daimler-Benz | 172 PS | 37 | 74 | 1976 | |
| A 8.3 | 3 (III) | HN-6003 | | 1962 | Daimler-Benz | 0317 | Daimler-Benz | 172 PS | 37 | 74 | 1974 | |
| A 8.3 | 4 (III) | HN-6004 | | 1962 | Daimler-Benz | 0317 | Daimler-Benz | 172 PS | 37 | 74 | 1975 | |
| A 8.4 | 5 (III) | HN-6005 | | 1963 | Daimler-Benz | 0317 | Daimler-Benz | 180 PS | 38 | 76 | 1975 | Wie Typ A 8.1 |
| A 8.4 | 6 (III) | HN-6006 | | 1963 | Daimler-Benz | 0317 | Daimler-Benz | 180 PS | 38 | 76 | 1976 | |
| A 8.4 | 7 (III) | HN-6007 | | 1963 | Daimler-Benz | 0317 | Daimler-Benz | 180 PS | 38 | 76 | 1975 | |
| A 8.4 | 8 (III) | HN-6008 | | 1963 | Daimler-Benz | 0317 | Daimler-Benz | 180 PS | 38 | 76 | 1975 | |
| A 8.4 | 9 (III) | HN-6009 | | 1963 | Daimler-Benz | 0317 | Daimler-Benz | 180 PS | 38 | 76 | 1976 | |
| A 8.4 | 10 (III) | HN-6010 | | 1963 | Daimler-Benz | 0317 | Daimler-Benz | 180 PS | 38 | 76 | 1976 | |
| A 8.5 | 11 (III) | HN-6011 | | 1965 | Daimler-Benz | 0317 | Daimler-Benz | 180 PS | 36 | 74 | 1977 | Direkteinspritzer, sonst wie Typ A 8.1 |
| A 8.5 | 12 (III) | HN-6012 | | 1965 | Daimler-Benz | 0317 | Daimler-Benz | 180 PS | 36 | 74 | 1979 | |
| A 8.5 | 13 (III) | HN-6013 | | 1965 | Daimler-Benz | 0317 | Daimler-Benz | 180 PS | 36 | 74 | 1977 | |
| A 8.5 | 14 (III) | HN-6014 | | 1965 | Daimler-Benz | 0317 | Daimler-Benz | 180 PS | 36 | 74 | 1977 | |
| A 8.5 | 15 (III) | HN-6015 | | 1965 | Daimler-Benz | 0317 | Daimler-Benz | 180 PS | 36 | 74 | 1977 | |
| A 8.5 | 16 (III) | HN-6016 | | 1965 | Daimler-Benz | 0317 | Daimler-Benz | 180 PS | 36 | 74 | 1977 | |
| A 9.1 | 17 (III) | HN-6017 | | 1966 | Daimler-Benz | 0317 k | Daimler-Benz | 180 PS | 34 | 76 | 1976 | Vorne eine einfache, Mitte und hinten Doppel-Falttür; Voith-DIWA-Getriebe, ohne Fahrertür |
| A 9.1 | 18 (III) | HN-6018 | | 1966 | Daimler-Benz | 0317 k | Daimler-Benz | 180 PS | 34 | 76 | 1977 | |
| A 9.1 | 19 (III) | HN-6019 | | 1966 | Daimler-Benz | 0317 k | Daimler-Benz | 180 PS | 34 | 76 | 1977 | |
| A 9.1 | 20 (III) | HN-6020 | | 1966 | Daimler-Benz | 0317 k | Daimler-Benz | 180 PS | 34 | 76 | 1977 | |
| A 9.2 | 21 (III) | HN-6021 | | 1969 | Daimler-Benz | 0317 k | Daimler-Benz | 210 PS | 33 | 77 | 1979 | Wie Typ A 9.1 |
| A 9.2 | 22 (III) | HN-6022 | | 1969 | Daimler-Benz | 0317 k | Daimler-Benz | 210 PS | 33 | 77 | 1979 | |
| A 9.2 | 23 (III) | HN-6023 | | 1969 | Daimler-Benz | 0317 k | Daimler-Benz | 210 PS | 33 | 77 | 1979 | |
| A 9.3 | 24 (III) | HN-6024 | | 1970 | Daimler-Benz | 0317 k | Daimler-Benz | 185 PS | 34 | 77 | 1979 | Wie Typ A 9.1 Umbau 1976 auf Einmannbetrieb. Schaffnersitz aus- und 2 Sitzbänke eingebaut, dadurch 38 Sitzplätze; Fußboden auf hinterer Plattform angehoben, hintere Türen zugeschweißt |
| A 9.3 | 25 (III) | HN-6025 | | 1970 | Daimler-Benz | 0317 k | Daimler-Benz | 185 PS | 34 | 77 | 1979 | |
| A 9.3 | 26 (III) | HN-6026 | | 1970 | Daimler-Benz | 0317 k | Daimler-Benz | 185 PS | 34 | 77 | 1979 | |
| A 9.3 | 27 (III) | HN-6027 | | 1970 | Daimler-Benz | 0317 k | Daimler-Benz | 185 PS | 34 | 77 | 1979 | |
| A 9.3 | 28 (III) | HN-6028 | | 1970 | Daimler-Benz | 0317 k | Daimler-Benz | 185 PS | 34 | 77 | 1979 | |
| A 9.3 | 29 (III) | HN-6029 | | 1970 | Daimler-Benz | 0317 k | Daimler-Benz | 185 PS | 34 | 77 | 1982 | |
| A 9.3 | 30 (III) | HN-6030 | | 1970 | Daimler-Benz | 0317 k | Daimler-Benz | 185 PS | 34 | 77 | 1982 | |
| A 9.3 | 31 (III) | HN-6031 | | 1970 | Daimler-Benz | 0317 k | Daimler-Benz | 185 PS | 34 | 77 | 1982 | |
| A 10.1 | 60 | HN-6060 | | 1971 | Daimler-Benz | 0305 | Daimler-Benz | 192 PS | 38 | 76 | 1981 | VÖV-Standard. Linienbus für Einmannbetrieb; vorne und Mitte große zweiflügelige Schwenktüren, ohne Fahrertür, DB-Automatik-Getriebe |
| A 10.1 | 61 | HN-6061 | | 1971 | Daimler-Benz | 0305 | Daimler-Benz | 192 PS | 38 | 76 | 1981 | |
| A 10.1 | 62 | HN-6062 | | 1971 | Daimler-Benz | 0305 | Daimler-Benz | 192 PS | 38 | 76 | 1980 | |
| A 10.1 | 63 | HN-6063 | | 1971 | Daimler-Benz | 0305 | Daimler-Benz | 192 PS | 38 | 76 | 1980 | |
| A 10.1 | 64 | HN-6064 | | 1971 | Daimler-Benz | 0305 | Daimler-Benz | 192 PS | 38 | 76 | 1980 | |

STADT HEILBRONN
Sonderfahrt
Industriegebiet
Ausstieg
51
HN-605

| Typ | Fahrzeug-Nr. | Amtliches Kennzeichen ab | ab | Baujahr | Hersteller Fahrgestell | Typ | Aufbau | Motorleistung | Anzahl der Sitzplätze | Stehplätze | Ausmusterung | Bemerkungen |
|---|---|---|---|---|---|---|---|---|---|---|---|---|
| A 10.2 | 65 | HN-6065 | | 1972 | Daimler-Benz | O 305 | Daimler-Benz | 192 PS | 38 | 73 | 1980 | Wie Typ A 10.1. |
| A 10.2 | 66 | HN-6066 | | 1972 | Daimler-Benz | O 305 | Daimler-Benz | 192 PS | 38 | 73 | 1981 | |
| A 10.2 | 67 | HN-6067 | | 1972 | Daimler-Benz | O 305 | Daimler-Benz | 192 PS | 38 | 73 | 1980 | |
| A 10.2 | 68 | HN-6068 | | 1972 | Daimler-Benz | O 305 | Daimler-Benz | 192 PS | 38 | 73 | 1979 | |
| A 10.2 | 69 | HN-6069 | | 1972 | Daimler-Benz | O 305 | Daimler-Benz | 192 PS | 38 | 73 | 1979 | |
| A 10.2 | 70 | HN-6070 | | 1972 | Daimler-Benz | O 305 | Daimler-Benz | 192 PS | 38 | 73 | 1979 | |
| A 10.2 | 71 | HN-6071 | | 1972 | Daimler-Benz | O 305 | Daimler-Benz | 192 PS | 38 | 73 | 1981 | |
| A 10.2 | 72 | HN-6072 | | 1972 | Daimler-Benz | O 305 | Daimler-Benz | 192 PS | 38 | 73 | 1981 | |
| A 10.3 | 73 | HN-6073 | | 1973 | Daimler-Benz | O 305 | Daimler-Benz | 180 PS | 38 | 74 | 1982 | Wie Typ A 10.1. |
| A 10.3 | 74 | HN-6074 | | 1973 | Daimler-Benz | O 305 | Daimler-Benz | 180 PS | 38 | 74 | 1982 | |
| A 10.3 | 75 | HN-6075 | | 1973 | Daimler-Benz | O 305 | Daimler-Benz | 180 PS | 38 | 74 | 1982 | |
| A 10.3 | 76 | HN-6076 | | 1973 | Daimler-Benz | O 305 | Daimler-Benz | 180 PS | 38 | 74 | 1982 | |
| A 10.3 | 77 | HN-6077 | | 1973 | Daimler-Benz | O 305 | Daimler-Benz | 180 PS | 38 | 74 | 1984 | |
| A 10.3 | 78 (II) | HN-6078 | | 1973 | Daimler-Benz | O 305 | Daimler-Benz | 180 PS | 38 | 74 | 1984 | |
| A 10.3 | 79 (II) | HN-6079 | | 1973 | Daimler-Benz | O 305 | Daimler-Benz | 180 PS | 38 | 74 | 1983 | |
| A 10.3 | 80 (II) | HN-6080 | | 1973 | Daimler-Benz | O 305 | Daimler-Benz | 180 PS | 38 | 74 | 1984 | |
| A 10.3 | 81 (II) | HN-6081 | | 1973 | Daimler-Benz | O 305 | Daimler-Benz | 180 PS | 38 | 74 | 1984 | |
| A 10.3 | 82 (II) | HN-6082 | | 1973 | Daimler-Benz | O 305 | Daimler-Benz | 180 PS | 38 | 74 | 1983 | |
| A 10.4 | 83 | HN-6083 | | 1974 | Daimler-Benz | O 305 | Daimler-Benz | 180 PS | 38 | 76 | 1985 | Wie Typ A 10.1. |
| A 10.4 | 84 | HN-6084 | | 1974 | Daimler-Benz | O 305 | Daimler-Benz | 180 PS | 38 | 76 | 1985 | |
| A 10.4 | 85 | HN-6085 | | 1974 | Daimler-Benz | O 305 | Daimler-Benz | 180 PS | 38 | 76 | 1985 | |
| A 10.4 | 32 (II) | HN-6032 | | 1974 | Daimler-Benz | O 305 | Daimler-Benz | 180 PS | 38 | 76 | 1985 | |
| A 10.4 | 33 (II) | HN-6033 | | 1974 | Daimler-Benz | O 305 | Daimler-Benz | 180 PS | 38 | 76 | 1985 | |
| A 10.4 | 34 (II) | HN-6034 | | 1974 | Daimler-Benz | O 305 | Daimler-Benz | 180 PS | 38 | 76 | 1985 | |
| A 10.4 | 35 (II) | HN-6035 | | 1974 | Daimler-Benz | O 305 | Daimler-Benz | 180 PS | 38 | 76 | 1986 | |
| A 10.4 | 36 (II) | HN-6036 | | 1974 | Daimler-Benz | O 305 | Daimler-Benz | 180 PS | 38 | 76 | 1986 | |
| A 10.4 | 37 (II) | HN-6037 | | 1974 | Daimler-Benz | O 305 | Daimler-Benz | 180 PS | 38 | 76 | 1986 | |
| A 10.4 | 38 (II) | HN-6038 | | 1974 | Daimler-Benz | O 305 | Daimler-Benz | 180 PS | 38 | 76 | 1986 | |
| A 10.4 | 39 (II) | HN-6039 | | 1975 | Daimler-Benz | O 305 | Daimler-Benz | 180 PS | 38 | 76 | | |
| A 10.4 | 40 (II) | HN-6040 | | 1975 | Daimler-Benz | O 305 | Daimler-Benz | 180 PS | 38 | 76 | | |
| A 10.4 | 41 (II) | HN-6041 | | 1975 | Daimler-Benz | O 305 | Daimler-Benz | 180 PS | 38 | 76 | | |
| A 10.4 | 42 (II) | HN-6042 | | 1975 | Daimler-Benz | O 305 | Daimler-Benz | 180 PS | 38 | 76 | | |
| A 10.4 | 43 (II) | HN-6043 | | 1975 | Daimler-Benz | O 305 | Daimler-Benz | 180 PS | 38 | 76 | | |
| A 10.4 | 44 (II) | HN-6044 | | 1975 | Daimler-Benz | O 305 | Daimler-Benz | 180 PS | 38 | 76 | | |
| A 10.4 | 45 | HN-6045 | | 1975 | Daimler-Benz | O 305 | Daimler-Benz | 180 PS | 38 | 76 | | |
| A 10.4 | 46 | HN-6046 | | 1975 | Daimler-Benz | O 305 | Daimler-Benz | 180 PS | 38 | 76 | | |
| A 10.4 | 47 | HN-6047 | | 1975 | Daimler-Benz | O 305 | Daimler-Benz | 180 PS | 38 | 76 | | |
| A 10.4 | 48 | HN-6048 | | 1975 | Daimler-Benz | O 305 | Daimler-Benz | 180 PS | 38 | 76 | | |

| Typ | Fahrzeugnummer | Amtliches Kennzeichen | Baujahr | Hersteller Fahrgestell | Typ | Aufbau | Motorleistung | Anzahl der Sitzplätze | Stehplätze | Ausmusterung | Bemerkungen |
|---|---|---|---|---|---|---|---|---|---|---|---|
| A 10.4 | 49 | HN–6049 | 1975 | Daimler-Benz | 0 305 | Daimler-Benz | 180 PS | 38 | 76 | | |
| A 10.4 | 50 | HN–6050 | 1975 | Daimler-Benz | 0 305 | Daimler-Benz | 180 PS | 38 | 76 | | |
| A 10.4 | 51 (II) | HN–6051 | 1975 | Daimler-Benz | 0 305 | Daimler-Benz | 180 PS | 38 | 76 | | |
| A 10.4 | 52 (II) | HN–6052 | 1975 | Daimler-Benz | 0 305 | Daimler-Benz | 180 PS | 38 | 76 | | |
| A 10.4 | 53 (II) | HN–6053 | 1975 | Daimler-Benz | 0 305 | Daimler-Benz | 180 PS | 38 | 76 | | |
| A 9.4 | 54 (II) | HN–6054 | 1975 | Daimler-Benz | 0 317 k | Vetter, Fellbach | 210 PS | 32 | 73 | 1986 | Sog. „Ellendorff-Bechtle-Gedächtnisbus" für Schaffnerbetrieb! Vorne eine einzelne, Mitte und hinten doppelte Schwenktür. Umgebaut 1976 auf Einmannbetrieb, dadurch 41 Sitz- und 64 Stehplätze |
| A 9.4 | 55 (II) | HN–6055 | 1975 | Daimler-Benz | 0 317 k | Vetter, Fellbach | 210 PS | 32 | 73 | 1986 | |
| A 9.4 | 56 (II) | HN–6056 | 1975 | Daimler-Benz | 0 317 k | Vetter, Fellbach | 210 PS | 32 | 73 | 1986 | |
| A 9.4 | 57 (II) | HN–6057 | 1975 | Daimler-Benz | 0 317 k | Vetter, Fellbach | 210 PS | 32 | 73 | 1986 | |
| A 10.5 | 1 (III) | HN–6001 | 1977 | Daimler-Benz | 0 305 | Daimler-Benz | 200 PS | 38 | 74 | | Wie Typ A 10.1, jedoch mit Daimler-Benz-Motor Typ OM 407 |
| A 10.5 | 2 (III) | HN–6002 | 1977 | Daimler-Benz | 0 305 | Daimler-Benz | 200 PS | 38 | 74 | | |
| A 10.5 | 3 (III) | HN–6003 | 1977 | Daimler-Benz | 0 305 | Daimler-Benz | 200 PS | 38 | 74 | | |
| A 10.5 | 4 (III) | HN–6004 | 1977 | Daimler-Benz | 0 305 | Daimler-Benz | 200 PS | 38 | 74 | | |
| A 10.5 | 5 (III) | HN–6005 | 1977 | Daimler-Benz | 0 305 | Daimler-Benz | 200 PS | 38 | 74 | | |
| A 10.5 | 6 (III) | HN–6006 | 1977 | Daimler-Benz | 0 305 | Daimler-Benz | 200 PS | 38 | 74 | | |
| A 10.6 | 7 (III) | HN–6007 | 1979 | Daimler-Benz | 0 305 | Daimler-Benz | 200 PS | 38 | 73 | | Wie Typ A 10.5 |
| A 10.6 | 8 (III) | HN–6008 | 1979 | Daimler-Benz | 0 305 | Daimler-Benz | 200 PS | 38 | 73 | | |
| A 10.6 | 9 (III) | HN–6009 | 1979 | Daimler-Benz | 0 305 | Daimler-Benz | 200 PS | 38 | 73 | | |
| A 10.6 | 10 (III) | HN–6010 | 1979 | Daimler-Benz | 0 305 | Daimler-Benz | 200 PS | 38 | 73 | | |
| A 10.6 | 11 (III) | HN–6011 | 1979 | Daimler-Benz | 0 305 | Daimler-Benz | 200 PS | 38 | 73 | | |
| A 10.6 | 12 (III) | HN–6012 | 1979 | Daimler-Benz | 0 305 | Daimler-Benz | 200 PS | 38 | 73 | | |
| A 10.6 | 13 (III) | HN–6013 | 1979 | Daimler-Benz | 0 305 | Daimler-Benz | 200 PS | 38 | 73 | | |
| A 10.6 | 14 (III) | HN–6014 | 1980 | Daimler-Benz | 0 305 | Daimler-Benz | 200 PS | 38 | 73 | | |
| A 10.6 | 15 (III) | HN–6015 | 1980 | Daimler-Benz | 0 305 | Daimler-Benz | 200 PS | 38 | 73 | | |
| A 10.6 | 16 (III) | HN–6016 | 1980 | Daimler-Benz | 0 305 | Daimler-Benz | 200 PS | 38 | 73 | | |
| A 10.6 | 17 (III) | HN–6017 | 1980 | Daimler-Benz | 0 305 | Daimler-Benz | 200 PS | 38 | 73 | | |
| A 10.6 | 18 (III) | HN–6018 | 1980 | Daimler-Benz | 0 305 | Daimler-Benz | 200 PS | 38 | 73 | | |
| A 10.6 | 19 (III) | HN–6019 | 1980 | Daimler-Benz | 0 305 | Daimler-Benz | 200 PS | 38 | 73 | | |
| A 10.6 | 20 (III) | HN–6020 | 1980 | Daimler-Benz | 0 305 | Daimler-Benz | 200 PS | 38 | 73 | | |
| A 10.6 | 21 (III) | HN–6021 | 1981 | Daimler-Benz | 0 305 | Daimler-Benz | 200 PS | 38 | 73 | | |
| A 10.6 | 22 (III) | HN–6022 | 1981 | Daimler-Benz | 0 305 | Daimler-Benz | 200 PS | 38 | 73 | | |
| A 10.6 | 23 (IV) | HN–6023 | 1981 | Daimler-Benz | 0 305 | Daimler-Benz | 200 PS | 38 | 73 | | |
| A 10.6 | 24 (IV) | HN–6024 | 1981 | Daimler-Benz | 0 305 | Daimler-Benz | 200 PS | 38 | 73 | | |
| A 10.6 | 25 (IV) | HN–6025 | 1981 | Daimler-Benz | 0 305 | Daimler-Benz | 200 PS | 38 | 73 | | |
| A 10.6 | 26 (IV) | HN–6026 | 1981 | Daimler-Benz | 0 305 | Daimler-Benz | 200 PS | 38 | 73 | | |

| Typ | Fahr-zeug-nummer | Amtliches Kennzeichen | Bau-jahr | Hersteller Fahrgestell | Typ | Aufbau | Motor-leistung | Anzahl der Sitz-plätze | Steh-plätze | Aus-musterung | Bemerkungen |
|---|---|---|---|---|---|---|---|---|---|---|---|
| A 10.6 | 27 (IV) | HN–6027 | 1981 | Daimler-Benz | 0 305 | Daimler-Benz | 200 PS | 38 | 73 | | |
| A 10.6 | 58 (III) | HN–6058 | 1982 | Daimler-Benz | 0 305 | Daimler-Benz | 147 kW | 38 | 73 | | |
| A 10.6 | 59 (III) | HN–6059 | 1982 | Daimler-Benz | 0 305 | Daimler-Benz | 147 kW | 38 | 73 | | |
| A 10.6 | 60 (III) | HN–6060 | 1982 | Daimler-Benz | 0 305 | Daimler-Benz | 147 kW | 38 | 73 | | |
| A 10.6 | 61 (III) | HN–6061 | 1982 | Daimler-Benz | 0 305 | Daimler-Benz | 147 kW | 38 | 73 | | |
| A 10.6 | 62 (III) | HN–6062 | 1982 | Daimler-Benz | 0 305 | Daimler-Benz | 147 kW | 38 | 73 | | |
| A 10.6 | 63 (III) | HN–6063 | 1982 | Daimler-Benz | 0 305 | Daimler-Benz | 147 kW | 38 | 73 | | |
| A 10.6 | 64 (III) | HN–6064 | 1982 | Daimler-Benz | 0 305 | Daimler-Benz | 147 kW | 38 | 73 | | |
| A 10.6 | 65 (III) | HN–6065 | 1984 | Daimler-Benz | 0 305 | Daimler-Benz | 147 kW | 38 | 73 | | |
| A 10.6 | 66 (III) | HN–6066 | 1984 | Daimler-Benz | 0 305 | Daimler-Benz | 147 kW | 38 | 73 | | |
| A 10.6 | 67 (III) | HN–6067 | 1984 | Daimler-Benz | 0 305 | Daimler-Benz | 147 kW | 38 | 73 | | |
| A 10.6 | 68 (III) | HN–6068 | 1984 | Daimler-Benz | 0 305 | Daimler-Benz | 147 kW | 38 | 73 | | |
| A 10.6 | 69 (III) | HN–6069 | 1985 | Daimler-Benz | 0 305 | Daimler-Benz | 147 kW | 38 | 73 | | |
| A 10.6 | 70 (III) | HN–6070 | 1985 | Daimler-Benz | 0 305 | Daimler-Benz | 147 kW | 38 | 73 | | |
| A 10.6 | 71 (III) | HN–6071 | 1985 | Daimler-Benz | 0 305 | Daimler-Benz | 147 kW | 38 | 73 | | |
| A 10.6 | 72 (III) | HN–6072 | 1985 | Daimler-Benz | 0 305 | Daimler-Benz | 147 kW | 38 | 73 | | |
| A 10.6 | 73 (III) | HN–6073 | 1985 | Daimler-Benz | 0 305 | Daimler-Benz | 147 kW | 38 | 73 | | |
| A 10.6 | 74 (III) | HN–6074 | 1985 | Daimler-Benz | 0 305 | Daimler-Benz | 147 kW | 38 | 73 | | |
| A 10.7 | 75 (III) | HN–6075 | 1986 | Daimler-Benz | 0 305 | Daimler-Benz | 147 kW | 38 | 73 | | Wie Typ A 10.5, jedoch mit gepolsterten Sitzen |
| A 10.7 | 76 (III) | HN–6076 | 1986 | Daimler-Benz | 0 305 | Daimler-Benz | 147 kW | 38 | 73 | | |
| A 10.7 | 77 (III) | HN–6077 | 1986 | Daimler-Benz | 0 305 | Daimler-Benz | 147 kW | 38 | 73 | | |
| A 10.7 | 78 (IIII) | HN–6078 | 1986 | Daimler-Benz | 0 305 | Daimler-Benz | 147 kW | 38 | 73 | | |
| A 10.7 | 79 (IIII) | HN–6079 | 1986 | Daimler-Benz | 0 305 | Daimler-Benz | 147 kW | 38 | 73 | | |
| A 10.7 | 80 (IIII) | HN–6080 | 1986 | Daimler-Benz | 0 305 | Daimler-Benz | 147 kW | 38 | 73 | | |
| A 10.7 | 81 (IIII) | HN–6081 | 1986 | Daimler-Benz | 0 305 | Daimler-Benz | 147 kW | 38 | 73 | | |

*1959 kamen die ersten Daimler-Benz des Typs O 317 (Typ A 8.1) nach Heilbronn, die bis 1970 (und nochmals 4 Nachgebaute 1975) beschafft wurden. Seit 1971 haben sie Stück für Stück den Bussen der Reihe O 305 (Typ A10) weichen müssen*

*Oben rechts steht der Anhänger 102 von 1949, der bis 1959 in Heilbronn tagtäglich auf Achse war*

## Verzeichnis der Obus- und Omnibusanhänger

| Typ | Fahrzeug-Nr. | Amtliches Kennzeichen ab Anlief. | ab 1956 | Baujahr | Hersteller Fahrgestell Aufbau | Fabriknummer | Maße H m | B m | L m | Zulässiges Gesamtgewicht | Anzahl der Sitzplätze | Sitzplätze | Ausmusterung | Bemerkungen |
|---|---|---|---|---|---|---|---|---|---|---|---|---|---|---|
| A 51 | 101 | AW 37-9419 | HN-6063 | 1949 | Kannenberg, | 5262 | 2,9 | 2,46 | 8,65 | 8850 kg | 37 | 23 | V 1960 | Ab 1952 Nr. 263;<br>1 Mitteltür |
| A 51 | 102 | AW 37-9420 | HN-6064 | 1949 | Salzgitter | 5263 | 2,9 | 2,46 | 8,65 | 8850 kg | 37 | 23 | V 1961 | Ab 1952 Nr. 264 |
| A 52 | 103 | AW 37-9549 | HN-6065 | 1951 | F: Schneider<br>A: Drögmöller | 1309 | 2,9 | 2,46 | 8,65 | 8800 kg | 33 | 29 | V 1960 | Ab 1952 Nr. 265<br>1 Mitteltür |
| A 53 | 104 | AW 37-9555 | HN-6066 | 1951 | Kässbohrer | 25455 | 2,9 | 2,46 | 8,65 | 8000 kg | 33 | 21 | V 1960 | Ab 1952 Nr. 266 |
| O 51 | 251 | AW 37-9600 | HN-6051 | 1951 | Lienen, | OBA 5048 | 2,8 | 2,45 | 9,4 | 10200 kg | 26 | 48 | V 1961 | Zwei Doppelfalt- |
| O 51 | 252 | AW 37-9601 | HN-6052 | 1951 | Bochum | OBA 5049 | 2,8 | 2,49 | 9,4 | 10200 kg | 25 | 47 | V 1961 | türen in Fahrzeugmitte |
| O 51 | 253 | AW 37-9602 | HN-6053 | 1951 | | OBA 5020 | 2,8 | 2,49 | 9,4 | 10200 kg | 26 | 48 | V 1961 | und am Heck |
| O 52 | 254 | AW 37-9603 | HN-6054 | 1951 | F: Schenk | 13210 | 2,8 | 2,45 | 9,4 | 10200 kg | 28 | 48 | V 1961 | Wie Typ O 51 |
| O 52 | 255 | AW 37-9604 | HN-6055 | 1951 | A: Wankmiller | 13211 | 2,8 | 2,45 | 9,4 | 10200 kg | 28 | 48 | V 1961 | |
| O 53 | 256 | AW 37-9605 | HN-6056 | 1951 | F: Schenk | 13212 | 2,8 | 2,45 | 9,5 | 10200 kg | 28 | 46 | V 1961 | Wie Typ O 51 |
| O 53 | 257 | AW 37-9644 | HN-6057 | 1951 | A: Drögmöller | 13457 | 2,9 | 2,45 | 9,7 | 10200 kg | 28 | 46 | V 1961 | |
| O 54 | 258 | AW 37-9666 | HN-6058 | 1951 | Wie Typ O 52 | 13456 | 2,8 | 2,45 | 9,5 | 10200 kg | 28 | 46 | V 1961 | Wie Typ O 51 |
| A 54 | 259 | AW 37-9725 | HN-6059 | 1952 | F: Schneider<br>A: Drögmöller | 2942/1 | 2,8 | 2,45 | 8,9 | 9500 kg | 21 | 46 | V 1960 | 1 Mitteltür |
| A 55 | 260 | AW 37-9726 | HN-6060 | 1952 | F: Schenk<br>A: Wankmiller | 14046 | 2,8 | 2,45 | 8,9 | 10200 kg | 20 | 46 | V 1960 | Wie Typ A 54 |
| A 56 | 261 | AW 37-9727 | HN-6061 | 1952 | F: Schenk<br>A: Drögmöller | 14047 | 2,8 | 2,45 | 8,9 | 11700 kg | 21 | 46 | V 1960 | Wie Typ A 54 |
| A 57 | 262 | AW 37-9728 | HN-6062 | 1952 | F: Schneider<br>A: Wankmiller | 2942/2 | 2,8 | 2,45 | 8,9 | 9700 kg | 21 | 46 | V 1960 | Wie Typ A 54 |

## Nicht schienengebundene Spezialfahrzeuge

Neben den schienengebundenen Arbeitstriebwagen und -beiwagen benötigten die Heilbronner Straßenbahnen bzw. ihre Nachfolgerin, die Verkehrsbetriebe Heilbronn, eine Reihe von Spezialfahrzeugen, die nicht auf das Vorhandensein von Gleisen angewiesen waren bzw. sind. Neben den handelsüblichen Lastkraftwagen und kleineren Transportern, die für den Verkehr mit Gütern aller Art für den eigenen Bedarf, aber auch als Rüstwagen bei Achsbrüchen oder bei Unfällen eingesetzt werden (bzw. wurden), sind hier vor allem die Oberleitungsmontagefahrzeuge zu nennen. Auf normale Lastwagenfahrgestelle baute die eigene Werkstatt spezielle Hubplattformen und Leitern auf, die einen ergonomisch günstigen sicheren Arbeitsplatz boten. Mit diesen in der Höhe verstellbaren Arbeitsbühnen konnte auf ideale Weise an die Straßenbahn- und Obus-Fahrleitung sowie an deren Traggerüst und Verankerung an den Masten bzw. den umgebenden Häusern herangefahren werden. Mit diesen Wagen wurde nach dem Zweiten Weltkrieg die Fahrleitung der Straßenbahn erneuert, später die Obusfahrleitung installiert. Nach Einstellung der Straßenbahn am 1. April 1955 und des Obusses am 1. Januar 1961 baute das betriebseigene Personal die Fahrleitung mit diesen Fahrzeugen ab.

*Oben sind Obus-Hänger 251 (Typ O 51) und 257 (Typ O 53) zu sehen, die nur 8 Jahre in Heilbronn waren*

*Die Aufbauten der Fahrleitungs-Montagewagen baute die Straßenbahn in eigener Werkstatt auf die LKW-Pritschen auf, ebenso das alte Hubgerät*

Fahrzeugbestände

| Jahr(e) | Straßenbahn | | | | | | Oberleitungs-Omnibus | | | | | | Omnibus | | | | | |
|---|---|---|---|---|---|---|---|---|---|---|---|---|---|---|---|---|---|---|
| | Triebwagen | | | Beiwagen | | | Triebwagen | | | Beiwagen | | | Triebwagen | | | Beiwagen | | |
| | Z | A | B | Z | A | B | Z | A | B | Z | A | B | Z | A | B | Z | A | B |
| 1897 | 13 | – | 13 | 3 | – | 3 | – | – | – | – | – | – | – | – | – | – | – | – |
| 1898-1899 | 2 | – | 15 | 3 | – | 6 | – | – | – | – | – | – | – | – | – | – | – | – |
| 1900-1909 | – | – | 15 | 2 | – | 8 | – | – | – | – | – | – | – | – | – | – | – | – |
| 1910-1918 | – | – | 15 | | – | 8 | 4 | – | 4 | – | – | – | – | – | – | – | – | – |
| 1919-1924 | – | – | 15 | – | – | 8 | – | 4 | – | – | – | – | – | – | – | – | – | – |
| 1925-1927 | 11 | – | 26 | 12 | – | 20 | – | – | – | – | – | – | – | – | – | – | – | – |
| 1928 | 5 | – | 31 | 5 | – | 25 | – | – | – | – | – | – | – | – | – | – | – | – |
| 1929-1933 | 7 | 2 | 36 | 2 | – | 27 | – | – | – | – | – | – | – | – | – | – | – | – |
| 1934 | – | 4 | 32 | 8 | 5 | 30 | – | – | – | – | – | – | – | – | – | – | – | – |
| 1935 | – | – | 32 | – | 5 | 25 | – | – | – | – | – | – | – | – | – | – | – | – |
| 1936-1938 | – | – | 32 | 5 | 2 | 28 | – | – | – | – | – | – | – | – | – | – | – | – |
| 1939 | 10 | – | 42 | – | – | 28 | – | – | – | – | – | – | – | – | – | – | – | – |
| 1940-1943 | 4 | 6 | 40 | – | – | 28 | – | – | – | – | – | – | – | – | – | – | – | – |
| 1944-1945 | – | 21 | 19 | – | 11 | 17 | – | – | – | – | – | – | – | – | – | – | – | – |
| 1946 | – | 2 | 17 | – | – | 17 | – | – | – | – | – | – | – | – | – | – | – | – |
| 1947 | – | – | 17 | – | – | 17 | – | – | – | – | – | – | 2 | – | 2 | – | – | – |
| 1948 | – | – | 17 | – | – | 17 | – | – | – | – | – | – | 2 | – | 4 | – | – | – |
| 1949 | 6 | – | 23 | 6 | – | 23 | – | – | – | – | – | – | 3 | – | 7 | 2 | – | 2 |
| 1950 | – | – | 23 | – | – | 23 | – | – | – | – | – | – | 3 | – | 10 | – | – | 2 |
| 1951 | – | 1 | 22 | – | 2 | 21 | 9 | – | 9 | 8 | – | 8 | 1 | – | 11 | 2 | – | 4 |
| 1952 | – | – | 22 | – | – | 21 | – | – | 9 | – | – | 8 | – | – | 11 | 4 | – | 8 |
| 1953-1954 | – | 2 | 20 | – | 2 | 19 | 3 | – | 12 | – | – | 8 | – | – | 11 | – | – | 8 |
| 1955 | – | 20 | – | – | 19 | – | – | – | 12 | – | – | 8 | 20 | – | 31 | – | – | 8 |
| 1956 | – | – | – | – | – | – | – | – | 12 | – | – | 8 | 3 | – | 34 | – | – | 8 |
| 1957-1958 | – | – | – | – | – | – | – | 3 | 9 | – | – | 8 | 2 | 8 | 28 | – | – | 8 |
| 1959 | – | – | – | – | – | – | – | – | 9 | – | – | 8 | 10 | – | 38 | – | – | 8 |
| 1960 | – | – | – | – | – | – | – | – | 9 | – | – | 8 | – | – | 38 | – | 8 | – |
| 1961 | – | – | – | – | – | – | – | 9 | – | – | 8 | – | 9 | 4 | 43 | – | – | – |

| Jahr(e) | Omnibus | | | | | |
|---|---|---|---|---|---|---|
| | Triebwagen | | | Museumswagen | | |
| | Z | A | B | Z | A | B |
| 1962 | 4 | – | 47 | – | – | – |
| 1963-1964 | 6 | 3 | 50 | – | – | – |
| 1965 | 6 | 6 | 50 | – | – | – |
| 1966-1968 | 4 | 2 | 52 | – | – | – |
| 1969 | 3 | 3 | 52 | – | – | – |
| 1970 | 8 | 4 | 56 | – | – | – |
| 1971 | 5 | – | 61 | – | – | – |
| 1972 | 8 | 5 | 64 | – | – | – |
| 1973 | 10 | 5 | 65 | – | – | – |
| 1974 | 10 | 9 | 70 | – | – | – |
| 1975 | 19 | 9 | 80 | – | – | – |
| 1976 | – | 7 | 73 | – | – | – |
| 1977-1978 | 6 | 9 | 70 | 1 | – | 1 |
| 1979 | 7 | 12 | 65 | – | – | 1 |
| 1980 | 7 | 5 | 67 | – | – | 1 |
| 1981 | 7 | 5 | 69 | – | – | 1 |
| 1982 | 7 | 7 | 69 | – | – | 1 |
| 1983 | – | 3 | 66 | – | – | 1 |
| 1984 | 4 | 4 | 66 | – | – | 1 |
| 1985 | 6 | 6 | 66 | – | – | 1 |

Z = Zugang, A = Abgang (Verkauf oder Verschrottung), B = Bestand

# Die Betriebshöfe

## Die Wagenhalle am Hauptbahnhof

Am 16. Dezember 1896 reichte die neugebildete Gesellschaft der Heilbronner Straßenbahnen AG ein Gesuch zum Bau einer Wagenhalle mit Werkstatt bei den zuständigen Stellen auf dem Heilbronner Rathaus ein. Obwohl die Konzession noch ausstand, bemühten sich die Verantwortlichen des jungen Unternehmens bereits im Januar 1897 um eine einstweilige Baugenehmigung, die die zuständigen städtischen Dienststellen dann auch verhältnismäßig schnell und unbürokratisch erteilten.
Zusammen mit dem Bau der ersten Straßenbahnstrecke in Heilbronn entstand in der Nähe des Hauptbahnhofs auf einem – damals noch – freien Geländestück der erste Bauteil des ersten Betriebshofes der Heilbronner Straßenbahnen mit zwei überdachten Gleisen. Das einfache Gebäude mit einer Länge von 36,6 m, einer Breite von 8 m und einer Giebelhöhe von 6,5 m bestand aus einem Stahlfachwerk, das mit Backsteinen ausgeriegelt war. Das Dach hatte ebenfalls eine Stahlkonstruktion, die mit einer Holzverschalung und Dachpappe abgedeckt war. Östlich der Wagenhalle war – etwas nach hinten versetzt – die 29,3 m lange und 5,65 m breite Werkstatt angeschleppt. Sie enthielt eine 7,35 m lange und 2,1 m breite Montagegrube im vorderen Teil. Dahinter lagen dann die Schmiede, der Ankerreparaturraum, das Lager sowie je ein Raum für den Betriebsleiter und den Werkmeister, ferner ein Aufenthaltsraum für das Personal.
Von der Bahnhofstraße aus führte ein Gleis zu dem westlich liegenden Gleis 2 der Abstellhalle. Das Gleis 1 und die Zufahrt zur Werkstatt erreichten die Wagen über eine kleine, eingleisige Schiebebühne. Schwenktore mit Aussparungen für die Fahrleitung schlossen den Betriebshof und die Werkstatt nach vorne ab.
Rechtzeitig vor dem Eintreffen der Wagenkästen, Untergestelle und Motoren der ersten sieben Triebwagen, Anfang Mai 1897, waren die Rohbauarbeiten beendet und das Dach geschlossen, so daß die Endmontage dieser Fahrzeuge bereits im „Trockenen" vonstatten ging.
Für die ersten sieben Triebwagen und die drei Sommerbeiwagen reichten diese Räumlichkeiten aus. Doch bereits am 21. August 1897 mußte der Antrag auf Erweiterung der Halle um zwei zusätzliche Gleise gestellt werden, um für die weiter beschafften 8 größeren Trieb- und die drei gleichartigen Beiwagen ausreichend Abstellfläche zur Verfügung zu haben. Die zweite Halle mit einer Länge von 36,6 m und einer Breite von knapp 8 m entprach in der Bauausführung und den Abmessungen genau der ersten Halle. Auch sie erhielt, wie bereits die erste Remise, zur Belichtung des Innenraums eine Oberlichtraupe mit Drahtglasfenstern. Die Ausriegelung zwischen den beiden Hallen brach man aus, so daß innen ein Raum entstand. Die Zufahrt zu den neuen Gleisen 3 und 4 erfolgte über die vorhandene und entsprechend verlängerte Schiebebühne.
Für die Unterbringung der vier Wagen der „Gleislosen Straßenbahn Heilbronn – Böckingen", die ja von der Heilbronner Straßenbahnen AG betrieben wurde, suchte die Gesellschaft am 8. Dezember 1910 um eine abermalige Erweiterung ihrer Wagenhalle nach. Wieder sah man eine zweigleisige Remise vor, die in den Abmessungen und in der Ausführung weitgehend den beiden ersten Hallenteilen entsprach. Allerdings setzte man jetzt auf den hinteren Teil der neuen Halle noch ein weiteres Geschoß auf, für die Räume der Verwaltung und Leitung des Unternehmens (je ein Raum für den Betriebsleiter, die kaufmännische und technische Verwaltung). Mit einer Länge von 13,5 m, einer Breite von fast 8 m und einer Firsthöhe von 10,1 m saß der Anbau wie eine Glucke auf ihren Küken.
Bereits am 22. Dezember 1910 erteilten die zuständigen Stellen der Stadt Heilbronn die Baugenehmigung und im Juli 1911 waren die Neubauten bereits bezugsfertig. Den hinteren Teil der neuen Halle (unter dem Bürotrakt) richtete die Heilbronner Straßenbahnen AG für die „Gleislose" ein. Dazu zog man quer zur Halle eine Bretterwand ein und ließ die Zwischenwand zwischen der alten Halle 2 und dem Neubau stehen, während die Ausriegelung im vorderen Teil herausgebrochen wurde. Die Obusse der Gleislosen hatte ihre Zufahrt von der Frankfurter Straße her, genau gegenüber dem alten Schießhaus. Daher hatte der Hallenteil 3 seinerzeit auf der Rückseite anstelle der sonst üblichen drei Fenster zwei zweiflügelige Tore eingebaut. Die Zufahrt zu den neuen Gleisen 5 und 6 erfolgte direkt von der Bahnhofstraße aus und nicht über die Schiebebühne.
Das Depot war jetzt so ausgelegt, daß es bis Mitte der zwanziger Jahre für die Belange der Heilbronner Straßenbahnen ausreichte. Sowohl die Inspektionen, Wartung und Pflege der 15 Trieb- und 8 Beiwagen sowie deren Unterbringung außerhalb der Betriebszeiten als auch Reparatu-

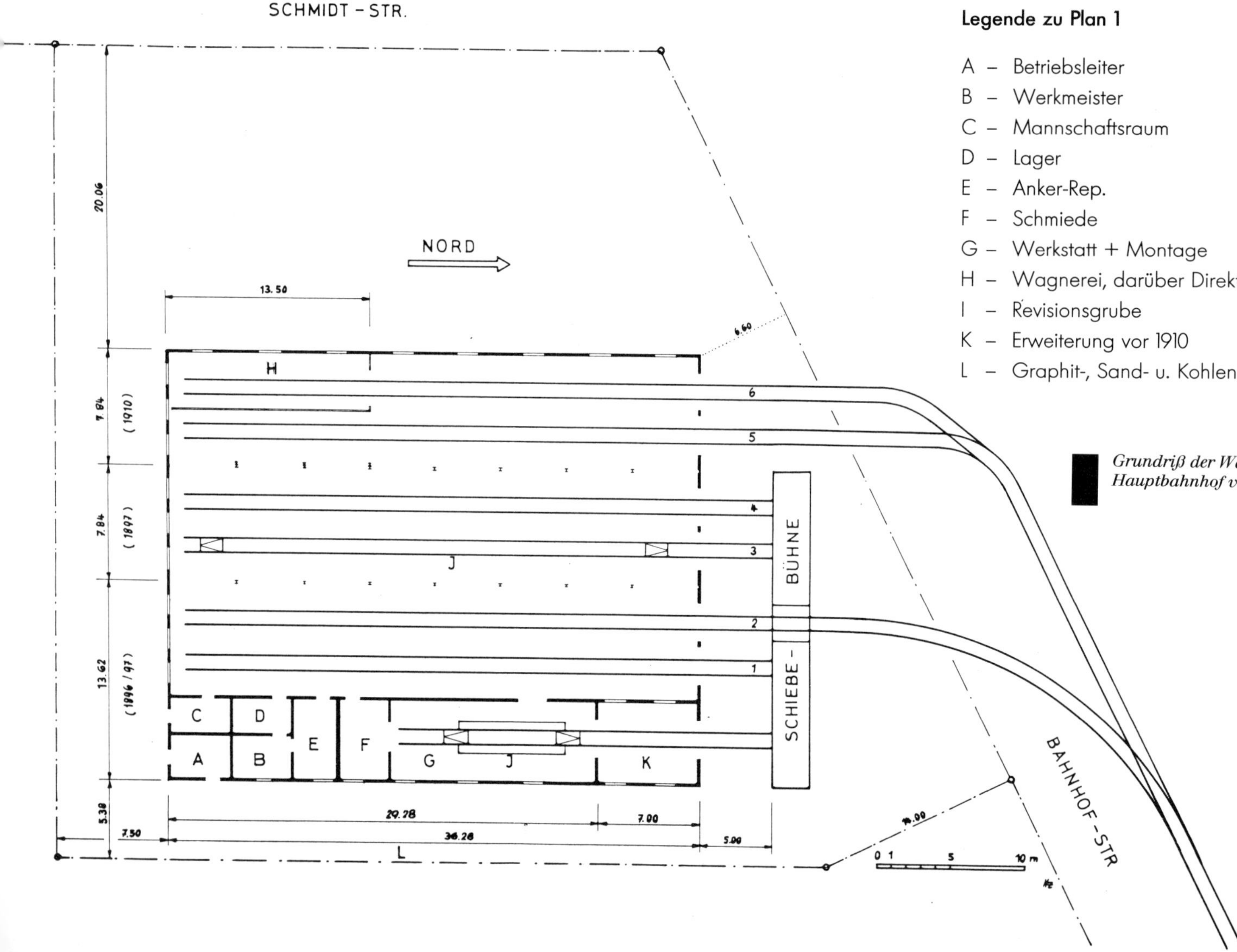


**Legende zu Plan 1**

A – Betriebsleiter
B – Werkmeister
C – Mannschaftsraum
D – Lager
E – Anker-Rep.
F – Schmiede
G – Werkstatt + Montage
H – Wagnerei, darüber Direktion + Büros
I – Revisionsgrube
K – Erweiterung vor 1910
L – Graphit-, Sand- u. Kohlenlager

*Grundriß der Wagenhalle am Hauptbahnhof von 1910*

ren und Umbauten (so z. B. ab 1910 die Verglasung der offenen Plattformen der Triebwagen) konnten in dem zwar nüchternen, aber zweckmäßig eingerichteten Gebäudekomplex durchgeführt werden.
Nachdem die „Gleislose Straßenbahn Heilbronn – Böckingen" im Jahre 1916 ihren Betrieb eingestellt hatte und 1919 die Fahrzeuge aus der Halle kamen, wurde der bisher abgeteilte hintere Hallenteil ebenfalls dem Depot der Straßenbahn zugeschlagen und die ehemaligen hinteren Tore zugemauert.
Mit der Ausweitung des Heilbronner Straßenbahnnetzes zum Karlstor, zum Friedhof und nach Böckingen stießen weitere 11 Trieb- und 9 Beiwagen zum bisherigen Wagenpark der Heilbronner Straßenbahnen hinzu, die es unterzubringen galt. Dazu vergrößerte die Gesellschaft ihren bestehenden Betriebshof um einen weiteren, sechs Gleise umfassenden Neubau. Das am 27. Februar 1926 eingereichte Baugesuch wurde wieder zügig bearbeitet und bereits noch im März 1926 freigegeben. Der Neubau war großzügig bemessen, um später noch hinzukommende Fahrzeuge unterbringen zu können. Die Außenwände der 20 m breiten und 36,5 m langen Halle mit einer Traufhöhe von 6,5 m bestanden aus einem Gerüst von Stahlbetonträgern mit Backstein-Sichtmauerwerk. An der südlichen Hallenrückwand war noch ein 3,5 m breiter Flur mit Treppenhaus zum Verwaltungsbau angegliedert. Im Obergeschoß dieses Fluranbaus konnten weitere Sozialräume untergebracht werden. Für das große Walmdach setzte man eine Stahlkonstruktion auf die Betonstützen, die mit Bimsbetonplatten und Ruberoid (Dachpappe) belegt war.
Im vorderen Teil der Halle befand sich für die Gleise 8 bis 11 eine Putzgrube von 15 m Länge. Die Zufahrt zu den neuen Gleisen 7 bis 12 erfolgte über eine Gleisharfe von der Bahnhofstraße her, die gleichzeitig auch für die bestehenden Gleise 1 bis 6 erweitert worden war. Die alte Schiebebühne wurde verkürzt, sie diente lediglich noch für die Zufahrt der kleinen zweiachsigen Triebwagen vom Gleis 1 zum Werkstattgleis. Für vierachsige Fahrzeuge war die Schiebebühne und die Einfahrt auf Gleis 11 untersagt (dort war der Einfahrtswinkel zu eng, weshalb diese Wagen an den Torstützen streiften).
Während der nüchterne Neubau lediglich als Abstellhalle ausgebaut war, erweiterten die Heil-

*Blick in die neue Werkstatt um 1950*

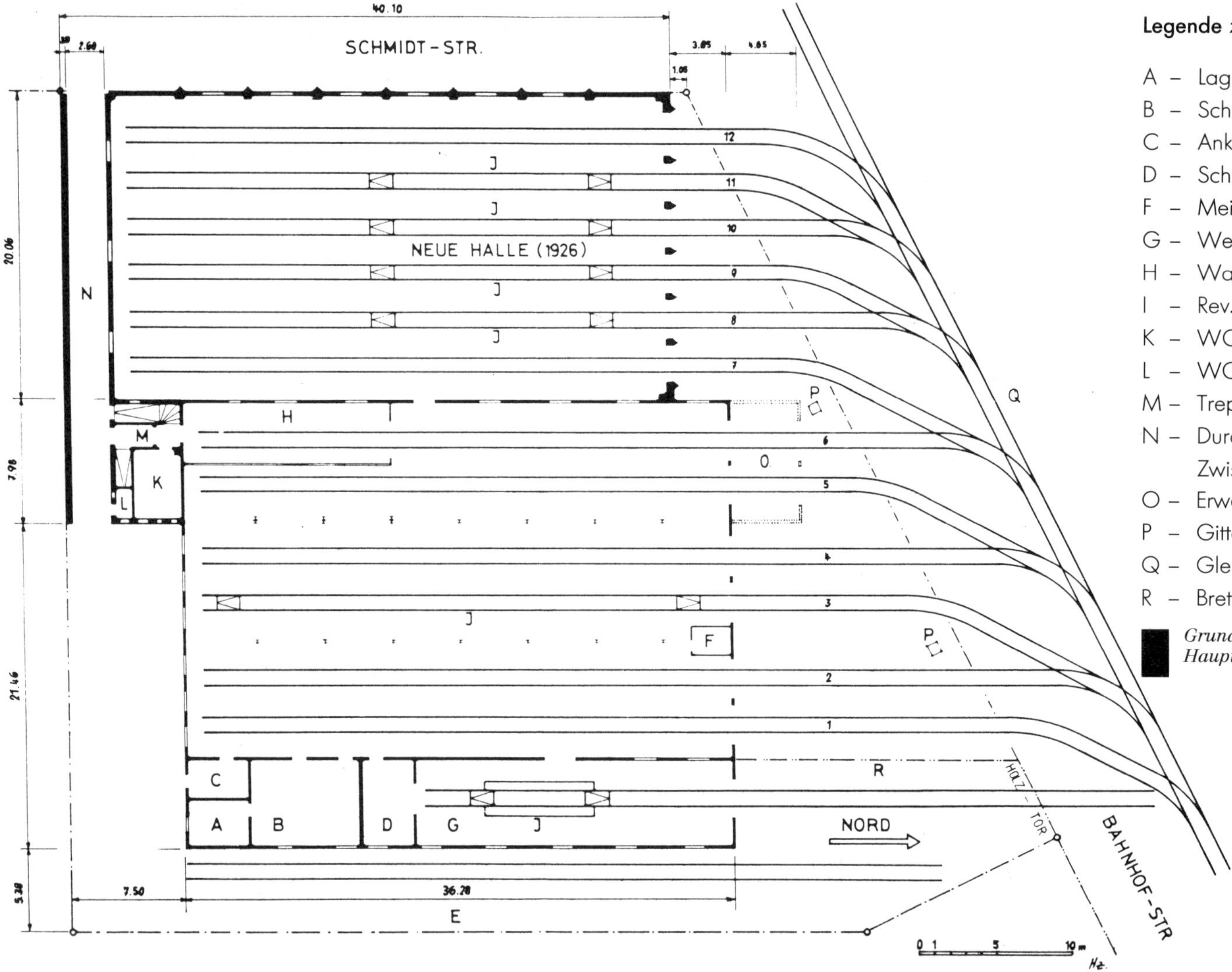


## Legende zu Plan 2

A – Lagerraum
B – Schreinerei
C – Ankerwicklerei
D – Schmiede
F – Meisterbüro
G – Werkstatt + Montage
H – Wagnerei
I – Rev.-Gruppe
K – WC – Herren
L – WC – Damen
M – Treppenhaus
N – Durchfahrt, darüber Zwischengeschoß
O – Erweiterung (1949)
P – Gittermast
Q – Gleisanlage neu 1926
R – Bretterzaun

*Grundriß der Wagenhalle am Hauptbahnhof von 1926*

bronner Straßenbahnen AG im alten Komplex ihren Werkstatteil, so daß dort insbesondere für die großen Vierachser ständig auch die Gleise 1 und 2 für Reparatur-und Instandhaltungsarbeiten sowie für die verschiedenen Umbauaktionen zur Verfügung standen.

Das Betriebsgleis in der Bahnhofstraße vom Hauptbahnhof zur Wagenhalle, von dem aus die neue Gleisharfe zu den Gleisen 1 bis 12 abzweigte, wurde Ende der zwanziger Jahre verlängert und bis zur Frankfurter Straße geführt, in die nach beiden Richtungen eingebogen werden konnte. Durch diese Gleisverbindung wurde es möglich, um den Betriebshof herumzufahren und sowohl zur Stadtmitte als auch direkt nach Böckingen einzurücken. In dieser Form blieben der Betriebshof und die Gleisanlage bis zum Zweiten Weltkrieg erhalten. Erst am 4. Dezember 1944, dem Schreckenstag von Heilbronn, versank mit der ganzen Innenstadt auch der Betriebshof am Hauptbahnhof samt Verwaltungsaufbau in Schutt und Asche. Der Bombenhagel zerstörte den alten Hallenteil mit der Werkstatt vollkommen. Von 17 dort zur Reparatur und zum Umbau untergebrachten Trieb- und Beiwagen wurden 15 ganz zerstört und zwei stark beschädigt. Im neueren, ebenfalls schwer beschädigten Hallenteil (Gleise 7 bis 12), standen lediglich zwei Fahrzeuge, die ziemlich stark lädiert worden waren.

Nach dem Zweiten Weltkrieg richteten die Stadtwerke Heilbronn in den Jahren 1946/47 zunächst die weniger stark beschädigte Abstellhalle mit den Gleisen 7 bis 12 wieder auf. Die teilweise eingestürzten Seitenwände zog man wieder als Backsteinmauern hoch. Die Gleise überspannte wieder ein Walmdach mit Oberlichtraupe, das von einer genieteten Stahlkonstruktion getragen wurde.

Im Jahre 1949 ließen die Verkehrsbetriebe den mittleren Hallenteil, der einst die Gleise 5 und 6 beherbergte, neu aufbauen. Dabei verlängerte man das Gebäude nach vorne um etwa 4,5 m. In diesem Bau brachte man jetzt die Hauptwerkstatt der Straßenbahn unter, mit allen dazugehörigen Einrichtungen und Nebenräumen. Allerdings führte nur noch ein Gleis zu der Montagegrube in der Halle. Endlich fanden die Mitarbeiter der Werkstatt wieder geordnete Verhältnisse vor, nachdem sie zuvor – kriegsbedingt – die verschiedenen Arbeiten an den Fahrzeugen an mehreren Plätzen, teilweise sogar vor Ort und im Freien (z. B. in Sontheim und in Böckingen) durchführen mußten. Die alte Wagenhalle mit den ehemaligen Gleisen 1 bis 4 und der Werkstatt, die total ausgebombt war, wurde vollständig abgebrochen. Am 9. Mai 1950 erhielten die Stadt-

*Abstell- und Rangieranlage in der Bahnhofstraße vor dem Depot (1953)*

werke die Genehmigung, auf diesem Gelände eine 22 m breite, 52,6 m lange und 8,9 m (Firstgiebelhöhe) hohe, gebrauchte ehemalige Reithalle der Deutschen Wehrmacht, die man zu äußerst günstigen Konditionen erwerben konnte, aufzustellen. Das Gebäude bestand aus einer Stahlkonstruktion, bei dem die aufgehenden Wände mit Backsteinen ausgeriegelt waren, und einem Holzdach, das mit Dachpappe belegt war. Zur Innenraumbelichtung erhielt die Halle mehrere Oberlichthauben auf den beiden Dachhälften. Das Hallendach hätte sechs Gleise überspannt, es wurden aber nur die fünf auf der westlichen Seite gelegenen eingebaut und an die Gleisharfe angeschlossen. Die drei westlich liegenden Gleise erhielten eine Putz- und Montagegrube. Bereits ein Jahr darauf mußte diese neue Halle zur Aufnahme der neu hinzugekommenen Obusse umgebaut werden. Anstelle der Straßenbahnfahrleitung führten nun auf die drei westlichen Stellbahnen Obusdrähte in diese Halle hinein. In die hintere Hallenwand ließen die Verkehrsbetriebe zwei Tore einbauen, die auf die beiden außenliegenden Obus-Fahrbahnen führten. Die Obusse rückten vom Hauptbahnhof entweder über die Weststraße und Frankfurter Straße oder über die Bahnhofstraße – Schmidtstraße und

*Montagegrube im wiederaufgebauten „neuen“ Hallenteil*

*Überblick über das Hallenvorfeld in Richtung Hauptbahnhof*

*Auch nach dem Wiederaufbau behielt der „neue Hallenteil“ von 1926 sein ursprüngliches Aussehen*

Frankfurter Straße von hinten in die Wagenhalle ein. Ausgerückt wurde stets nach vorne über die Bahnhofstraße zum Hauptbahnhof. Nach Einstellung der Straßenbahn in Heilbronn am 1. April 1955 und nachdem die alten Trieb- und Beiwagen aus dem Betriebshof zur Verschrottung ausgezogen waren (sie wurden dazu teilweise zur Wagenhalle nach Neckargartach gebracht), fanden die neuhinzugekommenen Omnibusse – als Nachfolger der alten Spatzenschaukel – im Betriebshof beim Hauptbahnhof ihre Bleibe. Zuvor waren jedoch die alten Straßenbahnfahrdrähte in der Halle demontiert worden.
Der sich ab 1951 kontinuierlich vergrößerte Omnibusbetrieb der Verkehrsbetriebe Heilbronn konnte nicht vollständig in der alten Straßenbahnhalle am Hauptbahnhof bzw. in Neckargartach unterkommen, weshalb die Stadtwerke einen weiteren, einfachen Abstellplatz an der Ecke Schützenstraße/Schießhausstraße herrichten ließen. Nachdem der Hängerbetrieb aufgegeben und diese Fahrzeuge entweder als Bauwagen verkauft oder verschrottet worden waren, gab man den Abstellplatz im Jahre 1959 wieder auf. Bald darauf entstand auf dem Gelände ein neues Schulgebäude.
Im Januar 1961, als der Obusbetrieb aufgegeben worden war, verschwanden auch die restlichen Fahrdrähte aus der östlichen Halle. Bald darauf, als die zum Verkauf ausgeschriebenen Obusse im ehemaligen Straßenbahndepot Neckargartach abgestellt waren, konnte die seit 1949 dort untergebrachte Werkstatt des Omnibusbetriebs nebst den dort noch stationierten Bussen von Neckargartach zum Betriebshof beim Hauptbahnhof umziehen. Das ehemalige Stra-

ßenbahndepot diente jetzt also als reine Omnibuswerkstätte und zentrale Abstellhalle für Busse, bis der gesamte Betrieb am 12.12.1966 zum neuen Betriebsgelände in der Kanalstraße umzog.
Nach dem Auszug der Verkehrsbetriebe ging das bisherige Betriebsgelände der Verkehrsbetriebe wieder in das Eigentum der Stadt Heilbronn zurück. Bald darauf vermietete die Stadt das Gelände bzw. führte es anderen Bestimmungen zu. Im Mittelteil des Areals, in dem seit 1949 die Hauptwerkstatt untergebracht war, fand nach gründlicher Renovierung der „Verein beschützende Werkstätten für geistig und körperlich Behinderte e. V." mit seinen Schützlingen eine neue Heimat. Der westliche Hallenteil mit den Gleisen 7 bis 12 diente einige Jahre der Firma Schwabengarage AG als Ausstellungshalle für Automobile, während der östliche Teil, in dem die Obusse untergebracht waren, dem Technischen Hilfswerk ein Dach über dem Kopf bot. Doch 1980 war auch diese Aera vorüber. Alle Mieter hatten ein neues Domizil, so daß am 28. August 1980 für das alte Gemäuer eine Abbruchgenehmigung erteilt werden konnte. Wenige Wochen darauf war das Areal abgeräumt und von seiner früheren Verwendung ist nichts mehr zu sehen.

## Der Betriebshof der Neckargartacher Straßenbahn

Zur Unterbringung, Wartung und Pflege ihrer fünf Trieb- und fünf Beiwagen ließ die Gemeinde Neckargartach in nur fünfmonatiger Bauzeit nahe der Neckarbrücke von heimischen und Heilbronner Handwerkern und Bauunternehmern einen Betriebshof errichten. Bei der Einweihung der Neckargartacher Straßenbahn und ihres Betriebshofes am 22. Juni 1928 betonte Schultheiß Haspel, das schmucke Gebäude könne „als ein architektonisches Meisterwerk bezeichnet werden und dürfte eine der schönsten und zweckmäßigsten Hallen (der ganzen Region) sein. Durch ihre schöne Lage im unteren Ortsteil am Neckar bildet sie zugleich eine Zierde der Gemeinde".
Das viergleisige Depot war für 16 große, zweiachsige Straßenbahnfahrzeuge ausgelegt worden, 14 Meter breit und 45 Meter lang sowie 8 Meter hoch. Der Bau zeigte deutlich, daß die Stuttgarter Straßenbahnen und besonders deren damaliger Direktor Paul Loercher Pate gestanden hatten. Sie war der knapp zwei Jahre zuvor entstandenen Wagenhalle der Straßenbahn Esslingen-Nellingen-Denkendorf (END) in Nellingen und der ebenfalls 1926 gebauten Wagenhalle Südheim der Stuttgarter Straßenbahn nachempfunden. Dadurch konnten aber die Planungskosten für die Neckargartacher Wagenhalle äußerst gering gehalten werden. Den roten Backsteinbau überspannte eine hochinteressante Holzkonstruktion eines Lamellendaches, in dessen Mitte ein Glasdach-Oberlichtaufbau für eine gute Ausleuchtung des Halleninnern sorgte. Die

*Wo vormals zwei Straßenbahngleise lagen, hat jetzt nur noch eine Obusspur Platz*

*Drehbänke in der Schlosserei*

*Kurioses Gerüst zum Abbau der Straßenbahn-Fahrleitung (1955)*

schmucke Halle sollte ursprünglich sogar bei besonderen Anlässen als Fest- und Versammlungshalle benützt werden, weshalb die Innenräume in freundlichen Farbtönen ausgestaltet worden war.
Auf der Westseite des Komplexes schlossen sich niedere Anbauten an, in denen Räume für die Verwaltung, Werkstätten, Lager sowie zum Aufenthalt des Personals untergebracht waren. Mit der Halle verbunden war auch die in Backsteinbauweise ausgeführte Gleichrichterstation. Auf der Ostseite hielt man sich den Platz für eine mögliche Erweiterung frei. Nach dem Übergang der Straßenbahn Neckargartach auf die Stadt Heilbronn diente dieses Depot in verstärktem Maße auch für die Unterbringung von Heilbronner Trieb- und Beiwagen.
Den Zweiten Weltkrieg überstand die Wagenhalle mit nur wenig Schäden. Da jedoch die Neckarbrücke gesprengt wurde, war die Verbindung zum Heilbronner Straßenbahnnetz unterbrochen. Aus diesem Grunde konnte dieses Depot nach dem Kriege nicht in dem gewünschten Ausmaß genutzt werden. Zwar fand bis zur Wiedererrichtung des Betriebshofes am Hauptbahnhof die Werkstatt in Neckargartach notdürftig Unterkunft, doch waren schwierige Transportproble-

*Gesamtschau auf die Wagenhalle Neckargartach im Juni 1955*

*Der Blick ins Halleninnere zeigt die interessante Konstruktion des Lamellen-Daches*

*Den Schuppen über Gleis 5 errichtete man erst 1949*

me zu lösen, wenn Wagen vom Heilbronner Netz zum Neckargartacher Netzstück gebracht werden mußten.
Als im Jahre 1948 zu dem bisherigen „reinen" Straßenbahnbetrieb in Heilbronn die Sparte „Omnibus" hinzukam, fand dieser Betriebsteil in der Wagenhalle Neckargartach seine Unterkunft. Hier richteten die Verkehrsbetriebe ab 1949 auch ihre zentrale Omnibuswerkstätte ein. Um für die Busse auf der Werkstattseite und auf der am Gleis 1 befindlichen Montagegrube genügend Raum zu schaffen, schleppten die Stadtwerke zur Unterbringung der Straßenbahnwagen auf dem freigehaltenen Geländeteil auf der Ostseite des Depots einen Holzschuppen an. In diesen führte ein Gleis der Straßenbahn hinein.
Gleichzeitig legte man auf der Hinterseite der Wagenhalle weitere Abstellgleise an, zu denen man über das rückwärtige Hallentor des Anbaus gelangte.
Nach der Einstellung der Straßenbahn nach Neckargartach am 1. April 1955 verschrotteten einige Angehörige der Stadtwerke den größten Teil der jetzt überflüssig gewordenen Wagen der „Spatzenschaukel" auf dem Gelände der Wagenhalle Neckargartach. Anschließend traf man nur noch Omnibusse auf diesem Betriebshof an. Erst im Februar 1961 zogen diese – zusammen mit der zentralen Buswerkstätte – zu dem gerade von den Obussen freigewordenen Betriebshof am Hauptbahnhof um. Danach diente die Neckargartacher Halle einige Monate als Herberge für die abgestellten und zum Verkauf ausgeschriebenen Obusse. Als diese im Oktober 1961 ihren Weg nach Portugal angetreten hatten, stellte die Stadt Heilbronn das ehemalige Depot, nachdem es mit einfachen Mitteln umgestaltet worden war, den Neckargartacher Vereinen als provisorische Versammlungshalle zur Verfügung. Der alte Straßenbahnbetriebshof bzw. die Versammlungshalle stand Ende der sechziger Jahre dem Ausbau der linksufrigen Neckartalstraße Nr. L 1100 von Heilbronn nach Obereisesheim im Wege. Am 9. Dezember 1969 mußte das schöne Zweckgebäude dem Straßenbau weichen. Schaufellader rissen den einstigen Stolz der Gemeinde Neckargartach innerhalb weniger Stunden nieder. Heute erinnert hier nichts mehr an das frühere bunte Treiben der Straßenbahnen und Vereine.

*Das traurige Ende der schmucken Wagenhalle am 9. Dezember 1969. Sie mußte einer Straße weichen*

*Sicht auf die Wagenhalle Neckargartach von der Neckarbrücke aus (1952)*

### Der neue Betriebshof in der Kanalstraße

Die Vergrößerung des Omnibus-Wagenparks ab Ende der fünfziger Jahre bzw. Anfang der sechziger Jahre und die dadurch vermehrt anfallenden Wartungs-, Pflege- und Reparaturarbeiten ließen den alten Betriebshof beim Heilbronner Hauptbahnhof geradezu aus den Nähten platzen. Es mußte dringend Abhilfe geschaffen werden, um den Betrieb geordnet weiterführen zu können. Aus diesem Grunde prüften die Verkehrsbetriebe zusammen mit dem Hochbauamt der Stadt Heilbronn die Frage, ob die bestehende Wagenhalle saniert und vergrößert oder ein völlig neues Projekt an anderem Standort in Angriff zu nehmen wäre. Die Untersuchungen und Berechnungen ergaben, daß ein Neubau nicht wesentlich teurer kommen würde, als eine Sanierung des alten Komplexes, wenn man die Schwierigkeiten, die ein Umbau bei gleichzeitiger Benützung einiger vorhandener Teile (z. B. zeitweise Anmietung von Stellplätzen und Reparaturwerkstätten u. ä.) mit ins Kalkül zog.

Nachdem die Stadt Heilbronn den Verkehrsbetrieben am Westufer des Neckarkanals nördlich der Neckargartacher Straße ein etwa 17 000 qm großes Areal zum Bau eines neuen Betriebshofes zuweisen konnte, war die Frage rasch zugunsten eines Neubaus entschieden. Die Planungsarbeiten, die nun sofort zusammen mit dem Heilbronner Architektenbüro Oskar Mayer begannen, zogen sich etwa zwei Jahre hin. Im Herbst 1964 erfolgte der erste Spatenstich für das neue Busdepot in der Kanalstraße. In stark zwei Jahren konnten die Arbeiten erledigt werden. Die 7,7 Millionen Mark teure Anlage wurde so ausgelegt, daß sie auch für die längere Zukunft den Bedürfnissen der Heilbronner Verkehrsbetriebe gerecht wird. Bei der Raum- und Platzberechnung ging man von einer in den nächsten 20 bis 25 Jahren steigenden Einwohnerzahl Heilbronns auf etwa 140 000 Bürgerinnen und Bürger aus, wofür ein Omnibusbestand von 85 bis 100 Einheiten anzusetzen wäre (wozu man allerdings auf dem bereits vorhandenen Gelände eine weitere Abstellhalle errichten müßte).

Der mit Ziegelsteinen ausgefugte, nicht unterkellerte Stahlskelettbau in Leichtbauweise bedeckt eine Fläche von rund 5000 qm bei einer Seitenlänge von 92 m und einer Breite von etwa 50 m. Die Eindeckung des Dachs erfolgte mit Gasbe-

*Seit 12. Dezember 1966 sind die Busse der Verkehrsbetriebe in der Kanalstraße zu Hause*

tondachplatten und Dachisolierung als Kiespreßdach. Zur Belichtung der Hallen dienen senkrechte Lichtbänder in den Längswänden und über den Türen sowie Oberlichtkuppeln im Dach. Die Bauarbeiten konnten im Dezember 1966 abgeschlossen werden, so daß am Wochenende 10./11. Dezember 1966 die Umzugsarbeiten von der alten Halle zur neuen Anlage erfolgen konnte. Am Montag, 12. Dezember 1966 rückten die letzten Omnibusse an der alten Halle am Hauptbahnhof aus und in der neuen in der Kanalstraße ein. Da die neue Neckartalstraße noch nicht fertiggestellt war, erfolgte die Zufahrt zu dem idealen Gelände zunächst über eine Privatstraße.

Der neue Betriebshof war nach modernsten ergonomischen Gesichtspunkten konzipiert worden. Die Fahrzeugbehandlung erfolgt in raum-, arbeitszeit- und -kräftesparender Weise: Einrückende Omnibusse werden von den Linienfahrern auf dem großen Warteplatz bei der Einfahrt in das Betriebsgelände abgestellt. Werkstattfahrer übernehmen jetzt die Busse und fahren einzeln durch ein sich automatisch öffnendes und schließendes Tor in die Waschanlage ein. Dort rollt der Bus durch die „vollautomatisch" arbeitende Reinigungsmaschine, ohne daß der Werkstattfahrer dazu den Bus verlassen muß. Danach wird der Wagen zum sich anschließenden Wartungstrakt weitergefahren, wo ein „Putzkommando" die Innenreinigung des Fahrzeugs (Kehren, Saugen, Waschen, Desinfizieren, soweit erforderlich, u. a.) vornimmt. In der kalten Jahreszeit können mittels von unten eingeblasener Warmluft vereiste Stellen an den Omnibussen schnell abgetaut werden. Danach zieht der Bus auf einen Bremsenprüfstand vor. Hier kann der Werkstattfahrer, wieder ohne den Wagen zu verlassen, die einzelnen Bremsen auf ihre ordnungsgemäße Wirkung überprüfen. Nach kurzer Weiterfahrt wird im Versorgungstrakt der notwendige Treibstoff nachgefüllt, der Öl- und Luftstand kontrolliert und erforderlichenfalls ergänzt sowie weitere kleine Rüstarbeiten vollzogen. Jetzt ist der Omnibus wieder – sofern bei diesen Arbeiten keine Mängel festgestellt wurden oder bereits durch entsprechende Meldung bekannt sind – betriebsklar und erneut einsatzbereit. Dazu wird er zum hinteren Hallentor hinaus und in einem weiten Bogen zum hinteren Tor der Abstellhalle mit ihren 35 Bus-Stellplätzen rangiert und für den nächsten Einsatz bereitgestellt.

*Blick in die Revisionshalle, in der die Omnibusse betankt, gepflegt und gewartet werden*

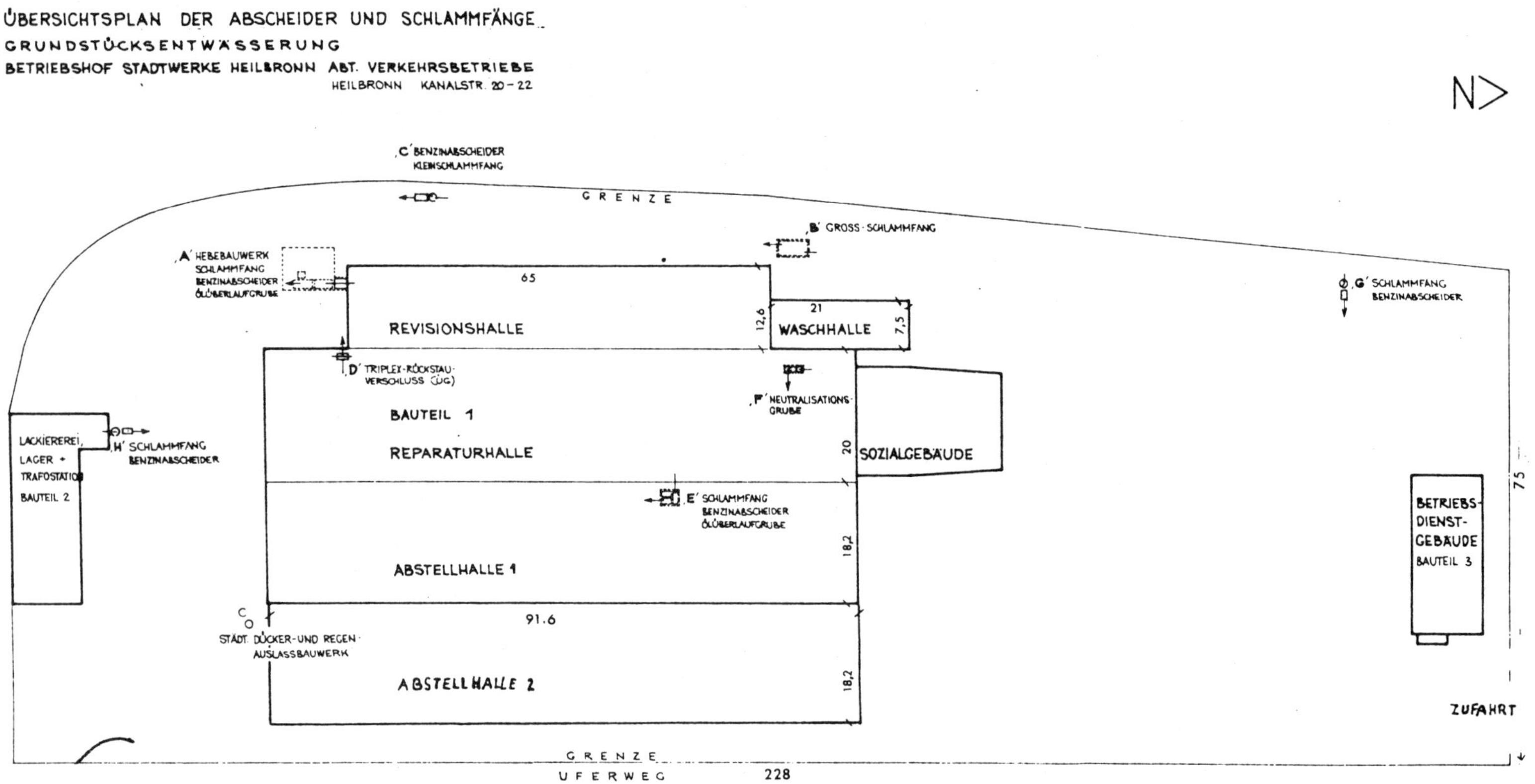


*Lageplan des Omnibus-Betriebshofes in der Kanalstraße*

Zwischen der Wartungs- und Abstellhalle liegt der Reparaturtrakt mit neun Stellplätzen. Sechs davon besitzen eine Werkstattgrube, zwei sind mit Hebeböcken und die letzte mit einer starken Hebebühne ausgestattet. Die Raumhöhe wurde von Anfang an so bemessen, daß auch eineinhalbstöckige Busse gepflegt und gewartet werden könnten. Lagerräume für Ersatzteile, Zubehör und Betriebsmittel sowie Aufenthalts-, Umkleide- und Sanitärräume für das Personal runden die moderne Zweckanlage ab. Vor dem großen Abstellplatz im Norden der Abstell- und Wartungshallen ist ein modernes und zweckmäßiges, dreigeschossiges Verwaltungsgebäude angegliedert.

Die Ausdehnung des Heilbronner Omnibusnetzes machte Mitte der siebziger Jahre die Erweiterung der Abstellhalle erforderlich. Erneut erhielt das Heilbronner Architektenbüro Mayer daher Mitte 1974 den Planungsauftrag. Der zweite Bauabschnitt umfaßt lediglich eine einfache Abstellhalle, die im Aussehen und in ihren Abmessungen der bestehenden Omnibus-Abstellhalle mit ihren fünf Abstellbahnen angepaßt wurde. Bereits 1975 konnte mit dem Bau der 91,6 m langen und 18,2 m breiten Halle begonnen und schon Mitte 1976 ihrer Bestimmung übergeben werden. Auf fünf weiteren Abstellbahnen (Nr. 6 bis 10) fanden je weitere sieben Busse, insgesamt also nochmals 35 Fahrzeuge ein Dach über dem Kopf.

Im Laufe der Jahre erhielt der Betriebshof Kanalstraße weitere moderne Pflege- und Reparatureinrichtungen bzw. -geräte nach dem neuesten Stand der Technik, so daß der heutige Fahrzeugbestand von 66 Omnibussen (von denen werktäglich 61 Stück auf die Strecke müssen) nach betriebswirtschaftlichen Gesichtspunkten optimal und zweckentsprechend gewartet, gepflegt, erforderlichenfalls repariert und auch umgebaut sowie täglich erneut eingesetzt werden können.

*Alle Revisionen und fast alle Reparaturen erledigt das Personal der Verkehrsbetriebe*

*Die Abstellhalle 2 mit den Abstellbahnen 6 bis 10 ist seit 1976 in Betrieb*

*Die tägliche Wartung nach einem Einsatz beginnt mit der Einfahrt in die Waschhalle*

*Frisch aufgetankt und gereinigt warten die Omnibusse auf dem Hallenvorfeld auf den nächsten Einsatz*

## Tarife und Fahrscheine.

In den ersten Wochen des Heilbronner Straßenbahnbetriebs wurden keine Fahrscheine ausgegeben.
Man wandte in Heilbronn zunächst das sogenannte „Zahlkartensystem" an, d. h. der Schaffner kassierte den Fahrpreis ab und vermerkte die Einnahme auf seiner Zahlkarte. Da jeder zusteigende Fahrgast seinen Obulus zu entrichten hatte und die Schaffner sich bei den damals kleinen Fahrzeugen die Personen, die ihren Fahrpreis entrichtet hatten, merken konnten, war dieses System zunächst ausreichend. Doch es wirkte sich sehr negativ aus, daß man beim Umsteigen von der einen in die andere Linie erneut bezahlen mußte.
Da es trotz des einfachen Systems verständlicherweise oftmals wegen der angeblichen Bezahlung oder Nichtbezahlung des Fahrgeldes zwischen den Fahrgästen und den Schaffnern zu Auseinandersetzungen kam, führte die Heilbronner Straßenbahn im Herbst 1897 die Fahrscheinausgabe ein. Nach der Bezahlung des Fahrgeldes gab jetzt der Schaffner einen „Fahrschein und Quittung" aus, den der Fahrgast während der Fahrt aufzubewahren und auf Verlangen vorzuzeigen hatte. Jetzt durfte auch von der einen Linie zur anderen mit diesem Fahrschein umgestiegen werden.
Eine Einzelfahrt auf der ersten Strecke der Heilbronner Straßenbahnen kostete 1897 zehn Pfennige, Kinder zahlten die Hälfte. Dieser Preis erscheint auf den ersten Blick recht günstig zu sein, doch der Schein trügt. Es konnten sich damals nur wenige der bessergestellten Bürger eine Fahrt mit dem neuen Verkehrsmittel leisten. Ein gut verdienender Arbeiter erhielt seinerzeit einen Taglohn von knapp 2 Mark, für ihn hätte daher die Fahrt von seiner Wohnung zur Arbeitsstelle und wieder zurück z. B. ein Zehntel seines Tagesverdienstes gekostet. Da ging man lieber wie bisher zu Fuß zur Arbeit und wieder nach Hause.
Zwar waren die Monatskarten, Schülermonatskarten und die Jahreskarten zum Preis von 7,50 Mark bzw. 4 Mark bzw. 70 Mark wesentlich günstiger, doch auch diese Gebühren konnten nur wenige bessergestellte Bürger aufbringen.
Da nach einem ersten erfolgreichen Jahr gegen Ende des Jahres 1898 die Zahl der Fahrgäste, die einen Einzelfahrschein erwarben, sehr stark zurückging, mußten die Heilbronner Straßenbahnen sich neue Kunden suchen. Durch ihr Angebot, ab 1899 für Arbeiter morgens und abends die gleichen Fahrscheine wie für Militärangehörige und Kinder zu 5 Pfennigen je Einzelfahrt abzugeben (eine Einzelfahrt köstete also nur noch halb so viel wie seither), erhielt das Unternehmen zwar zahlreiche neue Fahrgäste, doch die Einnahmen blieben weiterhin hinter den Erwartungen zurück.
Für eine Fahrt mit der am 3. Juni 1900 eröffneten neuen Vorort-Straßenbahn vom Heilbronner Hauptbahnhof nach Sontheim zahlte man 20 Pfennige, ein Fahrschein für ein Kind unter 12 Jahren kostete 10 Pfennige. Ab Südbahnhof betrug der Fahrpreis für eine Fahrt nach Sontheim für Erwachsene noch 10 und für Kinder 5 Pfennige. Die dazu ausgegebenen Fahrscheine trugen neben den Aufschriften „Heilbronner Straßenbahnen", „Nur gültig f. d. mark. Fahrt u. d. Person f. welche gelöst", „Fahrschein und Quittung über 20 Pfennig (bzw. jeweiliger Fahrpreis)", „Einmal umsteigen" sowie die fortlaufende Fahrscheinnummer noch die Endstationen aufgedruckt. Zur Abfertigung mußte der Schaffner immer die Endstation der vom Fahrgast gewünschten Strecke und die Nummer der gerade gefahrenen Tour eintragen.
Für die Vorortstrecke nach Sontheim gab es eigene Fahrscheine. Der weiße „15 Pfennig-Fahrschein" trug die Aufschrift „Südbahnhof – Sontheim" und „Sontheim – Südbahnhof, die 20-Pfennig-Fahrausweise „Kilianskirche – Sontheim" und „Sontheim – Kilianskirche". Der Schaffner strich die jeweils gefahrene Richtung ab und trug die gerade gefahrene Tournummer noch auf den Fahrschein auf.
Für die weiteren Strecken galten die rötlichen „25-Pfennig-Fahrscheine", die neben den üblichen, oben genannten Angaben noch folgenden Aufdruck trugen:

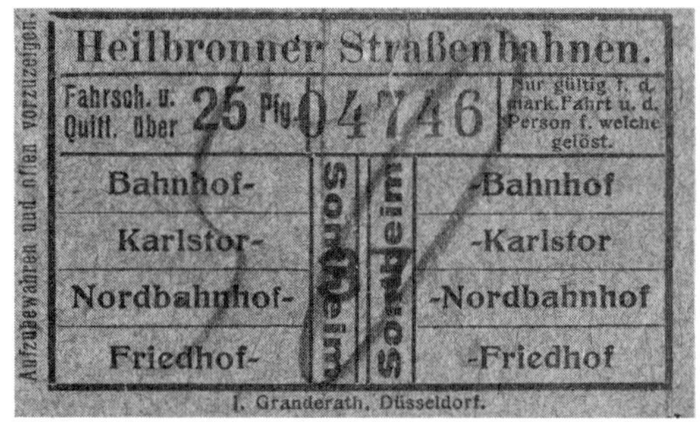


*Fahrschein von 1912*

Auch hier war wieder das Endziel zu markieren und die gerade gefahrene Tourennummer aufzutragen.
Neben dem Einzelfahrschein verkaufte die Heilbronner Straßenbahn für die Strecke Hauptbahn-

hof – Sontheim auch eine 25-Fahrten-Karte, bei der sich der Fahrpreis je Fahrt auf 15 Pfennige verringerte. Die einzelnen Fahrscheine hatten dasselbe Aussehen wie der 20-Pfennig-Fahrschein und die Abfertigung erfolgte wie bei diesen.
Diese Tarife konnten von der Heilbronner Straßenbahnen AG deshalb fast zwei Jahrzehnte konstant gehalten werden, da nach der Jahrhundertwende die Fahrgastzahlen von Jahr zu Jahr kontinuierlich anstiegen. Erstmals im März 1920 mußte der Preis für eine Einzelfahrt innerhalb Heilbronns auf 20 Pfennige angehoben werden. Ab Januar 1922 kletterten dann allerdings die Fahrpreise inflationsbedingt in immer kürzeren Zeitabständen und erreichten schließlich astronomische Höhen. Ende Januar 1923 kostete eine Einzelfahrt bereits 80 Mark. Da trotz der laufenden Tarifanpassung die Einnahmen die ebenfalls in die Höhe explodierten Kosten nicht abdecken konnten und außerdem die Beförderungsfälle stark zurückgegangen waren, mußte der Straßenbahnbetrieb am 28. Februar 1923 bis auf weiteres eingestellt werden.
Der Tarif der ersten Omnibuslinie von Heilbronn nach Böckingen, die vom 28. August 1905 bis zum 31. Januar 1906 von der „Automobilgesellschaft mbH, Stuttgart“ betrieben wurde und die morgens und abends je 4 Fahrtenpaare ausführte, war den Fahrpreisen der Heilbronner Straßenbahnen angeglichen. Eine Einzelfahrt von Böckingen nach Heilbronn und umgekehrt kostete 10 Pfennige für Erwachsene und 5 Pfennige für Kinder.
Die gleichen Beträge entrichteten die Fahrgäste auch bei der von der Amtskörperschaft Heilbronn vom 18. September 1909 bis 21. April 1910 betriebenen Kraftomnibuslinie Heilbronn – Böckingen für eine Fahrt. Wegen des schlechten Straßenzustandes boten diese beiden Linien nach Böckingen nur wenig Fahrkomfort, weshalb ihnen wegen mangelnder Benützung seitens der Böckinger Bürger jeweils nur eine kurze Lebensdauer beschieden war.
Die „Gleislose Straßenbahn Heilbronn – Böckingen“, für die ja die Heilbronner Straßenbahnen AG den Betrieb führte, richtete sich in ihrer Tarifgestaltung nach den Heilbronner Fahrtaxen. Eine Einzelfahrt von Heilbronn nach Böckingen oder umgekehrt, kostete für Erwachsene 10 und für Kinder 5 Pfennige.
Bei der Dampfstraßenbahn Heilbronn – Neckargartach, kostete eine Reise je Richtung ebenfalls für Erwachsene 10 und für Kinder 5 Pfennige. Hier gab es aber außerdem noch Arbeiterwochenkarten für je sechs Hin- und sechs Rückfahrten zu 60 Pfennigen sowie Schülermonatskarten für 1 Mark 50.

*Einzelfahrschein von 1925*

Als die Heilbronner Straßenbahnen AG nach der Inflation am 5. April 1924 wieder ihren Betrieb aufnahmen, traten friedensmäßige Tarife in Kraft, fast wie vor dem Ersten Weltkrieg. Für eine Straßenbahnfahrt innerhalb der Heilbronner Stadtgrenzen mußte ein 15-Pfg.-Fahrschein gelöst werden, Kinder bis 12 Jahre durften für 10 Pfennige fahren. Bei der Vorortstrecke nach Sontheim galten folgende Preise:
Sontheim – Südbahnhof (oder umgekehrt) 15 Pfg.
Sontheim – Kilianskirche (oder umgekehrt) 20 Pfg.
Sontheim Hauptbahnhof, Nordbahnhof,
Karlstor oder Friedhof (oder umgekehrt) 25 Pfg.
Das Bild der Fahrscheine und die Abfertigung hatten sich gegenüber der Zeit vor der Inflation nicht gewandelt.
Mit der Inbetriebnahme der neuen Vorortstrecke nach Böckingen, am 22. August 1926, führten die Heilbronner Straßenbahnen AG einen „Zonentarif“ ein und erklärten folgende Haltestellen zu „Zonengrenzen“: Sülmertorbahnhof (bisher Nordbahnhof) Karlstor, Kiliansplatz, Friedhof, Südbahnhof, Kamerawerk, Sontheim, Böckingen, Sonnenbrunnen und Hauptbahnhof. Der neue Tarif setzte sich wie folgt zusammen:
1 Zone in Böckingen oder in Sontheim
10 Pfg. (weißer Fahrschein)
2 Zonen in Böckingen oder in Sontheim
15 Pfg. (blauer Fahrschein)
3 Zonen in der Stadt Heilbronn
15 Pfg. (gelber Fahrschein)
2 Zonen in Vororten plus 1 Zone Stadt
20 Pfg. (oranger Fahrschein)
4 Zonen in Heilbronn und Vororten
25 Pfg. (grüner Fahrschein)
Kinder von 6 bis 14 Jahren mußten für eine Fahrt in der Stadt oder 2 Zonen Vororte plus 1 Zone Stadt 10 Pfennige, für weitere Strecken 15 Pfennige bezahlen.

Die Fahrscheine für die verschiedenen Zonen zeigten jetzt erstmals das Netzbild der Straßenbahn, das – je nach Tarif – auf verschiedenfarbigem Papier aufgedruckt war.
Ab dem 21. August 1927 galten die nachstehenden Tarife bei den Heilbronner Straßenbahnen:

**Fahrpreise ab 21. August 1927**

| | Einzelfahrt Erwachsene | Einzelfahrt Kinder | Karten m. 8 Fahrten | Wochenkarten f. Erwachsene | Wochenkarten f. Schüler | Arbeiter-Wochenkarten 2 Fahrt. tägl. | Monatskarten f. Erwachsene | Monatskarten f. Schüler |
|---|---|---|---|---|---|---|---|---|
| Stadtverkehr | 15 Pfg. | 10 Pfg. | Mk. 1.– | – | – | – | 8.– | 5.– |
| Südbahnhof–Sontheim<br>Hauptbahnhof–Böckingen<br>Kiliansplatz–Sonnenbrunnen | 15 Pfg. | 10 Pfg. | Mk. 1.– | 2.– | 1.– | 1.– | 8.– | 5.– |
| Heilbronn–Sontheim<br>Heilbronn–Böckingen | 25 Pfg.<br>ab Kiliansplatz 20 Pfg. | 10 Pfg. | Mk. 1.50 | 2.60 | 1.50 | 1.30 | 11.– | 5.– |

**Die im Umlauf befindlichen 10-Fahrten-Karten verlieren Ende September ihre Gültigkeit. Nach Ablauf dieser Zeit müssen sie zur Umwertung an der Kasse umgetauscht werden.**

Heilbronn, 19. August 1927 Die Direktion.
– 29232

Die am 22. Juni 1928 eröffnete „Neckargartacher Straßenbahn" berechnete folgende Fahrpreise:

| Fahrstrecke | Einzelfahrten Erwachsene | Einzelfahrten Kinder | Arbeiterwochenkarte | Monatskarten Erwachsene | Monatskarten Schüler |
|---|---|---|---|---|---|
| Neckargartach – Wohlgelegen | –,15 | –,10 | 1,–– | 8,–– | 5,– |
| Neckargartach – Zollamt | –,20 | –,10 | 1,20 | 10,–– | 5,– |
| Neckargartach – Kiliansplatz | –,25 | –,10 | 1,30 | 11,–– | 5,– |
| Wohlgelegen – Kiliansplatz | –,15 | –,10 | 1,–– | 8,–– | 5,– |

Die Fahrscheine der Neckargartacher Straßenbahn hatten, wie die Heilbronner, das gesamte Netzbild beider Unternehmen aufgedruckt. Lediglich die gültige Strecke (also z. B. Neckargartach – Zollamt) hob man durch eine dicke Linie hervor. Zur Abfertigung trug der Schaffner jeweils nur die entsprechende Tourennummer auf dem Fahrschein auf.
Dem Vorbild der Stuttgarter Straßenbahnen folgend führten die Heilbronner Straßenbahnen AG im Laufe des Jahres 1929 einen Teilstreckentarif ein. Im großen und ganzen entsprachen die einzelnen Teilstrecken den „Zonen" von 1926, sie hatten eine durchschnittliche Länge von 1400 Metern, wofür die Schaffner zu kassieren hatten:

*Der Netzbildfahrschein tauchte in Heilbronn erstmals 1926 auf*

| Fahrstrecke | Einzelfahrschein Erwachsene | Einzelfahrschein Kinder | Arbeiterwochenkarte | Monatskarten Erwachsene | Monatskarten Schüler |
|---|---|---|---|---|---|
| Bis 2 Teilstrecken | –,15 | –,05 | 1,–– | 8,–– | 5,– |
| 3 Teilstrecken | –,20 | –,10 | 1,15 | 9,50 | 5,– |
| 4 und mehr Teilstrecken | –,25 | –,10 | 1,30 | 11,–– | 5,– |

Dieser Tarif blieb über mehrere Jahre hinweg konstant. Vor der Aushändigung des entsprechenden Fahrscheins bezeichnete der Schaffner mit seinem speziellen blauen Markierstift immer die der Einsteigstelle nächst zurückliegende Teilstrecke mit einem blauen Strich und schrieb dazu noch die Nummer der soeben gefahrenen Tour auf den Schein. Ende der dreißiger Jahre brach-

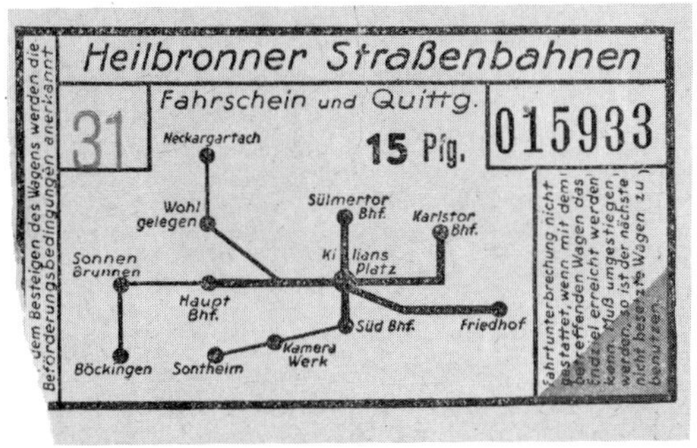


ten die Schaffner außerdem noch an der Zielteilstrecke (anstelle der Einsteig-Teilstrecke) einen blauen Haken an, dazu die Tourennummer.

Infolge des wirtschaftlichen Niedergangs anfangs der dreißiger Jahre, sanken die Einkommen der Arbeitnehmer spürbar, viele Menschen verloren sogar ihre Arbeitsstelle. Dies wirkte sich bei den Heilbronner Straßenbahnen drastisch auf die Beförderungszahlen und damit auf die Einnahmen aus. Um die Fahrgäste zu halten bzw. neue Benutzer für die Straßenbahn zu bekommen, senkten die Heilbronner und die Neckargartacher Straßenbahnen ihre Fahrpreise für die Arbeiter-Wochenkarten und die Monatskarten zum 1. Dezember 1934 um etwa 25%, was sich sofort sehr positiv auf die Beförderungszahlen und einige Zeit später auch auf die Ertragssituation auswirkte. Bis zum 31. März 1942 änderten sich die Tarife nicht mehr, auch nicht, als die Neckargartacher Straßenbahn am 1. Oktober 1938 und die Heilbronner Straßenbahnen AG am 1. Juni 1940 in das Eigentum der Stadt Heilbronn übergegangen waren.

Während des Zweiten Weltkrieges mußte ein großer Teil der Fahrer und Schaffner zur Wehrmacht einrücken, wodurch beim Personal ein deutlicher Engpaß entstand. Um den Betrieb weiterführen zu können, stellten die Verkehrsbetriebe Frauen sowie Studentinnen und Studenten ein. Um den schwierigen Schaffnerdienst für diese Hilfskräfte zu erleichtern, war es notwendig, den bisherigen Leistungstarif zum 1. April 1942 folgendermaßen zu vereinfachen:

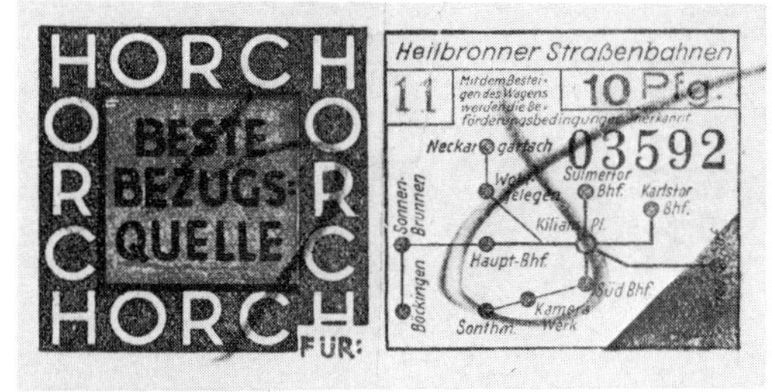


| Fahrstrecke | Einzelfahrscheine | | Arbeiter-wochenkarte | Monatskarten | |
|---|---|---|---|---|---|
| | Erwachsene | Kinder | | Erwachsene | Schüler |
| Bis 2 Teilstrecken | –,15 | –,10 | –,75 | 6,–– | 3,50 |
| 3 Teilstrecken und mehr | –,20 | –,10 | 1,–– | 7,–– | 3,50 |

Dieses vereinfachte Tarifsystem hatten wieder viele Jahre Bestand. Erst vier Jahre nach dem Ende des Zweiten Weltkriegs, am 1. April 1949, führten die Heilbronner Verkehrsbetriebe wieder einen Leistungstarif ein:

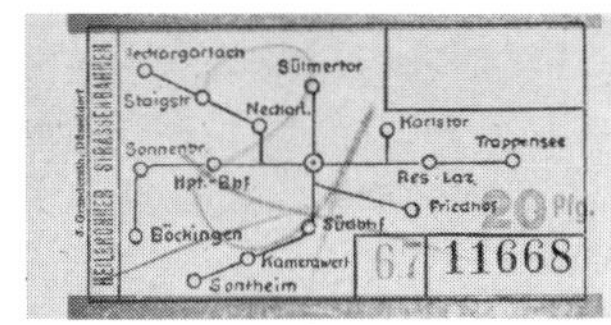


| Teil-strecken | Einzelfahrschein | | Straßenbahn- | | Straßenbahn + Omnibus | | |
|---|---|---|---|---|---|---|---|
| | Erwach-sene | Kinder | Wochen-karte | Monats-karte | Teil-strecken | Wochen-karte | Monats-karte |
| 1-2 | –,20 | –,10 | 1,10 | 8,– | 1 | 1,80 | 15,– |
| 3-4 | –,20 | –,10 | 1,50 | 10,– | 2-4 | 2,20 | 15,– |
| 5 u. mehr | –,30 | –,15 | 2,–– | 12,– | 5 u. mehr | 2,70 | 15,– |

Zum 1. Januar 1951 änderten die Stadtwerke Heilbronn ihre Teilstreckeneinteilung. Die Entfernung zwischen zwei Teilstreckenpunkten betrug jetzt nur 1050 Meter, gegenüber bisher 1400 Metern. Die Erweiterung des Netzes durch Hinzukommen neuer Omnibuslinien erforderte zahlreiche zusätzliche Teilstreckenpunkte und eine Neufestsetzung der Fahrtaxen:

| Zahl der Teilstrecken | Einzelfahrschein Erwachsene | Kinder | Mehrfahr-* tenkarte | Wochen- karte | Monatskarte Zahl der Teilstrecken | Preis |
|---|---|---|---|---|---|---|
| 1–2 | –,20 | –,15 | 4 Punkte | 1,20 | 1–2 | 8,– |
| 3–4 | –,25 | –,15 | 5 Punkte | 1,60 | 3–5 | 10,– |
| 5–6 | –,30 | –,15 | 6 Punkte | 2,–– | | |
| 7–9 | –,40 | –,15 | 8 Punkte | 2,40 | 6–9 | 12,– |
| 10–12 | –,50 | –,15 | 10 Punkte | 3,–– | 10–12 | 14,– |

* Die Mehrfahrtenkarte hatte 23 Punkte und kostete 1,– DM, je Punkt also 4,35 Pfennige.

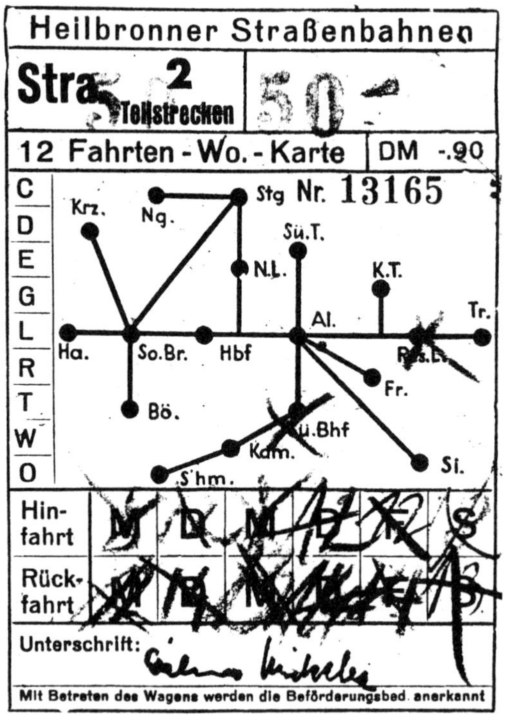


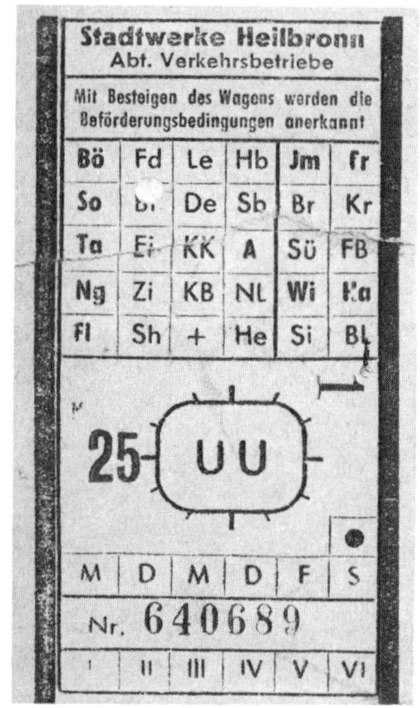

wohl für die Fahrgäste als auch für das Personal der Verkehrsbetriebe anfänglich viele Schwierigkeiten mit sich brachte. Dieses schwer handhabbare System mußte daher am 1. August 1954 durch Straffung der Teilstrecken etwas übersichtlicher gestaltet werden. Jetzt wurden nachstehende Fahrpreise erhoben:

| Anzahl der Teilstrecken | Einzelfahrschein Erwachsene | Einzelfahrschein Kinder | Mehrfahrtenkarte | Wochenkarte f. 6 Tage | Monatskarte |
|---|---|---|---|---|---|
| 1–2 | –,25 | –,15 | 5 Punkte | 2,–– | 10,– |
| 3–4 | –,30 | –,15 | 6 Punkte | 2,50 | 12,– |
| 5 u. mehr | –,40 | –,15 | 8 Punkte | 3,–– | 14,– |

Zwar blieben die Tarife für die Zahl der Teilstrekken (mit Ausnahme beim Kinderfahrschein) gleich, doch durch die Verkürzung der Entfernung zwischen zwei Teilstrecken verteuerten sich die Fahrtkosten, insbesondere bei den längeren Strecken.

Mit dieser Fahrpreisänderung änderte sich auch das gewohnte Bild der Fahrscheine grundlegend. Während bei den Mehrfahrten-, Wochen- und Netzkarten noch ein vereinfachtes Netzbild aufgedruckt war (bei denen die einzelnen Teilstrecken jedoch nur noch mit einem zweibuchstabigen Kürzel bezeichnet wurden), hatten die Einzelfahrscheine nur noch die Teilstreckenkürzel aufgedruckt, (wie z. B. „Bö" für Böckingen, „Im" für Käferflug, „Ta" für Trappensee oder „Wi" für Winzerstraße).

Die Einzelfahrscheine und die Mehrfahrtenkarten hatten erstmals ein stilisiertes Uhrenzifferblatt aufgedruckt, in dessen Mitte sich ein U und ein Quadrat befanden, ferner eine Leiste für die Wochentage mit den Kürzeln M, D, M, D, F, S. Die Mehrfahrtenkarte beinhaltete 6 Abschnitte mit je einem Netzbild und Zifferblatt sowie die Leiste mit den 23 Punkten. Die Schaffner führten die Entwertung nun mittels einer Lochzange durch. Beim Einzelfahrschein mußte an der stilisierten Uhr die Zeit des Fahrscheinverkaufs (auf eine halbe Stunde genau) gelocht werden; ein Loch wurde in das Quadrat geknipst, wenn das Fahrtziel ohne Umsteigen zu erreichen war. Mußte umgestiegen werden, war das U zu lochen. Der Schaffner in dem Wagen, in den umgestiegen wurde, entwertе dann den Umsteigefahrschein durch Lochung des Quadrats. Ferner war noch der Wochentag sowie die Einsteigteilstrecke durch Lochung zu markieren. Bei den Mehrfahrtenkarten mußte außerdem die Anzahl der Punkte für die gewünschte Teilstreckenzahl abgelocht werden. Es ist verständlich, daß dieses neue System so- Die Fahrscheinausgabe konnte damit wieder wesentlich erleichtert werden. Auch bei den Wochenkarten trat ein vereinfachtes Entwertungssystem in Kraft. In die Grundfahrkarte, auf deren Innenseite links Vor- und Zuname des Karteninhabers sowie die Beschäftigungsbestätigung des Arbeitgebers und rechts die beiden Punkte des Ein- und Ausstiegs (d. h. die diesen nächstgelegenen Teilstreckenpunkte) eingetragen waren, wurde durch einen Schlitz ein numerierter und mit Unterschrift des Inhabers versehener Abreißstreifen für die tägliche Hin- und für die Rückfahrt zur bzw. von der Arbeitsstelle eingeschoben. Der Schaffner den auf den jeweiligen Wochentag festgelegten Abschnitt durch Auftragen der Tourennummer.

Gut zehn Jahre blieben diese Preise stabil, trotz der laufend gestiegenen Lohn- und Betriebskosten. Durch die anwachsenden Fahrgastzahlen konnten die entstandenen Differenzbeträge zunächst aufgefangen bzw. ausgeglichen werden. Doch als (etwa ab 1960) die Benutzerzahlen zunächst stagnierten, dann sogar leicht zurückgingen, kamen die Verkehrsbetriebe um eine Tarifanpassung (wegen der in jener Zeit weiter steigenden Lohn- und Betriebskosten) nicht mehr herum. Ab Juni 1964 galt dieser, jetzt nur noch zwei Tarifstufen umfassende Fahrpreis:

| Anzahl der Teilstrecken | Einzelfahrschein Erwachsene | Kinder | Mehrfahrtenkarte* | Wochenkarte f. 6 Tage | Monatskarte |
|---|---|---|---|---|---|
| Im inneren o. äußeren Kreis sowie vom äußeren Krs. bis z. Haltestelle Allee o. umgekehrt | –,40 | –,20 | 3 Felder | 6,– | 20,– |
| Vom inneren z. äußeren Krs. bzw. umgek., wenn über Haltest. Allee hinausgefahren wird | –,50 | –,20 | 4 Felder | 7,– | 25,– |

* Die Mehrfahrtenkarte hatte 18 Felder und kostete 2,– DM (1 Feld = 11,1 Pfennige)

Umsteigen ist einmal gestattet, wenn das Fahrtziel mit dem bestiegenen Wagen nicht direkt erreicht werden kann.
Netzkarte für beide Tarifkreise DM 35,–
Schülerkarte für beide Tarifkreise DM 8,–.
Dieses Tarifsystem hatte vier Jahre Bestand, erst am 1. Januar 1968 mußten die Fahrpreise den erheblich gestiegenen Lohn- und Betriebskosten nachgeführt werden. Zwar gab es Proteste seitens der Bevölkerung gegen die Verteuerung, nach wenigen Wochen hatten sich die Heilbronner jedoch an den neuen Zonentarif gewöhnt:

| Zonen | Einzelfahrschein Erwachsene | Kinder | Mehrfahrtenkarte Erwachsene | Kinder | Monatskarte | Netzkarte | Schülernetzkarte |
|---|---|---|---|---|---|---|---|
| 1 | –,40 | –,25 | 3 F. | 2 F. | 22,– | 37,– | 13,– |
| 2 | –,60 | –,25 | 4 F. | 2 F. | 30,– | | |
| 3–4 | –,80 | –,25 | 5 F. | 2 F. | 37,– | | |

Die Mehrfahrtenkarte hatte 17 Felder und kostete 2,– DM.

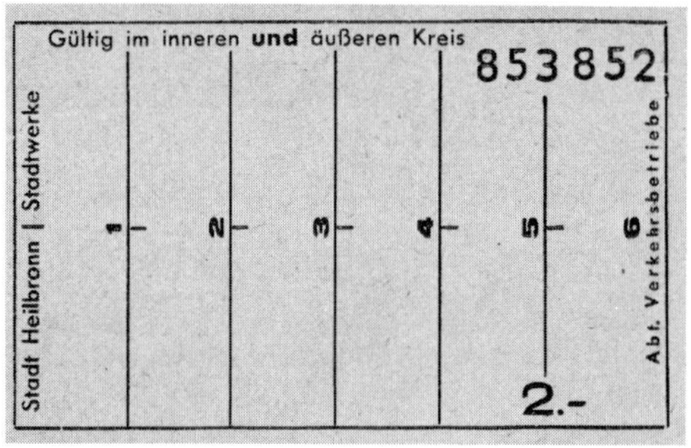


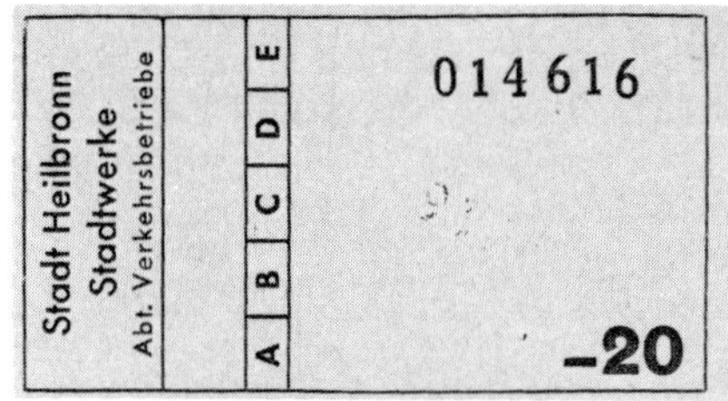


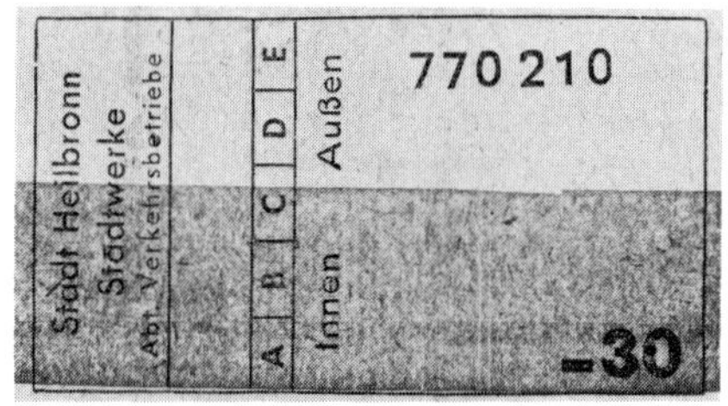


*Mehrfahrtenkarte von 1968*

Wieder nach vier Jahren waren die Löhne der Betriebsangehörigen und die Kosten für die Durchführung eines geordneten Fahrbetriebs so angestiegen, daß eine Tarifanpassung zum 1. April 1972 unumgänglich wurde:

| Zonen | Einzelfahrschein Erwachsene | Kinder | Mehrfahrtenkarte Erwachsene | Kinder | Monatskarte | Netzkarte | Schülernetzkarte |
|---|---|---|---|---|---|---|---|
| 1 | –,50 | –,30 | 3 F. | 2 F. | 25,– | 45,– | Stadtnetz |
| 2 | –,70 | –,30 | 4 F. | 2 F. | 29,– | | 15,– |
| 3–4 | –,90 | –,30 | 5 F. | 2 F. | 33,– | | Gesamtnetz |
| 5–6 | 1,10 | –,30 | 6 F. | 2 F. | 35,– | | 20,– |

Die Mehrfahrtenkarte hatte 15 Felder und kostete 2,– DM.

Durch die Ausweitung des Liniennetzes war auch eine Erhöhung der Zonenzahl notwendig geworden.
Während die Preise für die Einzelfahrten und Kurzstrecken deutlich angehoben wurden, gab es bei den Zeitkarten eine spürbare Vergünstigung. Doch diese Preise blieben nur drei Jahre lang stabil, dann erforderten die Zeitumstände erneut eine Nachführung der Fahrpreise an die sich kontinuierlich drehende Lohn- und Kostenspirale. Danach folgten die Preissprünge, wie aus der Tabelle unten zu ersehen ist, teilweise sogar in noch kürzeren Etappen.
Zwischenzeitlich stellten die Stadtwerke Heilbronn ihren Verkehrsbetrieb immer mehr auf Einmannomnibusse um, was bei dem bisherigen umständlichen Leistungstarif mit sechs Zonen und vier verschiedenen Preisstufen wegen des Fahrscheinverkaufs zu Verzögerungen an den Haltestellen führte. Um die Haltestellenaufenthalte zu verkürzen und den Fahrscheinverkauf zu beschleunigen, änderten die Stadtwerke Heilbronn ihr Tarifsystem: Seit dem 1. Oktober 1975 gibt es nur noch einen Einzelfahrschein, der – wie bei den Kinderfahrscheinen schon seit Jahren üblich – für eine Fahrt in beliebiger Länge in einer Richtung, mit oder ohne Umsteigen, gilt. Zwar verteuerten sich dadurch die Fahrten auf Kurzstrekken empfindlich, dafür wurden aber die Kosten für lange Strecken günstiger als seither. Als Ausgleich boten die Stadtwerke wieder eine Sechsfahrtenkarte an, bei deren Benutzung sich eine Fahrt gegenüber einem Einzelfahrschein um etwa ein Drittel verbilligte.
Eine weitere Änderung gab es zum 1. November 1975. Seit diesem Tag sind die Einmannwagen der Heilbronner Verkehrsbetriebe mit Fahrausweisentwertern ausgerüstet, an denen der Fahrgast selbst seinen Einzelfahrschein bzw. einen Abschnitt der Mehrfahrtenkarte entwerten muß, d. h. nach Kauf eines Fahrscheins beim Fahrer bzw. nach Abtrennen eines Abschnitts der 6-Fahrten-Karte ist dieser sofort in einem der Entwerter in den Omnibussen in der aufgedruckten Pfeilrichtung in den Schlitz einzuführen und abzustempeln, erst dann erhält der Ausweis seine Gültigkeit.
Die Fahrer der Einmannbusse verkaufen nur Einzelfahrausweise; die Sechsfahrtenkarten können aus den an den wichtigsten Haltestellen aufgestellten Automaten oder bei den Vorverkaufsstellen gelöst werden. Monatswertmarken für Zeitkarten (allgemeine Monatskarte sowie Schüler-, Lehrlings- und Seniorenkarten) gibt es nur an ganz bestimmten Vorverkaufsstellen zu kaufen. Mit den Mehrfahrten- und den Zeitkarten dürfen die Fahrgäste jetzt wieder – wie einst bei der guten alten „Spatzenschaukel" – an jeder Tür des Omnibusses einsteigen.
Seit 1972 mußten die Stadtwerke Heilbronn in regelmäßigen Zeitabständen von etwa drei Jahren die Tarife der Verkehrsbetriebe den wirtschaftlichen Gegebenheiten anpassen. Die letzte Anhebung der Fahrpreise zum 1. Januar 1985 brachte wegen des zwischenzeitlich eingetretenen, starken Fahrgaströckgangs nicht die errechneten und erhofften Mehreinnahmen. Um zusätzliche, zahlende Fahrgäste für ihre Linienbusse zu erhalten, führten die Verkehrsbetriebe daher – zusätzlich zu den weiterhin gültigen Fahrpreisen für das gesamte Netz – am 1. September 1985 folgenden Kurzstreckentarif ein:

| | |
|---|---|
| Einzelfahrschein für Erwachsene | DM 1,–– |
| Einzelfahrschein für Kinder | DM –,50 |
| Mehrfahrten- (Sechser-)karte | DM 4,–– |
| 40-Fahrten-Block | DM 23,–– |

Das neue Konzept scheint sich zu bewähren, denn viele Bürger nützen heute dieses Kurzstrekkenangebot. Erfreulich und wünschenswert wäre es jedoch, wenn noch mehr Fahrgäste die öffentlichen Verkehrsmittel Heilbronns besteigen würden, denn nur dann läßt sich ein dichtes Liniennetz mit kurzer Wagenfolge wirtschaftlich aufrechterhalten.

| Tarif ab | Einzelfahrschein | | Mehrfahrtenkarte | | Monatskarte | | |
|---|---|---|---|---|---|---|---|
| | Erwachsene | Kinder | Erwachsene | Kinder | Erwachsene | Schüler | Lehrlinge |
| 1.10.1975 | 1,–– | –,50 | –,66,7 | –,33,3 | 36,– | 18,– | 18.– |
| 1.07.1978 | 1,20 | –,60 | –,84 | –,42 | 42,– | 21,– | 21,– |
| 1.01.1981 | 1,50 | –,70 | 1,–– | –,50 | 52,– | 25,– | 25,– |
| 1.01.1982 | 1,70 | –,90 | 1,16 | –,58 | 60,– | 35,– | 35,– |
| 1.01.1985 | 2,–– | 1,–– | 1,33,3 | –,66,7 | 60,– | 35,– | 45,– |

# Tarif für den Omnibusbetrieb der Stadtwerke Heilbronn, Verkehrsbetriebe

**gültig ab 1. September 1985**

1. **Einzelfahrscheine**
Umsteigen gestattet, wenn mit dem bestiegenen Wagen das Fahrziel nicht erreicht werden kann. Der nächste Anschlußwagen ist zu benutzen. Fahrtunterbrechungen sind unzulässig.

a) Erwachsene:

| | |
|---|---|
| Kurzstrecke Allee/Hauptpost bzw. Allee Berliner Platz – Karlsruher Straße in beiden Richtungen | 1,-- DM |
| Gesamtnetz | 2,-- DM |

b) Kinder
vom vollendeten 6. bis zum vollendeten 15. Lebensjahr:

| | |
|---|---|
| Gesamtnetz | 1,-- DM |
| Kinder bis zum vollendeten 6. Lebensjahr in Begleitung einer Person, die das 6. Lebensjahr vollendet hat und im Besitz eines gültigen Fahrausweises ist | frei |

2. **Mehrfahrtenausweise**
Übertragbar, Umsteigen gestattet, wenn mit dem bestiegenen Wagen das Fahrziel nicht erreicht werden kann. Der nächste Anschlußwagen ist zu benutzen. Fahrtunterbrechungen sind unzulässig.

a) Erwachsene:

| | | | |
|---|---|---|---|
| Sechsfahrtenkarte Gesamtnetz (Automat) | 8,-- DM | je Fahrt | 1,33 DM |
| Sechsfahrtenheft Gesamtnetz | 8,-- DM | je Fahrt | 1,33 DM |
| Sechsfahrtenheft Kurzstrecke nach Ziff. 1a | 4,-- DM | je Fahrt | -,66 DM |
| Vierzigfahrtenblock Gesamtnetz | 46,-- DM | je Fahrt | 1,15 DM |
| Vierzigfahrtenblock Kurzstrecke nach Ziff. 1a | 23,-- DM | je Fahrt | -,57 DM |

b) Kinder
vom vollendeten 6. bis zum vollendeten 15. Lebensjahr:

| | | | |
|---|---|---|---|
| Sechsfahrtenheft | 4,-- DM | je Fahrt | -,66 DM |
| Vierzigfahrtenblock | 23,-- DM | je Fahrt | -,57 DM |

3. **Monatskarten**
Nicht übertragbar, persönlich, gültig in dem Kalendermonat, für den eine Wertmarke aufgeklebt ist.

3.1 **Gesamtnetzkarten**

| | |
|---|---|
| a) Erwachsene | 60,-- DM |
| b) Auszubildende und Schüler | 45,-- DM |
| c) Senioren nach Vollendung des 65. Lebensjahres | 45,-- DM |

3.2 **Schüler-Kurzstreckenmonatskarte**
nur für Schüler mit einer Entfernung zwischen Wohnung und Schule bis zu 3 km (auf eingetragener Fahrtstrecke) 35,-- DM

4. Maßgebend ist bei Einzelfahrscheinen und Mehrfahrtenausweisen das Lebensalter bei Fahrtantritt, bei Monatskarten das Lebensalter bei Beginn des Gültigkeitsmonats

5. Geschlossene Schülergruppen (ab 8 Personen insgesamt) unter Führung eines Lehrers oder eines Jugendleiters mit Ausweis
je Person — Kinderfahrpreis

6. **Hunde und Kleintiere**
auf Einzelfahrschein oder Mehrfahrtenkarte zum — Erwachsenenfahrpreis
ausgenommen:
Kleintiere, die sich in einem Behältnis befinden, welches Handgepäck entspricht — frei

7. **Gepäck**
Gepäck, das die Größe von üblichen Reisekoffern überschreitet — Erwachsenenfahrpreis

8. **Kinderwagen**
Kinderwagen und Einkaufsroller — frei

9. **Verunreinigung der Fahrzeuge**

| | |
|---|---|
| a) durch Betrunkene und Mutwillige | 20,-- DM |
| b) bei sonstiger Verunreinigung | 5,-- DM |

10. **Erhöhtes Beförderungsentgelt**
Nach § 9 der Allgemeinen Beförderungsbedingungen werden berechnet:

| | |
|---|---|
| Wenn im Bus oder spätestens am nächsten Tag im Betriebsbüro der Verkehrsbetriebe, Kanalstraße 20–22, bezahlt wird | 40,-- DM |
| wenn der Betrag schriftlich angefordert werden muß | 45,-- DM |

11. **Mahn- und Ganggebühren**
Werden Ansprüche der Stadtwerke – Verkehrsbetriebe – aus der Personenbeförderung nicht innerhalb der auf Rechnung angegebenen Zahlungsfrist bezahlt, so wird für jeden Sondergang, der zur Mahnung oder Wiedervorlage der Rechnung erfolgt, 8,-- DM
für jede schriftliche Mahnung 4,-- DM
als Mahnkosten erhoben. Bei Einzug des Rechnungsbetrages durch Postnachnahme werden die Kosten der Nachnahme berechnet

**Im übrigen gelten die zur Zeit gültigen Allgemeinen Beförderungsbedingungen des Personenbeförderungsgesetzes**

# MEHRFAHRTENKARTE 8,– DM

für Erwachsene 6 Einzelfahrtabschnitte je 1,33 DM
Gültig auf allen Linien der Stadtwerke – Verkehrsbetriebe

## Bedienungsanleitung für Automaten

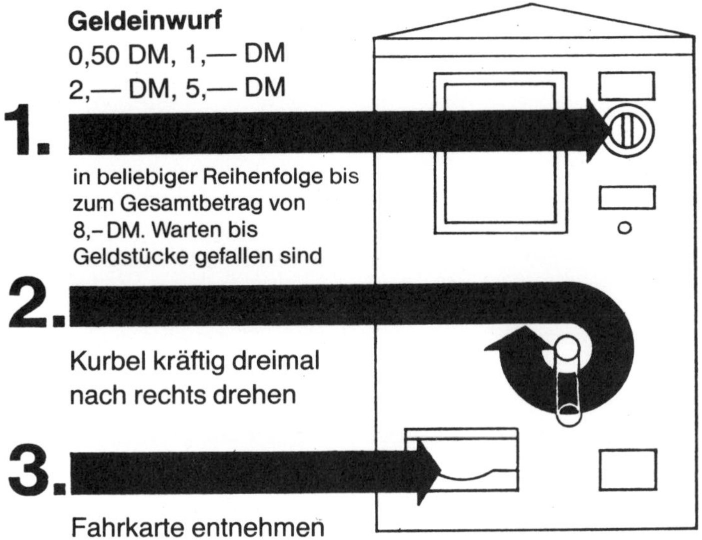


Bei Versagen „Knopf“ drücken. Wenn das Geldstück nicht gleich durchfällt, Kurbel langsam nach rechts drehen und nochmals Versagerknopf drücken! Bei Störungen erbitten wir Nachricht (Fernsprecher 562560).

**Stadtwerke Heilbronn – Verkehrsbetriebe**

**Stadtwerke Heilbronn**

bei Tag und Nacht · Ihr Partner bei Tag und Nacht · Ihr Partner

## – Verkehrsbetriebe –

# TARIF

**Gültig ab 1. September 1985**

Gas · Wasser · Fernheizung · Verkehrsbetriebe · Bäder

### Die Beförderungszahlen

Das erste Betriebsjahr brachte der Heilbronner Straßenbahnen AG bei einem 6-Minuten-Verkehr ein zufriedenstellendes Ergebnis. Knapp eine Million Fahrgäste benutzten ab dem 29. Mai 1897 das neue Heilbronner Verkehrsmittel. Doch bereits im folgenden Jahr und noch mehr im dritten Betriebsjahr mußte das junge Unternehmen bereits rückäufige Fahrgastzahlen verbuchen, die schon bald zur Streckung des Fahrplans auf 71/2-Minuten-Intervalle nötigten. Zwar konnte durch eine Fahrpreissenkung für Arbeiterfahrscheine morgens (die Hinfahrt zur Arbeitsstätte) und abends (für die Rückfahrt zur Wohnung) zunächst zusätzliche Fahrgäste gewonnen werden, doch die Betriebsergebnisse entsprachen trotz allem nicht den beim Bau der Straßenbahn gesteckten Ziele: Nur knapp 1,4 Millionen Bürgerinnen und Bürger ließen sich mit dem relativ teuren Gefährt durch die Stadt schaukeln.
Mit der Eröffnung der ersten Vorortstrecke nach Sontheim am 3. Juni 1900, erlebte die Straßenbahn einen Aufschwung. Im Jahre 1901, dem ersten vollen Betriebsjahr, beförderten die Heilbronner Straßenbahnen mit ihren 15 Trieb- und 8 Beiwagen 1,5 Millionen Personen auf den Stadtstrecken und fast 300000 von und nach Sontheim. Nun kletterten die Benutzerzahlen der Straßenbahn bis zum Beginn des Ersten Weltkrieges fast jedes Jahr in die Höhe. Im Jahr 1911 fuhren beispielsweise 1 872 372 Personen in der Stadt und 393 017 waren nach und von Sontheim mit der Vorort-Straßenbahn unterwegs. Heilbronn hatte (ohne Sontheim) seinerzeit knapp 66 000 Einwohner, so daß praktisch jede Bürgerin oder jeder Bürger, egal ob Säugling oder Greis, im Jahre 1911 fast 30mal mit der Heilbronner Straßenbahn unterwegs war.
In den beiden ersten Kriegsjahren 1914 und 1915 gingen die Beförderungsfälle der Heilbronner Straßenbahn spürbar zurück, was mit der Mobilmachung vieler Heilbronner zu erklären ist. Doch bereits Ende 1915 stiegen wieder mehr Personen in die Straßenbahnwagen ein, da nun die Kriegswirtschaft auf vollen Touren lief. 1917 wurden mit etwa 2,5 Millionen mehr Personen befördert, wie vor dem Beginn des Ersten Weltkrieges. Nach dem unseligen Krieg war zunächst für kurze Zeit ein Rückgang bei den Fahrgastzahlen zu verzeichnen, doch bereits im folgenden Jahr konnte wieder ein erfreulicher Zugang an Fahrgästen festgestellt werden, der die Vorkriegszahlen weit übertraf. Doch dann sanken die Beförderungszahlen unverhältnismäßig stark ab, hervorgerufen durch den inflationsbedingten Niedergang der deutschen Wirtschaft. Schließlich mußte der Straßenbahnverkehr in der Stadt Heilbronn am 28. Februar 1923 sogar vollständig stillgelegt werden. Lediglich zwischen dem Südbahnhof und Sontheim pendelte vertragsgemäß noch ein Triebwagen für die wenigen Sontheimer Fahrgäste, die sich noch eine Straßenbahnfahrt finanziell leisten konnten. Trotzdem mußte noch die Gemeinde Sontheim für den Abmangel aus diesem Betrieb einstehen.
Als dann nach der Inflation ab dem 5. April 1924 der gesamte Straßenbahnbetrieb wieder rollte und 1925 neue Stadtstrecken und am 21. August 1926 die Vorortstraßenbahn nach Böckingen zum Netz hinzukamen, stiegen die Fahrgastzahlen wieder erfreulich an. Der Zuwachs an Fahrgästen war so groß, daß er nur durch Beschaffung zusätzlicher, größerer Fahrzeuge bewältigt werden konnte. 1926 beförderte die Heilbronner Straßenbahn mehr als doppelt so viele Fahrgäste, wie 1911. Dabei war das Netz gegenüber dem von 1911 lediglich von 7,55 km um 50% auf 10,35 km angewachsen.
Bis 1930 hielt der erfreuliche Aufwärtstrend bei den Beförderungszahlen an, dann verringerte sich die Zahl der Straßenbahnbenutzer infolge der beginnenden wirtschaftlichen Rezession merklich. Erst Mitte der dreißiger Jahre schnellten die Fahrgastzahlen wieder fast schlagartig nach oben. So fuhren 1938 annähernd 6,5 Millionen Menschen mit der Heilbronner Straßenbahn.
Bei der damals noch selbständigen Neckargartacher Straßenbahn gab es nach einem hoffnungsvollen Anfang mit rund 720 000 Fahrgästen im Jahre 1930 bis zum Jahre 1933 einen kontinuierlichen Rückgang bis auf etwa 610 000 Fahrgäste. Doch ab 1934 stiegen diese Zahlen – wie bei der Heilbronner Straßenbahn – wieder an und erreichten 1938, dem letzten Jahr der Selbständigkeit Neckargartachs und seiner Straßenbahn, fast die Marke von 800 000 beförderter Personen.
Im Zweiten Weltkrieg waren – wie bereits im Ersten Weltkrieg – vom Straßenbahnunternehmen und seinen Bediensteten, Höchstleistungen zu erbringen. Die Kriegswirtschaft erforderte vermehrt Arbeitskräfte, die von ihren Wohnplätzen zu den Arbeitsstellen und umgekehrt zu befördern waren. Da außerdem fast alle privaten Personenkraftwagen von der Wehrmacht requiriert worden waren, kamen dadurch noch weitere Fahrgäste zur Heilbronner Straßenbahn. Jährlich fast

8 Millionen Fahrgäste waren in jenen Jahren gezählt worden. Nach dem schrecklichen Fliegerangriff auf Heilbronn am 4. Dezember 1944, sanken die Fahrgastzahlen zunächst auf Null zurück. Danach gab es wieder wenige Personen, die auf den noch betriebsfähigen Reststrecken zu befördern waren, bis schließlich die Zwangsstillegung nach dem Ende der kriegerischen Handlungen in Heilbronn jeglichen Betrieb unterband.
Nach dem Zweiten Weltkrieg regte sich zwar in Heilbronn schnell wieder das Leben, doch die Zerstörungen in der Stadt waren so groß, daß erst am 30. Juli 1945 auf einigen Teilstücken des früheren Netzes ein notdürftiger Betrieb durchgeführt werden konnte. In den folgenden Wochen kamen weitere Streckenteile hinzu. Doch die Leistungen, die in jenen Tagen erbracht werden mußten, sind heute kaum mehr vorstellbar. So beförderte die Straßenbahn der Heilbronner Verkehrsbetriebe im Jahre 1946 auf einem in vier Teile zerissenen Netz vom 12,45 km Länge mit nur 17 Trieb- und 17 Beiwagen, 8 812 000 Fahrgäste. Wenn man dagegen die Zahlen des Jahres 1938 stellt (6 486 000 Fahrgäste mit 40 Trieb- und 28 Beiwagen auf einem Netz von 17,66 km Länge), dann wird dem Betrachter diese respektable Nachkriegsleistung erst voll bewußt.
Im Jahr darauf – 1947 stieg die Beförderungszahl sogar auf die Rekordmarke von 11 770 000 Fahrgästen (bei gleicher Transportkapazität, wie 1946) an. Es ist heute kaum mehr vorstellbar, wie voll die „Spatzenschaukel" in jenen Tagen war. Um überhaupt mitzukommen, hingen sich die Fahrgäste wie Trauben an die Einstiege.
Zwar gingen diese Superzahlen in den Jahren 1948 und 1949 wieder auf 7,6 Millionen Personen zurück, doch lagen diese Transportleistungen noch immer weit über denen der besten Vorkriegsjahre.
Ab 1950 stiegen die Beförderungszahlen bei der Straßenbahn, dem Omnibus (der seit 1947 die Straßenbahn verstärkte) und dem Obus (der 1951, hinzukam) kontinuierlich an. Sie erreichten 1954, dem letzten vollen Betriebsjahr der Straßenbahn, die beachtliche Höhe von 13 055 311 beförderter Personen. Davon benutzten

**Beförderungsstatistik**

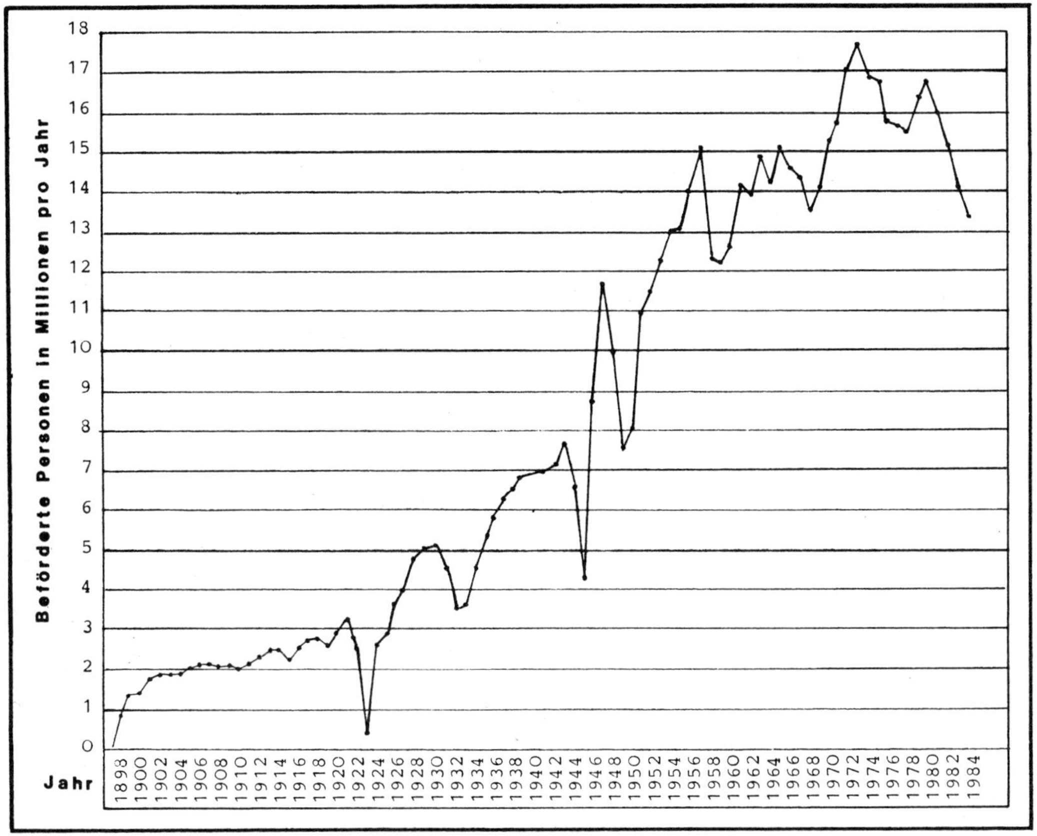

6 575 605 Fahrgäste die Straßenbahn, 4 530 753 den Obus und 1 948 852, die städtischen Omnibusse.
Nach der Umstellung der Straßenbahn auf Kraftomnibusse am 1. April 1955, kletterten die Beförderungszahlen langsam, aber stetig in die Höhe, was durch die verbesserte Netzstruktur der Verkehrsbetriebe und die neu hinzugekommenen Omnibuslinien bewirkt wurde. Im Jahre 1957 wurde die 15 Millionen-Marke bei der Beförderungsstatistik erstmals überschritten. Doch nach diesem hoffnungsvollen Aufschwung bestiegen in den darauffolgenden Jahren immer weniger Fahrgäste die städtischen Busse: Erstmals wirkten sich der angewachsene Individualverkehr und die „Fernsehabende zu Hause" negativ auf die Beförderungszahlen und die Einnahmen der Verkehrsbetriebe aus. 1959 zählten die Stadtwerke noch 12 306 381 Fahrgäste.
Der Fahrgaströckgang war glücklicherweise nur von kurzer Dauer. Zwischen 1960 und 1972 nahmen die Zahlen der beförderten Personen wieder einen erfreulichen Aufschwung. Lediglich während der „Rezessionsjahre 1966 bis 1968" war die steigende Tendenz für kurze Zeit gebremst worden. Die Erweiterung des Heilbronner Omnibusnetzes infolge der Eingemeindungen brachten den Verkehrsbetrieben neue Aufgaben und neue Fahrgäste. Im Jahre 1972 erreichte das Unternehmen mit 17 052 360 beförderter Personen einen absoluten Rekord in der Betriebsgeschichte, der zuvor und danach bis heute nicht mehr erreicht wurde. Heilbronn zählte Ende 1972 102 887 Einwohner, dazu kamen noch weitere 12 614 Bewohner der Gemeinden Frankenbach, Flein und Horkheim hinzu, so daß im Einflußgebiet der Heilbronner Verkehrsbetriebe von den 115 501 Personen jeder rund 148mal im Jahr die städtischen Omnibusse benutze.
Der immer stärker werdende Individualverkehr und die zurückgehenden Schüler- und Beschäftigungszahlen seit Mitte der siebziger Jahre machten sich bei der Beförderungsstatistik negativ bemerkbar. Seit 1980 müssen die Verkehrsbetriebe einen jährlichen Rückgang von knapp 1 Million Fahrgäste hinnehmen. Trotzdem benützten 1984 noch 13 538 774 Personen die Heilbronner Busse, so daß jeder der 115 357 Einwohner im Einflußgebiet der Verkehrsbetriebe rund 120mal die öffentlichen Verkehrsmittel bestieg.
Glücklicherweise verlangsamte sich der Abwärtstrend bei den Fahrgastzahlen im Jahre 1985.

*Mit der Stammlinie führen die Heilbronner zum Wochenmarkt vor dem Rathaus, wie hier 1901*

*Die Triebwagen 8 bis 15 des Typs 2 bildeten seit Ende 1897 das Rückgrat der Stammlinie. Triebwagen 12 überquert im Jahre 1903 soeben die Neckarbrücke. Weiter vorne fährt die Personenkutsche des Hotels „Kronprinz“*

# Die Chronik der Straßenbahn- und Omnibuslinien

## Erläuterungen zu den Linienübersichten

Die Führung der jeweiligen Linien ist in der nachfolgenden Übersicht in zeitlicher Reihenfolge dargestellt und alle Änderungen aufgeführt, soweit sie bekannt sind und nicht nur ganz kurzfristiger Art (z. B. Bauarbeiten, Unfälle, Streiks o. ä.) waren. Die Darstellung erfolgt innerhalb einer Linie stets in gleicher Himmelsrichtung. Die beschriebenen Strecken entsprechen auch der entgegengesetzten Fahrtrichtung, soweit nichts anderes angegeben ist. In aller Regel werden neben den jeweiligen Endstationen auch sämtliche Knotenpunkte, die die Linie berührt, genannt, außerdem alle wichtigen Haltestellen. Liegen aufführenswerte Knotenpunkte oder Endstationen an Straßenkreuzungen, wird stets die von der Straßenbahnlinie befahrene Straße zuerst vor der kreuzenden Straße genannt.
Der Textstraffung wegen werden Streckenabschnitte, die gegenüber vorstehenden Angaben unverändert bleiben, nicht erneut im vollen Umfang verzeichnet. An ihrer Stelle erscheint in den Linienbeschreibungen das Wort „bis“. Es werden jedoch immer die Endstationen und die Knotenpunkte bzw. Haltestellen aufgeführt, die vor bzw. hinter den Abschnitten mit geänderter Linienführung liegen.
Im allgemeinen wurden die aufgeführten Linien täglich während der gesamten Betriebszeit fahrplanmäßig befahren. Streckenabschnitte, die nicht an allen Wochentagen oder nicht zu allen Tageszeiten bedient wurden, sind in Klammern gesetzt. Vor nur in Hauptverkehrszeiten befahrenen Linienabschnitten wurde die Abkürzung „HVZ“: gesetzt. Dazu ist zu bemerken, daß früher die Hauptverkehrszeiten morgens etwa von 7 bis 9 Uhr, mittags von 11.30 bis 14 Uhr, und abends von 16.30 bis 19 Uhr lagen. Bei Linien, die nur an einzelnen Wochentagen verkehrten, wurden die im Kursbuch der Deutschen Bundesbahn früher verzeichneten Tagesabkürzungen verwendet (z. B. So = Sonntag, Mi = Mittwoch, Fr = Freitag usw.).
Nach den Angaben der Linienführung folgt als Klammervermerk der Hinweis auf die Länge der Linie sowie die Fahrintervalle. Dabei bedeutet beispielsweise der Vermerk „15/30/60 Min.“, daß die Linie während der Hauptverkehrszeiten (HVZ) alle 15 Minuten, tagsüber alle 30 Minuten und an Samstagnachmittagen und Sonntagen sowie abends alle 60 Minuten verkehrte bzw. verkehrt.
Auf die „jahreweise“ Zusammenstellung der Linienführung der Heilbronner Straßenbahn bzw. der Verkehrsbetriebe Heilbronn kann an dieser Stelle verzichtet werden, da diese Angaben bereits im Zuge der Darstellung der Betriebsgeschichte gemacht wurden.

## Linienchronik der Heilbronner Straßenbahn

**Stammlinie**
29.05.1897-28.02.1923
Hauptbahnhof – Kiliansplatz – Harmonie – Karlstraße – Kaserne
(Länge: 2,1 km; alle 7 1/2 Minuten)
01.03.1923-04.04.1924. Eingestellt

05.04.1924-14.05.1925
Hauptbahnhof – Kiliansplatz – Harmonie – Karlstraße – Kaserne
(Länge: 2,1 km; alle 7 1/2 Minuten)
15.05.1925-31.05.1931
Hauptbahnhof – Kilianstraße – Harmonie – Karlstraße – Kernerstraße – Karlstorbahnhof
(Länge: 2,5 km = alle 7 1/2 Minuten)
(im Sommer 1929 erhielt die „Stammlinie" die Liniennummer 1; weiter siehe dort)

*Die Seitenlinie mußte sich durch die enge Sülmer Straße quälen. Hinten der Hafenmarktturm*

**Seitenlinie**
16.06.1897-04.12.1897
Krankenhaus – Sülmer Straße – Kiliansplatz – Fleiner Straße – Wilhelmstraße/Südstraße
(Länge: 1,63 km; alle 6 Minuten)
05.12.1897-28.02.1923
Sülmertorbahnhof – Krankenhaus bis Wilhelmstraße/Südstraße – Südbahnhof
(Länge: 2,2 km; alle 7 1/2 Minuten)
01.03.1923-04.04.1924. Eingestellt
05.04.1924-31.05.1931
Sülmertorbahnhof – Sülmer Straße – Kiliansplatz – Fleiner Straße – Wilhelmstraße – Südbahnhof
(Länge: 2,2 km; alle 7 1/2 Minuten)
(im Sommer 1929 erhielt die „Seitenlinie" die Liniennummer 2; weiter siehe dort)

**Friedhoflinie**
05.12.1897-28.02.1923
Kiliansplatz – Kaiserstraße – Allee – Titotstraße – Wollhausstraße/Oststraße
(Länge: 0,925 km; alle 7 1/2 Minuten)
01.03.1923-04.04.1924
Eingestellt
05.04.1924-14.05.1925
Kiliansplatz – Kaiserstraße – Allee – Titotstraße – Wollhausstraße/Oststraße
(Länge: 0,925 km; alle 7 1/2 Minuten)
15.05.1925- .08.1933
Kiliansplatz bis Wollhausstraße/Oststraße – Friedhof
(Länge: 1,5 km; alle 7 1/2 Minuten)
(im Sommer 1929 erhielt die „Friedhoflinie" die Liniennummer 3; weiter siehe dort)

**Vorortstraßenbahn nach Sontheim**
03.06.1900-28.02.1923
Hauptbahnhof – Kiliansplatz – Fleiner Straße – Südbahnhof – Sontheim
(Länge: 4,7 km; alle 30 Minuten, So: alle 15 Minuten)
01.03.1923-04.04.1923
Südbahnhof – Sontheim
(Länge: 2,3 km; alle 60 Minuten)
05.04.1923-21.08.1926
Hauptbahnhof – Kiliansplatz – Fleiner Straße – Südbahnhof – Sontheim
(Länge: 4,7 km; alle 30 Minuten, So: alle 15 Minuten)
22.08.1926-31.05.1931
Sülmertorbahnhof – Sülmer Straße – Kiliansplatz bis Sontheim
(Länge: 4,5 km; alle 15 Minuten)
(Im Sommer 1929 erhielt die „Vorortstraßenbahn" die Linienbezeichnung „S"; weiter siehe dort)

**Omnibuslinien nach Böckingen**
24.08.1905-15.01.1906
Heilbronn, Hauptbahnhof – Großgartacher Straße – Böckingen, Seestraße
16.01.1906-18.12.1909. Eingestellt
19.12.1909-21.04.1910
Rundlinie, nur in dieser Richtung befahren:
Heilbronn, Neckarbrücke – Hauptbahnhof – Großgartacher Straße – Böckingen, Seestraße – Staatsstraße – Heilbronn, Frankfurter Straße – Neckarbrücke

(Länge: 5,2 km; tägl. ca. 15 Kurse)
22.04.1910-15.01.1911. Eingestellt
16.01.1911-31.10.1916
„Gleislose Straßenbahn", Rundlinie, nur in dieser Richtung befahren:
Heilbronn, Neckarbrücke – Hauptbahnhof – Großgartacher Straße – Böckingen, Weststraße – Eisenbahnunterführung – Staatsstraße – Neckarbrücke
(Länge: 5,2 km; alle 10 Minuten)
01.11.1916. Eingestellt

**Dampfstraßenbahn nach Neckargartach**
26.07.1912-28.02.1923
Heilbronn, Sülmertorbahnhof – Salzstraße/Weipertstraße – Wasserwerk – Salzwerk – Lichtenberger Straße/Neckarbrücke – Neckargartach
(Länge: 2,3 km; tägl. ca. 10-12 Kurse)
01.03.1923. Eingestellt

**Vorortstraßenbahn nach Böckingen**
21.08.1926-31.05.1931
Heilbronn, Kiliansplatz – Hauptbahnhof – Großgartacher Straße – Sonnenbrunnen – Bahnüberführung – Böckingen, Weststraße – Friedrichstraße – Frankenbacher Straße – Klingenberger Straße/Kapellstraße
(Im Sommer 1929 erhielt die „Vorortstraßenbahn nach Böckingen" die Linienbezeichnung „B"; weiter siehe dort)
(Länge: 3,7 km; alle 15 Minuten, HVZ: alle 7 1/2 Minuten)

**Linie B**
Sommer 1929-31.05.1931
Böckingen, Klingenberger Straße/Kapellstraße – Weststraße – Eisenbahnüberführung – Sonnenbrunnen – Großgartacher Straße – Hauptbahnhof – Kiliansplatz
(Länge: 3,7 km; alle 15 Min., HVZ: alle 7 1/2 Min.)
01.06.1931-24.07.1931
Böckingen, Klingenberger Straße bis Hauptbahnhof – Marktplatz
(Länge: 3,55 km; alle 15 Min., HVZ: alle 7 1/2 Min.)
25.07.1931-03.06.1936
Böckingen, Klingenberger Straße bis Marktplatz – Kiliansplatz – Kaiserstraße – Harmonie – Karlstraße/Kernerstraße
(Länge: 4,9 km; alle 15 Min., HVZ: alle 7 1/2 Min.)
04.06.1936-30.06.1940
Böckingen, Klingenberger Straße bis Karlstraße/Kernerstraße – Jägerhausstraße – Trappensee
Länge: 6,7 km; alle 15 Min., HVZ: alle 7 1/2 Min.)
(Am 01.07.1940 wurde die Linie B in Linie 1 umbenannt, weiter siehe dort)

*Das ganze Personal der „Gleislosen" posiert vor dem Motorwagen 1 in der Frankfurter Straße*

**Linie S**
Sommer 1929-31.05.1931
Sülmertorbahnhof – Sülmer Straße – Kiliansplatz – Fleiner Straße – Südbahnhof – Sontheim
(Länge: 4,5 km; alle 15 Minuten)
01.06.1931-24.07.1931
Klarastraße – Hohe Straße – Wilhelmstraße – Südbahnhof – Sontheim
(Länge: 3,2 km; alle 15 Minuten)
25.07.1931-30.06.1940
Hauptbahnhof – Kiliansplatz – Klarastraße bis Sontheim
(Länge: 4,5 km; alle 15 Minuten)
(Am 01.07.1940 wurde die Linie S in Linie 5 umbenannt, weiter siehe dort)

**Linie N**
Neckargartacher Straßenbahn
(erste Linie in Heilbronn mit Linienbezeichnung)
22.06.1928- .09.1928
Neckargartach, Kernerstraße – Schiff – Wohlgelegen – Kranenstraße – Heilbronn, Bahnhofstraße (Zollamt)
(Länge: 3,8 km; alle 30 Min., HVZ: alle 15 Min.)
.09.1928-31.05.1931
Neckargartach, Kernerstraße bis Heilbronn, Bahnhofstraße – Marktplatz – Kiliansplatz/Sülmer Straße
(Länge: 4,3 km; alle 30 Min., HVZ: alle 15 Min.)
01.06.1931-26.04.1932
Neckargartach, Kernerstraße bis Marktplatz
(Länge: 4,15 km; alle 30 Min., HVZ: alle 15 Min.)
27.04.1932-14.04.1932
Neckargartach, Kernerstraße – Schiff – neue Kanalbrücke – Wohlgelegen bis Marktplatz
(Länge: 4,65 km; alle 30 Min., HVZ: alle 15 Min.)
15.04.1932- .08.1933
Neckargartach, Kernerstraße bis Marktplatz – Kiliansplatz – Kilianstraße
(Länge: 4,85 km; alle 30 Min., HVZ: alle 15 Min.)
.08.1933-30.06.1940
Neckargartach, Kernerstraße bis Kiliansplatz – Klarastraße – Hohe Straße – Wilhelmstraße – Südbahnhof – Sontheimer Straße/Liebigstraße
(Länge: 6,3 km; alle 30 Min., HVZ: alle 15 Min.)
(Mit der Eingemeindung Neckargartachs nach Heilbronn am 1.10.1938 ging die Neckargartacher Straßenbahn auf die Stadt Heilbronn über. Am 01.07.1940 wurde die Linie N in Linie 2 umbenannt, weiter siehe dort)

*Linie S 1938 Ecke Kaiser-/Gerberstraße*

*1936 präsentiert sich der frisch umgebaute Triebwagen 44 auf Linie B am Trappensee*

*Winterstimmung 1929 der Linie N vor der alten Neckarbrücke*

Rechts
gehen!

**Linie 1**
Sommer 1929-31.05.1931
Hauptbahnhof – Marktplatz – Kiliansplatz – Harmonie – Karlstraße – Kernerstraße – Karlstorbahnhof
(Länge: 2,5 km; alle 7 1/2 Minuten)
01.06.1931-24.07.1931
a) Hauptbahnhof – Marktplatz
b) Kaiserstraße ab Kiliansplatz bis Karlstorbahnhof

(Linienaufteilung wegen Umbaus des Kiliansplatzes)
25.07.1931-30.06.1940
Hauptbahnhof – Marktplatz – Kiliansplatz bis Karlstorbahnhof
01.07.1940-04.12.1944
Böckingen, Klingenberger Straße – Weststraße – Eisenbahnüberführung – Sonnenbrunnen – Großgartacher Straße – Hauptbahnhof bis Karlstraße
a) Jägerhausstraße – Trappensee
b) Kernerstraße – Karlstorbahnhof
(jeweils jeder zweite Zug)
(Länge: a) 6,7 km; b) 5,3 km; jeweils alle 15 Min.)
05.12.1944-04.11.1945
Eingestellt
05.11.1945-17.04.1946
a) Böckingen, Klingenberger Straße – Weststraße – Eisenbahnüberführung
(Länge: 1,25 km; alle 20 Minuten)
b) Sonnenbrunnen – Großgartacher Straße – Hauptbahnhof – Neckarbrücke (linkes Neckarufer)

(Länge: 1,95 km; alle 10 Minuten)
18.04.1946-17.06.1946
a) Böckingen, Klingenberger Straße bis Eisenbahnüberführung
(Länge: 1,25 km; alle 20 Minuten)
b) Sonnenbrunnen bis Neckarbrücke (linkes Neckarufer)
(Länge: 1,95 km; alle 10 Minuten)
c) Karlstraße/Karlsgymnasium – Jägerhausstraße – Trappensee
(Länge: 2,3 km; alle 10 Minuten)
18.06.1946-19.08.1947
a) Böckingen, Klingenberger Straße bis Eisenbahnüberführung
(Länge: 1,25 km; alle 20 Minuten)
b) Sonnenbrunnen bis Neckarbrücke
(Länge: 1,95 km; alle 10 Minuten)
c) Marktplatz – Kiliansplatz – Harmonie – Karlstraße bis Trappensee
(Länge: 3 km; alle 10 Minuten)
20.08.1947-14.10.1947
a) Böckingen, Klingenberger Straße bis Eisenbahnüberführung – Sonnenbrunnen bis Neckarbrücke (linkes Neckarufer)
(Länge: 3,2 km; alle 10 Minuten)
b) Marktplatz bis Trappensee
(Länge: 2,0 km; alle 10/20 Minuten)
15.10.1947-30.08.1950

*Dreiwagenzug der Linie 1 in der oberen Kaiserstraße im Jahre 1939*

*Linie 1 1940 am Kiliansplatz, wo halblinks die Schulgasse zur Allee wegführt*

*Seite 245: Ein ex „Krefelder" im Ursprungszustand fährt 1925 auf dem Einser über die Neckarbrücke*

Böckingen, Klingenberger Straße bis Neckarbrücke – Marktplatz bis Trappensee
(Länge: 6,7 km; alle 10/20 Minuten)
31.08.1950-26.05.1951
(So: Böckingen, Klingenberger Straße bis) Hauptbahnhof bis Trappensee
(Länge: (6,7) 3,9 km; alle 15 Minuten)
27.05.1951-22.09.1951
Eingestellt
23.09.1951-12.06.1952
Sontheimer Straße/Gildenstraße – Südbahnhof – Wilhelmstraße – Hohe Straße – Harmonie – Karlstraße – Jägerhausstraße – Trappensee
(Länge: 4,5 km; alle 20 Minuten)
13.06.1952-13.06.1954
Hauptbahnhof – Marktplatz – Kiliansplatz – Harmonie bis Trappensee
(Länge: 3,9 km; alle 20 Minuten)
14.06.1954-01.04.1955
(So: Hauptbahnhof bis Kiliansplatz –) Harmonie bis Trappensee
(Länge: 3,9 km; alle 20 Minuten)
02.04.1955
Eingestellt (Strecke stillgelegt)

**Linie 2**
Sommer 1929-31.05.1931
Sülmertorbahnhof – Paulinenstraße – Sülmer Straße – Kiliansplatz – Fleiner Straße – Wilhelmstraße – Südbahnhof
(Länge: 2,2 km; alle 7 1/2 Minuten)
01.06.1931-24.07.1931
a) Sülmertorbahnhof bis Kiliansplatz
b) Klarastraße – Hohe Straße – Wilhelmstraße – Südbahnhof
(Linienaufteilung wegen Umbaus des Kiliansplatzes)
25.07.1931.- .08.1933
Sülmertorbahnhof bis Kiliansplatz – Klarastraße bis Südbahnhof
(Länge: 2,2 km; alle 7 1/2 Minuten)
.08.1933-30.06.1940
Eingestellt
01.07.1940-04.12.1944
Neckargartach, Theodor-Körner-Straße – Schiff – Kanalbrücke – Wohlgelegen – Kranenstraße – Kiliansplatz – Klarastraße – Hohe Straße – Wilhelmstraße – Südbahnhof – Sontheimer Straße/Liebigstraße
(Länge: 6,3 km; alle 30 Minuten, HVZ: alle 15 Minuten)
05.12.1944-19.12.1944
Eingestellt
20.12.1944-12.04.1945
Neckargartach, Theodor-Körner-Straße – Schiff – Kanalbrücke – Wohlgelegen – Kranenstraße – Hauptbahnhof

*Ein Zweier 1932 an der neugebauten Umsteige-Haltestelle auf dem Kiliansplatz*

*Ein Nachkriegs-Zweier am 3. Mai 1951 in der Allee*

*Vierachs-Triebwagen Nummer 56 in der Sontheimer Straße bei der Gildenstraße 1954*

*Ein Zug der neuen Linie 3 Gildenstraße – Böckingen am 3. Mai 1951 in der Sontheimer Straße*

*Ein „kleiner Vierer" steht abfahrbereit im Depot am Hauptbahnhof*

(Länge: 4,8 km; alle 20 Minuten)
13.04.1945-29.07.1945
Eingestellt
30.07.1945-14.10.1947
a) Neckargartach, Schiff – Kanalbrücke (linkes Ufer)
(Länge: 2,6 km; alle 20 Minuten)
b) Kanalbrücke – (rechtes Ufer) – Wohlgelegen – Kranenstraße/Bahnhofstraße – Hauptbahnhof
(Länge: 1,95 km; alle 20 Minuten)
15.10.1947-02.03.1948
a) Neckargartach, Schiff (Wagenhalle) – Kanalbrücke (linkes Ufer)
(Länge: 2,0 km; alle 20 Minuten)
b) Kanalbrücke (rechtes Ufer) – Wohlgelegen – Kranenstraße – Neckarbrücke – Kiliansplatz – Allee – Hohe Straße – Wilhelmstraße – Südbahnhof – Sontheimer Straße/Liebigstraße
(Länge: 3,4 km; alle 10/20 Minuten)
03.03.1948-01.04.1949
a) Neckargartach, Hirsch – Schiff (Wagenhalle) bis Kanalbrücke (linkes Ufer)
(Länge: 2,8 km; alle 10/20 Minuten)
b) Kanalbrücke (rechtes Ufer) bis Sontheimer Straße/Liebigstraße
(Länge: 3,4 km; alle 10/20 Minuten)
02.04.1949-04.12.1949
Sonnenbrunnen – Hauptbahnhof – Kiliansplatz – Harmonie – Karlstraße/Kernerstraße
(Länge: 3,6 km; alle 20 Minuten)
05.12.1949-31.08.1950
Sonnenbrunnen bis Karlstraße – Kernerstraße – Karlstorbahnhof
(Länge: 4,0 km; alle 20 Minuten)
01.09.1950-26.05.1951
Kiliansplatz bis Karlstorbahnhof
(Länge: 1,7 km; alle 15 Minuten)
27.05.1950-22.09.1951
Harmonie bis Karlstorbahnhof
(Länge: 1,5 km; alle 15 Minuten)
23.09.1951-12.06.1952
Hauptbahnhof – Kiliansplatz – Harmonie bis Karlstorbahnhof
(Länge: 2,6 km; alle 20 Minuten)
13.06.1952-01.04.1955
Sontheimer Straße/Gildenstraße – Südbahnhof – Wilhelmstraße – Hohe Straße – Harmonie bis Karlstorbahnhof
(Länge: 3,6 km; alle 20 Minuten)
02.04.1955
Eingestellt (Strecke stillgelegt)

**Linie 3**

Sommer 1929- .08.1933
Kiliansplatz – Kaiserstraße – Allee – Titotstraße – Wollhausstraße – Friedhof
(Länge: 1,5 km; alle 7 1/2 Minuten)
.08.1933- .06.1937
Sülmertorbahnhof – Paulinenstraße – Sülmer Straße – Kiliansplatz – Kilianstraße – Titotstraße bis Friedhof
(Länge: 2,7 km; alle 7 1/2 Minuten)
.06.1937-04.12.1944
Sülmertorbahnhof – Paulinenstraße – Turmstraße – Allee – Harmonie – Kiliansplatz bis Friedhof
(Länge: 2,7 km; alle 7 1/2 Minuten)
05.12.1944-31.08.1950
Eingestellt
01.09.1950-26.05.1951
(Werktags: Böckingen – Sonnenbrunnen –) Hauptbahnhof – Kiliansplatz – Allee – Hohe Straße – Wilhelmstraße – Südbahnhof – Sontheimer Straße/Gildenstraße
(Länge: 5,8 km; alle 15 Minuten)

*Linie 4 fuhr 1951 wegen Wagenmangels etwa 4 Monate anstelle der Linie 1 zum Trappensee*

27.05.1951-22.09.1951
Böckingen bis Hauptbahnhof bis Sontheimer Straße/Gildenstraße
(Länge: 5,8 km; alle 15 Minuten)
23.09.1951
Eingestellt (Strecke auf Obus umgestellt)

**Linie 4**
(Geplant: 01.07.1940
Sülmertorbahnhof – Paulinenstraße – Turmstraße – Harmonie – Kiliansplatz – Hauptbahnhof. Wegen der Kriegsereignisse und Personalmangel nicht in Betrieb genommen)
02.04.1949-20.08.1949
a) Neckargartach, Hirsch – Schiff (Wagenhalle) – Kanalbrücke (linkes Ufer)
(Länge: 2,8 km; alle 20 Minuten)
b) Kanalbrücke (rechtes Ufer) – Winterbrücke – Kranenstraße – Kiliansplatz – Allee – Hohe Straße – Wilhelmstraße – Südbahnhof – Sontheimer Straße/Liebigstraße
(Länge: 3,4 km; alle 10/20 Minuten)
21.08.1949-24.09.1949
a) Neckargartach, Schiff bis Kanalbrücke (linkes Ufer)
(Länge: 2,0 km; alle 20 Minuten)
b) Kanalbrücke (rechts Ufer) bis Sontheimer Straße/Liebigstraße
(Länge: 3,4 km; alle 10/20 Minuten)
25.09.1949-30.09.1949
a) Neckargartach, Schiff bis Kanalbrücke (linkes Ufer)
(Länge: 2,0 km; alle 20 Minuten)
b) Winterbrücke bis Sontheimer Straße/Liebigstraße
(Länge: 2,7 km; alle 10/20 Minuten)
01.10.1949-19.10.1949
a) Neckargartach, Schiff bis Kanalbrücke (linkes Ufer)
b) Kanalbrücke (rechtes Ufer) – Winterbrücke – Sontheimer Straße/Liebigstraße
(Länge: 3,4 km; alle 10/20 Minuten)
20.10.1949-25.04.1950
a) Neckargartach, Frankenbacher/Talstraße – Schiff (Wagenhalle) bis Kanalbrücke (linkes Ufer)
(Länge: 2,8 km; alle 10/20 Minuten)
b) Kanalbrücke (rechtes Ufer) – Sontheimer Straße/Liebigstraße
(Länge: 3,4 km; alle 10/20 Minuten)
26.04.1950-26.05.1951
Neckargartach, Frankenbacher/Talstraße bis Kanalbrücke bis Sontheimer Straße/Liebigstraße
(Länge: 6,3 km; alle 10/20 Minuten) (ab 01.09.1950 alle 15 Minuten)
27.05.1951-22.09.1951
Neckargartach, Frankenbacher/Talstraße bis Kiliansplatz – Harmonie – Karlstraße – Jägerhausstraße – Trappensee
(Länge: 7,75 km; alle 15 Minuten)
23.09.1951-01.04.1955
Neckargartach, Frankenbacher/Talstraße bis Harmonie – Turmstraße – Paulinenstraße – Sülmertorbahnhof
(Länge: 5,8 km; alle 15 Minuten)
02.04.1955. Eingestellt (Strecke stillgelegt)

**Linie 5**
01.07.1940-04.12.1944
Sontheim – Sontheimer Straße – Südbahnhof – Wilhelmstraße – Hohe Straße – Klarastraße – Kiliansplatz
a) Hauptbahnhof (außerhalb der HVZ)
(Länge: 4,5 km; alle 15 Minuten)
b) Kranenstraße – Wohlgelegen – Kanalbrücke

– Neckargartach, Schiff (Wagenhalle) (nur während der HVZ)
(Länge: 7,65 km; alle 15 Minuten)
05.12.1944-19.12.1944
Eingestellt
20.12.1944-12.04.1945
Sontheim – Sontheimer Straße – Südbahnhof
(Länge: 2,3 km; alle 30 Minuten)
13.04.1945-29.07.1945
Eingestellt

30.07.1945-28.09.1945
Sontheim – Sontheimer Straße – Südbahnhof – Wilhelmstraße/Wilhelmsbau
(Länge: 2,7 km; alle 20 Minuten)
29.09.1945-17.07.1946
Sontheim bis Wilhelmstraße – Hohe Straße – Klarastraße – Kiliansplatz – Marktplatz
(Länge: 3,75 km; alle 20 Minuten)
18.07.1946-08.12.1951
Sontheim bis Hohe Straße – Allee – Harmonie – Turmstraße – Paulinenstraße – Sülmertorbahnhof
(Länge: 4,5 km; alle 20 Minuten) (ab 01.09.1950 alle 15 Minuten)
09.12.1951-01.04.1955
Sontheimer Straße/Gildenstraße – Südbahnhof bis Sülmertorbahnhof
(Länge: 2,7 km; alle 15 Minuten)
02.04.1955
Eingestellt (Strecke stillgelegt)

**Linie 6**
01.09.1950-22.09.1951
Sonnenbrunnen – Hauptbahnhof – Kiliansplatz – Harmonie – Turmstraße – Paulinenstraße – Sülmertorbahnhof
(Länge: 3,85 km; alle 15 Minuten)
23.09.1951
Eingestellt

*Zur Gildenstraße mußte an der Allee in die Linie 5 eingestiegen werden und zwar auf der linken Seite*

*Ab 1942 mußten sog. „Arbeitsmaiden" bei der Straßenbahn Schaffnerdienst leisten, wie hier auf Linie 5*

## Linienübersicht der Omnibuslinien der Heilbronner Verkehrsbetriebe

**Linie 1**
01.04.1955-13.11.1955
Böckingen, Klingenberger Straße/Jäkleinstraße – Friedrichstraße – Sonnenbrunnen – Hauptbahnhof – Kiliansplatz – Harmonie – Karlstor – Krankenhaus – Trappensee
(Länge: 7,3 km; alle 15/30 Min.)
14.11.1955-05.12.1955
(HVZ: Ab Böckingen, Friedrichstraße, sonst:) Böckingen, Klingenberger Straße/Jäkleinstraße bis Trappensee
(Länge: 7,3 km; alle 15/30 Min.)
06.12.1955-11.10.1957
Böckingen, Klingenberger Straße/Jäkleinstraße bis Trappensee
(Länge: 7,3 km; alle 15/30 Min.)
12.10.1957-05.12.1959
Karlstor – Kernerstraße – Bismarckstraße – Allee – Neckarsulmer Straße – Käferflug
(Länge: 3,3 km; alle 15/20 Min.)
06.12.1959-31.12.1969
Böckingen, Klingenberger Straße/Jäkleinstraße – Friedrichstraße – Sonnenbrunnen – Hauptbahnhof – Kiliansplatz – Harmonie – Karlstor – Krankenhaus – Trappensee
(Länge: 8,1 km; alle 15/20 Min.)
01.01.1970-05.01.1973
Klingenberg – Böckingen, Klingenberger Straße/Jäkleinstraße bis Trappensee

(Länge: 12,2 km; alle 15/30 Min.
06.01.1973-27.08.1983
Klingenberg bis Krankenhaus –
a) Trappensee
b) Rampachertal
(Jeweils jeder zweite Zug)
(Länge: 12,8 km; alle 20/30 Min.)
28.08.1983-
Klingenberg, Westfriedhof – Klingenberg bis Krankenhaus –
a) Trappensee (Mi nachmittags und So: – Jägerhaus)
b) Rampachertal
(Jeweils jeder zweite Zug)
(Länge: 14,7 (16,1) km; alle 15/30 Min.)

**Linie 2**
01.04.1955-13.11.1955
Allee – Weinsberger Straße – Paul-Göbel-Brükke – Haller Straße – Wilhelm-Busch-Straße
(Länge: 1,9 km; alle 15 Min.)
14.11.1955-11.10.1957
Allee bis Paul-Göbel-Brücke
(Länge: 1,5 km; alle 15 Min.)
12.10.1957-05.12.1959
Neckargartacher Straße – Hauptbahnhof – Wollhausstraße – Winzerstraße – Schmidberger Straße
(Länge: 5,7 km; alle 15/30 Min.)
06.12.1959-31.12.1960
Obus: Böckingen – Sonnenbrunnen – Hauptbahnhof – Kiliansplatz – Hauptpost – Wilhelmstraße – Südbahnhof – Sontheim
(Länge: 8,5 km; alle 7,5/15 Min.)
01.01.1961-06.10.1974
Omnibus (Nur HVZ: Böckingen bis Sontheim)
(Länge: 8,7 km; alle 15 Min.)
07.10.1974-03.06.1978
(Nur HVZ: Böckingen – Sontheim, Ackermann – Horkheim)
(Länge: 10,2 km; alle 15 Min.)
04.06.1978
Eingestellt

**Linie 2E**
04.06.1978-05.09.1979
(HVZ: Böckingen, Friedrichstraße – Wilhelm-Leuschner-Straße – Hauptbahnhof – Kiliansplatz – Hauptpost – Wilhelmstraße – Südbahnhof – Sontheim – Ackermann – Quellenstraße)
(Länge: 8,7 km; alle 15 Min.)
06.09.1979-20.07.1983
(HVZ: Böckingen, Friedrichstraße bis Sontheim, Ackermann – Horkheim)
(Länge: 10,3 km; alle 15 Min.)
21.07.1983
Eingestellt

**Linie 3**
06.12.1959- .06.1964
Neckargartach – Salzstraße – Industrieplatz – Harmonie – Hauptpost – Wilhelmstraße – Südbahnhof – Sontheim
(Länge: 10,1 km; alle 15/20 Min.)
.06.1964-31.12.1969
Neckargartach, Schlegelgrund – Römerstraße – Salzstraße bis Sontheim, Ackermann –
a) Raidweg
b) Gartenstraße – Horkheim, Schleuse
(Jeweils jeder zweite Zug)
(Länge: 12,3 km; alle 15/20 Min.)
01.01.1970-05.01.1973
Neckargartach, Schlegelgrund bis Horkheim, Schleuse
(Länge: 11,5 km; alle 15/30 Min.)

*Linie 1 in Alt-Böckingen nahe der Hechtstraße*

*Ein Vierer in der Finkenbergstraße in Biberach (1985)*

*Linie 4A fährt auf dem Weg nach Kirchhausen im November 1985 in der Böllinger Straße in Neckargartach*

06.01.1973-31.12.1978
(HVZ: Frankenbach –) Neckargartach bis Horkheim, Schleuse
(Länge: 12,7 km; alle 20/30 Min.)
01.01.1979-27.08.1983
Ringlinie, nur in dieser Richtung:
(Ankunft als Linie 8 aus Richtung Biberach –) Kirchhausen – Frankenbach – Neckargartach bis Horkheim, Schleuse
(Rückfahrt als Linie 4)
(Länge: 14,9 km; alle 15/30 Minuten ab Frankenbach, sonst alle 60 Minuten)
28.08.1983-
Mo – Sa ab Betriebsbeginn bis 19.30 Uhr (Sa bis 14 Uhr), So 12 bis 19 Uhr:
Frankenbach, Maihalde – Neckargartach, Schlegelgrund – Wimpfener Straße – Industriegebiet (Fiat) – Industrieplatz – Harmonie bis Horkheim, Schleuse
(Länge: 13,5 km; alle 15 Min.)

**Linie 4**
01.04.1955-05.12.1955
Neckargartach, Leinbachstraße – Kanalbrücke – Wohlgelegen – Kranenstraße – Kiliansplatz – Allee – Karlstraße – Krankenhaus
(Länge: 7,5 km; alle 30 Min.)
06.12.1955-11.10.1957
Neckargartach, Schlegelgrund – Leinbachstraße bis Krankenhaus
(Länge: 8,65 km; alle 30 Min.)
12.10.1957-31.12.1960
Neckargartach, Lindenstraße/Römerstraße – Austraße (Industriegebiet) – Industrieplatz – Harmonie – Hauptbahnhof – Karlsruher Straße – Wilhelm-Leuschner-Straße – Kreuzgrund – Frankenbach
(Länge: 11,9 km; alle 30 Min.)
01.01.1961- .06.1964
Neckargartach, Lindenstraße/Römerstraße bis Wilhelm-Leuschner-Straße – Sonnenbrunnen – Böckingen, Friedrichstraße
(Länge: 10,2 km; alle 30 Min.)
.06.1964-21.06.1977
(HVZ: Neckargartach, Lindenstraße bis Böckingen, Friedrichstraße)
(Länge: 9,8 km; alle 15 Min.)
22.06.1977-31.12.1978
Eingestellt
01.01.1979-27.08.1983
Ringlinie, nur in dieser Richtung:
Horkheim, Schleuse – Sontheim, Ackermann – Sontheimer Straße – Südbahnhof – Hauptpost – Harmonie – Industrieplatz – Industriegebiet (Fiat) – Neckargartach – Frankenbach – Kirchhausen (dort weiter in Richtung Biberach als Linie 7)
(Länge: 13,1 km; alle 15/30 Minuten bis Frankenbach, alle 60 Minuten bis Kirchhausen)
28.08.1983-
Mo – Sa ab Betriebsbeginn bis 19 Uhr (Sa bis 14 Uhr), So 12 bis 19 Uhr:
Horkheim, Schleuse – Sontheim bis Neckargartach, Wimpfener Straße – Milchhof – Biberach, Maustal
(Länge: 20,6 km; alle 30-60 Min.)

**Linie 4A**
28.08.1983-
Mo – Sa ab Betriebsbeginn bis 19 Uhr (Sa bis 14 Uhr), So 12 bis 19 Uhr:
Horkheim, Schleuse – Sontheim, Ackermann – Sontheimer Straße – Südbahnhof – Hauptpost – Harmonie – Industrieplatz – Industriegebiet (Fiat) – Neckargartach, Wimpfener Straße – Milchhof – Biberach, Maustal – Kirchhausen, Schloßplatz
(Länge: 23,6 km; alle 120 Min.)

**Linie 5**
01.04.1955-13.11.1955
Neckargartach – Karl-Wüst-Brücke – Neckarsulmer Straße – Allee – Wilhelmstraße – Sontheimer Straße – Kamerawerk
(Länge: 7,7 km; alle 15/30 Min.)
14.11.1955-11.10.1957
Neckargartach bis Kamerawerk (Mo – Fr nachmittags während der HVZ: Neckargartach – Industriegebiet – Industrieplatz – Allee bis Kamerawerk, auf dem Rückweg jedoch über Neckarsulmer Straße)
(Länge: 7,7 km; alle 15/30 Min.)
12.10.1957-31.12.1957
Neckargartach, Theodor-Körner-Straße – Sachsenäcker – Wilhelm-Leuschner-Straße – Karlsru-

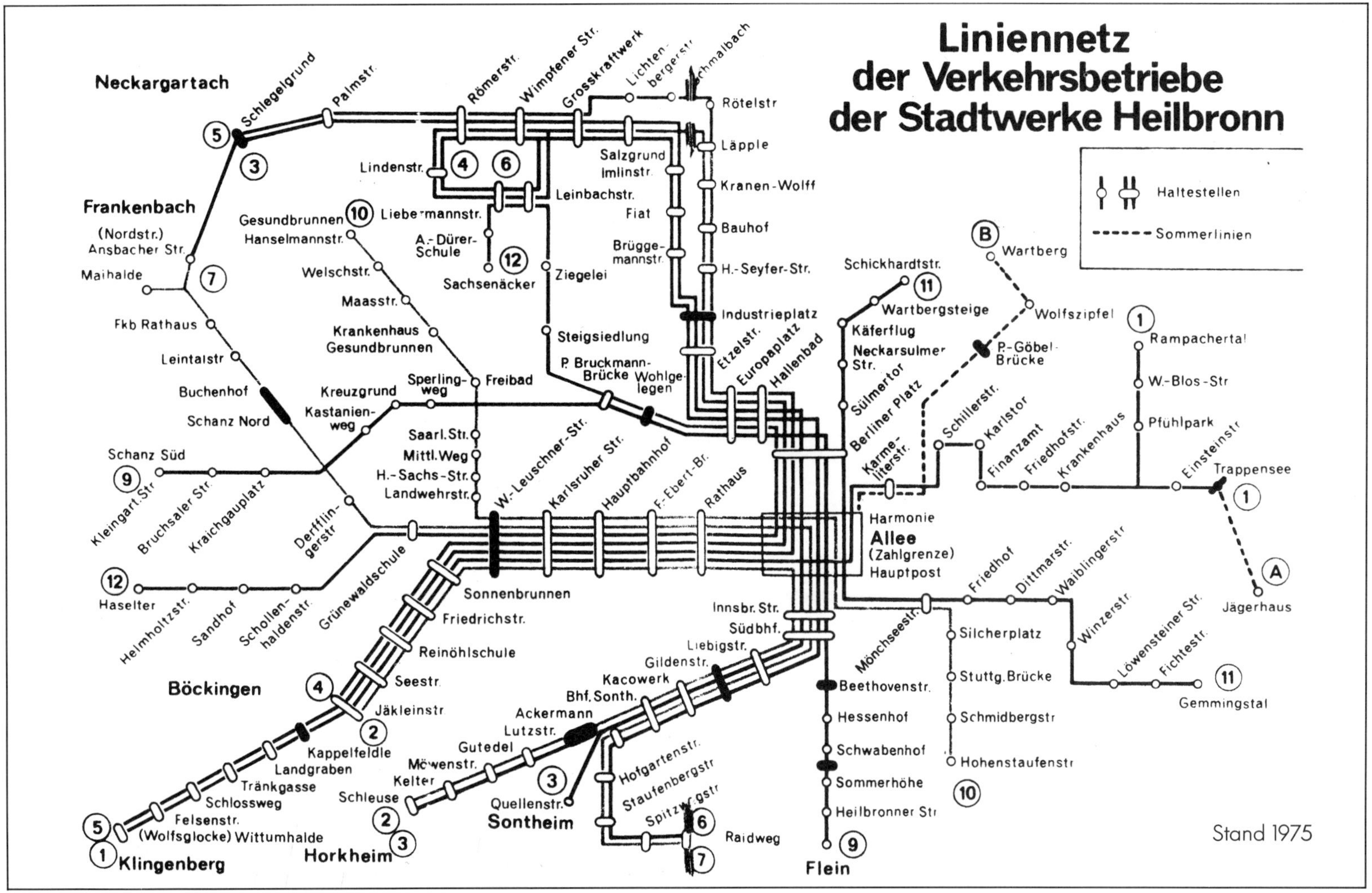

Liniennetz
der Verkehrsbetriebe
der Stadtwerke Heilbronn
Haltestellen
Sommerlinien
Neckargartach
Schlegelgrund
Palmstr.
Römerstr.
Wimpfener Str.
Grosskraftwerk
Lichtenbergerstr.
Schmalbach
Rötelstr
Läpple
Kranen-Wolff
Bauhof
H.-Seyfer-Str.
Industrieplatz
Lindenstr.
Salzgrund
Imlinstr.
Leinbachstr.
Fiat
Brüggemannstr.
Frankenbach
(Nordstr.)
Ansbacher Str.
Maihalde
Fkb Rathaus
Leintalstr
Buchenhof
Schanz Nord
Schanz Süd
Gesundbrunnen
Hanselmannstr.
Welschstr.
Maasstr.
Krankenhaus Gesundbrunnen
A.-Dürer-Schule
Sachsenäcker
Ziegelei
Steigsiedlung
P. Bruckmann-Brücke
Wohlgelegen
Etzelstr.
Europaplatz
Hallenbad
Kreuzgrund
Sperlingweg
Freibad
Kastanienweg
Saarl. Str.
Mittl. Weg
H.-Sachs-Str.
Landwehrstr.
Kleingart. Str
Bruchsaler Str.
Kraichgauplatz
Derfflingerstr
Haselter
Helmholtzstr.
Sandhof
Schollenhaldenstr.
Grünewaldschule
W.-Leuschner-Str.
Karlsruher Str.
Hauptbahnhof
F.-Ebert-Br.
Rathaus
Sonnenbrunnen
Friedrichstr.
Reinöhlschule
Seestr.
Jäkleinstr
Böckingen
Kappelfelde
Landgraben
Tränkgasse
Schlossweg
Felsenstr.
(Wolfsglocke) Wittumhalde
Klingenberg
Schleuse
Horkheim
Kelter
Möwenstr.
Gutedel
Lutzstr.
Ackermann
Bhf. Sonth.
Kacowerk
Gildenstr.
Liebigstr.
Quellenstr.
Sontheim
Hofgartenstr.
Staufenbergstr
Spitzwegstr
Raidweg
Innsbr. Str.
Südbhf.
Harmonie
Allee
(Zahlgrenze)
Hauptpost
Schickhardtstr.
Wartbergsteige
Käferflug
Neckarsulmer Str.
Sülmertor
Berliner Platz
Karmeliterstr.
Wartberg
Wolfszipfel
P.-Göbel-Brücke
Schillerstr.
Karlstor
Finanzamt
Friedhofstr.
Krankenhaus
Rampachertal
W.-Blos-Str
Pfühlpark
Einsteinstr
Trappensee
Jägerhaus
Friedhof
Dittmarstr.
Waiblingerstr.
Winzerstr.
Löwensteiner Str.
Fichtestr.
Gemmingstal
Mönchseestr.
Silcherplatz
Stuttg. Brücke
Schmidbergstr
Hohenstaufenstr
Beethovenstr.
Hessenhof
Schwabenhof
Sommerhöhe
Heilbronner Str
Flein
Stand 1975

her Straße – Hauptbahnhof – Kiliansplatz – Harmonie – Krankenhaus – Trappensee
(Länge: 8,7 km; alle 30/60 Min.)
01.01.1958-05.12.1959
Haselter – Wilhelm-Leuschner-Straße bis Kiliansplatz – Hauptpost – Friedhof – Winzerstraße
(Länge: 7,5 km; alle 15/30/40 Min.)
06.12.1959-31.12.1969
Haselter bis Hauptpost – Silcherstraße – Stuttgarter Brücke – Hohenstaufenstraße
(Länge: 8,0 km; alle 15/30/40 Min.)
01.01.1970-05.01.1973
Gesundbrunnen – Wilhelm-Leuschner-Straße bis Hohenstaufenstraße
(Länge: 7,6 km; alle 15/30/40 Min.)
06.01.1973-14.06.1978
Klingenberg – Böckingen – Wilhelm-Leuschner-Straße bis Kiliansplatz – Harmonie – Industrieplatz – Industriegebiet (Austraße) – Neckargartach, Lindenstraße (HVZ: – Schlegelgrund)
(Länge: 14,3 km; alle 10/20 Min.)
15.06.1978-27.08.1983
Böckingen, Jäkleinstraße bis Neckargartach, Lindenstraße (HVZ: – Schlegelgrund)
(Länge: 11,4 km; alle 10/20 Min.)
28.08.1983-
Mo – Fr von Betriebsbeginn bis 18 Uhr: Böckingen, Jäkleinstraße bis Harmonie (HVZ: bis Schlegelgrund – Frankenbach, Maihalde)
(Länge: 13,5 km; alle 30 Min.)

**Linie 5a**
01.04.1955-13.11.1955
Käferflug – Neckarsulmer Straße – Allee – Harmonie
(Länge: 1,8 km; alle 30 Min.)
14.11.1955-05.12.1959
Käferflug bis Harmonie – Wilhelmstraße – Sontheimer Straße/Gildenstraße
(Länge: 3,8 km; alle 15/30 Min.)
06.12.1959
Eingestellt

**Linie 5E**
04.06.1978-
(HVZ morgens; Ringlinie, nur in dieser Richtung: Neckargartach – Schlegelgrund – Frankenbach, Maihalde – Schanz Nord – Wilhelm-Leuschner-Straße – Hauptbahnhof – Kiliansplatz – Harmonie – Industrieplatz – Industriegebiet (Läpple) – Neckargartach, Wimpfener Straße – Schlegelgrund)
(Länge: 13,5 km; alle 15 Min.)

**Linie 6**
06.12.1959-31.12.1960
Hohenstaufenstraße – Stuttgarter Brücke – Silcherstraße – Hauptpost – Harmonie – Neckarsulmer Straße – Käferflug/Kirschengarten
(Länge: 5,8 km; alle 15/30 Min.)
01.01.1961- .06.1964
Winzerstraße – Friedhof – Hauptpost bis Käferflug – Kirschengarten
(Länge: 5,3 km; alle 15/30 Min.)
.06.1964-05.01.1973
Stuttgarter Brücke – Winzerstraße bis Käferflug –
a) Kirschengarten
b) Wartbergsteige – Erlenbacher Straße, ab 01.01.1970 weiter bis Schickhardtstraße
(Länge: 6,8 km; bzw. 7,0 km; alle 15/30 Min.)
06.01.1973-03.06.1978
(HVZ: Neckargartach, Lindenstraße – Industriegebiet (Salzstraße) – Industrieplatz – Harmonie – Hauptpost – Wilhelmstraße – Sontheimer Straße – Sontheim, Raidweg)
(Länge: 9,9 km; alle 20 Min.)
04.06.1978-27.08.1983
Eingestellt
28.08.1983-
Mo – Fr von Betriebsbeginn bis 18 Uhr: Böckingen, Jäkleinstraße – Wilhelm-Leuschner-Straße – Hauptbahnhof – Harmonie – Industrieplatz – Industriegebiet (Läpple) – Neckargartach, Wimpfener Straße – Sachsenäcker – Klinik Gesundbrunnen
(Länge: 12,8 km; alle 30 Min.)

**Linie 7**
06.12.1959-31.12.1960
Flein – Südbahnhof – Hauptpost – Wohlgelegen – Kreuzgrund/Steigsiedlung
(Länge: 8,9 km; alle 30/40 Min.)
01.01.1961-31.12.1969
Flein bis Hauptpost – Hauptbahnhof – Karlsruher Straße – Kreuzgrund – Frankenbach
(Länge: 11,4 km; alle 15/30/40 Min.)
01.01.1970-05.01.1973
(Jeweils jeder zweite Zug)
a) Horkheim, Schleuse –
b) Sontheim, Raidweg –
Sontheim, Ackermann bis Frankenbach
(Länge: 11,0 km; alle 15/30 Min.)
06.01.1973-31.12.1978
Horkheim, Schleuse bis Karlsruher Straße – Wilhelm-Leuschner-Straße – Schanz Nord –
a) Frankenbach, Nordstraße
b) Frankenbach, Maihalde

*Linie 7A und 4A treffen sich regelmäßig an der Endstation Wimpfener Straße in Kirchhausen*

(Jeweils jeder zweite Zug)
(Länge: 11,5 km; alle 10/20/30 Min.)
01.01.1979-31.12.1980
Ringlinie, nur in dieser Richtung: (von Kirchhausen als Linie 4 ankommend –) Biberach – Neckarau – Neckargartach – Frankenbach – Schanz Nord – Karlsruher Straße – Hauptbahnhof – Hauptpost – Rosenberg – Sontheimer Straße – Sontheim, Akkermann – Spitzwegstraße (Rückfahrt als Linie 8)
(Länge: 13,1 km; alle 15/30 Min.)
01.01.1981-27.08.1983
Ringlinie, nur in dieser Richtung: (Von Kirchhausen als Linie 4 ankommend –) Biberach bis Sontheim, Ackermann – Sontheim Ost
(Länge: 13,9 km; alle 15/30 Min.)
28.08.1983-
Frankenbach, Maihalde – Schanz Nord bis Sontheim Ost
(Länge: 13,1 km; alle 15/30 Min.)

*Vorbei am Renaissance-Schloß Kirchhausen strebt Linie 7A der Haltestelle Schloßplatz zu*

**Linie 7A**
28.08.1983-
Kirchhausen – Konradsberg – Frankenbach – Schanz Nord – Wilhelm-Leuschner-Straße – Karlsruher Straße – Hauptbahnhof – Hauptpost – Rosenberg – Sontheimer Straße – Sontheim Ost
(Länge: 19,1 km; alle 30/60 Min.)

**Linie 7E**
04.06.1978-
(HVZ abends: Ringlinie, nur in dieser Richtung: Frankenbach, Maihalde – Schlegelgrund – Neckargartach, Wimpfener Straße – Industriegebiet (Läpple) – Industrieplatz – Harmonie – Hauptpost/Hauptpost – Hauptbahnhof – Karlsruher Straße – Wilhelm-Leuschner-Straße – Schanz Nord – Frankenbach, Maihalde)
(Länge: 13,5 km; alle 15 Min.)

*An der Endstation Sontheim-Ost können die Wagenführer von Linie 7 ein paar Minuten rasten*

**Linie 8**
01.01.1961- .06.1964
Harmonie – Wohlgelegen – Steigsiedlung
(Länge: 4,5 km; alle 30 Min.)
.06.1964-31.12.1965
(HVZ: Sontheim, Quellenweg – Ackermann – Sontheimer Straße –Südbahnhof –) Hauptpost – Harmonie – Gaswerk – Wohlgelegen – Steigsiedlung – Neckargartach, Sachsenäcker – Leinbachstraße (HVZ: – Wimpfener Straße – Lindenstraße)
(Länge: 10,7 km; alle 25/30 Min.)
01.01.1966-31.12.1969
Hauptpost bis Leinbachstraße (HVZ: bis Lindenstraße)
(Länge: 5,8 km; alle 15/30 Min.)
01.01.1970-05.01.1973
Haselter – Wilhelm-Leuschner-Straße – Karlsruher Straße – Hauptbahnhof – Harmonie bis Nek-

kargartach, Sachsenäcker
(Länge: 10,3 km; alle 15/30 Min.)
06.01.1973-31.12.1978
Eingestellt
01.01.1979-31.12.1980
Ringlinie, nur in dieser Richtung: Sontheim, Spitzwegstraße – Ackermann – Sontheimer Straße – Rosenberg – Hauptpost – Hauptbahnhof – Karlsruher Straße – Wilhelm-Leuschner-Straße – Schanz Nord – Frankenbach – Neckargartach – Neckarau – Biberach (weiter als Linie 3 in Richtung Kirchhausen)
(Länge: 13,1 km; alle 15/30 Min.)
01.01.1981-27.08.1983
Ringlinie, nur in dieser Richtung: Sontheim Ost – Ackermann bis Biberach (weiter als Linie 3 in Richtung Kirchhausen)
(Länge: 13,9 km; alle 15/30 Min.)
28.08.1983
Eingestellt

**Linie 8A**
.06.1964-31.12.1965
(HVZ: Sontheim, Quellenstraße – Ackermann – Sontheimer Straße – Südbahnhof – Hauptpost – Harmonie – Gaswerk – Salzwerk – Großkraftwerk – Neckargartach, Lindenstraße)
(Länge: 10,7 km; alle 15 Min.)

**Linie 9**
01.01.1966-31.12.1969
(HVZ: Sontheim, Quellenstraße – Ackermann – Sontheimer Straße – Südbahnhof – Hauptpost – Harmonie – Gaswerk – Salzwerk – Großkraftwerk – Neckargartach, Lindenstraße)
(Länge: 10,6 km; alle 15 Min.)
01.01.1970-05.01.1973
Flein – Südbahnhof – Hauptpost – Harmonie – Gaswerk – Industrieplatz – Großkraftwerk – Neckargartach
(Länge: 11,2 km; alle 15/30 Min.)
06.01.1973-27.08.1983
Flein bis Harmonie – Wohlgelegen – Kreuzgrund – Schanz Süd
(Länge: 9,4 km; alle 10/20/30 Min.)
28.08.1983-
Mo – Fr Betriebsbeginn bis 19 Uhr (Sa bis 14 Uhr), So 12 bis 19 Uhr: Flein – Robert-Bosch-Straße – Südbahnhof bis Schanz Süd
(Länge: 10,7 km; alle 15/30 Min.)

**Linie 9E**
04.06.1978-27.08.1983
Mo – Fr von 7 bis 18 Uhr: Flein – Südbahnhof – Hauptpost – Harmonie
(Länge: 4,9 km; alle 15 Min.)
28.08.1983-
Mo – Fr von 7 bis 18 Uhr: Flein – Robert-Bosch-Straße – Südbahnhof – Hauptpost – Harmonie
(Länge: 6,2 km; alle 15 Min.)

*Nach Flein muß der „Neuner“ durch die Wilhelmstraße, auf dem Rückweg durch die Urbanstraße*

*Ob Sommer oder Winter, die Busse sind immer unterwegs, wie hier Linie 10 im Winter 1978 am Uhlandplatz*

*Außer der Linie 10 fahren heute noch die Linien 1, 5, 5E, 6, 7, 7E, 12 und 19 durch die Kaiserstraße*

**Linie 10**
09.04.1948-15.03.1949
(Noch ohne Liniennummer) Allee/Harmonie – Hauptbahnhof – Sonnenbrunnen – Kreuzgrund – Neckargartach (zwischen Allee und Sonnenbrunnen wurde nur am Hauptbahnhof gehalten)
(Länge: 7,1 km; alle 30/60 Min.)
16.03.1949-26.08.1949
Winzerstraße – Silcherstraße – Allee bis Kreuzgrund (zwischen Allee und Sonnenbrunnen wurde nur am Hauptbahnhof gehalten)
(Länge: 6,2 km; alle 30 Min.)
27.08.1949-07.09.1949
Winzerstraße bis Kreuzgrund (alle 30 Minuten) – Frankenbach (alle 60 Minuten; Verlängerung wegen der „Leistungsschau 1949 Heilbronn")
08.09.1949- .03.1950
Winzerstraße bis Kreuzgrund
(Länge: 6,2 km; alle 30 Min.)
.03.1950-05.12.1959
Winzerstraße bis Kreuzgrund – Frankenbach
(Länge: 8,4 km; alle 30 Min.)
06.12.1959-05.01.1973
Eingestellt
06.01.1973-27.08.1983
Gesundbrunnen – Wilhelm-Leuschner-Straße – Hauptbahnhof – Hauptpost – Mönchseestraße – Hohenstaufenstraße
(Länge: 7,9 km; alle 30 Min.)
28.08.1983-
Mo – Sa von Betriebsbeginn bis 19 Uhr (Sa bis 14 Uhr), So 13 bis 19.30 Uhr alle 30 Minuten: Gesundbrunnen bis Hohenstaufenstraße

**Linie 11**
23.03.1948-05.04.1948
Allee – Hauptbahnhof – Sonnenbrunnen (ohne weitere Zwischenhalte)
(Länge: 3 km; alle 30 Min.)
06.04.1948-15.03.1949
Allee bis Sonnenbrunnen – Haselter
(Länge: 4,5 km; alle 30/60 Min.)
(Bis 15.03.1949 ohne Liniennummer betrieben)
16.03.1949-26.08.1949
(HVZ: Friedhof – Allee bis Haselter)
(Länge: 6,2 km; alle 30 Min.)
27.08.1949-07.09.1949
Weinsberg – Allee – Harmonie bis Haselter – Großgartach
(Verlängerung wegen der „Leistungsschau 1949 Heilbronn", alle 60 Min.)
08.09.1949-12.12.1953
(HVZ: Friedhof – Allee bis Haselter)
(Länge: 6,2 km; alle 30 Min.)
13.12.1953-05.01.1973
Eingestellt
06.01.1973-
Schickhardtstraße – Käferflug – Harmonie – Hauptpost – Friedhof – Winzerstraße – Gemmingstal
(Länge: 6,2 km; alle 15/30/60 Min.)

**Linie 11E**
05.05.1958-05.12.1959
(HVZ: Böckingen, Friedrichstraße – Sonnenbrunnen – Karlsruher Straße – Hauptbahnhof – Harmonie – Industrieplatz – Industriegebiet (Austraße)
(Länge: 6,8 km; alle 15 Minuten; wurde mit der Bezeichnung „E 11" betrieben)
06.12.1959-03.06.1978
Eingestellt
04.06.1978-
(HVZ: Schickhardtstraße – Käferflug – Harmonie – Hauptpost – Friedhof – Winzerstraße – Gemmingstal; nicht während der Schulferien)
(Länge: 6,2 km; alle 30 Min.)

**Linie 12**
16.03.1948-26.04.1950
Friedhof – Allee – Kiliansplatz – Hauptbahnhof – Sonnenbrunnen – Steigstraße – Neckargartach
(Länge: 8 km; alle 30 Minuten; bis Neckargartach alle 60 Minuten)
27.04.1950-05.01.1973
Eingestellt
06.01.1973-
Haselter – Wilhelm-Leuschner-Straße – Hauptbahnhof – Harmonie – Wohlgelegen – Neckargartach, Sachsenäcker
(Länge: 11,8 km; alle 15/30/60 Min.)

**Linie 12E**
05.05.1958-05.12.1959
(HVZ: Frankenbach – Kreuzgrund – Sonnenbrunnen – Karlsruher Straße – Hauptbahnhof – Hauptpost – Südbahnhof – Sontheimer Straße – Sontheim)
(Länge: 9,9 km; alle 30 Minuten; wurde mit der Bezeichnung „E 12" betrieben)
06.12.1959. Eingestellt

**Linie 13**
31.11.1977-03.06.1978
Böckingen – Sonnenbrunnen – Kreuzgrund – Schanz Süd
(Versuchslinie, Länge: 10,0 km; alle 15/30 Min.)
04.06.1978. Eingestellt

*Das Busnetz mußte zu den neuentstandenen Wohngebieten erweitert werden. Hier Linie 11E im Gemmingstal*

*Eine der ersten überdachten Haltestellen nach dem Zweiten Weltkrieg war auf Linie 20 anzutreffen*

**Linie 14**
07.08.1949-07.09.1949
Neckarsulm – Allee – Flein (Sonderlinie zur Ausstellung „Leistungsschau 1949 Heilbronn"; alle 60 Min.)
08.09.1949- .01.1951
Eingestellt
.01.1951-31.03.1955
(HVZ: Karlstorbahnhof – Burenstraße – Sülmertorbahnhof – Industrieplatz – Salzwerk)
(Länge: 3,8 km; alle 30 Min.)
01.04.1955-05.12.1959
(HVZ: Karlstorbahnhof bis Salzwerk – Karl-Wüst-Brücke)
(Länge: 4,7 km; alle 15 Min.)
06.12.1959
Eingestellt

**Linie 15**
10.12.1949-13.11.1955
Allee – Südbahnhof – Flein
(Länge: 4,9 km; alle 60 Min.)
14.11.1955-11.10.1957
(HVZ: Karl-Wüst-Brücke – Neckarsulmer Straße – auf dem Rückweg über Industrieplatz – Salzwerk –) Allee bis Südbahnhof
a) – Flein (Länge 4,9 km; alle 30 Min.)
b) (HVZ morgens: – Sontheim – Flein)
(Länge: 10,5 km; alle 15 Min.)
c) (HVZ abends: – Flein – Sontheim; alle 15 Min.)
12.10.1957-05.12.1959
(HVZ: Karl-Wüst-Brücke – Salzwerk – Industrieplatz – Sülmertorbahnhof –) Allee bis Flein
(Länge: 9,8 km; alle 10/20 Min.)
06.12.1959. Eingestellt

**Linie 16-18**
Die Linien 16-18 verkehrten bis heute in Heilbronn noch nicht.

**Linie 19**
28.08.1983-
Mo – Fr ab 19 Uhr (Sa ab 14 Uhr) bis Betriebsschluß, So ab Betriebsbeginn bis 12 Uhr und ab 19 Uhr bis Betriebsschluß alle 60 Minuten:
Schanz Süd – Kreuzgrund – Klinik Gesundbrunnen – Wilhelm-Leuschner-Straße – Hauptbahnhof – Harmonie

**Linie 20 (Obus)**
20.09.1951-09.12.1951
Allee – Kiliansplatz – Hauptbahnhof – Wehrbrücke – Sonnenbrunnen – Bahnübergang – Ludwigsburger Straße – Hofstattstraße – Klingenberger Straße
10.12.1951-11.10.1957
Sontheim – Sontheimer Straße – Südbahnhof – Wilhelmstraße – Allee bis Böckingen, Klingenberger Straße
(Länge: 8,5 km; alle 7 1/2 u. 15 Min.)
12.10.1957
Eingestellt (weiter als Linie 2)

**Linie 21 (Obus)**
20.09.1951-12.12.1953
Allee – Kiliansplatz – Hauptbahnhof – Wehrbrücke – Sonnenbrunnen
(Länge: 3 km; alle 15 Min.)
13.12.1953. Eingestellt

**Linie 22 (Obus)**
13.12.1953-31.03.1955
Allee – Kiliansplatz – Hauptbahnhof – Wehrbrücke – Sonnenbrunnen – Haselter
(Länge: 4,5 km; alle 30/60 Min.)
01.04.1955-13.11.1955
(HVZ: Sontheim – Sontheimer Straße – Südbahnhof – Wilhelmstraße –) Allee bis Haselter
(Länge: 8,2 km; alle 15/30/60 Min.)
14.11.1955-11.10.1957
(HVZ: Allee bis Haselter)
12.10.1957
Eingestellt

**Linie 22 (Omnibus)**
12.10.1957-31.12.1957
Allee – Kiliansplatz – Hauptbahnhof – Karlsruher Straße – Wilhelm-Leuschner-Straße – Haselter
(Länge: 4,5 km; alle 15/30/60 Min.)
01.01.1958
Eingestellt

**Linie 93**
28.08.1983-
Mo – Fr 19-23.30 Uhr, Sa 14-23.30 Uhr, So von Betriebsbeginn bis 12 Uhr und von 19-23.30 Uhr: Flein – Robert-Bosch-Straße – Südbahnhof – Hauptpost – Harmonie – Industrieplatz – Fiat – Neckargartach, Wimpfener Straße – Schlegelgrund
(Länge: 14,6 km; alle 60 Min.)

**Linie 94**
20.08.1983-
Mo – Fr 19-23.30 Uhr, Sa 14-23.30 Uhr, So von Betriebsbeginn bis 12 Uhr und von 19-23.30 Uhr:

*Obuslinie 21 in der neuerbauten Karlsruher Straße im Winter 1952*

Robert-Bosch-Straße – Südbahnhof – Hauptpost – Harmonie – Industrieplatz – Fiat – Neckargartach, Wimpfener Straße – Milchhof – Biberach – Maustal – Kirchhausen, Schloßplatz
(Länge: 17,8 km; alle 60 Min.)

**Linie A**
01.04.1955-27.08.1985
(Ausflugslinie von April bis Oktober, Mi nachmittags und So: Harmonie – Trappensee – Jägerhaus
(Länge: 4,1 km; alle 30 Min.)
28.08.1983
Eingestellt (Strecke wird von Linie 1 bedient)

**Linie B**
01.04.1955-
Ausflugslinie von April bis Oktober, So: Harmonie – Paul-Göbel-Brücke – Wolfszipfel – Wartberg
(Länge: 5,0 km; einige Kurse nachmittags)

*Sonntags und abends werden verschiedene Linien zusammengefaßt, so z. B. Linien 9 und 3 zur Linie 93*

**Linie C**
01.04.1955-10.1959
Ausflugslinie von April bis Oktober, So: Harmonie – Oststraße – Schweinsbergstraße – Gaffenberg
(Länge: 3,4 km; einige Kurse nachmittags)
.10.1959. Eingestellt

**Linie E**
Mit dieser Linienbezeichnung verkehren sogenannte „Einsatzwagen" je nach Bedarf auf Strekken, die nicht linienmäßig bedient werden (z. B. Schulbusse, Busse zu und von bestimmten Betrieben, nach verschiedenen Orten usw.)

## Haltestellen

Kurz vor der Eröffnung der ersten Linie der Heilbronner Straßenbahnen am 29. Mai 1897, ließ die Unternehmensleitung in der örtlichen Tagespresse die nachstehenden sieben Stellen entlang der „Stammstrecke" veröffentlichen, an denen das neue Nahverkehrsmittel zum Ein- bzw. Aussteigen anhielt: Bahnhof (Endstation mit Umsetzstelle), Neckarbrücke, Gerberstraße, Gewerbebank, Harmonie, Gartenstraße, Moltkekaserne (Endstation mit Umsetzstelle). Diese Halteplätze lagen jeweils bei den Ausweichen, in denen sich die sechs auf der Stammlinie eingesetzten Züge kreuzten bzw. umsetzten. Besondere Bezeichnungen der Halteplätze bzw. Hinweistafeln waren zunächst nicht vorhanden. Die Fahrgäste durften die Trieb- und Beiwagen nach Belieben von links oder von rechts besteigen bzw. auch nach links oder rechts wieder aussteigen.

Die am 16. Juni 1897 hinzugekommene „Seitenlinie" bediente folgende sieben Haltestellen: Lohtor (Endstation mit Umsetzanlage), Gasthaus Löwen, Dammstraße, Krankenhaus, Deutschhofstraße, Fleiner Tor, Gasthof Traube (Umsetzanlage). Ende des Jahres kamen noch die neuen Endstationen Sülmertorbahnhof und Südbahnhof hinzu. Ab dem 5. Dezember 1897 hielten die Wagen der „Friedhoflinie" an den vier Haltestellen Allee (bei der Harmonie, Endstation), Titotstraße, Herbststraße, Oststraße (Endstation) an.

Es stellte sich bald heraus, daß die Praxis des Links- und Rechtsein- bzw. -aussteigens mit sehr viel Gefahren für die Fahrgäste durch die kreuzenden Straßenbahnen aber auch den übrigen Verkehr verbunden war. Darum erließ die Stadt Heilbronn bald nach der Jahrhundertwende eine Anordnung, nach der innerhalb der Stadt immer nur in der Fahrtrichtung rechts in die Fahrzeuge ein- bzw. ausgestiegen werden durfte. Dazu beschafften sich die Heilbronner Straßenbahnen kleine Haltestellen-Hinweisschilder. Die knapp 50 cm breiten und etwa 15 cm hohen, blau emaillierten Tafeln trugen die weiße Aufschrift „Halte-Stelle". Diese wurden in der Regel an den Hauswänden anmontiert und zwar in der Fahrtrichtung rechts an der Stelle, an der die Spitze des Straßenbahnzuges zum Stehen kam.

Jetzt stieg die Zahl der Haltestellen, da nun auch außerhalb der Ausweichen angehalten werden konnte.

Mitte der zwanziger Jahre, als das Schienennetz ausgeweitet wurde, führten die Heilbronner

*Ursprüngliche kleine „Halte-Stelle"-Tafel 1903 in der Kaiserstraße (links am Bildrand)*

Straßenbahnen AG neue Haltestellentafeln ein. Diese gelb emaillierten Schilder mit einer Kantenlänge von 50 cm in der Breite und 27 cm in der Höhe waren dieselben, wie sie auch die Stuttgarter Straßenbahnen seit 1912 zur Kennzeichnung ihrer Haltestellen verwendeten. Sie trugen auf der oberen Zeile mit 12 1/2 cm großen schwarzen Buchstaben die Aufschrift „Haltestelle" und darunter mit kleineren, 6 cm hohen Buchstaben „der Straßenbahnen". Bis Ende der zwanziger Jahre waren alle Haltestellen im Heilbronner Stadt- und Vorortnetz mit diesen Tafeln ausgerüstet. Teilweise wurden sie wieder an den Hauswänden angebracht, teilweise aber krönten sie separat aufgestellte, gelbschwarze lackierte Haltestellenmaste, an denen meist noch ein Papierkorb anmontiert war. Auch die Neckargartacher Straßenbahn rüstete ihre Haltestellen mit diesen gelb-schwarzen Schildern aus. Bis nach dem Zweiten Weltkrieg prägten nun diese Tafeln das Gesicht der Heilbronner Haltestellen. Während in den frühen Jahren die Haltestellen ausschließlich aus den oben beschriebenen Schildern bestand, kamen im Laufe der Jahre weitere Hinweistafeln auf die Linie, die hier anhielt sowie die Richtung, die diese Linie befuhr, hinzu.

Konnten die Verkehrsunternehmen einstmals ihre Haltestellen mehr oder weniger nach Belieben ausgestalten, galt seit dem 13. November 1937 dafür der § 9 der Verordnung über den Bau und Betrieb der Straßenbahnen (Straßenbahn-Bau- und Betriebsordnung – BOStrab. –), der festlegte:
„(1) Haltestellen sollen, soweit es die verkehrlichen Rücksichten gestatten, betrieblich günstig angelegt werden.
(2) Die Haltestellen in öffentlichen Straßen müssen für den Triebwagenführer und die Straßenbahnbenutzer gut erkennbar sein.
(3) Der Reichsverkehrsminister kann einheitliche Haltestellenzeichen vorschreiben."
Von diesem Recht machte der damals zuständige Fachminister bereits am 19. Juli 1939 Gebrauch und erließ die „Verordnung über die Einführung einheitlicher Haltestellenzeichen für Straßenbahnen und Kraftfahrlinien". Die Verkehrsunternehmen hatten danach an ihren Haltestellen alle so-

*In den zwanziger Jahren tauchten die „Stuttgarter" Haltestellenschilder in Heilbronn auf (Kanalbrücke 1952)*

*Wartehäusle am Trappensee. Es ist von 1936 bis heute in Betrieb*

*Am Kiliansplatz tauchten nach dem Umbau 1931 die „neuzeitlichen" beleuchteten Haltestellensäulen auf*

fort, spätestens jedoch bis zum 1. April 1941 (in Ausnahmen bis zum 1. April 1942) mit den neuen einheitlichen Zeichen auszurüsten.
Beim Schild für die Straßenbahnen handelte es sich um das heute noch gebräuchliche „grüne H" auf der gelben, grünumrandeten kreisrunden Scheibe mit entweder 45 cm oder 35 cm Durchmesser. Das Haltestellenzeichen für Kraftfahrlinien war ebenfalls ein gelbes, grünumrandetes Schild in Form eines Signalarmes, dessen kreisrundes Ende ein H und dessen Arm die nähere Bezeichnung der Kraftfahrlinie enthielt, beides in grüner Schrift.

Als Zusatzzeichen waren noch vorgeschrieben, das Schild „Zwangshaltestelle" (solche Haltestellen, an denen unbedingt angehalten werden muß): ein quadratisches gelbes Schild mit grünem Querstrich. Es ist unter dem Haltestellenzeichen anzubringen,
und das Schild „Zahlgrenze": ein grünes Schild mit gelber Schrift „Zahlgrenze" am unteren bzw. oberen Rand des Haltestellenzeichens angebracht.
Die beiden Haltestellenzeichen für Straßenbahnen und Kraftfahrlinien wurden nach dem Zweiten Weltkrieg als Zeichen Nr. 224 und 226 in die

Straßenverkehrsordnung (StVO) aufgenommen. Da jedoch die Vorkriegs- und Kriegsereignisse bei den Verkehrsunternehmen akuten Personal- und Materialmangel hervorriefen, konnten die Aufsichtsbehörden mit Zustimmung der Straßenbehörden die Frist für die Einführung der neuen Haltestellen-Kennzeichnung bis zum 1. September 1955 verlängern.
Diese Möglichkeit nahmen auch die Heilbronner Straßenbahnen AG bzw. ihre Nachfolgerin, die Stadtwerke Heilbronn, in Anspruch.
Als im April 1948 die ersten Omnibusse der Heilbronner Verkehrsbetriebe zum Haselter und über Kreuzgrund nach Neckargartach zum Einsatz kamen, statteten die Stadtwerke die Omnibushaltestellen mit denselben rechteckigen, 50 cm auf 27 cm großen Haltestellentafeln aus, wie sie bei der Straßenbahn bislang üblich waren. Allerdings erhielten sie die Aufschrift „Haltestelle der Omnibusse".
Anfang der fünfziger Jahre, als die schlimmsten Kriegsschäden in der Stadt und bei den Verkehrsbetrieben beseitigt waren, rüsteten die Stadtwerke Heilbronn ihre Straßenbahn- und Omnibushaltestellen mit den einheitlichen Zeichen aus, wie sie bereits 1939 festgelegt und neuerlich in der Signalordnung für Straßenbahnen (SOStrab) bzw. Signalordnung für Kraftwagenlinien (SO-Kraft) beschrieben waren. An den Obus- und Omnibushaltestellen, an denen angehalten werden mußte, benutzten die Stadtwerke Heilbronn, Abt. Verkehrsbetriebe die gelben Einheitssignalschilder mit schwarzer Umrandung und ausge-

*Analog zum gelben Schild „Haltestellen der Straßenbahnen" gab es kurz das grüne Schild „Haltestelle der Omnibusse"* stanztem „H“, die aber bereits nach wenigen Jahren gegen die bundeseinheitlichen grün-gelben Haltestellenschilder ausgetauscht werden mußten. Gemäß der Vorschrift hatten die Arme der Bushaltestellentafeln immer von der Fahrbahn fortzuweisen, gleichgültig, ob sie an einer Hauswand oder an einem, 60 cm vom Fahrbahnrand entfernten, 2,5 m hohen gelblackierten Mast anmontiert waren. Bei den Straßenbahn- und Omnibushaltestellen mußten jetzt auch die Linienbezeichnungen angebracht sein. Daneben montierten die Verkehrsbetriebe außerdem noch Schilder mit dem Endziel an, das die betreffende Linie anfuhr.

Nach der Fassung der Straßenverkehrsordnung (StVO) vom 16. Oktober 1970 fällt das Zeichen Nr. 226 für Kraftwagenlinien zugunsten des einheitlich zu verwendeten Zeichens Nr. 224 (jetzt für Straßenbahnen und Omnibusse) weg, d. h. das Schild Nr. 226 darf nur noch bis zum 31. Dezember 1993 verwendet werden. Aus diesem Grunde verschwinden bei den Stadtwerken Heilbronn, Abt. Verkehrsbetriebe die altgewohnten Bus-Haltestellenschilder nach und nach, die aussahen, wie ein kleines Signal.

Das Erscheinungsbild der heutigen Omnibushaltestellen der Heilbronner Verkehrsbetriebe richtet sich nach den Vorschriften des § 32 der „Verordnung über den Betrieb von Kraftfahrunternehmen im Personenverkehr“, der sog. „BOKraft“. Danach müssen an den Bushaltestellen neben den kreisrunden, gelb-grünen „H“-Schildern noch die Liniennummer und der Name des Linienbetreibers bzw. dessen Kurzzeichen angebracht sein. Außerdem ist vorgeschrieben, daß die Abfahrtszeiten der entsprechenden Richtung und der Name der Haltestelle angezeigt, sowie an verkehrsreichen Haltestellen des Ortslinienverkehrs zusätzlich Behälter zum Abwerfen benutzter Fahrscheine angebracht werden.

In der sogenannten „guten alten Zeit“ unserer Groß- und Urgroßeltern waren die Fahrgäste der Heilbronner Straßenbahnen AG an den sehr

*An der Obus-Haltestelle in Sontheim sah man von Anfang an das bundeseinheitliche Haltestellenschild für Kraftfahrlinien*

*An der Allee tauchte das Normschild „H“ mit den Zwangshaltestellenschild bereits 1951 auf*

spartanisch ausgestalteten Haltestellen ständig den Unbillen der Witterung ausgesetzt. Erst Mitte der zwanziger Jahre baute das Unternehmen an der Haltestelle Hauptbahnhof für seine Fahrgäste ein Wartehäuschen mit einem integrierten Kiosk. Den Rand des flachen Daches des rechteckigen Gebäudes schmückten sommers eingepflanzte Blumenkästen. Endlich konnte den am Hauptbahnhof ankommenden Straßenbahnfahrgästen eine etwas angenehmere Wartemöglichkeit angeboten werden. Darüberhinaus entwickelte sich diese Haltestellenanlage zu einem beliebten Treffpunkt. Sie wurde mehrmals baulich umgestaltet und verschwand zusammen mit der guten alten „Spatzenschaukel".
Der umgebaute Kiliansplatz erhielt 1931 Haltestelleninseln mit Haltestellen-Leuchtsäulen. Dies war eine Neuerung bei der Heilbronner Straßenbahn und gab dem Platz ein großstädtisches Aussehen. Nach dem Zweiten Weltkrieg wurde diese zerstörte Haltestellenanlage nicht wieder aufgebaut.
Für die zum Pfingstfest 1936 eröffnete Linie zum Trappensee baute die Heilbronner Straßenbahnen AG ein Wartegebäude mit Verkaufskiosk, das heute noch für die Omnibusfahrgäste der Linie 1 in Betrieb ist. Nach der Schreckensnacht vom 4. Dezember 1944 wurde diese Haltestellen-Warteanlage als provisorische Wohnung für eine in der Stadt ausgebombte Familie umgebaut und hergerichtet, die dort längere Zeit ein Dach über dem Kopf fand.
Die Zahl der Haltestellen, die von den Heilbronner Straßenbahnen bzw. Verkehrsbetrieben bedient werden, stieg von anfänglich 7 bei der ersten Straßenbahnlinie kontinuierlich auf heute 163 an (bzw. 317, wenn man beide Fahrtrichtungen getrennt zählt). Alle wichtigen Stationen statteten die Stadtwerke mit freundlich gestalteten und zweckmäßig ausgerüsteten Wetterschutzanlagen mit kleiner Sitzgelegenheit aus, die aus dem Stadtbild nicht mehr wegzudenken sind.

*Am Hauptbahnhof war das durchstanzte „Zwangshaltestellenschild" für Kraftfahrlinien montiert*

## Das Personal

Nachdem am 10. Mai 1897 die Aktiengesellschaft der Heilbronner Straßenbahnen gegründet worden war und der erste Betriebsleiter, Herr Cramer, seinen Dienst im frühen Frühjahr 1897 aufgenommen hatte, stellte das junge Unternehmen die ersten Mitarbeiter ein. Zunächst erhielten sechs handwerklich ausgebildete Männer den Vorzug, die bei der Endmontage der in Einzelteilen angelieferten ersten Straßenbahnwagen – unter der Anleitung der Fachkräfte der Firma AEG – mithelfen mußten. Ab Ende April schloß man die ersten Verträge mit dem zukünftigen Fahrpersonal ab. Zehn Mann stellte die Straßenbahn hierzu ein, für die sofort die Beschulung begann. Außerdem hatten die künftigen Wagenführer ebenfalls bei dem Zusammenbau der Motorwagen mitzuhelfen. Nach der Fertigmontage erhielten sie eine Einweisung in die Bedienung der Triebwagen.
Ab Mitte Mai 1897 konnten dann die 16 künftigen Schaffner ihren Dienst bei der Heilbronner Straßenbahnen AG beginnen. Sie wies man intensiv in das Tarifwesen ein und machte sie mit den örtlichen Verhältnissen vertraut. Mit 34 Mann begann am 29. Mai 1897 der Betrieb auf der „Stammlinie" der Heilbronner Straßenbahnen AG.

Anfang Juni 1897 kamen weitere 10 Personen (5 Wagenführer und 5 Schaffner) zur Heilbronner Straßenbahn, die für den Betrieb der am 16. Juni 1897 eröffneten „Seitenlinie" benötigt wurden. Mitte November 1897 nahmen nochmals je 3 Wagenführer und Schaffner für die am 4. Dezember 1897 eröffnete Friedhoflinie den Dienst auf. Als am 10. Dezember 1897 weitere 6 Trieb- und 3 Beiwagen bei der Heilbronner Straßenbahnen AG eintrafen, führte das Unternehmen den 6-Minuten-Betrieb auf allen Linien ein. Dies erforderte eine erneute Vergrößerung der Betriebsmannschaft um zusätzlich je 10 Wagenführer und Schaffner sowie zwei weiteren Hallenarbeitern (bzw. „Wärter", wie sie im damaligen Sprachgebrauch genannt wurden). Insgesamt beschäftigten die Heilbronner Straßenbahnen Mitte 1898 etwa 80 Mitarbeiter. Als Folge des

*Die altgewohnten Bus-Haltestellenschilder werden kraft Gesetzes so nach und nach in Heilbronn verschwinden*

*Neuzeitlicher Bushalt mit elegantem Wetterschutz in Sontheim-Ost 1985.*

*Das heute für Straßenbahnen und Omnibusse gleichermaßen gültige Haltestellenschild*

unerwarteten Fahrgaströckgangs war das Unternehmen gezwungen, seinen Wageneinsatz zu verringern, was zur Entlassung von 10 Mann führte.

Die Arbeitsbedingungen jener Tage können mit den heutigen kaum mehr verglichen werden. Kündigungsschutz gab es so gut wie keinen. Vor der Einstellung eines Mitarbeiters wurde dieser „auf Herz und Nieren" überprüft – Datenschutz kannte damals noch niemand. Das Personal, das eingestellt wurde, mußte sogar eine nicht unbeträchtliche Kaution bei der Betriebsleitung hinterlegen. Auf diesen Betrag griff der Betrieb zurück, wenn ein Mitarbeiter nach einer schuldhaften Schadensverursachung zu einer Schadensersatzleistung herangezogen werden mußte. Dabei waren die Einkünfte der Straßenbahner – wie bei anderen Arbeitnehmern übrigens ebenso – nicht gerade üppig: Für einen zwölfstündigen Arbeitstag erhielt ein Straßenbahner etwa 1,90 Mark Tageslohn. Stellt man dagegen den Preis für eine Einzelfahrt mit der Straßenbahn von 10 Pfennigen oder die Kosten für einen Laib Brot mit etwa 15 Pfennigen, wird deutlich, daß in jenen Tagen „Schmalhans als Küchenmeister" regierte.

Das Fahrpersonal (Wagenführer und Schaffner) und die „Wärter" hatten Uniformen zu tragen, die im Aussehen und Schnitt den Uniformen der Stuttgarter Straßenbahnen angeglichen waren: Dunkelgrün-anthrazitfarbene Hosen aus schwerem Tuch und darüber einen aus gleichem Material hergestellten Rock, hochgeschlossen mit fünf silberfarbenen Uniformknöpfen (mit eingestanztem Flügelradsymbol) und einem hohen Stehkragen, der mittels zweier Haken und Ösen geschlossen wurde. Unter dem Stehkragen war ein Schal zu tragen. Als Kopfbedeckung diente eine Dienstschildmütze in gleicher Farbe, wie die Uniform, die anfangs über der vorne, mittig angebrachten Kokarde noch darüber die Dienstnummer des Fahrers oder Schaffners aus blanken, silberfarbenen Metallziffern trug. Einige Jahre später wich die Dienstnummer einem kleinen, zweiarmigen Flügelradsymbol. Die „Controlleure" und die „Hilfscontrolleure" trugen als Erkennungszeichen ein quergeschultertes Lederband, ähnlich wie es heute teilweise noch die Zugführer der Deutschen Bundesbahn tragen. Die „Controlleure" hatten außerdem noch einen dunkelgrünen, samtfarbenen Stehkragen und ein gleichartiges Mützenband.

*Familienbild von 1913 mit der Fahrzeugbesatzung an der Endstation der „Friedhoflinie" bei der Oststraße*

*Fast die gesamte Belegschaft posiert 1933 für ein Gruppenbild am Depot Hauptbahnhof*

Die Uniform mußte sommers wie winters stets hochgeschlossen getragen werden. Während der kalten Jahreszeit konnte lediglich noch ein zweireihiger, hochgeschlossener Wintermantel über dem Uniformrock getragen werden.
Für die Aufbewahrung der Fahrschein-Verkaufskladde, des Dienstfahrplans sowie für das eingenommene Fahrgeld empfingen die Schaffner eine große, stabile Ledertasche, die an einem speziellen Ledergurt befestigt und quergeschultert vor dem Körper zu tragen war.
Im Jahre 1902 beschäftigte die Heilbronner Straßenbahn 71 Betriebsangehörige für folgende Tätigkeiten:

1 Direktor
1 Inspektor
1 Werkmeister
3 Schlosser
1 Maler
1 Schmied
6 Wärter
2 Controlleure
1 Hilfscontrolleur
54 Wagenführer und Schaffner.

Im Laufe der Jahre verbesserten sich die Arbeitsbedingungen für die Mitarbeiter der Straßenbahn. Die tägliche Arbeitszeit verkürzte sich auf 10 Stunden, zusätzlich gab es mehr Freistunden. Dadurch und durch die Einstellung zusätzlicher Handwerker für die Werkstatt (zur Durchführung der Reparaturen, der fällig gewordenen Revisionen der Fahrzeuge sowie für Umbauten an den Wagen) stieg die Zahl der Betriebsangehörigen von 71 im Jahre 1902 auf fast 90 im Jahre 1913. Auch die Tagesverdienste kletterten zwischenzeitlich auf etwa 4 Mark, bei nur geringem Preisanstieg für die Grundnahrungsmittel.
Während des Ersten Weltkrieges, als mehrere Straßenbahner zum Kriegsdienst herangezogen wurden, mußten dafür erstmals Frauen den schweren Schaffnerdienst versehen. Leider mußten die Frauen, die in der Notzeit „ihren Mann standen", nach Kriegsende den zurückgekehrten Männern wieder den Platz räumen.
Nach einem kurzen Aufblühen des Verkehrsaufkommens nach dem Ersten Weltkrieg stieg die Zahl der Betriebszugehörigen bei der Heilbronner Straßenbahn im Jahre 1921 auf über 100 Mann an. Der wirtschaftliche Niedergang und die Einstellung des Straßenbahnbetriebs – bis auf die Reststrecke zwischen Südbahnhof und Sontheim – zwang die Aktiengesellschaft zur Entlassung des gesamten Personals bis auf die wenigen, die man zur Aufrechterhaltung des Restbetriebs Südbahnhof – Sontheim benötigte und die von der Gemeinde Sontheim entlohnt wurden.
Nach der Inflation begann bei der Heilbronner Straßenbahnen AG wieder Leben einzukehren. Ab Februar 1924 stellte das Unternehmen wieder Personal ein, zunächst alle diejenigen, die bereits vor der Inflation zum Betrieb gehörten. Ende 1924

# Betriebsordnung

für die Gefolgschaft der

## Heilbronner Straßenbahnen A.G.

## Heilbronn a. N.

Nachstehende Betriebsordnung ist nach Beratung im Vertrauensrat gemäß § 26 ff. des Reichsgesetzes zur Ordnung der nationalen Arbeit vom 20. Januar 1934 für die Gefolgschaft des Betriebes der Heilbronner Straßenbahnen erlassen, wozu auch die Gefolgschaft des Betriebes der Neckargartacher Straßenbahn zählt. Sie tritt mit dem 1. Oktober in Kraft.

Heilbronn, den 27. September 1934.

Heilbronner Straßenbahnen A.-G.

Der Betriebsführer:

Georg Manz.

§ 6.

**Urlaub.**

Jedes Gefolgschaftsmitglied hat Anspruch auf Urlaub. Derselbe richtet sich für das Fahrdienst-, Strecken-, Werkstatt- und Hallenpersonal nach den geltenden Bestimmungen des Reichsmanteltarifs für Straßenbahnen.

Für die technischen und kaufmännischen Angestellten regelt sich der Urlaub nach dem Angestellten-Tarif für die Industrie.

Z. Zt. beträgt derselbe unter Fortzahlung des Lohnes

für die Lohnempfänger

| | | |
|---|---|---|
| im 2. und 3. Dienstjahr . . . | 5 | Kalendertage |
| „ 4. „ 5. „ . . . | 8 | „ |
| „ 6., 7. „ 8. „ . . . | 10 | „ |
| „ 9. „ 10. „ . . . | 12 | „ |
| „ 11. „ folgenden . . . | 16 | „ |

für die Gehaltsempfänger

| | | |
|---|---|---|
| bis zum vollendeten 20. Lebensjahre | 6 | Werktage |
| „ „ „ 24. „ | 8 | „ |
| „ „ „ 28. „ | 10 | „ |
| über 28 „ | 12 | „ |

bzw. 15 und 18 Werktage (siehe Tarif).

Den unter das Gesetz fallenden Schwerkriegsbeschädigten wird ein erhöhter Urlaub zugebilligt.

Die Urlaubsperiode rechnet vom 1. Juli bis 30. Juni. Alljährlich im März stellt der Vertrauensrat die Verteilungsliste für den Urlaub auf.

§ 7.

**Versäumnis der Arbeit**

regelt der geltende Reichsmanteltarif in § 6 bzw. der Industrietarif.

besorgten bereits knapp 100 Personen den schwierigen Straßenbahnerdienst. Durch die Ausdehnung des Streckennetzes wuchs die Zahl der „Straßenbahner" bis Mitte März 1926 auf rund 150 Beschäftigte für den Fahr- und Schaffnerdienst, die Betriebshöfe, Werkstätten und Lager sowie die Verwaltung. Dazu kamen 1928 nochmals knapp 30 Personen, die für den Betrieb der Neckargartacher Straßenbahn eingestellt werden konnten. Diese Anzahl von rund 180 Beschäftigten blieb nun bis zum Ausbruch des Zweiten Weltkriegs etwa konstant.

Die Uniformen der Wagenführer und Schaffner erhielten im Laufe der zwanziger Jahre eine gefälligere Form. Die Stehkragen an den Uniformröcken, die jetzt mit sechs silberfarbenen Knöpfen zu schließen waren, wurden etwas niedriger. Am Kragen trug das Personal neben halbseitigen Flügelradsymbolen jetzt noch Dienstgradabzeichen: Oberschaffner und Oberwagenführer einen silberfarbenen Stern, Hilfsverkehrsmeister zwei. Die Verkehrs- und Fahrmeister hatten am dunkelgrünen Samtstehkragen nur einen (Oberverkehrsmeister zwei) Stern, dafür aber Schulterklappen. Die Schildmützen erhielten eine etwas höhere und schwungvollere Gestalt. Neben der Kokarde am Mützenband vorne war darüber ein kleines, silberfarbenes doppelarmiges Flügelrad angebracht. Für die heißen Sommermonate führte die Heilbronner Straßenbahn graue Drillichjoppen ein. Die Wintermäntel blieben zweiteilig und hochgeschlossen.

Die quergeschultert zu tragende lederne Schaffnertasche wurde zwischenzeitlich etwas gedrungener, denn sie hatte nur noch die Fahrschein-Verkaufskladde, den Dienstfahrplan und ein dünnes Mäppchen für eingenommene Geldscheine aufzunehmen.

Das Klein- und Wechselgeld konnte jetzt im „Galoppwechsler" untergebracht werden, der am Tragegestell befestigt war. Dort befand sich auch eine Lederschlaufe zur Aufbewahrung des Fahrschein-Markierungsstiftes.

Die Verdienste der Straßenbahner richteten sich im allgemeinen nach dem „großen Vorbild" der in nicht allzuweiter Ferne liegenden Stuttgarter Straßenbahn. Ein Schaffner bzw. Wagenführer verdiente 1927 knapp 80 Pfennige je Stunde (inzwi-

schen war der Tageslohn von Stundenlohnsätzen abgelöst worden). Bis zum Jahre 1931 erhöhte sich zwar der Stundensatz auf annähernd 1 Mark, fiel dann aber wieder auf 75 Pfennige zurück. Erst während des Zweiten Weltkriegs erhielt ein Straßenbahner wieder 90 Pfennige je Stunde. Mit Beginn des Zweiten Weltkrieges mußten viele Mitarbeiter der Straßenbahn zum Militärdienst einrücken. Die entstandenen Lücken versuchten die Verkehrsbetriebe zunächst mit zum Dienst zurückgerufener Pensionäre und mit neueingestellten Frauen zu schließen. Ab 1942 setzten die Heilbronner Straßenbahnen – ebenso wie andere deutsche Verkehrsbetriebe – junge, jeweils auf sechs Monate verpflichtete „Arbeitsmaiden" als Schaffnerinnen ein. Um den schweren Dienst für die 18- bis19jährigen Frauen ein wenig zu erleichtern, vereinfachten die Verkehrsbetriebe den bisherigen, komplizierten Teilstreckentarif. Zum Ausgleich für das zum Kriegsdienst eingezogene Werkstattpersonal arbeiteten während des Zweiten Weltkrieges vier kriegsverpflichtete französische Handwerker, die in ihrer Heimat bei der Pariser Metro gearbeitet hatten.
Ab Mitte 1944 mußten tagsüber einige Gymnasiastinnen der Oberstufenklassen aushelfen, um die von der Wehrmacht verursachten Lücken zu füllen, die durch das erneut zum Kriegsdienst eingezogene Personal entstanden waren.
Wie bereits vorne ausgeführt, kamen in der Schreckensnacht von Heilbronn am 4. Dezember 1944 bei der Straßenbahn 33 Wagenführer und Schaffner während der Ausübung des Dienstes ums Leben. Bei diesen Toten befanden sich keine „Arbeitsmaiden", denn sie hatten zu dieser Zeit keinen Dienst und waren daher in ihrer Unterkunft.

Nach dem Zweiten Weltkrieg, als der Betrieb auf militärbehördliche Anordnung bis zum 28. Juli 1945 eingestellt war, sammelte Direktor Manz alle überlebenden und alle aus dem Krieg zurückgekehrten Betriebsangehörigen, um sie zunächst bei Aufräumungsarbeiten einzusetzen. Im Laufe der folgenden Wochen kehrten weitere Straßenbahner zu ihrer früheren Arbeitsstelle zurück, zusätzlich mußten noch neue Arbeitskräfte eingestellt werden. Ende 1947 beschäftigten die Heilbronner Verkehrsbetriebe wieder 195 Mitarbeiter. Diese Zahl wuchs bis 1951 sogar auf 271 Arbeitnehmer an.

| Art der Tätigkeit | Arbeiter | Angestellte |
|---|---|---|
| **Verwaltung:** | | |
| Allgemeine Verwaltung | 6 | 7 |
| Techn. Büro, Betrieb, Verkehr | – | 3 |
| Pförtner, Putzfrauen | 3 | |
| **Fahrdienst** | | |
| Aufsicht | – | 7 |
| Straßenbahnfahrer | 38 | – |
| Obusfahrer | 25 | – |
| Kraftomnibusfahrer | 25 | – |
| Schaffner | 89 | – |
| Schneider | 1 | – |
| **Werkstätten** | | |
| Meister | – | 1 |
| Reparatur-Schlosser | 11 | – |
| Dreher, Schweißer | 3 | – |
| Schmied | 3 | – |
| Elektriker | 9 | – |
| Maler | 3 | – |
| Wagner | 4 | – |
| Wagenreiniger | 3 | – |
| Hilfsarbeiter | 10 | – |
| Gleisbau | 6 | 1 |
| Fahrleitung | 5 | 1 |
| Insgesamt | 251 | 20 |

*Seite 269:*
*Alles war „seinerzeit“ reglementiert, auch die Beerdigung eines Kollegen*

*Ein Neckargartacher bei der Heilbronner Straßenbahn*

*Sommer- und Winteruniform vor dem Zweiten Weltkrieg*

*Leichte Sommeruniform der Zeit nach dem Zweiten Weltkrieg*

Die Uniformen für das Fahrpersonal erhielten zu Beginn der fünfziger Jahre erneut eine gefälligere und zeitentsprechendere Form: Die Röcke mit kleinen Kragen erlaubten, daß die Uniform nicht mehr – wie fast zur Kaiserzeit – hochgeschlossen getragen werden mußten. Darunter trugen die Fahrer und Schaffner jetzt ein Diensthemd mit Krawatte.

Nach der Umstellung der Straßenbahn auf Omnibus verringerte sich der Personalbestand der

Verkehrsbetriebe auf 240 Mann, was durch natürlichen Abgang in den Ruhestand erreicht werden konnte. Mehrere Straßenbahnwagenführer und Schaffner ließen sich zu Omnibusfahrern umschulen, ältere Straßenbahnwagenführer konnten als Schaffner weiterbeschäftigt werden. Anstelle der 38 Straßenbahnwagenführer und 25 Busfahrer im Jahre 1951 gab es jetzt 49 Omnibusfahrer im Jahre 1956 und statt der 7 Mann des Gleisbaus beschäftigten die Verkehrsbetriebe einen Karosserieflaschner und 10 Kraftfahrzeugschlosser.

Das deutsche „Wirtschaftswunder“ bereitete den Stadtwerken große Sorgen, da die wachsende Industrie in und um Heilbronn verlockende Arbeitsplätze bot. Um die Aufgaben der Verkehrsbedienung in Heilbronn wahrnehmen zu können, mußten die Verkehrsbetriebe einen Mindestpersonalbestand von 230 Beschäftigten halten. Jedes Jahr wanderten mehrere Betriebsangehörige zu Industrie und Gewerbe ab. Die Fehlstellen mußten durch Neueinstellungen ausgeglichen werden. Dies war in jenen Tagen keine leichte Aufgabe. Dazu kamen noch die Erschwernisse der Spezialausbildung für die Belange eines Verkehrsunternehmens. Die sukzessive Umstellung des Omnibusverkehrs vom Schaffner- auf Einmannbetrieb brachte erneute große Umschulungsaufgaben für das Personal. Dadurch konnte aber der Personalbestand von 231 im Jahr 1965 auf 217 im Jahre 1970 zurückgehen. Hierzu mußte kein einziger Betriebsangehöriger entlassen werden. Durch Abwanderung zu anderen Berufen und durch Pensionierungen wurde dieser Rückgang aufgefangen. Dann mußte die Zahl der Mitarbeiter wegen der Ausweitung des Liniennetzes und der Beschaffung zusätzlicher Fahrzeuge bis zum Jahre 1974 auf 252 Arbeiter und Angestellte erhöht werden. Seitdem ist bei den Heilbronner Verkehrsbetrieben ein kontinuierlicher Rückgang der Beschäftigten festzustellen. Heute stehen den Stadtwerken, Abt. Verkehrsbetriebe für die Bewältigung der Aufgaben 178 Mitarbeiter zur Verfügung, die folgende Aufgaben wahrnehmen:

| Art der Tätigkeit: | | Arbeiter | Angestellte |
|---|---|---|---|
| Verwaltung | fahrtechnisch | – | 11 |
| | kaufmännisch | 1 | 7 |
| Fahrdienst | Fahrer | 129 | – |
| | Fahrscheinprüfer | 9 | – |
| Werkstatt | Meister | – | 2 |
| | Kfz.-Handwerker | 11 | – |
| | Kfz.-Flaschner | 1 | – |
| | Kfz.-Elektriker | 1 | – |
| | Maler, Lackierer | 1 | – |
| | Automatenmonteur | 1 | – |
| | Schreiner | 1 | – |
| | Dreher | 1 | – |
| | Betriebsschlosser | 1 | – |
| | Reifenmonteur | 1 | – |
| | Handwerksgehilfen | 5 | – |
| | Wagenreiniger | 4 | |
| | Raumpflegerinnen | 2 | – |

Mit diesem Personal sind die Verkehrsbetriebe in der Lage, ihre Aufgaben im öffentlichen Nahverkehr in Heilbronn zur Zufriedenheit der Fahrgäste auszuführen.
Die Entlohnung der Bediensteten verbesserte sich nach dem Zweiten Weltkrieg zusehends, insbesondere ab den fünfziger Jahren, als die Berufsverbände des öffentlichen Dienstes sich ernsthaft für Einkommensverbesserungen einsetzten. Hatte der durchschnittliche Stundenlohn bei den Straßenbahnern im Jahre 1950 noch bei etwa 1,35 DM gelegen, stieg er bis 1960 auf 2,70 DM an. Durfte 1970 ein Omnibusfahrer einen Stundenlohn von knapp sechs Mark beanspruchen, so stieg der Satz auf fast zehn Mark im Jahr 1976. Seit vielen Jahren richtet sich der Verdienst für Personen im Fahrdienst nach der „Monatslohntabelle für das Fahrpersonal der kommunalen Verkehrsbetriebe in Baden-Württemberg" und beim

*Die als Schaffnerinnen eingesetzten „Arbeitsmaiden" mußten 1942 Uniform tragen*

*Ein Schwätzle unter Kollegen muß sein! (1955)*

*Ein alter Kavalier hilft seinen Fahrgästen immer*

Werkstattpersonal nach der „Monatstabelle für Gemeindearbeiter". Die dort festgelegten Tarife werden vertraglich zwischen den Vertretern der öffentlichen Arbeitgeber und der Tarifkommission der Gewerkschaft öffentliche Dienste, Transport und Verkehr sowie weiteren Berufsverbänden vereinbart. Heute erhält ein Omnibusfahrer einen durchschnittlichen Brutto-Stundenlohn von etwa DM 15,–. Vergleicht man die heutigen Einkünfte der Verkehrsbetriebs-Angestellten mit den Stundenlöhnen der Straßenbahner im Jahr 1898 in Höhe von etwa 15 Pfennigen (eine Fahrt mit den öffentlichen Verkehrsmitteln kostet heute 2 DM, damals 10 Pfennige, 1 Kilogramm Brot ist heute für drei DM zu erhalten, damals kostete es 15 Pfennige), dann läßt sich unschwer erkennen daß die als „gute alte" gepriesene Zeit auf den zweiten Blick gar nicht so rosig war, wie man dies sich heute gemeinhin vorstellt.
Die Uniform-Tragepflicht ist heute etwas lockerer wie einst. Auch sind die dunklen, streng geschnittenen, fast militärischen Formen heute den modern geschnittenen blauen Uniformanzügen gewichen.

*1951 waren die Uniformen noch sehr vom Geist früherer Jahre geprägt, wie hier in der Allee zu sehen ist.*

*Auch das Werkstattpersonal trauerte um seine – trotz aller Unbillen – geliebte Spatzenschaukel*

Eines ist jedoch gleichgeblieben: Einst wie heute hält ein gutes Betriebsklima die Mitarbeiter fast wie in einer Großfamilie zusammen, so daß in jedem Jahr zahlreiche Betriebsangehörige für langjährige Betriebszugehörigkeit geehrt werden können.

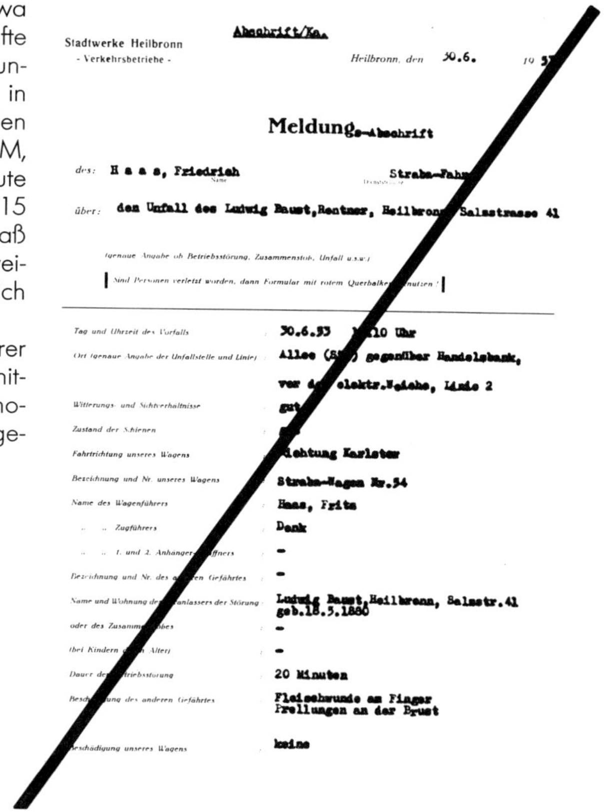

Abschrift/Ka.

Stadtwerke Heilbronn
- Verkehrsbetriebe -

Heilbronn, den 30.6. 19 5

**Meldung**s-Abschrift

des: H a a s, Friedrich (Name) Straba-Fahr (Dienststellung)

über: den Unfall des Ludwig Baust, Rentner, Heilbron Salzstrasse 41

(genaue Angabe ob Betriebsstörung, Zusammenstoß, Unfall u.s.w.)

Sind Personen verletzt worden, dann Formular mit rotem Querbalken nutzen!

| | |
|---|---|
| Tag und Uhrzeit des Vorfalls | 30.6.53 10 Uhr |
| Ort (genaue Angabe der Unfallstelle und Linie) | Allee (S ) gegenüber Handelsbank, vor d elektr.Weiche, Linie 2 |
| Witterungs- und Sichtverhältnisse | gut |
| Zustand der Schienen | |
| Fahrtrichtung unseres Wagens | ichtung Karlstor |
| Bezeichnung und Nr. unseres Wagens | Straba-Wagen Nr.34 |
| Name des Wagenführers | Haas, Fritz |
| „ „ Zugführers | Denk |
| „ „ 1. und 2. Anhänger- ffners | - |
| Bezeichnung und Nr. des a en Gefährtes | - |
| Name und Wohnung de anlassers der Störung | Ludwig Baust, Heilbronn, Salzstr.41 geb.18.5.1880 |
| oder des Zusamm bes | - |
| (bei Kindern n Alter) | - |
| Dauer de triebsstörung | 20 Minuten |
| Besch ung des anderen Gefährtes | Fleischwunde am Finger Prellungen an der Brust |
| eschädigung unseres Wagens | keine |

# Lustige Begebenheiten

Während des Dienstes, den die Wagenführer und Schaffner der Heilbronner Straßenbahnen AG und heute die Busfahrer der Verkehrsbetriebe Heilbronn immer nach bestem Wissen und Können und voller Einsatzfreude versahen bzw. heute noch durchführen, erlebte das Personal so manche schöne, aber auch viele weniger schöne Ereignisse. Doch während die weniger erfreulichen Erlebnisse glücklicherweise schneller in Vergessenheit geraten, bleiben die netten Begebenheiten rund um den Dienst länger im Gedächtnis haften. Aus einer Vielzahl lustiger und besinnlicher Ereignisse aus dem Dienstgeschehen bei den Heilbronner Straßenbahnen bzw. den Stadtwerken Heilbronn, Abt. Verkehrsbetriebe sollen nachfolgende und, stellvertretend für viele, einige der nettesten Geschichten festgehalten werden, die sich dem Vernehmen nach auch tatsächlich zugetragen haben sollen.

In den engen Straßen der alten Innenstadt Heilbronns mußte die Straßenbahn oftmals in Seitenlage verkehren, das heißt, die Schienen lagen auf einer Straßenseite direkt am Bordstein. Da konnte es kurz vor der Jahrhundertwende, als die Straßenbahn in Heilbronn noch ziemlich neu war, schon das eine oder andere Mal vorkommen, daß ein Pferdefuhrwerk gemütlich vor der Tram herfuhr oder ihr auf den Schienen entgegenkam. In aller Regel wichen die Kutscher der wesentlich schnelleren „Elektrischen" bereitwillig aus. Aber es gab auch hartgesottene Fuhrwerkslenker, die ohne Gemütsregung ihr schweres Gespann auf den Straßenbahnschienen fürbaßzuckeln ließen und somit den schnellen Lauf des öffentlichen Verkehrsmittel abrupt hemmten. Anläßlich eines solchen Vorkommnisses soll ein etwas ungeduldiger Wagenführer, der den Kutscher forsch zum Platzmachen aufforderte, von diesem zur Antwort erhalten haben: „I könnt' fei scho ausweiche, wenn i wöllt, awer Du mit deir'e Spatzeschaukel net!"
Um solcher Unsitte Einhalt zu gebieten, mußte die Stadtverwaltung sogar eine Anordnung erlassen, die das Nichtausweichen unter Strafe stellte. Ein ganz unbelehrbarer Fuhrwerkslenker mußte daher kurz vor der Jahrhundertwende wegen einer solchen „Freveltat" drei Tage hinter Schloß und Riegel.

Bei der „Gleislosen Straßenbahn Heilbronn-Böckingen" waren die technischen Einrichtungen den überaus harten Ansprüchen des Verkehrs noch nicht voll gewachsen. So kam es des öfteren vor, daß der Fahrstrom ausblieb und die Wagen auf offener Strecke stehen blieben. Daher wurde die „Gleislose" im Volksmund auch bald mit dem Spottnamen „Gottlose Straßenbahn" belegt.
Eines Tages war wieder einmal ein Oberleitungsbus der „Gleislosen" auf der Fahrt beim Schießhaus der Strom weggeblieben. Der Wagen bewegte sich keinen Meter mehr weiter. Der Wagenführer wollte nach der Ursache des unfreiwilligen Halts forschen und stieg deshalb vom Wagen und marschierte zum Depot zurück. Als er je-

doch zu seinem Wagen zurückkam, fehlte dieser. Wo war er nur geblieben? Die Ursache war rasch geklärt: Der Wagenführer hatte versäumt, den Fahrschalter des Wagens auszuschalten, daher rollte der Obus, als plötzlich wieder der Strom floß, selbständig weiter. Beim Hammelwasen kam er von der Straße ab und als dann der Stromabnehmer entgleiste, blieb er einfach stehen. Mit vereinten Kräften konnten das Fahrpersonal und die Fahrgäste den Ausreißer wieder auf die richtige Bahn bringen.

Die Schulbuben machten sich früher immer einen Spaß daraus, bei den Beiwagen mit den offenen Perrons alle nur auf die hintere Plattform zuzusteigen. Dadurch erhielten die weich gefederten Wägelchen zur Freude der jungen Burschen die gewünschte Hecklage, das heißt der vordere Teil des Anhängers wurde nach oben gedrückt. Dadurch wurde wiederum das Heck des Motorwagens angehoben und die Hinterachse entlastet, was zu einer sehr unruhigen Fahrt und oftmals zum Schleudern bzw. Durchdrehen der hinteren Triebwagenachse führte. Natürlich versuchte das Personal, diesen Unfug zu unterbinden und die „Übeltäter" zur Rechenschaft zu ziehen. Doch bei den offenen Perrons konnten die jungen Burschen nach allen Seiten wegspritzen – eine „Mordsgaudi" für die Flüchtenden oder „lange Gesichter" bei denen, die vom Personal noch erwischt wurden.

Bei der Heilbronner Straßenbahnen AG gab es offiziell nie einen Güterverkehr. Trotzdem wurden aber ab und zu gerne kleine Warentransporte durchgeführt. Beispielsweise bestellte der Fabrikant Ackermann aus Sontheim bei der Heilbronner Metzgerei Rank telefonisch seinen Wochenendfleisch- und -wurstbedarf. Ein Lehrbub der Metzgerei brachte die Ware zur Straßenbahnhaltestelle und übergab sie dem Wagenführer der Sontheimer Linie. Vor dem Haus Ackermann in Sontheim klingelte der Wagenführer kräftig, worauf dienstbare Geister des Hauses Ackermann die Ware in Empfang nahmen. Ein ähnliches Verfahren konnte auch zwischen der Firma Tschening und dem Café Öttinger beobachtet werden: Kaffeesäckchen wurden mit der Straßenbahn überbracht. Die Straßenbahner taten's gerne, denn – neben der Transportgebühr – sprang oftmals noch ein Trinkgeld von 10 oder 20 Pfennigen für das Straßenbahnpersonal heraus und das war seinerzeit eine beachtliche Summe.

Aus den zwanziger Jahren ist bekannt, daß ein Heilbronner Fabrikant, der gerne in der Innenstadt dem heimischen Wein zusprach und dem dann deswegen oftmals die Beine den Dienst versagten, sich in solchen Fällen der Heilbronner Straßenbahn bediente: Der Gastwirt und seine Helfer trugen den Gehunfähigen immer kurz vor Ankunft des letzten fahrplanmäßigen Straßenbahnzugs zum Karlstor, den sog. „Lumpensammler", zur Haltestelle. Der Schaffner und der Wagenführer nahmen den „Fahrgast" in Empfang und legten ihn quer auf die hintere Plattform des Triebwagens. Vor seinem Haus angekommen, schleppten sie den Herrn sanft vor seine Haustür, klingelten an der Hausglocke und fuhren schnell mit der Straßenbahn weg. Tags darauf gab's für die Samariter ein willkommenes Dankeschön in Form eines Trinkgeldes.

Eine Dame bestieg die Stammlinie. Diensteifrig kam der Schaffner auf sie zu: „Noch jemand zugestiege?" Dame: „Ha, des sähn' Se doch, oder glauwe Sie vielleicht, i sei in dere Schbatzeschaukel gebohre?" Darauf ein unbeteiligter Fahrgast: „Noi, denn so alte Stroßebohkärre hawwer mir in Heilbronn fei net!"

Von 1897 bis 1925 setzten die Heilbronner Straßenbahnen nur sogenannte „Langholzwagen" ein. Das sind solche Trieb- und Beiwagen, bei denen die Fahrgäste mit dem Rücken zu den Fensterfronten saßen und den Blick zur Wagenlängsachse in der Wagenmitte hatten. Als nun Mitte der zwanziger Jahre die ersten „Quersitzer" auftauchten (das waren Triebwagen mit Sitzen in Abteilform, quer zur Fahrtrichtung), soll sich folgende Episode zugetragen haben: Eine Dame von Auswärts stieg am Hauptbahnhof in einen Wagen der Linie nach Böckingen und löste beim Schaffner einen Fahrschein zum Friedhof. Schaffner: „Der Wage fährt Sonnebrunne – Böckinge!" Dame: „Ja, wisset Se, Herr Schaffner, i mueß zur Beerdigung vo meim Schwoger, der isch so schnell gschtorwe!" Schaffner: „Der Wage fährt awer noch Böckinge!" Dame: „I bin a bissle schbät dro, langt mers denn no uff 2 Uhr?" Darauf der Schaffner in aller Ruhe: „Gute Fraa, der Wage fährt doch zum Sonnebrunne un nach Böckinge. Zum Friedhof misset Se annerschrum fahre!" „Ja wenn Se meinet, Herr Schaffner, no hock i mi halt annerschrum hi!" Sprach's und setzte sich auf die gegenüberliegende Bank.

Jahrelang hielten die Wagen der Neckargartacher Straßenbahn vor dem Schafhaus in Neckargartach, in dem damals der Schäfer Dierolf wohnte. Eines Tages mußte diese kurz nach dem Gefälle des Schafbergs liegende Haltestelle jedoch aus „Verkehrssicherheitsgründen" aufgehoben werden. Als bald darauf der Schäfer Dierolf von einer Erledigung in Heilbronn mit der Straßenbahnlinie N heimfuhr, bat er den ihm bekannten Wagenführer: „Gell, du hältscht bei mir am Schafhaus?" Der Straßenbahner erklärte Dierolf, daß er das nicht dürfe, weil dort keine Haltestelle mehr sei. „Du sollscht aber dort halte!" brummte der Schäfer. Der Fahrer der Straßenbahn lenkte jedoch seinen Wagen pflichtgemäß und ohne anzuhalten bis zur Endstation durch. Erst dort konnte der erboste Schäfer die Straßenbahn verlassen. Er mußte zu Fuß zurückgehen. Voller Zorn sann er auf Rache: Er ging in seinen Keller und füllte seinen Krug mit Most. Dann setzte er sich vor sein Haus, trank ab und zu einen Schluck aus dem Krug und wartete geduldig auf die nächste Rückkehr dieses Wagenführers mit seinem Straßenbahnzug. Als er ihn oben am Schafberg heranfahren sah, stellte er kurzerhand seinen Mostkrug mitten zwischen die Schienen, worauf die Straßenbahn – wie in vergangenen Tagen – vor dem Schafhaus anhalten mußte. „Gell, i hab gwißt, daß du hältscht!" war der frohgelaunte Kommentar des Schäfers.

Ein beliebter Spaß bei der Jugend vor dem Zweiten Weltkrieg war es, die Spatzenschaukel auf ihrem Weg von Sontheim nach Heilbronn oder umgekehrt mit dem Fahrrad „abzusägen", das heißt zu überholen. Die Schaffner, die auf der langen, haltestellenlosen Strecke etwas Ruhe hatten und daher auf dem hinteren Perron den „Platz des Schaffners" einnahmen, sahen diesen Bemühungen gelassen zu. Dabei soll sich einmal folgender Dialog zwischen einem Schaffner und einem strampelnden Radfahrer ergeben haben:
Schaffner: „He, Du, dei Schutzblech klappert!"
Radfahrer: „Ha???"
Schaffner: „Dei Schutzblech klappert awwer arg!"
Radfahrer: „Wa isch??"
Schaffner energisch: „Dei Schutzblech duut klappern!"
Radfahrer: „I versteh doch nix, weil mei Schutzblech klappert!"

Um ihren vielen Betriebsangehörigen aus Neckargartach das Mittagessen zu Hause zu ermöglichen, ließ die Firma Bruckmann etwa ab Herbst 1931 bis kurz vor dem Zweiten Weltkrieg einen Straßenbahn-Sonderzug verkehren. Jeden Werktag stand pünktlich zur Abfahrt um 12.05 Uhr in der Ausweiche in der Wollhausstraße (zwischen der Keplerstraße und der Mönchseestraße) der Triebwagen Nr. 55 mit dem Beiwagen Nr. 114 parat. Der Zug entließ seine Fahrgäste um 12.26 Uhr am Depot in Neckargartach. Dort stand er auch wieder zur Rückfahrt nach Heilbronn um 13.26 Uhr bereit und erreichte mit den Bruckmann-Mitarbeitern die Ausweiche Wollhausstraße wieder um 13.45 Uhr.

Während des Zweiten Weltkrieges, als im Sommer 1942, als das Kriegsgeschehen sich noch nicht so stark auf deutschem Boden abspielte, zeichnete es sich doch schon ab, daß die kurzen Urlaubstage nicht in der Ferne verbracht werden konnten. So warb man in der Tagespresse mit Artikeln, wie zum Beispiel diesem aus einer Heilbronner Zeitung:

„Wer daheim bleiben muß, der verbringe seine Ferien in der Straßenbahn!" „So verbringst du deine kurzen Tage?" „Jawohl, so verbringe ich meine kurzen Tage, Ferientage heißt das."
Was denn schon! Ich bin daheim geblieben. Tausende andere sind es auch. Aber das allein ist nicht Trost genug für mich. Und so hab ich gesucht und gesucht und endlich, endlich – fand ich, was ich suchte, durch einen Hinweis in irgendeiner Zeitung. Tausend Dank dem, der diesen Hinweis geschrieben hat. Wie der Hinweis gelautet hat? Welche Antwort er auf die Frage der Daheimgebliebenen gibt? Diese: Fahren Sie mit der Straßenbahn. Um allen Mißverständnissen vorzubeugen, er, der diesen Rat gegeben hat ist mit keinem Stadtbaurat noch Straßenbahndirektor verwandt oder verschwägert. Aber er hat eine einfache Entdeckung gemacht und diese zum Trost aller Sparkassenbuchbesitzer a.D. der Welt mitgeteilt. Noch einmal: Dank ihm! Ich habe seinen Rat befolgt. Und nun verstehe ich, wie er seine Straßenbahn direkt lieb gewinnen konnte. Auch mir ist es so ergangen. Denn dreierlei ist zu bedenken: Erstens kann es dem, der seine Ferien in der Straßenbahn verbringt, ganz gleichgültig sein, ob draußen die Wasser des Himmels die Straßen überfluten oder ob die Sonne das Pflaster zum Kochen bringt – er sitzt jedenfalls stets schön im Trockenen. Zweitens lernt man seine Heimatstadt Heilbronn erst bei solchen Fahrten richtig kennen. Und drittens hat man immer wieder neue Unterhaltung und abwechselndes Vergnügen. Und das alles nur um 15 Pfennige pro Fahrt, im Dutzend sogar mit Rabatt.

Seitdem ich das weiß, bin ich fast jeden Tag Feriengast in der Heilbronner Straßenbahn gewesen. Für den günstigen Fahrpreis ein Spotteinsatz für das, was man an Unterhaltung und Vergnügen gewinnt. Und was da nicht alles passiert. Davon will ich ein wenig erzählen: Steigt da irgendwo in Heilbronn eine Frau prustend in die Straßenbahn ein und setzt sich umständlich mit einem keuchenden „Achs" nieder. „Dreimal, Schaffner!" -- „Dreimal?" fragt der Schaffner. „Ha, ja, do hinne steht mei Mann mit 'me Korb." Darauf erhält sie drei Fahrscheine. Vier Haltestellen weiter steht sie wieder ächzend und keuchend auf: „Warte Se aa, bis mei Mann mit 'em Korb nunterklettert ischt, Herr Schaffner!" sagt sie, und steigt aus. Die Straßenbahn wartet, aber niemand steigt aus, kein Mann, kein Korb, nichts. Ganz verdattert steht die Frau da und meint dann: „Dann wird er sicher mit dr nägschte komme, jetzt gäwe Se mr no wieder mei Geld für zwei Fahrschei zrück!" Der Schaffner zuckt bloß mit den Achseln, die Frau schimpft mit ihm, doch auch die Fahrgäste schimpfen, denn die haben es eilig und wollen weiter und – ab fährt die Straßenbahn. Schimpfend bleibt die Frau zurück.
Es gießt in Strömen. Der Wagen ist überfüllt. Der Schaffner kann nur mit Mühe seinen Dienst verrichten. Da stößt er auf einen Mann mit einem griesgrämig verregneten Hut und einem noch griesgrämigeren Gesicht: „Mache Se doch die Tür ebbes leiser zu, Schaffner!" – Der Schaffner verteidigt sich. Die Fahrgäste mischen sich ein und nehmen Partei für den Schaffner. Ein Fahrgast meint: „Der hot doch en Rappel!" Darauf sind 100 000 Volt Hochspannung im Wagen. Die bisher stille und friedliche Ehefrau des Verärgerten führt die Explosion herbei. Sie sagt zu dem letzten Sprecher: „Do hawwe Se s'rechte Wort gfunne." Fast springt der Wagen aus den Gleisen, so lachen die Fahrgäste, die Räder wackeln, die Scheiben klirren, aber die Spannung ist jetzt bei allen gelöst.

Je länger der Krieg dauerte, je voller wurden die Straßenbahnwagen. Solche hübsche Einladungen zu Ferien in der Straßenbahn konnten wegen der fortschreitenden Kriegsereignisse bald nicht mehr ausgesprochen werden. Im Gegenteil, man mußte – vor allem in den Hauptverkehrszeiten – das „unnötige Herumfahren" sogar untersagen, damit alle Berufstätigen von und zu den Arbeitsstellen bzw. nach Hause transportiert werden konnten. Da geschah es in einem fast überbesetzten Triebwagen der Linie 2, in dem sich die Menschen hin- und herschieben. Da! – Allgemeines Aufsehen. Ein Herr bietet einer stehenden Dame seinen Sitzplatz an. Noch ehe die Dame den Platz einnehmen konnte, sitzt ein anderer Fahrgast drauf. Der Aufgestandene brummt voller Grimm: „Sie, i hab awer dere Fraa Platz gemacht!" „Ach", sagt der andere, „rege Se sich bloß net uff, dees isch doch mei Fraa, die kann scho a bißle steh'!".

Die Heilbronner Straßenbahnen AG und ihre Nachfolgerin, die Verkehrsbetriebe, waren finanziell selten auf Rosen gebettet. So erinnert sich ein ehemaliger Verkehrsmeister an einen gedankenvollen Ausspruch des früheren Direktors der Heilbronner Straßenbahnen, Herrn Manz, der während des Zweiten Weltkrieges einmal folgendes sagte: „Vor dem Krieg, als wir kein Geld hatten und keines kriegten, da wollte uns Gott und die Welt Straßenbahnen verkaufen. Jetzt, wo wir genügend Geld zur Verfügung hätten, um den ganzen Wagenpark zu erneuern, jetzt kann uns keiner Fahrzeuge verkaufen."

Nach dem Zweiten Weltkrieg, als alles noch sehr knapp war und Luxusartikel für Otto Normalverbraucher fast unerschwinglich oder doch nur zu unvorstellbar hohen Preisen auf dem Schwarzen Markt zu kriegen waren, erlebte ein treuer Fahrgast der Linie 1 in Böckingen diese nette Geschichte: Wie so oft, war eines Abends der Wagenführer an der Kurbel, der von den Kollegen und den Schulbuben scherzhaft „Häck-Mäck" genannt wurde. Vergnügt fuhr er mit seinem Einser durch Böckingen. Plötzlich hielt der „Häck-Mäck" bei der Einmündung der Klingenberger Straße seine Straßenbahn ziemlich rasch auf der freien Strecke an und brummte: „Halt, unn wart' amol, i mueß aussteige!" Sprach's und verließ mitsamt der Wagenkurbel das Fahrzeug, ging einige Schritte zurück hinter den Straßenbahnzug, bückte sich und hob etwas vom Boden auf. Dann kam er gemütlich schnurrend zurück und zeigte lachend seinen Fund: eine „Ami-Kippe" (der Stummel einer abgerauchten Zigarette der amerikanischen Armee, in jenen Jahren eine absolute Rarität!). „So was Rares kann mer doch net einfach liege lasse" war der Kommentar des „Häck-Mäck", der jetzt seine Bahn wieder fröhlich weiterfuhr.

Da es in jenen schwierigen Jahren nach dem Zweiten Weltkrieg oft vorkam, daß die Fahrgäste die Perrons der Straßenbahnwagen belagerten, während im Wageninnern noch genügend Platz vorhanden war, erschienen in verschiedenen Veröffentlichungen die Glosse

**Oh, des wär schee . . .**

. . . wenn die Fahrgäste der Straßenbahn mehr in das Wageninnere gehen und durch das Aufhalten auf der Plattform das Ein- und Aussteigen nicht erschweren würden.

Die stets übervollen Wagen der Straßenbahn, wie sie Ende der vierziger Jahre durch Heilbronn schaukelten, brachten der Bahn nicht nur den Spitznamen „Spatzenschaukel" ein, sondern ließ auch die bisherigen „guten Manieren" zwischen den Fahrgästen etwas verwildern. Darum klagte im November 1949 ein Fahrgast in einer Glosse im „Neckar-Echo" (die damals noch auflagenkräftig erschien) sein Leid:

„Liebes Fräulein!
Wenn ich dich so jugendfrisch in der städtischen Straßenbahn sitzen sehe, beneide ich dich um deine jugendfrische Unbekümmertheit. Du lächelst schelmisch und zeigst deine Grübchen am Kinn und hältst dein modernes Handtäschchen mit einer gewissen Grandezza. Das ist sehr schön und adrett.

Und dann steigt eine ältere und oft gehbehinderte Dame mit weißem Haar ein und stellt sich neben dich, mein liebes Fräulein. Dann betrachten deine blauen oder braunen Augen die ältere Dame mit unverhohlener Neugier und du suchst im Geist einen Sitzplatz für die Dame. Dein Blick bleibt vorwurfsvoll an einem älteren Herrn hängen, der noch sitzt. Und dann kann der ältere Herr auf einmal nicht mehr anderst, als aufzustehen und der gehbehinderten Dame seinen Platz anzubieten. Man merkt dem älteren Herrn mit seinen grauen Schläfen zwar an, daß er auch nicht gerne steht, aber die ältere Dame hat das Vorrecht.

Wenn die ältere Dame ihren Sitzplatz eingenommen hat, dann ist auch alles wieder in Ordnung. Auch du, mein liebes Fräulein, atmest erleichtert auf, daß sich dieser Fall so reibungslos geklärt hat. Deine Augen strahlen wieder unbekümmert ins Weite. Du hast aber anscheinend gar nicht bemerkt, daß die Blicke der übrigen Fahrgäste deiner Unbekümmertheit galten, denn wenn sich eine ältere Dame setzen will, die dazu noch krank ist, hast doch Du das Vorrecht aufzustehen.

Nicht der ältere Herr ist verpflichtet, mein geschätztes Fräulein, sondern du mit deinen sechzehn oder siebzehn Jahren. Ob du nun in die Höhere Mädchenschule gehst oder Schuhe verkaufst, ob du einmal Ärztin werden wirst oder in einem Bäckerladen weiße Semmeln sortierst, spielt dabei keine Rolle.

Also mein liebes Fräulein, das nächstemal lassen wir den älteren Herrn sitzen und stehen selbst auf. Das wäre riesig nett von dir. ko."

Galt das nur für damals, oder hätte diese Glosse auch heute noch ihre Berechtigung? Dieser Frage soll hier besser nicht weiter nachgegangen werden.
Noch ein Bericht aus dem „Neckar-Echo" verdient es, festgehalten zu werden:

Wir über Umsteigen

„Die Welt ist seit gestern wieder interessanter geworden!", sagte gestern mein Kollege und machte fröhlichen Herzens und beschwingten Fußes alles mit, was ein halbes Dutzend Straßenbahnschaffner von ihm und mir und all' den vielen anderen Fahrgästen verlangte, die da gestern mittag mit uns zusammen von der Allee aus in Richtung Sontheim gestartet waren. Nicht alle zeigten sich freilich so gut gelaunt, und so begleitete auch so manches brummige Lästerwort die „gymnastischen Übungen", um die es sich drehte.
Und was also verlangten die Schaffner von uns? Auf dem kleinen Stückchen zwischen Hohe Straße und Luisenstraße ließen sie uns so recht nach Herzenslust „Umsteigen" üben – raus aus dem Wagen, rein in den Wagen! Nicht weniger als dreimal durften wir das muntere Spiel treiben . . .
Schon an der Hohen Straße fing es an. Wir saßen im Anghänger: „Alles in den Triebwagen umsteigen!" rief der Schaffner. „Steigen wir um!" sagte mein Kollege und stieg aus . . . Ich wollte es genauer wissen. „Warum?" fragte ich neugierig. „Der Anhänger bleibt hier stehen, wir können den jetzt g'schwind nicht brauchen!" – „Aha! Und warum nicht?" – „Wir müssen erst sehen, was dahinten los ist!"
Und so fuhren wir mit dem Triebwagen weiter, selber gespannt, was dahinten los ist. – „Dahinten" das war gleich hinter der Cäcilienstraße. Viele Schaffner standen da, und noch mehr Fahrgäste, und eine ganze Reihe von Straßenbahnwagen. „Alles umsteigen!" rief es von allen Seiten. Nun fragten wir nicht mehr lange und stiegen halt um. In den nächsten Wagen hinein. Kaum aber saßen wir alle, erklang der Chor der Schaffner aufs neue: „Alles umsteigen, in die nächsten Wagen bitte!"
Wie befohlen, so geschah's. Doch als unsere Bahn den Anhänger vor sich herschiebend, sich langsam in Bewegung setzte, erhob sich ein gewaltiger Aufruhr: „Halt, halt!" rief es rings um uns her, „wir kommen doch eben aus Sontheim, wir wollen doch in die Stadt!" Die Straßenbahn stoppte und vergnügt sahen wir anderen zu, wie nun die bisherigen Fahrgäste unseres neuesten Wagens das Umsteigen übten. – Wie man hört, hing das alles mit den wegen des Gleisumbaus überlasteten Weichen zusammen. Die funktionierten dann wieder und die Schaffner gaben das fröhliche Spiel bald wieder auf. Eigentlich schade. Wir hätten es noch vielen anderen gegönnt, das „Umsteigen-Üben!" jt.

Die Einführung des Oberleitungs-Omnibusses im September 1951 wurde von den Verkehrsbetrieben mit verschiedenen Veröffentlichungen publik gemacht. Eine solche, besonders lustig aufgemachte Werbung für das neue Betriebsmittel, die am 10. September 1951 in der Heilbronner Stimme erschien, soll hiervon Zeugnis geben:

**Der Fahrgaschtfluß**

Zwiegespräch in der Straßenbahn
Konrad: Grüß Gott, Heiner! Ha Die hab i awer scho lang lang nemmer gseha. So, fahrsch amole widder mit dr Straßabah?

Heiner: Natierlich! I muaß amole schnell in d'Stadt nei un mit dr Straßabah geht's halt doch schneller!
K.: Schneller? Halt amale, stoß de net! Waisch Du net, daß ab kommenda Dienstag noch schneller geht? Da kriega mer doch nach Böckinga da Obusbetrieb un damit dr Fahrgaschtfluß.
H.: Was du net sägsch! Vom Obusbetrieb hab i scho

was ghört, awer vom Fahrgaschtfluß weiß i nix. Was isch denn des scho widder? Was die net alles erfinda: Erscht Disaflieger, dann Atombomba und jetzt den Fahrgaschtfluß. Da komm i so langsam nemme mit.
K.: O Heinerle, Du bisch ebba uff am Mond daham. Des isch doch ganz oifach. Hör amale, Heiner, i will Dir's erklära: Der Obus hat 2 Tiera, zu denne d'Fahrgäscht nei unn raus kenna: Durch die hintere Tür wird jetzt bloß no eigstiega unn an dr vordere ausgstiega. Du muasch also nach dem Eisteiga an der hintere Türa am Schaffner vorbeigeha (der hockt jetzt dranna und rennt nemme im Waga rum, dappt also d'Leut nemme uff de Füaß rum) zalsch bei deam Dei Sach und gehscht weiter bis zur vordera Tiera, durch die Du widder aussteiga muasch. Des Ganze haißt mr „Fahrgaschtfluß"!
H.: Ha ja, des leuchtet mir ei. Des isch ja furchtbar oifach: Hinta nei, vorna naus! Des versteht jo jedes kloine Kind.
K.: Siesch, i hab's doch gwißt, daß Du des kappiersch un genau so werda des au die andere Heilbronner kappiera. Denn was in da andere Städt scho lang eigführt isch un sich guat bewährt hat, des muaß au in Heilbronn möglich sei un do dra zweifel i net.
H.: Ach du liawe Zeit, da isch ja scho mei Haltestell. Isch des awwer widder amals schnell gange. Also uff Wiederseha Karle am Dienstag beim Obusbetrieb.
K.: . . . und bei – Fahrgaschtfluß! Gre.

Auf der Obusstrecke vom Sonnenbrunnen zum Haselter gab es für die Hin- und Rückfahrt nur eine Obus-Fahrleitung, da die Strecke ja immer nur von einem Bus befahren wurde. Dort geschah im Sommer 1954 folgende nette Episode: Ein Obusfahrer hatte vergessen, daß er am Sonnenbrunnen auf den entgegenkommenden Obus warten muß. Er fuhr also los in Richtung Haselter. Mitten auf der Strecke kam ihm der Obus vom Haselter entgegen und beide Fahrer grüßten sich recht freundlich, wie das ja heute noch üblich ist. Das Erstaunen war dann aber groß als kurz darauf die vier Stromabnehmer der beiden Wagen sich mit Getöse trafen und es zu einem kleinen Feuerzauber kam. Die Stromabnehmer waren lädiert und der Verkehr ruhte, bis zwei Abschleppwagen die beiden energielosen Obusse zurückholten. Außer verbogenen Stromabnehmern gab's glücklicherweise keinen weiteren Schaden.

*Rechte Seite:*
*Dieses Foto von 1906 gibt einen Eindruck vom einstigen Flair, den die Straßenbahn der Heilbronner Kaiserstraße gab*

*Linie 3 kommt im August 1939 von der Endstation Sülmertor und biegt soeben von der Salzstraße in die Paulinenstraße ein.*

# Wehmütiger Rückblick

## Die Spatzenschaukel

Spatzenschaukel, gute alte
Rumpelkiste von Heilbronn!
Wenn ich einmal Rückschau halte,
kommst du sicher gut davon.

Voran an deiner Kaffeemühle
stand der Fahrer festgeschraubt,
kurbelnd, klingelnd durch's Gewühle.
Sitzen war ihm nicht erlaubt.

Fuhrst du über die Geleise
– von uns Käpselebestreut –
knatterte es reihenweise.
Ach, wie hat uns das gefreut!

Halten mußtest du vor Weichen,
bis die Fahrt per Eisenstab,
den der Schaffner ließ sich reichen,
korrigiert war, dann ging's ab.

Sportlich galt's vor allen Dingen,
eh' der Schaffner kam in Sicht,
noch im Fahren abzuspringen,
unbezahlt. – Fein war das nicht!

Fuhr die Schaukel mal zu schnelle
um eine scharfe Kurve 'rum,
konnt' es sein, an dieser Stelle,
daß der Wagen kippte um!

Die Endstation war uns willkommen
(mancher war ein böser Tropf),
eh' der Fahrer konnte kommen,
trat man auf den Klingelknopf . . .

Spatzenschaukel, dreißig Jahre
ist es zwischenzeitlich her,
daß statt dir die Busse fahren.
Trotzdem fehlst du uns so sehr.

Gerhard Binder

Apotheke
Zahn-Atelier.
Cigarren Rauch-
Schnupf- & Kautabak
von Carl Jörg
Lotterie Lose.
Modewaren
Aussteuer-Artikel
Louis Eisig.
Buckskin,
Damen-Confection
Haupt-Bahnhof
11
J. Danziger
H. Wegenast
Kron-Str.

**Zeittafel**

25. Juli 1848
Heilbronn erhält einen Anschluß an die Königlich Württembergische Staatseisenbahnen nach Stuttgart
4. August 1862
Die Eisenbahnstrecke Heilbronn – Schwäbisch Hall wird eröffnet
11. September 1866
Die Eisenbahnlinie Heilbronn – Jagstfeld (– Heidelberg bzw. – Würzburg) nimmt den Verkehr auf
1878 Beginn der Kettenschleppschiffahrt (bis 1935)
10. Oktober 1878
Die Strecke Heilbronn – Schwaigern ist in Betrieb
Mai 1893
Der „Verein zur Hebung des Fremdenverkehrs" unterstützt die Stadt Heilbronn bei der Straßenbahnplanung
7. Mai 1896
Der Gemeinderat Heilbronn nimmt vom Abschluß eines Vertrages zum Bau einer Straßenbahn in Heilbronn Kenntnis
22. Oktober 1896
Der Genehmigungsantrag zum Bau einer Straßenbahn in Heilbronn bei den zuständigen Stellen eingereicht
5. Januar 1897
Vergabe der Bauaufträge für die Strecke, Betriebshof und Fahrzeuge
10. März 1897
Baubeginn der Strecke in der Bahnhofstraße
März 1897
Erteilung der Genehmigung
27. Mai 1897
Abschluß der Bauarbeiten an der „Stammstrecke"
29. Mai 1897
Eröffnung des Straßenbahnbetriebs auf der Stammstrecke Bahnhof – Kiliansplatz – Kaserne
16. Juni 1897
Eröffung der Seitenlinie Krankenhaus – Kiliansplatz – Wilhelmstraße/Südstraße
5. Dezember 1897
Eröffnung der Friedhoflinie Kiliansplatz – Wollhausstraße/Oststraße und der Verlängerungen Sülmertorbahnhof – Krankenhaus und Wilhelmstraße – Südbahnhof
5. Januar 1900
Genehmigungserteilung für die erste Heilbronner „Vorortstrecke" nach Sontheim
3. Juni 1900
Eröffnung der Vorortstraßenbahnlinie Hauptbahnhof – Kiliansplatz – Südbahnhof – Sontheim
24. August 1905
Erste Heilbronner Autobuslinie von Heilbronn nach Böckingen wird eröffnet (im Januar 1906 wieder eingestellt)
18. Dezember 1909
Die zweite Omnibuslinie Heilbronn – Böckingen in Betrieb genommen (am 21. April 1910 eingestellt)
Oktober 1910
Einreichung des Konzessionsgesuchs zum Bau und Betrieb einer „Gleislosen Straßenbahn"
16. Januar 1911
Eröffnung der „Gleislosen Straßenbahn" Heilbronn – Böckingen
13. Dezember 1911
Genehmigungserteilung für die Dampfstraßenbahn Heilbronn, Sülmertorbahnhof – Neckargartach
26. Juli 1912
Die Dampfstraßenbahn von Heilbronn, Sülmertorbahnhof nach Neckargartach, Neckarbrücke nimmt den Betrieb auf
31. Oktober 1916
Die „Gleislose Straßenbahn" Heilbronn – Böckingen stellt kriegsbedingt den Verkehr ein
28. Februar 1923
Einstellung der Dampfstraßenbahn Heilbronn – Neckargartach und der Heilbronner Straßenbahnen,- mit Ausnahme der Strecke Südbahnhof – Sontheim
5. April 1924
Die Heilbronner Straßenbahnen fahren wieder
11. Oktober 1924
Der Heilbronner Gemeinderat stimmt dem Ausbau des bestehenden Straßenbahnennetzes zu
Januar 1925
Baubeginn an den Verlängerungsstrecken zum Karlstorbahnhof und zum Friedhof
15. Mai 1925
Die Verlängerung Kaserne – Karlstorbahnhof und Oststraße – Friedhof gehen in Betrieb
September 1925
Abschluß eines Vertrages zwischen der Stadt Heilbronn und der Gemeinde Böckingen bezüglich des Baus einer Vorort-Straßenbahn nach Böckingen
26. April 1926
Die Konzession für den Betrieb einer Dampfstraßenbahn Heilbronn – Neckargartach ist erloschen
28. April 1926
Baubeginn an der Strecke nach Böckingen
21. August 1926
Feierliche Einweihung der Vorortstraßenbahn von Heilbronn nach Böckingen
28. April 1927
Der Gemeinderat von Neckargartach beschließt, eine eigene Straßenbahn von Heilbronn nach Neckargartach zu bauen
19. Dezember 1927
Die Gemeinde Neckargartach erhält die Genehmigung zum Bau und Betrieb einer Straßenbahn nach Heilbronn
Januar 1927
Beginn der Errichtung der Straßenbahn von Heilbronn nach Neckargartach
Februar 1927
Beschluß des Gemeinderats von Heilbronn, die Straßenbahnstrecken in der Innenstadt zu sanieren und teilweise durch neue Umgehungsstrecken zu ersetzen
22. Juni 1928
Eröffnung der Straßenbahn der Gemeinde Neckargartach

Juli 1929
Einführung von Liniennummern bzw. -buchstaben bei den Heilbronner Straßenbahnen
20. April 1931
Baubeginn an der Ersatzstrecke durch die Hohe Straße
30. Mai 1931
Einstellung der Strecke durch die Fleiner Straße und dafür Inbetriebnahme der Trasse Kiliansplatz – Hohe Straße – Wilhelmstraße
25. Juli 1931
Inbetriebnahme des umgebauten Kiliansplatzes
27. April 1932
Verlegung der Strecke der Linie N über die neue Kanalbrücke
3. Juni 1936
Verlängerung der Linie B von der Kaserne bis zum Trappensee
Juni 1937
Stillegung der Strecke durch die Sülmer Straße und dafür Inbetriebnahme der Trasse über die Allee – Turmstraße – Paulinenstraße
1. Oktober 1938
Übergang der Neckargartacher Straßenbahn auf die Stadt Heilbronn (mit der Eingemeindung Neckargartachs nach Heilbronn)
1. Juli 1940
Die Stadtwerke Heilbronn übernehmen die Heilbronner Straßenbahnen AG
4. Dezember 1944
Zerstörung großer Streckenteile und zahlreicher Fahrzeuge der Straßenbahn infolge eines Fliegerangriffs auf Heilbronn
13. April 1945
Einstellung des Straßenbahnrestbetriebs kurz vor dem Einmarsch der US-Army in Heilbronn
30. Juli 1945
Inbetriebnahme der ersten Teilstrecken nach dem Zweiten Weltkrieg auf den Linien 2 und 5
18. Juli 1946
Wiederinbetriebnahme der Strecke zum Sülmertor. 80% der Vorkriegsstrecken wieder befahrbar
11. Oktober 1947
Eröffnung der Friedrich-Ebert-Brücke bringt wieder ein fast zusammenhängendes Straßenbahnnetz
3. März 1948
Die erste Omnibuslinie der Verkehrsbetriebe Heilbronn nimmt auf der Strecke Allee – Hauptbahnhof – Sonnenbrunnen den Verkehr auf
9. April 1948
Omnibus fährt über Kreuzgrund nach Neckargartach
16. März 1949
Die Omnibuslinien der Heilbronner Verkehrsbetriebe erhalten Liniennummern (10 bis 12)
3. Dezember 1949
Mit der Strecke Kaserne – Karlstorbahnhof geht die letzte Vorkriegs-Straßenbahnstrecke wieder in Betrieb
10. Dezember 1949
Flein erhält eine Omnibusverbindung mit Heilbronn
März 1950
Die Omnibuslinie 10 fährt vom Kreuzgrund weiter nach Frankenbach
April 1950
Beschluß des Heilbronner Gemeinderats, einen Teil der Straßenbahn auf Obus umzustellen
20. September 1951
Umstellung der Straßenbahnlinie Allee – Hauptbahnhof – Sonnenbrunnen – Böckingen auf Obus
10. Dezember 1951
Umstellung der Straßenbahnstrecke Allee – Sontheim auf Obus
13. Dezember 1952
Omnibuslinie 11 zum Haselter auf Obus umgestellt
8. Dezember 1954
Der Heilbronner Gemeinderat beschließt, den restlichen Straßenbahnbetrieb auf Omnibus umzustellen
1. April 1955
Umstellung des restlichen Straßenbahnbetriebs auf Omnibus mit Ausweitung des Netzes zum Käferflug und zum Industriegebiet; Ausflugslinien A zum Jägerhaus, B zum Wartberg und C zum Gaffenberg gehen in Betrieb
Oktober 1957
Obuslinie 22 zum Haselter auf Omnibus umgestellt
6. Dezember 1959
Omnibuslinie 6 fährt zur Hohenstaufenstraße, Omnibuslinie 7 zur Steigsiedlung
15. September 1960
Beschluß des Gemeinderats Heilbronn, den Obusbetrieb auf Omnibus umzustellen
31. Dezember 1960
Einstellung des Obusbetriebs
18./30. Oktober 1961
Die abgestellten Obusse werden nach Braga, Portugal am Neckarhafen eingeschifft
Juni 1964
Der Omnibus bedient jetzt auch Horkheim und fährt in Sontheim zum Raidweg
10. Oktober 1965
In schwachen Verkehrszeiten wird die Linie 8 (Allee – Sachsenäcker) im Einmann-Verkehr betrieben
12. Dezember 1966
Der Betriebshof in der Kanalstraße wird seiner Bestimmung übergeben. Die alte Wagenhalle am Hauptbahnhof wird außer Dienst gestellt
1. Januar 1970
Anschluß Klingenbergs an städtisches Omnibusnetz
6. Januar 1973
Das Rampachertal, Frankenbach Maihalde, Schanz Süd und die Schickhardtstraße erhalten Anschluß an das Omnibusnetz
3. Juni 1978
Letzter Betriebstag für einen mit Schaffner besetzten Omnibus
1. Januar 1979
Biberach und Kirchhausen werden von den städtischen Omnibussen angefahren

## Quellen- und Literaturhinweise:

Archiv der Stadtwerke Heilbronn, Abt. Verkehrsbetriebe
Stadtarchiv Heilbronn (Heilbronner Zeitung, Jahrgänge 1922 bis 1944)
Stadtarchiv der Landeshauptstadt Stuttgart
Hauptstaatsarchiv Stuttgart
Württ. Landesbibliothek

Zeitgenössische Berichte aus den Tageszeitungen und Zeitschriften:
Heilbronner Zeitung (Jahrgänge 1890 bis 1913 und 1922 bis 1944)
Heilbronner Stimme (Jahrgänge 1945 ff.)
Neckarecho (Jahrgänge 1945 bis 1967)
Schwäbischer Merkur mit Schwäbischer Chronik (Jahrgänge 1897 bis 1922)

Der Stadtverkehr (Nr. 5/6 – 1971; 7 – 1977)
Zeitschrift des Mitteleuropäischen Motorwagenvereins (Heft 5 – 1912)

Sammlungen
Gottfried Bauer, Bietigheim-Bissingen
Rainer L. Tijssen, Stuttgart-Bad Cannstatt
Heinz Zweygarth, Heilbronn

## Foto- und Bildnachweise

Fritz Abelein, Heilbronn
82/3, 83/1, 261/3
Theodor Alt (Sammlung Erika Alt, Stuttgart)
18/1, 26, 101/2, 105/2, 105/3, 107/1, 108/3, 108/4, 109, 110/1, 111/1/2/3, 117/1, 124/4, 128/1, 133/3, 164/3, 169/1, 189/3, 201/2, 220/1/3, 247/1, 248/1, 250/1, 272/1
Gottfried Bauer, Bietigheim-Bissingen
145/1-9, 146/1/2, 147/2/3, 150/1/2/3, 151/1/2/3, 153, 154/2, 155/1-4, 162, 211/2/3/5, 225, 227/1-4, 251/1/2, 252, 255/1/2/3, 256/3, 258/1, 259/2, 265/2/3
Sammlung Gottfried Bauer, Bietigheim-Bissingen
18/2, 20/2, 21/2, 24/1, 28/2, 30, 38, 39/1, 42, 43/1/2, 44/2, 60, 61, 62, 64/1, 159, 163/3, 241, 247/2
Martin Becker, Heilbronn-Neckargartach
76/2, 77/1, 271/1
Hannelore Biegel, Heilbronn
85/1
Peter Böhm, Düsseldorf
89/1, 115, 127/5, 127/9, 166/3, 173, 178/1, 191, 192, 220/3
Egbert Breuninger, Heilbronn
Sammlung Helge L. Dürrwächter, Frankfurt a. M.
128/2
Sammlung Karl Eckert, Heilbronn
39/3, 86/1
Hermann Eisenmenger, Heilbronn
100/1/2, 121, 223/2
Wolfram Eschbach, Heilbronn
92/3
Marianne Feeser, Heilbronn
107/3
Helmut Friedle, Heilbronn
46, 108/1
Sammlung Peter Hahn, Heilbronn-Neckargartach
29/2, 54/1/2, 67/1/2, 68, 69/2/3/4, 71/2, 73/3, 110/2
Felix Hutter, Heilbronn
141, 142/1, 142/2, 146/3, 147/1, 149/1-4, 256/1/2, 265/1
Erna Kemmet, Heilbronn-Neckargartach
70/1/2
Eugen Kurzendörfer, Heilbronn
84/1, 89/2
Heinz Layh, Stuttgart-Rohr
Titelbild 80, 107/2, 118/4, 119/1/3, 124/1/2, 125/1/3, 127/4, 128/3, 129/2/3, 174/3, 188/1, 191/2, 200/1/2, 211/4, 249/1/2, 263/2
Foto Mangold Heilbronn
133/4
Sammlung Horst Messing, Filderstadt
19, 21/2, 23/2, 27/2, 29/1, 32/1, 39/2, 85/2, 246/2
Sammlung Helmut Moser, Stuttgart-Vaihingen
23/1, 55, 64/1/2, 79/1/2, 82/1, 90, 178/2, 270/3
Joachim von Rohr, Meerbusch
123/3, 125/3, 127/1/3, 176/2, 180/2, 185, 195/3, 220/2, 261/1, 272/2
Else Salzmann, Heilbronn
20/1, 24/2
Lore Schell, Heilbronn
89/3
Paul Setzer, Heilbronn-Sontheim
266
Stadtwerke Heilbronn, Abt. Verkehrsbetriebe
32/2, 41, 44/1, 45, 49, 58, 69/1, 70, 71/1, 73/1/2, 76/1, 77/2, 84/1/2, 92/1/2, 94/2, 99, 101/1, 103, 105/1, 106, 108/2, 114/1/2, 117/2/3, 118/1/2/3, 119/2/4, 122/2, 123/1/2, 124/3, 125/2, 126/1, 127/6/7/8, 128/4, 130/1/2, 133/1/2, 134, 135/1-4, 136, 137, 139/1-4, 140/1/2/3, 160/1/2, 164/1/3, 166/2, 168/1/2, 169/4, 171/1/2, 174/1/4/5, 180/1/4, 182/1, 184/1/2/3, 186/1-4, 187/1/2, 188/2, 195/1/2/5-9, 197, 200/3, 201/1/3, 203/1-5, 205/1-8, 207, 211/1, 213/1-5, 214, 217, 219, 220/2/4/5/6, 22/1, 223/1, 224, 243, 244/1/2/3, 247/3, 258/2, 259/1, 261/2, 262, 263/1, 264, 269/1, 270/1/2, 271/2, 273/3
Rainer L. Tijssen, Stuttgart-Bad Cannstatt
91, 93/2, 94/1, 176/1, 190/1/2, 191/1, 195/3, 248/2, 250/2
Sammlung Rainer L. Tijssen, Stuttgart-Bad Cannstatt
8, 15, 22/1/2, 23/3, 25, 27/1, 31, 33, 57, 82/2, 83/2, 85/3, 87, 97, 166/1, 181, 182/2, 241, 242, 245
Margarethe Weißert, Welzheim 83/3
Gottlob Wendnagel, Heilbronn
129/1, 180/3, 267
Sammlung Heinz Zweygarth, Heilbronn
27/2, 28/1, 59, 65, 88, 93/1, 246/1, 260, 269/1

## Zeichnungen

Gerald Bauer, Bietigheim-Bissingen
275, 277/1
Guido Bauer, Bietigheim-Bissingen
273, 279
Gottfried Bauer, Bietigheim-Bissingen
239
Sammlung Gottfried Bauer, Bietigheim-Bissingen
30, 35
Hans-Walter Junk, Stuttgart
161, 163, 165, 167, 170, 172, 175, 177, 179, 183, 189, 194
Stadtwerke Heilbronn
113, 148, 154/1, 226, 253
Heinz Zweygarth, Heilbronn
34, 80, 81/1, 81/2, 131, 216, 218